U0937925

左章健/编著

世界500强成功策略

企业做大做强和基业长青的基础平台

Winning Tactics of Fortune 500 Companies

南方日报出版社

图书在版编目（CIP）数据

世界500强成功策略：企业做大做强和基业长青的基础平台 / 左章健编著. —广州：南方日报出版社，2005
ISBN 7-80652-391-X

Ⅰ.世… Ⅱ.左… Ⅲ.企业管理—经验—世界 Ⅳ.F279.1

中国版本图书馆CIP数据核字（2005）第006154号

世界500强成功策略：企业做大做强和基业长青的基础平台 左章健 编著

出版发行：南方日报出版社
地　　址：广州市广州大道中289号
电　　话：（020）87373998-8502
经　　销：全国新华书店
印　　刷：湛江日报社印刷厂
开　　本：787mm×1092mm 1/16
印　　张：26.5
字　　数：500千字
版　　次：2005年4月第1版第1次印刷
定　　价：45.00元

投稿热线：（020）87373998-8503 读者热线：（020）87373998-8502

网址：http://www.nanfangdaily.com.cn/press http://www.southcn.com/ebook

如发现印装质量问题，影响阅读，请与承印厂联系调换。

目　录

序　言

模仿和学习他人先进的成功的东西，正是我们人类进步的阶梯，也是我们创新发展的前提。当代企业之所以能够成功，主要在于比竞争对手更有效和更快速地获取、学习、借鉴和运用他人的成功经验。

一个国家的强盛源于其经济的发达，经济能否发达源于这个国家的企业能否做大做强，以及其在世界经济舞台上所占的分量。所以如何使我们的企业做大做强，始终是我们每一个有识之士关注的重点之一。非常欣喜的是，左章健先生集中研究和总结世界 500 强企业是如何处理十大永恒管理悖论的成功管理范式，为我国企业模仿和学习他人先进的成功的东西提供了范本，使我们的企业做大做强有了可循的阶梯。

该书是作者继《CIS——企业系统形象策划》和《辉煌的背后》之后，又一新篇。可喜可贺。

我们知道，在很多领域都存在悖论问题，企业管理也不例外。作者以世界 500 强企业为蓝本，结合实际，集中研究，并有所创新，比较全面系统地总结如何处理十大永恒管理悖论的成功管理范式，也就非常容易被人们模仿和学习。

如果说，世界 500 强企业引领着世界经济的发展，那么，世界 500 强企业的成功管理范式，就是世界各国企业做大做强的指南针。

综观全书，思路清晰，观点明确，架构完整，条分缕析，深入浅出，实用性强，对企业管理和教学研究工作都很有参考价值。祈望作者为构建中国企业管理大厦，推动企业发展，作出更大的奉献。

黄德鸿

（本文作者黄德鸿为暨南大学管理学院教授、博士生导师，中国工业经济研究与开发促进会顾问。）

导　言

一

为什么有些世界 500 强企业能够跨越一个又一个世纪而与时俱进？为什么一些完全是个别企业的偶然性的管理观念、方法和行为，却能够被不同国家不同民族不同企业引用并获得成功？为什么有些世界 500 强企业能够遍布世界160 多个国家和地区而始终如一？一定是他们把握了一些人类社会发展的基本的规律、范式，或者一定是他们发现和形成了一些超越于时空和国家的反映了人类更本质的东西。换句话说，一些东西，当被越来越多的人“约定俗成”地以特定的形式使用，并且超越时空和国家地被越来越多的人“约定俗成”地以特定的形式使用，这些东西就变成了规律、范式。然后，变成了规律、范式的东西本身就成为反映了人类更本质的东西。

例如，现在全世界近 200 个国家和地区的人民都以鼓掌这种行为范式，表示对演讲者、演唱者的赞赏；以握手这种行为范式，表示对来访者、相遇者的欢迎。

同样的原理，当日本丰田公司发明了“看板管理”而大获成功后，对于丰田公司来说，那是一个偶然性的成功，是一种创新性的管理艺术；而当越来越多的企业、不同国家和地区的不同行业的企业，大小不一、性质不同的企业，引用这套方法并都获得成功后，那它就具有了必然性，它就是一个成功的管理范式，就是一种管理科学。

我们很少人知道，已经是非常成功的普遍被世界各国企业视为学习榜样的美国 GE 公司，其成功的最大秘密竟然也是学习其他成功企业的成功管理范式。1988 年，韦尔奇上台伊始，指定通用电气公司的企业发展干部迈克·弗雷泽，建立值得通用电气公司学习的企业名单，然后研究他们的成就。弗雷泽选择了 9 家公司进行研究，包括福特、惠普、查普瑞尔钢铁公司，以及日本最著名的两家跨国企业。通用电气公司选派一个有 10 个成员的小组到世界各地，花上一年的时间实地搜集这些公司的资料。GE 公司发现这些成功企业的成功秘诀虽然存在一些差异，但却存在着共同的特征，诸如：

• 他们管理的是过程而不是管理人。他们不是追踪生产多少，而是专注于如何生产。

• 他们利用过程标示图和基准点显示改进的机会（过程标示图是将特定工作的所有步骤逐一记录，不论有多么细微。基准点则是比较自己和目标的标准，例如竞争对手的绩效）。

• 他们强调持续性的改进，并且赞赏小幅度的改进。

• 他们以顾客的满意程度作为绩效的衡量指标。克服牺牲顾客达到内部目标的倾向。

• 他们通过不断推出更为有效率地生产而设计的高质量新产品来提高生产率。

• 他们视供应厂商为合伙人。

…………

自始，GE 公司建立了这种专门学习其他成功企业的成功管理范式，包括观念、方法和技术等的管理系统。例如六个西格玛质量管理的方法发源于摩托罗拉公司，但它却学习和运用得比摩托罗拉公司更好。今日企业经济的共同成功，主要在于比竞争对手更有效和更快速地获取、学习、借鉴和运用他人的成功的经验、方法和范式。

二

其实，正如打高尔夫球在击球的瞬间以球杆和球的关系为中心一样，是打高尔夫球的成功范式，无论你是欧洲人、美洲人，还是亚洲人。任何成功的事物都会有一定的形态和范式，区别只在于人们是否认识到它们。很多成功的事例都有共同之处，像企业经营管理、打高尔夫球、处理人际关系等等。然而这种范式并非是事先有意准备好的，而是在取得了很多的成功之后总结出来的一般范式。

在这里，成功管理范式可以说是管理科学的一部分，只是笔者个人的理解是前者比后者具有更经典或更典型的意味。关于管理的问题，多少年来，人们总是在所谓的“管理艺术”与“管理科学”上争论不休。其实，企业管理总是从个别企业的管理艺术开始，不断地走向管理科学；反过来，当已经成为管理科学的东西一旦被大家或大多数人都掌握时，任何企业如果希望先人一步的话，那它就要对管理进行创新——独创的管理艺术。也就是说，管理艺术与管理科学是一个互动发展的过程，是一个从管理艺术走向管理科学，新的管理科学催生新的管理艺术，而呈现出一种螺旋式上升发展的过程。没有个别企业的勇于先人一步的管理创新——管理艺术的成功实践，也就没有管理科学；反过来，如果不把散见于不同国家不同企业的成功实践，总结成为管理科学，也就不可能给个别企业的管理创新以更多的更高层次的沃土。

正是基于上述的认识，笔者潜心研究世界500强企业（并且是最成功的那一部分企业），看看它们的管理实践中，有没有共同的东西即管理科学的东西。幸运的是，共同的东西还不少呢。

有些管理问题，只要是一个两人以上并且以盈利为继续生存发展的条件的企业，无论是什么样的企业，从事什么事业，都是要碰到的问题，而且是长期与企业共存的问题。这些问题就是人们称之为十大管理悖论的问题。成功企业与不成功企业之间的主要区别，就是它们在处理这十大管理悖论的问题上是否科学。于是，笔者分别就这十大管理悖论问题，集中总结和研究世界500强企业中的各个企业在处理同一管理悖论问题的方法和行为，并把它们的成功的共同的东西整理出来，这就是本书贡献给大家的“成功管理范式”。

三

本书所介绍的十大管理悖论问题，乍一看，都是企业管理的基础的东西，往往容易为一般读者所忽略。殊不知，世界500强企业告诉我们，愈是企业管理的基础性的东西，就愈要做好，如果连这些基础性的东西都做不好，其他一切都是沙滩上的建筑，无用。更何况，本书所介绍的理念、方法、技巧、范式等等，都是诞生于世界500强企业的实践中，并被证明是成功的。其中的科学奥秘，也绝不是随便一看二看，就能读懂和领悟，而需要结合实际再三品味，才能有所把握。

企业管理就像一幢建筑物一样，基础框架必须符合科学，如什么材料的压力、拉力多少，多少立方的钢筋混凝土可以支撑多大的空间结构及其重力等等；而在建基于基础框架上的楼房上，在哪里开一个门、哪里开一个窗，就允许有更多的艺术创意。

从整个世界企业管理发展趋势来看，管理科学的作用越来越大。因为如前所说的，当一些管理科学被越来越多的人“约定俗成”地以特定的形式使用，并且超越时空和国家地被越来越多的人“约定俗成”地以特定的形式使用后，如果你盲目自大地违背这些管理科学，而盲目地追求所谓的“管理艺术”的创新，那无疑是违背了大多数人的意识和意志，你的失败就是必然的。反之，你遵循已经被众多的企业实践证明是管理科学的东西，你才有生存发展的资格；你只能在遵循已经被众多的企业实践证明是管理科学的东西的基础上，研究如何进行管理创新——形成自己的管理艺术，这才是你想超越别人的正确思维。

十大管理悖论如下：

一、目标悖论：目标管理还是管理目标

目标悖论 1：如果没有目标，我们用什么把来自五湖四海的人引向成功；如果把目标仅仅理解为我们前进的标杆的话，那么对目标的过份关注，往往会使我们忽视企业外部世界的变化，而陷入困境。

目标悖论 2：目标管理的根本追求是什么？如果不在数量上年年增加目标的高度，那如何体现管理者的成功？然而，这种快马加鞭的做法，往往使下属部门明明可以实现更大业绩，也有意不作为，而错过市场给企业的发展机会。

目标悖论 3：管理目标的目的是什么？在制定目标时，制定得高一些，对一些人是发展的动力，而对另一些人却是放弃的原因；制定得低一些，考核就会失去意义。而且，是目标本身重要，还是追求实现目标的过程形式和手段重要？如果没有目标，我们无法对人进行绩效考核；而当人们为了考核过关，不顾一切、不择手段地实现目标——往往是以牺牲企业的长期利益、损害企业的长期成功目标为代价，而后者在当时甚至之后的相当一段时间内是难以发现的。

二、文化悖论：文化与经济是否是两张皮

文化悖论 1：我们希望组织有一个具有很强凝聚力、影响力的企业文化，以确保组织行为的延续性和企业发展的持久性。但当社会、市场发生了变化，企业不得不相应地改变时，企业文化的这种强势就成为一种惰性，一种阻力，使企业的改革十分困难。这种企业文化越强，阻力就越大，企业的改革就越困难。

文化悖论 2：企业到底应该追求经济效益，还是应该追求文化价值？如果企业追求经济效益，则企业的经营就没有导向，员工的行为就没有灵魂，企业就难以持久发展；如果企业追求文化价值，则企业的经营就没有基础，员工的行为就没有动力，企业就难以持久发展。

文化悖论3：企业文化天生是追求本身的个性——一个统一的企业文化，没有统一的企业文化，组织就难以形成标准、程序、规则、方式、方法，以及什么事情应该做，什么事情不应该做，什么事情应该做到什么程度等等共识；而作为员工，他们也有自己的个性——独特的背景、独特的经历和独特的学习而形成的独特的个人文化，如果组织不容许个人的个性文化的存在，那就等于谋杀他们的生命，企业也就没有活力，也一样难以持久发展。

三、竞争悖论：立足于顾客还是立足于竞争对手

竞争悖论1：实施以竞争者为导向的公司，往往可能因为花太多的时间和精力跟踪竞争者而忽略顾客的真正需要；而以顾客为中心的公司在提出它的战略时，也往往由于更多地集中在顾客需要的发展上，而不注意观察竞争者。从某种角度上说，正是竞争对手发掘出顾客的新需要、改变了顾客的需要，并且成就了顾客改变需要的条件和基础。从这个意义上说，忽视了竞争对手包括潜在竞争对手的动态，也就是忽视了顾客的需要，最后也一定会被顾客抛弃。

竞争悖论2：一个企业的竞争力可以归纳为两类：比较优势和竞争优势。比较优势涉及的是一个企业内部不同产业（或产品）之间的关系，强调的是一个企业内部不同产业（或产品）之间的生产率高低的比较，或者是一个企业特定产品的各种能力之间的高低的比较；而竞争优势涉及的是各个企业在市场上的同一产业的关系，强调的则是各个企业相同产业（或产品）包括可替代产品之间生产率高低的比较，或者是各个企业特定产品的同类能力之间的高低的比较。企业竞争战略的立足点应该是什么，扬长避短是生存发展的常识，应该立足于自己的比较优势。但如果我们的长处不及竞争对手的长处，而我们的短处却远远胜过竞争对手的短处，那又应该如何？

四、用人悖论：品德与能力、新人与老人，哪个更重要

用人悖论1：如果人真是“经济人”理论所界定的那样，需要监督和控制，为什么人们又总是想摆脱别人的监督和控制？如果人真是“社会人”理论所界定的那样，需要信任和自由，为什么有那么多没有“婆婆”的人们又总是要重新寻找“婆婆”？——他们不敢接受权力，不敢承担责任，而需要领导在前面引路，并为他们铺设前进的栏杆。

用人悖论2：企业在选择接班人时，在众多候选人中，总是存在德才的差异。企业是需要做事的人，没有能力无助于企业的发展；但是，没有品德却可能会毁灭企业。

用人悖论3：作为团队领导，如果我不用一些有能力的下属，我可能不能很好地完成任务；如果我用了一些有能力的下属，我可能不但很好地完成任

务，可能还会有超出预期的表现，但这个下属却可能因此而成为我仕途晋升的拦路虎——我的老板会先把他提拔到与我同等的地位，然后不久再把他提拔到更高的职位。

五、顾客悖论：员工与顾客，谁是“上帝”

顾客悖论 1：把顾客视为“上帝”无疑是正确的观念，但下列的原则却令人迷惑——原则 1：顾客永远是对的；原则 2：如果顾客错了，请参照原则 1。如果我们真的依据这两条原则经营管理企业的话，那就意味着不论合理与否、不计盈亏，只要顾客满意。不合理的顾客服务，可以暂时留住顾客，却可能毁掉企业能够生存到明天的资源基础。

顾客悖论 2：通常，一个公司 80%的销售额和利润，来源于 20%的客户；或者，一个公司 80%的利润是由 20%的产品带来的。如果从企业经营管理的帕累托原理出发，我们应该只把给我们带来 80%的销售额和利润的那 20%的客户，视为“上帝”，对其余的 80%的客户另眼相看。而当那些只给我们带来 20%的销售额和利润的 80%的客户，因为得不到“上帝”的待遇而离开后，我们又不得不再次按帕累托原理划分重要客户。如此类推，我们的顾客会少到不能支撑企业的生存发展。

顾客悖论 3：当上述两个悖论情况出现时，应该如何处理这种问题，谁最有发言权？是顾客，还是直接与顾客长期打交道的员工？如果是顾客，那上述两个悖论问题就没有研究的意义；如果是员工，那又与顾客是“上帝”的观念相悖。

六、授权悖论：控制与授权，以谁为基点

授权悖论 1：权力的本质就是对特定事物的拥有或支配。权力就是一块蛋糕，授权越多，自己拥有的就越少。要确保组织和人员得到有效控制，就需要集权；而要确保组织和人员承担责任和形成积极参与的精神，就需要授权。

授权悖论 2：现代行为科学研究表明，领导的权力是否能够有效行使在于下属是否同意；要经过下属同意，我们的领导的权力才能有效行使，这“下属”不就变成了领导的“领导”吗？——德国外交家、哲学家卡尔·威尔海姆·冯·哈姆伯特（Karl Wichelm von Humboldt）说：“所有并非出自人们自由选择的事物，或者仅仅是命令或指导的结果，都不能深入人心；对于人类真正天性而言，都是一种异化。人们不会用自己全部的精力去完成这样的任务，顶多是像准确的机器那样罢了。”

授权悖论 3：很多要求第一时间解决的问题，需要下属跨越部门界限，甚至需要下属越级与自己的上级经理讨论对策。而实践证明，这对问题的解决是不可欠缺的，特别是在为客户解决紧急问题时。但这种行为一旦成为习惯，部门的权力界限和上下级的权力和责任界限就会陷入混乱。集权——控制，"一抓就死"；授权——参与，"一放就乱"。

七、团队悖论：关注个人还是关注团队

团队悖论 1：作为个人，我的工作很重要，没有必要为团队的事情操心，但是，如果我不为团队的事情操心，团队其他成员也不配合我的工作，我依然无法完全或很好地完成我的工作。作为团队，我们的工作很重要，没有必要为企业大集体的事情操心，但是，如果我们不为企业大集体的事情操心，其他团队也不配合我们的工作，我们依然无法完全或很好地完成我们的工作。

团队悖论 2：由于每个团队成员的意见和利益有所差异，因而团队的决策和追求的利益往往没有照顾到个别团队成员的意见和利益。如果团队的决策和追求的利益没有照顾到我的意见和利益，那又如何体现我是团队的一员呢？如果体现不出我是团队的一员，那我肯定不会自觉自愿积极工作——目前没有离开这个团队，只是因为还未能找到更好的工作。

团队悖论 3：对于企业组织来说，真正持久性的竞争力因素不是来自团队，而是来自个人；但没有团队的协同作战，任何个别成员都难有作为。如果奖赏（包括物质的和非物质的）在团队中平均分配的话，人们就会向表现最差的成员看齐；但如果奖赏（包括物质的和非物质的）不在团队中平均分配，而是根据各个成员的不同贡献来分配的话，往往成为团队的合作程度降低的主要因素。

八、沟通悖论：照顾自己还是照顾对方

沟通悖论 1：如果我们不能达到目的，为什么还要与对方继续沟通？如果对方不能达到目的，为什么还要与我们继续沟通？照顾自己还是照顾对方？

沟通悖论 2：对方表达的观点或建议我们不能接受，但如果我们真实地表达不能接受对方的观点或建议时，对方可能会不再继续与我们沟通和合作，而这是我们不愿看到的结果；但如果我们虚假地表达接受对方的观点或建议时，既委屈了自己，还可能导致对方以为我们也是像他们一样的，或者是像他们认为的那样，而更加发展那些我们不愿看到的东西。

沟通悖论 3：追求更多的市场占有率，为更多的顾客服务，就必然要与更多的人沟通，包括内部员工与外部顾客，以及其他关系者。与更多的人沟通，意味着用于单个人或特定团体的沟通时间和沟通内容就越少。而沟通频率的多少和沟通内容是否深入人心，决定沟通是否名存实亡。

九、责任悖论：责任大小取决于角色还是取决于能力

责任悖论 1：我是领导，所以我应当承担更多的责任。如果我不能承担比

下属更多的责任，那如何体现我是下属们的领导呢？可是，承担了更多责任的领导们发现，自己承担了越来越多的责任而不堪负荷，于是开始逃避责任，以此躲避即将来临的痛苦和责任。

责任悖论 2：我是下属，所以我不应当承担什么责任。如果我不承担多少责任，那如何体现我的价值呢？而且，没有承担多少责任的下属们发现，自己不承担多少责任，也就没有多少权力，越来越无法体现自己的价值和发展自己的能力，而更容易被企业和时代淘汰。

十、流程悖论：流程重要还是顾客的要求重要

流程悖论 1：流程设计的出发点是什么？如果是当前的技术原理和技术水平，那么它首先应满足技术原理的最节约的要求，以及应该追求当前最先进的技术水平。然而，实践中不少个案证明，满足技术原理的最节约的要求，以及追求当前最先进的技术水平的流程设计，却反而是丧失效率和效益的流程设计。

流程悖论 2：流程设计的出发点是什么？如果是顾客的需要，那么它首要关注的就不应该是技术原理，而是如何快速地满足顾客的需要，而这，却往往是以打乱流程为代价。同时，每一个顾客的需求都具有特殊性，都可以看作是一种例外情况。如果公司试图针对每一种情况来设计流程，则意味着公司将不得不把精力都用来处理最复杂的情况，从而降低效率，也不能再为顾客提供更多的价值。

流程悖论 3：流程意味着流程沿线上的所有人的权力硬化，在流程面前，即使上级也要服从下级，而这，往往使那些做上级的在设计流程时，不是按流程最优化原则来设计或审批，而是按如何避免自己要服从下级的情况出现，或者按自己个人习惯的需要来设计或审批。这是流程设计或流程再造失败的主要原因。

四

为什么这十大管理悖论问题，是企业的永恒的问题呢？一方面因为企业如人，只要死亡了，就没有任何问题；生存一天，就要不断地吃喝以及其他需要，就要产生不断的排泄以及其他病毒等等问题。另一方面，这些问题不是一般的单一性的因果关系问题，找出原因并把原因给解决了，就不会再产生这种问题；这些问题，或是属于一种互为表里的问题，或是属于一种相互依存相互对立的问题，它们都是不可分离的一个事物的两个方面。如果把其中任何一个问题抽掉了，另一个问题也就不复存在——当然这个事物（企业）也就不复存在了。也就是说，这十大管理悖论问题，不可能被消除，而只能是被处理。世界 500 强企业，之所以能够成为世界 500 强，是因为它们都能够恰当地处理好这些管理悖论的问题。需要说明的是，有些悖论概念虽然不得不与时俱进，诸如文化悖论、流程悖论，但这并不说明在这些新悖论概念出现以前，企业不存在文化问题和流程问题，只是过去没有从理论的高度去认识这些问题而已。

悖论的意思是“表面上看起来自相矛盾而实际上可能都正确的观点”。

黑格尔认为，事物的正反两面通过不断的相互斗争从而达到对立统一，这种对立统一不能被简单地看作是一种妥协，它实质上是一种全新的处理方法。

企业如人，由于各自的背景、资源、使命、目标、文化等等的不同，决定了他们各自成功的方法和行为，并不一定能够被另一个企业完全复制并且也获得成功。也正因为如此，才有了千差万别的企业和优胜劣汰的市场现象。所以，任何仅仅是某一个世界 500 强公司发现或创造的处理这些管理悖论问题的方法和行为，不论其取得多么大的成功，笔者也只是把其视为一个偶然性的成功，一种管理艺术而已，而不会把其编入本书。本书的任何一个管理悖论问题的成功管理范式，都建基于相当多的处理好这些管理悖论的问题的成功实践的基础上的。

美国科学哲学家托马斯·库恩（T. s. Kuhn）指出，一个范式就是一个规范的概念框架，科学工作就是在其中展开并得到评价。具体来说，它主要是由 4 个部分所组成：符号的概括化、形而上学的约定、价值和范例，如牛顿的方程：前提，一个形而上学的约定，即每一物体都由不可见的微粒所组成，它受决定论的自然定律所控制；坚持预言的准确性、结果的可测量性、对象的可观察性等是科学的标准。

所以在本书中，笔者在总结和突出世界 500 强企业如何处理十大永恒管理悖论问题时，也遵循着科学范式的概念框架：1. 就同一事情和问题，世界 500 强企业的各个企业是以什么样的理念和行为进行处理的进行概括化，然后寻求他们共同的东西进一步概括化。2. 如同世界 500 强企业就特定的事情和问题作出理论假设和解释，目的是给员工们一种形而上学的约定一样，当笔者把他们的成功经验、方法作为一种成功范式推出时，也就在实际上给我们大家一种形而上学的约定，以实现中国企业做大做强和走向世界 500 强的最大成功率。3. 形而上学的约定毕竟不是法律，如果没有价值，人们是不会履约的；所以，笔者尽可能发掘成功管理范式的价值——那些具有预言的准确性、结果的可测量性、对象的可观察性的范例，也就是说，只要你也能够模仿、复制这些成功管理范式，你自己已经可以预期得到什么样的价值。4. 为了使成功管理范式更具有经典性和权威性，笔者所选择的案例主要集中于世界500强企业中杰出的那一小部分公司。

本书的编写方法是：1. 分别就相关的“范式”包括观念、标准、方法，以及行为方式进行阐述，给读者以理性认识；2. 对应相关的“范式”包括观念、标准、方法，以及行为方式，摘录世界500强企业的原始实践案例，给读者以经验启迪和操作的“盲公棍”；3. 设置相关思考题，引导读者通过思考而更深刻地把握世界500强企业的成功管理范式。

也正因为笔者着重于对世界500强企业如何处理这些管理悖论问题的研究意图，以及编撰本书的宗旨，尤其是研究时间和相关资料的缺乏，决定了本书不能追求所谓理论体系的完整性，而只能是一串串成功实践的珍珠。具体地说，不仅本书的十个篇章中的每一个篇章都是各自独立的篇章，而且有些篇章里面的不同部分也是相对独立的部分。但话又说回来，为了让读者更好地把握世界500强企业如何处理这些管理悖论问题的成功管理范式，笔者还是适当地引用相关的一些理论进行必要的阐述，包括引用一些已经成为成功管理范式的范式，来充实和论证其他一些成功管理范式。

经过连续近三年的艰苦研究和编撰工作，总算是把本书编撰出来了。现在重新审视整个书稿，竟有一种感觉腾空而起——也许跳出世界500强企业如何处理这些管理悖论问题的成功管理范式和案例本身，从哲学的角度去解读这些成功管理范式，会得到更多的启迪，因为这些管理悖论本身就是我们这个宇宙中的某种哲理的化身。例如：

目标悖论，其实就是无限与有限的对立统一：

根据有限目标的可预见性和可考核性，确保企业更经济地更有效地向前发展，通过无限目标的牵引，使企业不会因为有限目标的实现而不知所为。

目标本身，既可以成为员工们积极进取的激励因素，也可以成为员工们消极怠工的催化剂。因而，识别什么样的目标对谁是一种激励因素，什么样的目标对谁却是一种打击因素，也应该是目标管理的出发点和落脚点。同样，任何目标都是实现更大目标的手段，因而，能否实现目标当然是管理目标的出发点，但目标实现的行为方式更重要，更是管理目标的落脚点。

文化悖论，其实就是确定性与不确定性的对立统一：

以确定的企业核心理念同化具有不同文化背景的企业员工，以确定的企业核心理念指引不确定的企业战略行为和员工行为；反过来，又以不确定的企业战略行为和员工行为，注释、延展、扬弃和更新确定的企业核心理念。

管理首先是一种语言，没有共同的语言，人们无法交流和合作。文化管理的难点不在于如何识别不同国家不同地区不同个人的文化差异，而在于如何塑造一个可以为来自不同国家不同地区包括同一地区的具有不同文化背景的企业员工，共同理解共同尊重共同实践的管理语言——文化范式。我们必须清醒地认识到，即使是在同一个国家或地区，每一个员工由于种种原因而一定形成一种只属于他个人的文化，任何企图以所谓的企业文化取代员工个人的文化——即那些在实践上表现为忽视个人文化的行为，都将会失败。所以，企业文化分两个层次，一是企业的核心理念、核心价值观，二是企业的日常文化。前者是企业“约定俗成”的管理语言、文化范式，后者是企业没有“约定俗成”的思想行为，即可以容许有更多个人文化色彩存在的思想行为。

毫无疑问，世界500强企业的文化塑造和文化改革，虽然是由企业领导人发动和主导，但在形式上却表现为大家“约定俗成”的。如果把企业的核心理念、核心价值观比作国家语言、世界语言，把个人的文化理念比作地区语言、民族语言，那么在操作上，我们首先要做的不是强行取缔某一个地区语言、民族语言，而是要充分掌握各个地区和民族的主要语言范式，然后以其中的某种语言范式，作为大家约定俗成的翻译语言范式。这个翻译语言范式，就是企业的世界语。企业文化管理的重点就是如何塑造一个可以为来自不同国家不同地区包括同一地区的具有不同文化背景的企业员工，共同理解共同尊重共同实践的管理语言——文化范式，并使这些来自不同国家不同地区包括同一地区的具有不同文化背景的企业员工，更多地更自觉地使用企业的管理语言——文化范式。有一点可以肯定的是，任何一个企业的语言文化中，约定俗成的被员工们共同理解共同尊重共同实践的管理语言——文化范式越多，企业就越有凝聚力和竞争力。

竞争悖论，其实就是相生相克的对立统一：

以满足顾客的需要为我们生存的目的意义，以顾客放弃对我们的选择为涅槃再生战略转移——发展；与竞争对手共同营造市场生态圈，并不断提高市场生态圈的层次，从而不断提高顾客和企业的生存质量和意义，根据与竞争对手的角逐成败的表现，及时调整我们的竞争战略。

毫无疑义，创新应该是企业竞争战略永远的话题。但在实践思维上，我们应该以创新为制定竞争战略的出发点，以适应顾客、适应竞争对手、适应企业组织及其资源、适应企业核心竞争力以及适应下一阶段的企业核心竞争力的发展需要为落脚点。

为了长期维持竞争优势，我们不仅要不间断地检查市场环境和竞争对手给我们提供的机会或带来的威胁，还要检查我们的资源和能力是否能利用机会或迎接挑战。因此，随时应变将作为我们日常生活的一部分，灵活也是一种竞争优势。

用人悖论，其实就是性本善和性本恶的人性假定的对立统一：

同一个人的同一行为，当不同的人以不同的人性假定去看待时，往往会出现截然不同的处理方法。以恶制恶，到底是一种善还是一种恶？出于良好动机的行为，却产生损害企业利益的结果，又到底是一种善还是一种恶？——这些问题还是留给哲学家们去研究。作为企业，我们应该以性本善的人性假定看人，但始终关注人的行为本身，并以人的行为本身所折射出来的意义或所产生的结果，作为我们用人的准则。

丑恶庸俗的人性一般都不会产生优良的行为，只有善良高尚的人性才能使人做出优良的行为；但人性毕竟不能等同行为。我们必须记住，这里是一个企业，任何人的善恶的思想、善恶的动机只属于他个人的，而他的行为却是大家所看到的，并或多或少地受到影响的。这也是《执行——如何完成任务的学问》一书的作者、美国著名的企业管理顾问大师拉里·博西迪和拉姆·查兰一再强调在用人的问题上，一定要超越情感（领导者要有情感强度），以人的行为本身所折射出来的意义或所产生的结果，作为我们用人的准则。

在实践的层次上，以优良的行为范式，去塑造和改造人的行为，往往更容易改造人的思想品德，更容易促使人产生优良的行为习惯。

顾客悖论，其实也是一个事物的表里的对立统一：

从过程上看，它更多的是体现为“鸡生蛋还是蛋生鸡”的问题。如果我们不把顾客当作上帝，顾客是不会把钱给我们的，尤其是在物质不再缺乏的今天；如果我们不把员工当作上帝，员工也不会用心地服务顾客，也不会把顾客当作上帝，顾客还是不会把钱给我们的。

美国福特公司的创始人亨利·福特是如何处理顾客悖论的问题，如何处理谁是上帝的问题的呢？他的目标是生产更多更便宜的汽车，让更多的顾客买得起汽车，而选择实现目标的过程手段是——给员工们以当时社会一般企业工资水平的两倍工资，以及其他公司所没有的让员工参与管理。以满足顾客的需要为出发点和落脚点，以提高员工的工作满意度为实现目标的手段，是越来越多的世界500强企业成功的共同经验。

授权悖论，其实是利益与风险的得失的对立统一：

把权力授予下属，使我们有更多的时间和精力处理更多的更重大的事情，但同时也使我们不得不承担因为失去控制而可能产生的风险。到底是应该授权多一些还是控制多一些，不可能有标准的公式，而只能结合实际的授权对象——包括人和事项，而具体分析和决定。

授权的关键和精妙之处，不在于被授予出去的权力本身，也不在于领导者的控制权力本身，而在于用权的“范式”。

团队悖论，其实是个体与集体的对立统一：

个体始终是组织活力和竞争力的源泉，而团队又始终是组织活力和竞争力的载体；从过程上看，团队是个体成长的沃土或井盖，个体是团队发展或衰退的主因——所谓“一言兴邦，一言丧邦”。

因而，团队的边界管理显得尤其重要。世界500强企业成功的共同经验是，团队的边界管理橡皮化，它首先是团队内外人员可见的可触摸的，每一个人或小团体都知道自己只能在这个橡皮圈内活动；第二，它是可以被适当放大但不可以自动缩小的，每一个人或小团体都知道自己把这个橡皮圈往外推移一点——只要不过分，橡皮圈不会断，即上司不会批评。而更妙的是，当下属们把这个橡皮圈往外推移一点的时候，如果行为的结果对企业或对大集体有利，上司们可以采取默认或表扬的态度；如果行为的结果对企业或对大集体不利，上司们可以采取批评或惩罚的行动，并且受到批评或惩罚的员工往往无话可说。

沟通悖论，其实是主体与客体的对立统一：

主体与客体的区分仅仅是因为谁是某一次沟通的发起人而已，并不存在谁比谁重要的问题。从本质上说，我们所以与他人沟通，就是因为那个问题或事项我们自己不能独立解决，或者我们自己独立解决比不独立解决更没有效率和效益。

因而，成功的沟通理念是，忘记主体与客体，追求本体——主体与客体达成的共识，形成新的利益结合体。而这，就是沟通的最基本的技巧和最高技巧。我们从GE公司的韦尔奇、IBM公司的郭士纳等世界500强企业CEO的身上看到的是，“春风潜入夜，润物细无声”，于作为与不作为之间实现了沟通——无沟自通。

责任悖论，其实是有与无、多与少的对立统一：

责任管理的难点不在于如何分配责任，而在于责任分配之后人们对人对事的行为态度。

责任病毒的根源在于人们对人对事的行为态度，并且当某种行为态度一旦产生，如果没有相应的管理措施，就会一边倒。在责任的天平上，责任总是向多的那一边、有的那一边倾倒，然后要么是物极必反地重新向另一边倾倒，要么是团队或企业彻底破产。在如何分配责任的问题上，谁的责任的多少本身不重要，重要的是责任是否符合承担者的意愿和能力，尤其是是否存在影响其他人的价值的体现问题。这是有效预防责任病毒和责任失衡的一个重要的尺度。

流程悖论，其实是形式与内容的对立统一：

当一个工作任务自始至终地由一个人完成时，那么，工作任务就是业务流程的内容，这个人喜欢怎么做，就怎么做，而且怎么做都是业务流程的形式。然而，当一个工作任务需要两个人以上合作才能完成或才能更有效率地完成时，那么，业务流程的内容除了工作任务之外，还包括谁应该怎么做，谁又应该怎么与谁合作，对于他本人来说是业务流程的形式，但对于流程本身来说却是业务流程的内容。换句话说，任何一个业务流程，都是其所属的更大的流程的内容，同时又是其下属的子流程的形式。

形式化的业务流程本身在大大保障了工作效益和效率的稳定性的同时，也大大地制约了作为业务流程内容之一的员工的工作主动性和创造性的发挥。当人应该怎么做、又应该怎么与谁合作也成为业务流程的内容之一时，流程悖论也就产生了。事实上，同一个工作任务，相同人数下的不同团队以不同的流程形式进行工作，往往会产生不同的工作效益和效率。所以应该尊重既定的业务流程，还是应该尊重员工的工作主动性和创造性的发挥，就是管理者们常常要面对的问题。

但可以肯定的是，从工作业务、业务承担者、业务活动的逻辑关系、业务活动的实现形式上进行流程设计，从流程系统的路线、规则、角色、企业政策和行为惯例上进行流程管理，是成功的前提条件。当然，流程设计也是流程管理，流程管理也是流程设计。在这里，笔者所强调的是，必须关注具有主观能动性的员工，随时根据员工的变化调整流程系统的路线、规则、角色、企业政策和行为惯例。

五

从哲学的角度上说，“范式”在人们意识到它以前就存在着，人们不能不受到它的影响。范式可以说是理论构筑的原则，是决定理论推演在这个或那个方向上发展的隐秘的核心。所以范式包括规律、理论、标准、方法等在内的一整套信念，是某一学术或实践领域的世界观，它决定着某一时期的思想家群体（包括科学家、理论家、政治家、企业家、军事家、艺术家等等）的思维方式。

当然，任何科学范式本质上都是一套假说，改变其组合，也可能会改变人们的观点。一个全新的看待事物的方式，也能产生新的远见与新的活力。有时只需一个简单的变化，甚至一个简单的换位思考，比如地球和太阳之间谁作为中心的位置调换一下，就足以在事实上推翻原有的世界观。尽管人们不能不受到意识到的和没有意识到的“范式”的制约，但一旦人们有意无意突破了“范式”的限制而获得成功后，也就意味着新的范式出现。

企业管理的成功范式，可以说是一些理论家和企业家因其有着共同的信念、价值标准、理论背景、实践经验和研究方法，而不约而同地共同创造出来的；反过来，企业管理范式一旦成功形成，持同一范式的理论家和企业家因其有着共同的信念、价值标准、理论背景、实践经验和研究方法而组成一个“科学共同体”，继续推动和发展科学——成功管理范式。

在每一个时代，每一个领域，总有一些范式占据着主导地位。一般地说，只有在发生了科学大革命，或者现实世界发生了大变动时，占据着主导地位的旧范式才会让位给新范式。这也充分说明了管理范式是一个不断变化发展的过程。反观近百年来整个世界企业发展史，每一个阶段或时期都会出现新的制胜“范式”，例如：

1910～1919 年间，强调的是规模经济，将企业规模做大，获得规模效益从而获得竞争优势。

1920～1929 年间，强调的是所谓的行为科学管理，这一管理方式是通过工作分析、岗位设计和精细化的专业分工来获得高效生产率。

1930～1939 年间是所谓的人际关系管理，通过调整人际关系，强调所谓的人性化管理来激励员工的努力表现。

1940～1949 年间，强调的是组织行为和组织功能结构。以“管理”取代“工业”，敦促人们从领导、管理和组织的角度来使更多的员工做好工作；以各业务单元之间的功能性结构为基础，通过组织设计提高专业化从而实现对市场的控制能力。

1950～1959 年间，强调的是战略规划与竞争战略，这受益于战争思维对市场竞争的启发，企业家发现战略规划能够为组织提供明确的目标与行动计划，明确的竞争战略可以增加市场竞争的胜算。

1960～1969 年间，强调的是经济预测。通过经济预测去推测行业总量与公司销售量，能够为企业提供比较准确的目标。

1970～1979 年间，强调的是市场营销战略和组织设计，即通过市场营销战略追求市场份额、经营利润，通过区域、产品以及以市场矩阵（matrix）为基础对组织进行改组。

1980～1989 年间，进入了多元发展时期，这时强调的有这么几点：一、战略业务单元（SBU)：以战略业务单元进行组织改组，提高事业部的竞争能力。二、全面质量管理：以全面质量管理为导向获得成本和质量优势。三、顾客导向组织：以顾客为导向制定业务战略。四、强调企业文化，通过企业文化将组织与业务战略凝聚为一个整体，以文化打造一支特别能战斗的员工队伍。五、平衡计分卡（Balance Scorecard）与经济增加值（EVA）：以平衡计分卡与经济增加值为工具去实现业务目标。六、波士顿矩阵：通过平衡风险与收益去安排公司业务重点。

1990 年到现在强调的是：一、全球化：以全球化和本地化为基础制定全球化战略。二、信息技术：通过信息技术增加竞争优势。三、人力资源管理：将人力资源管理纳入战略制定。四、学习型组织：通过智力资本与知识员工的管理，提高企业竞争力；通过建立灵活的知识管理，增加组织适应力。五、业务流程设计，强调工作任务与业务流程的完整性，尤其是流程决策的前置化。六、实行战略联盟和知识联盟：通过与合作伙伴或竞争对手建立战略联盟和知识联盟，以提高对抗主要竞争对手或潜在竞争对手的竞争力。

六

需要说明的是，世界 500 强企业是一个动态性先进的代表的概念，每一个时期，都有一些一度进入世界 500 强企业行列的企业被淘汰出局，也有一些企业新星荣升为世界 500 强企业。甚至不少目前仍然是世界 500 强企业的公司，诸如杜邦公司、IBM 公司，也曾风雨飘摇过，也曾危机四起过。而所有失败和成功的故事，恰恰说明了一个真理：任何基于各自的背景、资源、使命、目标、文化的独特的管理艺术——战略、方法和行为，并不一定能够被另一个企业完全复制并且也获得成功，也并不一定能够确保其自身在下一阶段继续成功；而相反，能够被另一个企业完全复制并且也获得成功的管理范式，也往往能够跨越时代，确保其自身在下一阶段继续成功，除非整个世界发生根本性的翻天覆地的变化。从上述近百年来整个世界企业发展史，我们也看到，新的范式的出现，只是给世界企业管理的范式库里增加了一种新范式而已，它并不意味着范式库里的其他范式失效，除了占据着主导地位的旧范式让位给一个新范式之外。比如，流程再造的理论和成功范式出现之后，并不意味着所有的企业流程都要走向整合化，如果你的企业业务仍然是大规模且专业分工很强的话，也许仍然实行传统的专业分工协作，会比实行流程组织更有效率。因为世界太大，各个地区各个领域往往是发展不平衡的、千差万别的。

当然，任何范式也会存在随着时代的变化而失效的可能性。如果说在我们人类世界里，存在着永远有效的成功范式的话，那这个成功范式一定就是——世界一定会变化，必须根据变化作出调整或创造出新的成功范式。

从科学哲学的角度上说，虽然所有的范式本质上都是一套假说，但它在被证明是否正确以前，已经成为科学的范式的母体，而一旦在实践上被证明是正确的成功的范式，它就是科学的范式；之后，如果某一天因为现实世界发生了大变动，或者因为人们改变了其组合，并在实践上又获得更大的成功，而产生新的成功范式，那么，产生这个新范式的原来的范式——也曾在实践上被证明是正确的成功的范式，仍然是科学的新范式的母体。正所谓失败是成功之母。

正是从这个角度上说，笔者研究总结出来的世界 500 强企业在如何处理这十大永恒管理悖论时的成功管理范式，在当前，是我们企业做大做强和走向世界 500 强企业的基础平台，在未来，是我们创新发展新的成功管理范式，尤其是发展出“中国造”的新的成功管理范式的基础平台。

七

行文至此，还是感到未能充分解读这十大永恒管理悖论，因为相关资料和案例毕竟有限，因为上述的所谓哲理性解读毕竟也受笔者个人水平有限的影响。作为笔者，我并不奢望能够充分解读这十大永恒管理悖论，而只求能够做到抛砖引玉，引发更多的学者尤其是企业家参与建设企业管理的“世界语”——总结更多的成功管理范式，并作为管理语言与世界各国人民一起约定俗成地使用。

事实上，笔者毫不讳言，在本书中，摘录和总结前人的东西的成分，远远多于笔者本人研究的成分。如果说笔者有所创新的话，那创新的价值并不主要体现在诸如世界 500 强企业的共同特点的研究上，也不主要体现在诸如管理目标的研究上或如何预防责任病毒的理念研究上，而主要体现在创新性地把管理语言，上升到具有哲学科学意义的范式的层次上，并从科学范式的角度上（范式本身更多的是意味着科学和成功），强调发掘和整理不约而同的成功的管理语言，或源于个别企业的成功的管理语言，而被不同地区不同企业学习、复制、模仿并也取得成功的管理语言——“约定俗成”的管理语言的意义和作用，尤其是世界 500 强企业在如何处理这十大永恒管理悖论时的“约定俗成”的管理语言的意义和作用。正如语言范式——句子的主语谓语宾语定语状语补语，以及单词的意义，总是从其民族优秀作品中总结出来的一样，管理范式也应该从世界500强企业的成功管理语言中总结出来。也正如推广优秀的语言范式——“约定俗成”地使用语言范式，目的是为了更好地达到沟通和交流一样，发掘和整理世界500强企业在如何处理这十大永恒管理悖论时的成功管理范式，也是为了进一步提高企业的成功率和发展的平台。

今天，全球化的经济需要企业管理的“世界语”，而企业管理的“世界语”将大大促进全球经济一体化。

正如我们很多人一开始并不理解很多公式和定律，但通过使用它们，我们帮助自己获得自身不具有的知识和利益，并往往因为使用它们而加深了对它们的理解。同样，我们也许未能充分解读这十大永恒管理悖论，但这不重要，重要的是我们自觉学习和实践世界500强企业在如何处理这十大永恒管理悖论时的成功管理范式。

笔者长期从事企业管理顾问工作，更偏爱实战。所以本书的所有思考题，都集中于一个具体的问题，并且都是实践中常见的具体问题，对这些问题的思考，更有助于深刻地理解和把握世界500强企业处理这十大永恒管理悖论的成功管理范式。事实上，作为企业，更多碰到的更需要思考和解决的是如本书所列的实战型的思考题。作为笔者，当然已经形成对本书所有思考题的答案，但为了总结更多的成功管理范式，丰富企业管理的“世界语”，尤其是希望在明天的企业管理的“世界语”中，含有更多的“中国造”的成分，笔者欢迎同道中人尤其是企业家互相交流。

交流方式：电话：020－86303738　13728028672

网站：www.mgmtkey.com　邮箱：9808@mgmtkey.com

第一章
目标悖论：
目标管理还是管理目标

目标悖论 1：如果没有目标，我们用什么把来自五湖四海的人引向成功；如果把目标仅仅理解为我们前进的标杆的话，那么对目标的集中注目，往往会使我们忽视企业外部世界的变化，而陷入困境。

目标悖论 2：目标管理的根本追求是什么？如果不在数量上年年增加目标的高度，那如何体现管理者的成功？然而，这种快马加鞭的做法，往往使下属部门明明可以实现更大业绩，也有意不作为，而错过市场给企业的发展机会。

目标悖论 3：管理目标的目的是什么？在制定目标时，制定得高一些，对一些人是发展的动力，而对另一些人却是放弃的原因；制定得低一些，考核就会失去意义。而且，是目标本身重要，还是追求实现目标的过程形式和手段重要？如果没有目标，我们无法对人进行绩效考核；而当人们为了考核过关，不顾一切、不择手段地实现目标——往往是以牺牲企业的长期利益、损害企业的长期成功目标为代价，而后者在当时甚至之后的相当一段时间内是难以发现的。

孙子兵法：

“兵者，国之大事也。死生之地，存亡之道，不可不察也。故经之以五事，校之以计，而索其情：一曰道，二曰天，三曰地，四曰将，五曰法。道者，令民与上同意者，故可以与之死，可以与之生，而不畏危。天者，阴阳、寒暑、时制也。地者，远近、险易、广狭、死生也。将者，智、信、仁、勇、严也。法者，曲制、官道、主用也。凡此五者，将莫不闻，知之者胜，不知之者不胜。”

第一节　目标是什么

目标就是人们为自己设立发展的方向和追求，以指引和确保自己的前进步伐不断靠近那个方向和追求。理想的目标应该是一个可以预见的标杆。

在这里你要描述公司未来的发展方向。除了一些可量化的目标外，公司还应该确定自己所选择的“沙箱”，它包括未来若干年内，公司期望达到的地域范围、产品和服务，以及市场份额。当然，你的“沙箱”能够而且确实会经常变化。施乐公司就发生了明显的“沙箱”焦点变化：从一个复印设备销售商，转变为一个文件管理者。

确定目标的宗旨是激发一种自我努力、追求卓越的强烈愿望，是为塑造积极、灵活、和谐的组织风格，是为统一人们努力奋斗和学习的方向。企业能否实现这个目标，其关键在于企业最高领导人的观念和行为。

一个企业的目标，应该是一种“行动的承诺”，以达成企业的使命，也应该是一种“标准”，以测量企业的绩效。企业的目标应该是作业性的，可以转化为特定的目的、特定的工作配置，并且足以成为工作与成就的基础与策略。企业的目标，应该足以成为一切资源与努力集中的重心，应该能从诸多目的之中，找出重心，作为企业的人力、财力和物力运用的依据。

一、世界500强企业的目标的共同特点

在今天，任何一个希望成为世界500强企业的公司，在确立自身的企业发展目标时，必须：

1. 先确立自身的使命和核心价值观，并且，在确立使命和核心价值观时，要放在全球的范围内来考虑，要能适应不同国家和地区的文化背景。

2. 追求更高的目标，以不断鼓励人们前进。将远景目标和使命牢固地建筑在一整套催人奋进的使命和核心价值观的基础之上，以使组织运作与奋斗目标之间趋向和谐。

3. 建立以公司使命和核心价值观为动力的企业文化，并为塑造理想的企业文化，制定一整套目标，以促成信念、行为和体制上的变革。这些目标为组织指明了方向，并为特定措施的形成和实施提供背景。同时通过培训，使全体

员工的行为符合实践企业使命和价值观的需要，尤其需要把管理人员尤其是高层管理人员从管理角色转变为领导角色。

4. 建立健全符合使命和核心价值观的工作标准和行为标准。在管理层中缺乏清晰的、让大家理解的工作目标，是造成公司内部冲突和运作平庸的最常见原因。

5. 确定一个包含创新精神、战略和战术思想、实施步骤和时间表等诸多要素的计划，其目的是开辟一条详尽的途径，将我们从当前的状态引向理想的境界。这样一个计划包括特定的目标、实施步骤以及到某一特定时间应该达到的明确而又可量化的结果。

6. 建立反馈、监控和改善走向理想境界进程的体制。其中包括用来经常性地衡量每项措施的进展情况的各项程序，以及为确保走向理想境界的正确方向而进行迅速调整的各项过程。

一般来说，除了那些由个人出资，从小公司创业开始的企业，不得不一个人制定企业的使命和核心价值观之外，现代的大公司，尤其是现任 CEO 不是该企业的原始创立人的企业，应该大家共同参与，制定企业的使命和核心价值观。就企业的使命和核心价值观来说，一个人制定与太多人参与制定一样，都是不能操作下去的，即使勉强操作下去，也是弊大于利。所以，这里所说的大家的概念，是核心团队成员。

二、明确我是谁，为了谁——企业使命和核心价值观

如果目标一定要有数量指标的话，那么，一旦达到了，以后还有什么可以吸引我们继续努力奋斗？一旦达不到，我们为什么还要存在？

我们发现世界 500 强企业的最高目标是没有数量的，而更多的是一种价值追求。例如：

比尔·盖茨 20 年前就确立了一个十分简单的公司发展愿景——让电脑走进每一个家庭，走上每一张办公桌。而在最近，盖茨和史蒂夫·巴尔默（巴尔默是新任微软公司的 CEO）已经感觉到这一愿景已经近乎全部实现，所以现在是构想出新的愿景的时候了，这个新的发展愿景就是：无论何时、何地以及何种装置，用我们的强大软件赋予你无穷的力量。

沃尔玛公司的宗旨是，“让普通老百姓买到只有富人才能买到的东西”。

英国宇航工业公司（British Aerospace——BAe：拜耳）的目标是：“献身

于共同工作，与我们的伙伴共同努力，成为我们行业的样板，树立一个令客户满意的，技术上、财务业绩上以及我们所做的一切的质量上的典范。”

世界500强企业的最高目标往往是源于他们对我是谁，为谁，谁是客户，我们为什么存在等问题的思考，而这从本质上说，就是一种人生、企业的使命或价值观。因而，确定目标之前，首先要明确我们的使命或价值观是什么，然后再从这个使命或价值观出发，制定我们的目标。正所谓大象无形，大音希声，大道至简，企业至高的目标本身就是其使命、宗旨、核心价值观。从这个意义上说，目标就是一种追求价值和战略战术，也属于管理目标。

在上世纪90年代以前，人们不断追求精心设计的制度、复杂的组织结构、公式化的计划等等来实行管理，结果导致越来越依赖于这些所谓的精心设计的制度、复杂的组织结构、公式化的计划，而陷于僵化。我们当然不能没有管理制度、组织结构和计划，问题是如何才能避免管理制度、组织结构和计划不陷于僵化呢？世界500强企业告诉我们，明确企业使命和核心价值观，并用企业使命和核心价值观统一人们的思想，指导人们的行为和行动。而对使命和核心价值观没有统一的认识，则是不同的行为和行动标准并存的根本原因，也是大多数平庸公司和失败公司的主要原因。

案例：拜耳公司是如何发掘公司使命性目标和核心价值的

英国宇航工业公司（British Aerospace——BAe：拜耳）CEO理查德·埃文斯说：拜耳公司的目标是：“献身于共同工作，与我们的伙伴共同努力，成为我们行业的样板，树立一个令客户满意的，技术上、财务业绩上以及我们所做的一切的质量上的典范。”

如何才能达到这个目标？拜耳公司通过询问每个分支机构的两名或3名高级经理，开始着手确定那些能够使BAe成为行业样板的条件，广泛传播并取得认同，使BAe的样板放出光芒的作用。经过30位经理许多次的讨论和内心深刻的反省，分析、整理出了最有价值的5个方面：(1)员工是我们最大的有生力量所在；(2)客户居于我们工作的最优先位置；(3)合作发展是我们的未来；(4)创新与技术是我们取得优势的条件；(5)行动是取得业绩的关键。

重要的是，这5个具有重要价值的方面，体现了有影响力和高度可信的现场经理们的思想。他们易于掌握，具有相当大的影响力，而且具有对许多不同情况的适应性和可重复性。

于是，拜耳公司组织了由全公司130名高级经理人员组成的较大团体，就这5个价值观进行讨论。只有白痴才不同意“人是最重要的”这一理念，问题是，以什么专门的方式来体现其重要性，以什么措施来开发其潜在重要性或有没有其他可测评和可传授的方式？

考虑到这样一个事实——分封割据的思想走得如此之远以至他们中许多人以前从未谋面，甚或未曾在电话中作过交谈。像其他所有地方的经理们一样，BAe的经理们非常擅长于在会议上用官样文章有条理地表达自己的观点和意愿，而将实情保留在会场之外。不用说，真正的思想、使命和目标——以及对他们来说真正的收获——只能产生于那些参加者公开直接说出他们的想法的会议上。在这个研讨进程中，拜耳公司非常清楚地认识到将这5个重要的价值观付之于实践，需要建立新的行为范式。

为鼓励更多的公开性，理查德强烈要求专题会议的与会者将有关反馈内容全面真实地写给他。起初，他没有收到纷至沓来的反应，但慢慢地，出于他表现的需要以及逐渐地产生信任感，他将他们争取过来了，而且“致老伙伴的信”变得频繁而且量大。

5个价值观方面的讨论，被证明是一次将所有参与者强有力地团结在一起的实验，它建立了曾经一直缺乏的团体意识。当这个计划在整个企业逐步推广实施时，工作重点就由价值定义转向了考虑能够给每条价值观提供最佳支持的行为和实践做法。

这项计划目前跃上了专业化的新台阶。他们从全公司130名高级经理人员中选出一个由12名成员组成的人力价值小组，对人的价值问题提供回答。相同地，拜耳公司围绕另外四个价值观组成了相似的小组，各自负责制定一个本领域的实施计划。

人力价值实施计划的一个重大延伸就是展示了这样一个强烈的信念：在BAe，没有管理者的价值观念。为将这一信息体现得更清楚，先前许多为行政管理人员提供的补贴（偿）和福利待遇已经延伸到每位员工。这些包括由主管人员做出一个年度评价总结、员工个人发展（培训）计划、优惠汽车租赁和健康保险事宜。拜耳公司制作了一份向所有员工放映的录像，每年两次报道BAe在实施所有价值计划方面取得的进展，持续申明人的重要性。

5个公司价值计划中的每一个，也是业务单位的实施计划中的评估内容，它必须包括对能够帮助企业达到计划目标的实际行动做出的评估内容。这些价值计划成为了贯穿样板体系的支柱，发挥一种棱镜的作用。通过它，行动得到评价，战略得到评判，行为得到鼓励或阻止。因为，如果人们想改变行为，他们就需要得到帮助和重新定位，所以，拜耳公司又投资于一个12天的技术培训计划，以帮助大约1 500名行政人员每天都完全按5条基本价值要求行事。制定了“最优”计划——样板经理技能培训计划，这个计划发出的信息是：这些价值计划的重要性不只是放在口头上说说而已，它们必须付诸实施。

三、目标管理——凡事讲究目标

目标管理是根据重业绩、成果的思想，由企业确定各阶段期望达到的总体目标，再由各部门和全体员工根据总目标确定各自的分目标，并积极努力使之实现的一种管理方法。

目标管理强调“凡事皆应有目标”。对于各级管理人员而言，目标管理的直接意思是以“目标”作为管理所属资源（人力、设备、原料、技术、资金、时间等）的中心，以“目标”作为行动的导向。对各级主管人员，其作用在于告诉大家如何指导下属、控制下属，通过使成员亲自参与工作目标的确定，实行“自我控制”，并努力完成目标，辅之以对工作成果的客观合理的考评标准，激发出成员更大的自主性和潜力。

目标管理对企业经营的作用还在于：使企业管理从传统的人治管理进入到法治管理——人力、设备、原料、技术、资金、时间等等以目标大小和优先次序进行分配，名利报酬以目标完成率及其完成方式作为评估依据，而大大减少人的主观随意性评价。

四、管理目标——一事当前，关注什么

管理目标是明确公司在一定时期内的重要工作事项、目标、要求达成目标的时间、责任部门，为企业每一个员工提供一系列的指导方针和工作关注点。

工作目标一旦决定，管理目标要求企业首要关注的不是目标达到与否，而是人们追求目标的过程、状况如何。它着重于：1. 提升组织整体的及时反应能力；2. 减少内部创新和改善的阻力；3. 顺应形势，指导资源分配；4. 激发员工应有的潜力和追求更好的动力；5. 创造崇高的意境，将理想逐步变成现实。

管理目标，就是要明确应该用什么参数来评价一项工作任务，即管理项目

是什么，然后收集数据、资料，对目前的状况进行分析，把握问题所在，根据自身能力、内外环境的要求决定希望达成的目标，做出计划，或修改计划，按计划展开工作。管理目标就是管理项目，就是明确通过哪些关键要素或项目的控制、改善，能反映问题解决的状况。

管理目标对企业经营的作用还在于：自我管理，在目标不能改进时尽可能地减少资源的消耗，或在投放一定的资源下尽可能地提高目标价值。

案例：美国可口可乐公司 20 世纪 90 年代以来的使命

我们面临的挑战：

就是使我们目前极为成功的主要事业以及可能从事的新事业的利润不断增长，使利润率大大高于通货膨胀率，让股东们获得超过平均水平的投资总收益。要把继续维持和提高本公司产品举世无双的地位，作为我们的基本目标。

我们的事业：

到 20 世纪 90 年代，在世界上每一个经济上适合的国家里，我们将继续保持或成为软饮料的统治力量，我们将继续重视世界范围的产品质量，以及在不断扩大的市场上提高市场占有率。

我们的顾客：

公司各级管理人员都应竭尽全力为我们的顾客，以及与顾客相联系的零售和批发销售网服务。这是我们的主要目标。世界是我们活动的舞台，我们必须在这个舞台上赢得市场经营的胜利。

我们的股东：

在下个 10 年内，我们仍然对股东们完全负责，保护并增加他们的投资和对公司的信任，保持公司的特点、风格、产品、形象。

我们的基准线：

我们希望继续付给股东们稳定增长的红利。年收益的迅速增长，将会做到这一点。同时，必须降低红利在付款部分中的比率，以便收益中用于再投资的比例有所增长，保持我们必要的增长率。如果某些资产不再带来最低限度的收益增长率，我们就考虑收回投资。保持股票年收益和资产收益率的日益增长仍然是我们的主要策略，但要使其不至于达到威胁我们较长期的活力的程度。

我们的人员：

它影响着我们这个具有生命力的国际性经营实体的“生活风格”（或企业行为）。前面已指出我们在 20 世纪 80 年代发展中缺乏的勇气和责任感。我们还要再增加整体性和公正，并坚持认为，上述4种道德观应在我们组织内上上下下融为一体，从而使我们的所作所为产生出领袖人物、优秀的管理者，最重要的是产生出企业家，我们期望，以创新精神取代消极反应，激励有识之士敢于去冒风险。

作为拥有多种文化和多国员工的真正的国际性公司，我们必须培育“国际大家庭”的观念，这个观念是我们传统精神的组成部分。在公司内部，所有员工都有同样的成长、发展和提升的机会，他们的进步将仅仅取决于他们个人的能力、抱负和成就。

我们的智慧：

当我们跨入20世纪90年代时，希望可以充满信心地说我们公司职工都以自己的方式显示了：

• 有洞察当前行动的长期后果的能力；

• 如有必要，宁肯为长期利益牺牲短期利益的意愿；

• 具有能预测并适应变化（顾客生活方式的改变、顾客爱好和需要的改变）的敏感性；

• 有责任感，能以良好的方式管理我们的企业，使我们在业务所及的每个国家中，总是受到欢迎并成为该国工商业的重要部分；

• 有控制一切可控制因素的能力和不受无谓干扰的智慧。

五、管理目标与目标管理——企业战车的两个轮子

如果把企业使命和核心价值观比喻为人的大脑，那么管理目标与目标管理就是人的两条腿。它们都受到大脑的指挥而行动，它们之间的关系是一种互为因果的关系；如果其中的一条腿走偏了，另一条腿也会走偏。

从这个角度上说，管理目标与目标管理都是不可或缺的，并且都是要正确把握的。在最高管理境界上说，管理目标与目标管理就是同一事物，是同一事物的两个方面。目标悖论的平衡难点是，哪些方面在什么环境下、在什么层次上应该作为目标管理，哪些方面在什么环境下、在什么层次上应该纳入管理目标。换句话说，没有哪些方面是不论在什么环境和什么层次上都作为目标管理，也没有哪些方面是不论在什么环境和什么层次上都纳入管理目标。

但从经营的层次上说，目标管理是管理目标的进一步实现手段，管理目标是目标管理是否必要的指导思想。

目标管理在形式上更多地体现为一种人、财、物的分配，信息和方法的提供，行为及其结果的掌握。例如，目标管理会关注下列问题：

• 投入多少资源要获得多少价值？

• “目标树”怎样划分，即各个层面、各个阶段的目标如何划分？

• 各个层面、各个阶段的目标任务由谁承担，以什么形式承担？

• 实现目标的关键的能力要素和行为范式？

而管理目标在形式上更多地体现为一种前提性思考，即每当我们确定一个具体的目标时，我们应该思考下列问题：

• 我们有必要确定这个目标吗？

• 这个目标对我们要取得成功的根本性的或主要事业有什么作用？

• 现在是确定这个目标的适合时机吗？

六、明确不同层次的目标

目标有高低，也有长期与短期之分。明确不同层次的目标，有利于我们把握应该坚持哪些目标，应该改变哪些目标，有利于我们把握哪些目标在什么情况下应该作为软策略，哪些目标在什么情况下应该作为硬手段。

第一，你必须确定哪些是优先的，并准确表达出来。这个过程将使你的工作清晰、一贯。

第二，你必须把工作细化。即你想表达什么时间完成什么工作。

第三，如果工作目标公之于众，就会大大增强每一个人的责任感，这将转化为工作的动力。从抽象概念的角度上说，使命、目标与计划，是难以分得清楚的。目标与计划的关系是：某一子目标是其所属大目标的一个计划，计划本身就是一个目标。如：月度计划是当月的目标，相对于年度目标来说是一个计划，而年度目标也只不过是长远规划下的一个短期计划。

企业使命——职责：做什么；

目标：做到什么程度；

计划：怎么做。

为了正确把握目标和实行目标管理，有必要正确理解以下一些与目标有关的基本概念：

• 公司长远规划：指的是不断推进的目标，公司在选定的方向上持续地努力和行动步骤。它可以量化，也可以不量化。它的一个经久特征是：可以年复一年地重复。例如：“公司收入每年增长15%”；“在我们运作的市场上占据第一或第二”。

• 长远目标：在一个更长时期内的目标，即今后的3～10年。比如，“在今后3年内，我们的目标是将销售额和利润翻一番”。

• 目标：它指的是今年或当期的主要任务。每个目标都要量化，都有推进的时间表。

• 标准：它指的是对不断重复的工作的要求。比如，一个针对财务统计的标准是：“每月第10个工作日完成，无差错。”

• 战略：意指一个确定的目标如何实现。战略不是目标本身。

• 政策：指的是确定一个标准的方式，使之有效地去应对不断重复出现的情况。

第二节　如何制定有效目标

目标过于抽象，员工们会因为难以把握方向而不知往哪个方面着力；目标过于复杂，员工们也无法把握重点而难以形成竞争优势。伟大的商业战略家加里·哈梅尔对战略目标的表述如下：如果你通不过以下两项测试，你就没有真正的战略目标，这两项测试是：第一，你打算做的事要确实与你现在的和潜在的客户关系重大；第二，这些事一定要使你和你的竞争对手有所不同。

一、世界500强企业制定目标的共同准则

1. 目标要有长期规划——从现在起，10～25年内你打算往何处去；更要有短期规划——未来90天中你必须做些什么。这就要求有真实的数据，以便让管理团队根据现实数据采取相应的行动。

2. 目标要具体而简单、明确和有时限，要让每件事都像“傻瓜”一样简单。如果你的战略、规划、决策、系统等等看起来十分复杂，那它们就有可能会出错。

3. 目标要少，还要有优先次序。优先性任务越少越好，CEO杰克·韦尔奇在任20多年期间，GE公司只有4个首要任务。

4. 目标要具有挑战性而又实际可行，留有一定的努力空间；目标要有可衡量和可评估的指标：质量、数量、时间及费用。

5. 目标和计划由执行者制定（执行者——不同层级的任务团队与直接上级）；企业职能人员帮助收集数据和进行分析，领导人员亲自负责制定战略目标和计划的核心部分。

6. 目标要上级和下属相互认可所设定的目标；目标要一以贯之，领导要以身作则。

7. 与企业经营目标紧密相关，对企业的成功紧密相关。

◆ **当我们把目标作为一种管理手段，其制定和实施的过程步骤：**

1. 发掘企业使命和核心价值观；2. 以企业使命和核心价值观为指导形成基本经营方针；3. 确立长期目标；4. 制定近期整体目标；5. 共同设定部门具体目标；6. 全员参与设定自己的具体目标；7. 怎么做，商讨目标实现的方案及措施；8. 进度反馈与过程跟踪、业绩考核和评价。

◆ **当我们把目标作为一种追求价值和战略战术，其制定和实施的过程步骤：**

1. 目标是什么，是否符合企业使命和核心价值观；2. 为了什么，是否有价值和有必要实施；3. 明确应该用什么参数来评价一项工作任务；4. 明确通过哪些关键要素或项目的控制、改善，能反映问题解决的状况；5. 基于绩效和行为的评价与反省。

二、谁最有资格制定目标和计划

一份真正有效的目标和计划应当是由执行者制定。企业职能人员帮助收集数据和进行分析，但领导人员必须亲自负责制定战略目标和计划的核心部分。

为什么由执行者负责制定目标和计划呢？因为：只有他们了解企业当前面对的商业环境以及组织的实施能力；只有他们知道哪些提议符合市场实际，而哪些又是不切实际的；只有他们了解实现什么目标需要具备哪些条件；而他们在公司中扮演的角色使得他们更加容易引入一些新的思想，能够在不同的方案之间进行衡量，并了解规划过程中应当考虑而又常常被忽视的问题。

三、确立明确的目标和实现目标的先后顺序

公司要有一系列的目标，其中一些目标是长久的，比如公司的使命、核心

价值观和长期的“胆大包天的目标”；而有一些目标可能要发生变化，甚至每季、每周都可能有变化。因而，我们必须经常性地关注市场变化，并根据市场变化调整优先任务和首要任务。CEO 每年的业务系统会议就是研讨新一年的优先任务和首要任务。沃尔玛公司每两个月召开一次经营会议，研究全球战略目标和战术策略，根据市场变化调整优先任务和首要任务。

当决策过程被分散的时候，比如说在矩阵型组织当中，各级相关人员就要进行一定的取舍和选择。因为在这种情况下，部门之间将存在着对资源的竞争，同时决策权和工作关系不清晰的问题也在很大程度上增加了人们进行选择的难度。在这种组织当中，如果没有事先设定清晰的目标顺序，各级部门之间在进行决策时很可能就会陷入无休止的争论之中。

确立清晰的目标之后，你的下一个步骤就是简化。如果你的战略、规划、决策、系统等等都看起来十分复杂，那它们就容易出错。那些执行型领导者们的讲话总是非常简单而直接。他们能够简洁地阐述自己正在思考的问题和建议，而且他们知道如何对自己的想法进行简化，从而使每个人都能很好地理解、评估和执行，并最终使这些想法成为组织内部的共识。

为了搞清楚你是否持续地按照你的优先任务行事，你需要真正的数据来反馈这一过程。也就是说，你需要有关键的测量公司长期发展总目标的标准，它就是我们说的“精明数字”，也要有测量短期战略目标（公司业务的某一个方面的每一个人的）的标准，它叫做“临界数字”。短期目标和长期目标之间要平衡。

四、目标制定过程的常见问题与解决方法

目标制定的过程最直接地体现了员工的参与精神，但是也容易出现一些难以协调的问题。能否有效处理这些问题，直接关系到目标能否实现以及是以什么方式实现的问题。

在制定目标计划的过程中，一开始就运用企业使命、核心价值观，唤起和强调人的责任感和使命感，然后，再讨论目标，让员工们先给自己制定一个目标计划，效果往往更好。经验表明，员工们给自己制定的目标计划，往往比其上司原定的目标计划更高，至少一般比其过去的目标更高，因为员工们往往为了证明自己有所进步，而不会把目标定得太低的。以下是一些目标制定过程中常见的问题，以及参考解决方法。

【问题之一】设立低水平目标，缺乏信心。

【解决方法】将注意力从讨论目标可能有多难，转向分析目标与现状的差异，在什么条件下能够消除；（或）先估计乐观值（最好的打算），再估计悲观值（最差的打算），最后协商确定其间的目标值。

【问题之二】互相推诿，缺乏决心。

【解决方法】通过目标研讨会来增进信心沟通，让参与者明白整体关系，并使组织的每个成员的目标获得公认；（或）以小组的形式，在部门内创造一种善意的竞争气氛。

【问题之三】强压目标，缺乏耐心。

【解决方法】以“现场·现物·现实”的方式，提出充足理由（数据、事实）；（或）强调上级对下属目标的共享原则。

【问题之四】目标大而复杂，缺乏恒心。

【解决方法】把大目标分成几个不同阶段，分别确立每个阶段的目标。

管理悖论：

目标过大，往往由于一开始严重打击员工们的信心，反而导致工作陷入被动的困境；目标过小，往往由于一开始就缺乏吸引力而导致精神和斗志低落，以及由此而来的能力发展缓慢。

第三节　轮舵和指南针——落实目标和实施目标管理的关键

首先你应该清楚地告诉人们公司的目标是什么。然后你会与大家一起讨论实现这些目标所应当具备的条件，并同时把这作为指导过程的一个重要环节。一段时间之后，你应该对他们进行更多的指导、更多的奖励或取消奖励、调换工作岗位，或者是让他们离开。在这个过程当中，你实际上就已经为自己的企业建立了一种目标责任文化，或者说执行文化。

如何让所有人员向着公司的目标前进？唯一成功的方法，就是使员工成为“舵手”，这意味着你在给出了公司目标的所在方向和位置之后，给员工们一个指南针，然后让员工们自己把握轮舵，也意味着给员工一定时间去思考：在自己的工作团队里，应确定什么样的工作目标，或者采取什么样的实际措施，能在自己的工作范围内帮助公司实现长远目标。

一、世界500强企业实现工作计划目标的基本范式

企业整体工作效率的高低，并不完全取决于个人能力的高低。如果工作的推进方法不当的话，何时、何人，完成何事、有异常时以何种方式让相关人员尽快知道及责任人等诸多事项未能明确的话，出了问题推卸责任，相互指责，不但一群有能力的干部无法取得较高的整体工作效率，而且，因为相互之间关系的恶化，将会进入恶性循环。

一个有效的执行和实现工作计划目标的方法通常包含以下内容：1. 工作计划；2. 管理项目；3. 目标和标准；4. 信息反馈与总结；5. 一页管理；6. 跟进与过程监控。

• 工作计划

所谓工作计划，即是：明确公司或组织在一定时期内的重要工作事项、目标、要求达成目标的时间、责任部门，为企业组织的工作做出方针指向。

首先要清楚什么工作是重要的，是急迫的，这可以从上年度（或上半年）的公司、部门发展状况来决定，也可以从市场的需求或竞争对手的变化来决定。

• 管理项目

工作计划目标一旦决定，就应该明确需要管理的项目是什么，用什么参数、标准来评价此项工作，通过哪些项目的控制、改善，能反映问题解决的状况。

• 目标和标准

收集数据、资料，对目前的状况进行分析，把握问题的所在，根据自身的能力、内外环境的要求，来决定希望达成的目标，做出计划，按计划展开工作。把工作计划目标写在活动挂图上，拟订行动方案，分发给各级管理者，此行动方案即成为该组织活动的蓝图。同时，对每一个具体业务或工作任务确定相应的工作标准，作为评估工作完成与否和好坏的依据。

• 信息反馈与总结

定期反馈和报告工作计划的执行情况，以及遇到的问题，以便确定工作任务是否按计划执行或是修正工作计划和调整管理项目。各级管理者都要事先确定本级的定期会议，检查工作计划的实际执行情况，追问："我们已经做的工

作是我们想要做的吗?”“有没有我们事前没有想到而现在发现应该要做的工作?”通过调整各个部门或团队的执行行为，确保执行力用到刀刃上。同时这还会传递一种信息，即公司对各个部门或团队设定的目标是严肃认真的。

• 一页管理

“一页管理”的范式要求相关内容是“由外到内”和“从上到下”。所谓“由外到内”，是指这些数字必须反映出公司所面临的外部市场和竞争环境，它们所传达的信息必须使投资者相信：购买这家公司的股票是值得的。所谓“从上到下”，是指在确定目标的时候应该采取先整体后局部的顺序——也就是说，首先要考虑整个企业的情况，然后再把任务具体到各个环节。我们发现，有很多不成功企业采取的都是相反的顺序，它们先让各个部门分别制定出自己的计划，然后再简单地把这些计划拼凑到一起。这就造成了大量的无用劳动，因为在各部门进行协调的过程中，原先拟订的许多数字都必须被修改。

“一页管理”背后的基本思路是，把每月或定期的评估信息选摘出来，或者把一个工作任务计划的主要内容，尤其是关键进程及其数据，记录在给每位经理提供的一页纸上。如果提供的主要内容和数据表明需要了解更多的相关信息，那这位经理就应该清楚该到哪儿去找出这些关键内容和数据背后的细节。他必须能看到每月提供的“主页”(见表1-1所示)。

表1-1 “一页管理”的范例

	本月	最少	良好	出色
每月的新业务		3 000美元	6 000美元	10 000美元
三个月的平均新业务		4 000美元	5 000美元	7 500美元
更新累积率		78%	85%	90%
订单数		1	5	8
最初预约的		50	60	75
正式见面的		16	20	24
文本出现错误/退回数		1	0	0
对现有客户的访问次数		2	3	3

• 跟踪与过程监控

仅仅依靠定期反馈和报告工作计划的执行情况的公司，往往是缺乏执行力的公司，因为它毕竟是一种被动的工作状态，所以远远还不能确保组织目标的实现，而还应该对重大项目和关键进程进行主动跟踪和过程监控。跟踪和过程监控能够确保人们执行自己的预定任务，而且是按照预定的时间表。它能够及时暴露出规划和实际行动之间的差距，并迫使人们采取相应的行动来协调整个组织的工作进展。如果情况发生变化以至于使人们不能按照预定计划开展工作的话，领导者的跟踪和过程监控就可以确保执行人员及时得到新的指令，并根据环境的变化采取相应的行动。GE公司的高级领导人员都会在C组会议的90天后，召开S组会议，对C组会议的决议执行情况进行跟踪和过程监控，他们会组织相关人员召开一次45分钟的电话会议，对那些时间跨度较长的项目所取得的阶段性成果进行讨论。美国宝洁公司虽然实行品牌经理负责制，但通过计划报批，尤其是过程性计划的监控——只要变动计划，即使只变动行动计划，没有增加预算，也要向直接上级报批，来确保执行力用到刀刃上。

每次工作布置或会议结束之后，你一定要制定一份清晰的跟踪和过程监控计划：经过调整之后的目标是什么，谁负责这项任务，什么时候完成，通过何种方式完成，需要使用什么资源，下一次项目进度及其执行情况的检查和讨论在什么时候进行，通过何种方式进行，将有哪些人参加。

案例：洛克菲勒的一页纸战略——“规划金字塔”

洛克菲勒公司认为，保持竞争力的过程，就是一个1%的愿景和99%的协调的过程。为了具有并保持竞争力，洛克菲勒公司要求其下属所有部门及其负责人必须要具备以下3个方面的东西：

1. 一个能确认和支持公司战略的框架——规划金字塔。

2. 能借以表达公司战略的共同语言。

3. 使用这一框架和语言不断推动公司的战略过程和良好习惯。

其“规划金字塔”的具体内容如下：

一事当前——公司新的重大战略或行动计划展开时，要告诉公司中的所有员工，公司是如何把发展愿景的不同的组成部分（价值观、宗旨、目标、目的、行为、时间表以及职责）协调组织起来的，从而建立起易于使用且有助于消灭误会或差异的共同战略语言。

机遇与挑战：

公司的主要优势与弱势是什么，机遇与挑战是什么，结合公司的主要优势与弱势，列出公司将要面临的五个最重要的机遇的挑战。

核心价值观：

用5～8项的公司核心价值观的陈述，界定公司决策中的“应当”与“不应当”。将它们视为“十大戒律”或者你的基本原则，它们是公司其他发展愿景的基础。

宗旨：

宗旨就是要回答最基本的“为什么”：公司为什么要做的业务？我们所从事业务的更高宗旨是什么？为什么我这么热衷于公司目前的业务？

行为和目标：

列出“行为”清单，将有助于你在公司中处理具体的细节性事务，这是使公司更协调地发展所必需的。首先你应该确定一个10～25年后的远大目标，就像肯尼迪将人类送上月球的目标一样，这是一个长远目标，是一种能激励公司成就伟业的目标。然后，你要描述公司未来的3～5年内的发展方向。除了一些可量化的目标外，公司还应该确定自己所选择的“沙箱”，它包括未来3～5年内，公司期望达到的地域范围、产品和服务，以及市场份额。当然，你的“沙箱”能够而且确实会经常变化。

品牌保证：

你必须满足顾客的需要，这就是可测量的“品牌保证”——经常被称为附加值成分或鉴别者。其中，可测量性是十分重要的，就像联邦快递公司“上午10：00送达邮件”的承诺。正是通过可测量的承诺，才使得其他的方法和程序得以实施。最后，你还要确定五六个“主要推动力和能力”，这对你确定的“沙箱”十分有用。

目的：

除了要在这里先填写一年的量化目标以外，还要列出一年的五六个主要推动力，并与“主要推动力和能力”相一致。将它们视为公司的“新年总结”，在每一个财政年度结束时，都要对之进行修改，但同时也要关注“目标”一栏。

临界数字：

“临界数字”——最好是：一个来自资产负债表；一个来自收入报告。这些数字应该反映公司的经营方式的主要致命弱点，如果能够成功地将它找出来，将对公司业务产生明显而积极的影响。临界数字可能会是个人服务提供方式的使用率、筹资额，或者是可以减少公司弱势的一些数据。关键是要追根溯源，而且至少每年都改变一下临界数字，以便将关注集中在公司的不同部分。这就像是锻炼，你要在锻炼中关注身体的每一部分肌肉，二者的道理是一样的。

行动步骤：

“行动步骤”是十分具体而复杂的内容。在这里，你要将每年的目标细分成每一季度的行动步骤，这样才能实现你的年度目标。在确定每一季度的可量化任务时，要将它们视为五六个为期13周的整个组织的优先任务。我们称这些季度任务为“基石”。

主题：

根据“基石”和“临界数字”以及年度目标，制定你的季度或年度“主题”，以将重点附加到每一个人的行动之中。要将记分牌粘贴在醒目的地方，要让每一个员工都赞成你为达成可量化的目标而制定的主题。而且，千万不要忘记召开庆祝会，你应该提前策划，以便在可测量的目标实现时，举行一场有趣而生动的颁奖会或类似活动。

时间表：

“时间表”是以“最后日期”的形式出现的。前一个阶段中的行动步骤，在这里被细化成更为具体的日期。从全局观点出发，你要决定什么事在什么时间发生，什么事要首先发生，下一个发生的是什么事，哪些行为会有交叉效应，以及这些交叉效应会怎样影响你完成任务的能力。在创建时间表的时候，要通盘考虑所有问题。首先要让这些具体的推动力和基石在短短的一页纸就能得到清楚的展现，然后，这一页纸还要反映具体的步骤和日期，这对完成任务至关重要。将任务细分成员工们每周的“工作单”，否则，公司的事情就永远也完不成。赶快放弃制定每月的计划吧！现在就开始制定每一周的计划。这做起来可能不太容易，但必须要做。

职责：

公司的每一个员工都要为规划中的某一个环节担负职责。

请注意，不是说应该确认每一个员工的“责任”。“责任”和“职责”是两个十分不同的词语。许多人都喜欢为完成一定的目标或生产某种产品而担负责任，但却很少有人愿意为此担负职责。“职责”并不意味着他们做每一件事时都必须是最聪明和最出色的人，而只是说，他们是关注与具体问题相关的一切可能发生的事件的人，是对某一行为起唯一决定作用的人。如果是“所有人”而不是一个人对某事担负职责，那就应了那句老话，即“人人负责等于没有人负责”。

二、明确目标计划中有哪些重要的阶段性目标

阶段性目标是实现任何大战略或大目标计划的基石。如果你的企业没有完成自己的阶段性目标，就说明：或者我们一开始的目标计划不正确，或者我们的执行过程中发生偏差。因而我们必须重新考虑自己的战略目标和计划是否需要调整，以及如何调整。

一份优秀的战略目标和计划，应该是可以随着环境的变化和团队自身的实际执行情况而随时调整的。由于市场环境瞬息万变，由于公司具体执行团队执行能力存在是否到位的问题，都需要阶段性的评估。虽然我们的视野不应该太窄，但如果一年只进行一次规划和检讨也太长，可能会使我们陷于僵化，甚至陷于绝境，尤其是对于那些身处周期比较短的行业当中的公司，以及新创办公司来说。阶段性的评估可以帮助你更好地了解当前的市场情况，企业的发展阶段、当前的执行情况和执行力，同时更有针对性作出是否对计划进行调整的决策。

在制定任何一项战略目标和计划的时候，你必须同时考虑到必要的成本和可能的收益，必须注意在实现长期目标的同时保证短期效益。如果我们为了实现长期收益而牺牲短期收益的话，战略目标和计划的实施人员的热情就会大大降低。

三、界定目标计划可能面临哪些主要问题

每个企业都会有一些主要问题——如果处理不当的话，这些问题很可能成为企业发展道路上的绊脚石。所以在战略目标计划中界定出可能面临哪些问题无疑是非常重要的。一份优秀的战略目标计划必须考虑到以下问题：

1. 企业现有市场和客户对战略目标计划的理解如何？

2. 战略目标所涉及的国家和地区政府对我们战略目标计划的理解如何？是否存在什么限制性法规和政策？

3. 战略目标计划实施的主要障碍是什么？企业是否具有实施该项战略目标计划的能力？

4. 为了实施这项战略目标计划，企业短期利润和长期利益是否平衡？

5. 社会技术革命的发展趋势和消费者消费心理与行为变化的趋势，对企

业战略目标计划有什么影响？

6．企业文化，尤其是核心价值观是否支持企业战略目标计划？

7．这项战略目标计划是否与公司正在进行的其他企业战略目标计划相冲突，尤其是资源冲突？如何化解冲突？

当你逼迫人们考虑这类问题的时候，他们所表现出来的想象力和革新精神是难以想象的。当英特尔还是一家市值两亿美元的公司的时候，他们就已经明白，要想成功，他们就必须在新一代技术浪潮到来之前投资改进生产流程和设备。只有这样，他们才能更好地迎接可能的挑战，在实现短期利益的同时，为企业的长期发展奠定坚实的基础。

从企业部门的角度来说，这些问题在范围上可能要小一些，但它们同样能够对企业的未来发展产生决定性的影响。因而，我们也应该用上述的问题去探讨企业部门的目标计划是否合适。

案例：霍尼韦尔公司评估目标计划的方法和关注点

霍尼韦尔在这方面有着良好的习惯，在每次正式进行计划评估之前，他都会要求经理们列出自己心目中的关键问题，目的是必须确定所制定的战略计划应该要讨论那些问题。一段时间之后，霍尼韦尔会再次通过电话讨论那些问题。最后他会说："再检查一下你的计划，一定要确保我们能够在进行战略评估时解决所有的问题。"

在进行实际评估的时候，霍尼韦尔就会以这些问题作为讨论的开始。当然，经理们会给出一些关键的数据——公司的规模有多大，他们拥有多大的市场份额，这块市场的增长速度如何，他们都有哪些竞争对手。接着我们会讨论今后3年里公司需要开展哪些具有增长力的项目，尤其是集中在那些可能成为企业发展绊脚石的问题上，以及我们应该投入精力重点把握的发展机遇。

比如说，他们就曾经讨论了2002年我们的一个汽车产品将遇到3个主要问题。他们在日本的表现没有达到预期水平；他们应该如何提高自己在当地的表现水平？该产品的下一阶段技术发展趋势是怎样的？（因为它属于高技术市场，而该市场的变化速度是很快的。）以及他们如何在配件市场取得较大的发展？

你还必须知道有哪些问题必须被留到以后解决。比如说，他们是否应当设立工厂制造新产品的问题。这个问题应当被包括在最初的战略计划当中，但在没有足够细节信息的情况下，他们还是无法过早地做出判断。这样的问题可能不止一个，他希望首先对整个计划进行评估，然后再组织一次专门的会议来讨论解决这类问题。

> 拉里·博西迪说："许多战略之所以失败，其中一个重要的原因就在于，战略的制定人员没有意识到可能出现的问题。"

四、如何接通天地线——将战略目标计划转化为经营计划

任何战略目标计划如果不能在业务经营操作的层面上直接转化为经营计划，就不是一份好的战略目标计划。当然，这种转化可以不要求一次完成，但它必须包括一定的可操作性。具体可以分三步走。第一步就是确定目标。第二步是制定行动计划，其中包括在短期任务和长期目标之间把握好平衡。你还要确定出一些应急的方案。最后，你要和所有的与会人员一起就会议讨论结果达成共识，并建立详细的跟进措施以确保每个人都能完成自己的任务。

在这里，关键是要从业务操作的层面上确立各方面的目标：收入现金流、生产力水平、市场份额、利润"临界点"等等。对于不同的企业部门来说，这些目标的具体内容可能千差万别，但他们必须用"一页管理"的范式，把上述关键内容列出来，并确定出自己的重要执行措施或行动计划。

在把战略目标转化为具体的经营计划的过程中，经常会遇到很多权衡问题：你要减少某些产品的资金而为另一些产品提供资金；或者在某个项目上表现出更大的创造性而要在另一个项目上保守——稳健一些；或许你会在自己的产品结构中添加一些利润更高的产品。这些权衡表面上是在公司内部不同的业务部门之间的选择问题，但你必须从更深层次上和更长远的角度上来理解所有这些权衡，因为它们都可能对每个部门的价值构成一定的影响。比如说，如果经济形势开始下滑的话，你准备更多地削弱哪些部门的成本？虽然有时这些问题的答案可能非常简单——如果一个部门能够给公司带来更高利润的话，这个部门的成本就不该被过多削减——如果资本市场更加看重某个市盈率较低的行业的话，你就不应该过多削减这一行业部门的开支。如果一个部门能够使公司跃上一个新的市场制高点，或使公司赶上已经看见了黎明的"明天"，那么即使这个部门目前仍然亏损，你也许就不应该过多削减这一部门的开支。

案例：GE公司是如何将战略目标计划转化为经营计划的

GE可以做到所有的重大战略举措一旦提出，在一个月内就能够完全进入操作状态，而且总是可以在第一个循环中就在财务上获得很好的效果，原因是GE拥有一个制度化的高效的业务管理系统，一个每一个月都“咬着”上一个月的业务状态的管理系统。这个业务管理系统由四个部分组成：

一、全球经营经理大会：在经营操作层上启动新举措和新战略

每年1月份，召开全球经营经理大会，全球600名经营经理参加讨论并通过各个业务领导送交的业务清单，宣布启动新一年的战略实施计划。2月份，公司上下全力实施新战略。3月份，公司召开执行官会议（35位业务部门的CEO和公司高层），这是每季度末都要召开的公司级业务咨询会。第一季度的主要工作内容是检查顾客和市场的反应，并检查实施战略所需的资源是否足够。

二、C阶段：检查实施进度和执行效果

4月份，公司在互联网上对1万名以上的员工进行一次不具名的CEO调查。5月份，GE开始对所有业务领导和员工进行绩效考核，主要内容包括：（一）业绩；（二）人才使用与员工的目标承诺；（三）绩效评价（20%优秀/70%一般/10%淘汰）。6月份召开第二季度公司执行官会议，重点是总结和检查战略计划执行中的优秀经验，团队能力和领导能力，并总结客户对新战略实施过程的影响。

三、S1战略规划阶段：提出新措施

战略规划通常从7月份开始，主题是分析经济环境/竞争环境，讨论总体的财务回报状况，提出新举措或新战略，并对实施中所需要的资源进行分析。这些主题先在各业务层面讨论，然后在8月份开始非正式的思想交流，提倡创造性的建议和有针对性的方案。9月份召开公司执行官会议，围绕战略方案讨论三个重要的内容：第一，优秀表现的标准；第二，学习其他公司的优秀经验；第三，总结重大实施措施中的优秀经验（所有业务范围内），并分析客户对实施过程的影响。

四、S2经营计划阶段：落实新举措

S2经营计划阶段的目的非常清楚，就是将战略规划转化为可实施的经营计划，所以从10月份开始，GE将全球150位高层经理召集在一起召开全球经营经理大会。大会的主题是：（1）下一年度经营计划的重点；（2）每个经营经理提出关键举措的成功之处；（3）所有业务部门讨论上一年工作中得到的经验与启示。

11月份，要求所有业务领导提出详细经营计划，包括希望达到的目标，每个业务部门的业务计划。12月份的第四季度公司执行官会议，主要议题是为下年度1月份的经营经理会议制定实施日程，并通过各业务部提出的关键行动措施要点。

五、如何协调和平衡长期目标和短期目标

如何把公司的优先任务和首要任务，全面贯彻并深入最基层？也许你首先要问问自己：今天必须做什么才能使公司发展与市场需求一致？当你自身做出全面贯彻的行为榜样时，你就容易将这种制度贯彻到公司最基层。并且当你把公司的优先任务和首要任务作为绩效评估的主要内容，并将其制度化时，你就创造了一种魔力，它就是协调和平衡。这种协调和平衡，会使公司的每一个员工，都站在他们的层次上，思考你所思考的东西，追求你所追求的东西。你有必要每个月或每季度召开一次全体职工大会，以重申公司的优先任务和首要任务，这对达到协调和平衡长期目标和短期目标大有帮助。为此，你需要一份“管理职责计划表”（见图1-1所示）。

1. 创建你五大优先任务和首要任务，决定谁是某事的关键负责人以及什么时候移交责任。公司的每一个员工都要为规划中的某一个工作任务或环节担负职责。

2. “任务”需要详细写出具体步骤，并规划出必须完成的或推动优先任务的具体的有里程碑意义的子任务。在确定每一季度的可量化任务时，要将它们视为五六个为期13周的整个组织的优先任务。我们称这些季度任务为“基石”。

3. 以“最后日期”的形式出现的时间表。

前一个阶段中的行动步骤，在这里被细化成更为具体的日期。从全局观点出发，你要决定什么事在什么时间发生，什么事要首先发生，下一个发生的是什么事，哪些行为会有交叉效应，以及这些交叉效应会怎样影响你完成任务的能力。在创建时间表的时候，要通盘考虑所有这些问题。首先要让这些具体的推动力和基石在短短的一页纸上能得到清楚的展现，然后，在这一页纸上还要反映具体的步骤和日期，这对完成任务至关重要。将任务细分为员工们每周的“工作单”，否则，公司的事情就永远也完不成。

管理职责计划

管理团队成员：__________

首要任务：__________

目标题目：__________

	行动	关键人员	时间	所需资源
第一季度：				
第二季度：				
第三季度：				
第四季度：				
明年				
后年				

图 1-1　管理职责计划表

本章实战型思考题（答案在 www. mgmtkey. com 网站）

1.1　李一投资创办了一个企业，他召集由 10 人组成的管理团队一起讨论有关应该如何进行管理的方法和程序。10 个人提出了 5 种管理方法和程序。最令他苦恼的是，各个提出管理方法和程序的人都无法说服任何其他一方，而他本人也认为这 5 种管理方法和程序，都是“公说公有理，婆说婆有理”，他本人也不知道以什么去衡量这些管理方法和程序的优劣，或者应该以什么去作为决定管理方法和程序的前提。我们知道，而你知道吗？

1.2　李二经营即开即食的食品，凭借其产品的独特性和有效的品牌推广，产品非常畅销，很快他的销售商便发展到近3 000家，网点遍布全国各地。其销售网络是省市经销商——县市经销商——零售商。但他苦恼的是，产品销量虽然增加了近十倍，但他的利润却没有相应增加，表面原因是销售人员也从20 人增加到 200 人，尤其是食品有效期短，储备量大，过期作废的食品也呈几何级增加。而他知道一家与他一样拥有近 3 000 家销售商并且销售量更大的跨国公司，销售人员只有 150 人，储备量仅仅占其销售量的 20%。他也曾一度把储备量压缩到占其销售量的 25%，但经常出现产品脱销的现象，并引致经销商的不满。他不知道如何才能达到那家跨国公司如此低的储备量和销售人员的目标，如果你也曾有相似的经验，你是否可以告诉他？还是仍要我们去告诉他？

1.3　李三公司有一整套目标管理制度，诸如年目标、半年调、季小结、月考核和周计划，每周上级与下属制定工作计划，每月上级考核下级，每季上级参加下级的下级单位的目标考核与总结，还有每周的公司例会，每月各部门的计划进度沟通会等等。但令李三不解的是，所有的计划目标都是各部门自己制定的，却没有哪个月能够完成计划目标，每月各部门的计划进度沟通会，成了各部门的互相指责会和公司高层协调会。每一个部门没有完成任务总是有“理由”，例如：销售部门会指责广告部门没有按时提供宣传资料，广告部门会指责人力资源部没有及时补充设计师，人力资源部会指责财务部门费用预算审批过程太长，错过了人才市场的招聘会等等，财务部门会指责销售部门资金回笼不及时。到最后，只能法不责众地重新调整计划目标。李三公司依靠行政权力管理的目标管理制度已经落后，我们有一个并不主要依靠行政权力管理的目标管理制度，可以有效地确保计划目标的完成，你想知道吗？

1.4　不知是因为公司创办 8 年了，员工们失去了创业的热情的原因，还是因为业务已经连续 3 年处于稳定状态，员工们陷入了前景迷茫的原因，李四公司竟然在业务没有增长的情况下，管理费用却年年增长。李四明白，任何产品都有一个生命周期，他的业务已经到了成熟稳定期，他已经着手发展下一代产品。现在的问题是，怎样才能把管理费用压回到正常水平——至少是以前的水平。李四曾暗中另外聘请专人，对所有他认为有可能有问题的费用开支项目，诸如港口杂费、仓储费等等进行核查，结果表明开支项目的费用都是明码实价的，并且是实际发生的。费用的增长不是由于具体办事人员贪污吃回扣，而是由于具体办事人员工作不再像以前那么积极主动，导致很多费用的不必要增长。例如，货物进了港口后，迟迟未去提货，或者货物进了中转仓后，迟迟未把货转发出去，而增加了港口杂费、仓储费等。李四感到不可能用什么制度规定去要求员工在货物进了港口后，什么时候要去提货，或者货物进了中转仓后，什么时候要把货转发出去；但企业不可能为了重振员工们的热情而再来一次创业。他咨询专家对这个问题怎么办。专家说，不能用规章制度，而应该用政策机制去解决。他采用了专家给出的一条政策建议，果然把费用压回到正常水平。你是否也曾有相似的经历吗？你是否需要我们把那条政策告诉你？

1.5 李五是一个学以致用的人，刚刚学完 EMBA 的有关企业文化的课程，了解了有关使命或愿景的重要性后，立即在自己公司展开一场讨论和制定公司使命或愿景的活动，其中他还特意把自己的 EMBA 授课老师请到公司给下属们作了一场专题报告。随着学习和讨论活动的深入，大家发现了一个基本的问题，就是一个强有力的公司使命或愿景，或者说一个具有实践指导作用的公司使命或愿景应包含哪些基本的要素？李五及其下属被这个问题难倒了，不得不求助于我们。我们告诉他们愿景包含三个基本的要素。你是否知道是哪三个基本要素？

1.6 李六于年初就开始实行绩效管理，年终时，决定明年继续实行绩效管理。但在讨论明年的绩效计划时，大家一致认为明年的绩效计划应该建基于今年的绩效上，于是又引出一个问题——今年的绩效计划是否恰当，以什么来衡量今年的绩效计划是否恰当？这把李六难倒了，李六只好咨询有关专家，专家给了他一张提示性问题列表，从十个方面来衡量绩效计划是否恰当。你能够猜想是哪十个方面的问题吗？

1.7 李七最近参观了一些著名公司，诸如“海尔”、“远大”、“摩托罗拉”，发现自己公司的制度并不比它们少多少，问题是它们的员工大多能自觉执行制度，而自己的员工大多把制度“埋藏”在抽屉里。李七决心强化制度的执行力，先是专门召开全公司大会，强调“只有制度化才能生存”，最后他特意讲了孙膑在吴王面前斩吴王宠妃，把一队宫女训练成军队的故事，强调“王子犯法，与庶民同罪”。果真，一个星期之内，他处罚了十八人次，其中有两个创业元老和一个被称为公司“技术台柱”的工程师，因不把具体执行处罚的部门人员当一回事，并有意拖延整改，就将其开除出公司。然而，事情的发展并非李七所愿，第二个星期，从高层、中层到基层，都有员工自动辞职，未辞职的员工们也纷纷抱怨说，公司的制度太严了，他们无法适应。最令李七痛苦的是，一个辞职的高层干部对他说：“人的天性是寻求舒适、轻松，除非他没有办法寻求，比如在过去人才不能流动或不易流动，但今天人们随时都可以不打东家打西家，尤其是有些本领的人才。”现在李七真是进退两难，后来他咨询我们，我们告诉他，分三步走：1. 先推行一些方法性制度，因为方法性制度自身会“说话”——如孟子说：“权然后知轻重，度然后知长短，物皆然，心为甚。”2. 再推选一些职能性制度，尤其是来自客户的职能性制度，由于这些制度并不是来自上司、老板，而抵触情绪较少。3. 最后才推行组织性制度。你是否也有相似的经历？你明白什么是自身会“说话”的方法性制度和职能性制度吗？

1.8　李八有一家拥有几十家子公司的大型集团企业，他现在头痛的问题有二：一是下属子公司都争夺投资预算，集团的投资预算当然不能像太公分家那样平均分配，所以总是有些公司得不到投资预算，当那些得不到投资预算的公司没有完成考核指标时，他们往往以得不到投资预算为理由，要求降低考核指标；二是每年与下属子公司商定考核指标时，都是一个漫长的讨价还价的痛苦的过程，下属们总是以某某公司如何如何为参照物，与其讨价还价。的确，各个公司的资产不同，预算不同，考核指标也应该不同，但每个公司的实际状况千差万别，总不能以某个公司作为确定考核指标的参照指标，因为这在操作上存在困难。李五希望有一套简单的方法，既可以为千差万别的不同企业确立统一的考核指标提供基准，又可以缓解得到投资预算的公司与得不到投资预算的公司之间的矛盾。专家给了他一套方法，他果然如愿以偿。你的企业是否也存在这种情况，你是否也需要请教我们？

1.9　李九有一个技术密集型企业，人才竞争非常激烈。为了挽留和激励人才，他对主要干部和技术人员实行股票期权奖励制度，具体奖励方法是一次性给他们发放一定量的股票期权，并规定第一年（年末）、第二年、第三年分别兑现25%、25%和50%。不料当年股份下跌不少，下属们得不到实际利益，经常有意无意地谈论将奖励方法更改为固定股票期权价值，即要求每年按一定价值的股票期权发放。由于历史的原因，未来几年股价的走向完全取决于员工们的努力，李九及其董事会同意将后面未兑现的股票期权平均分两年发放。第二年股价继续下跌，但下属们的每份期权价值却大大提高。现在轮到李九心理不平衡了，股价下跌，与下属们的工作努力与否有关，而固定股票期权价值的奖励方法，竟是一种只能同甘不能共苦的方法。他咨询有关专家，到底有没有一种股票期权的奖励方法，既能够确保当年股价变动与未来期权价值变动之间存在内在的关系，做到使员工们与公司同甘共苦，能够在股价下跌时对员工们相应地有所惩罚，同时又能够使企业对员工们仍具有较强的吸引力？你的企业是否也存在这种情况，你认为那是什么方法呢？需要我们告诉你吗？

第二章
文化悖论：
文化与经济是否是两张皮

文化悖论 1：我们希望组织有一个具有很强凝聚力、影响力的企业文化，以确保组织行为的延续性和企业发展的持久性。但当社会、市场发生了变化，企业不得不相应地改变时，企业文化的这种强势就成为一种惰性，一种阻力，使企业的改革十分困难。这种企业文化越强，阻力就越大，企业的改革就越困难。

文化悖论 2：企业到底应该追求经济效益，还是应该追求文化价值？如果企业追求经济效益，则企业的经营就没有导向，员工的行为就没有灵魂，企业就难以持久发展；如果企业追求文化价值，则企业的经营就没有基础，员工的行为就没有动力，企业就难以持久发展。

文化悖论 3：企业文化天生是追求本身的个性——一个统一的企业文化，没有统一的企业文化，组织就难以形成标准、程序、规则、方式、方法，以及什么事情应该做，什么事情不应该做，什么事情应该做到什么程度等等共识；而作为员工，他们也有自己的个性——独特的背景、独特的经历和独特的学习而形成的独特的个人文化，如果组织不容许个人的个性文化的存在，那就等于谋杀他们的生命，企业也就没有活力，也一样难以持久发展。

孙子兵法：

"胜者之战民也，若决积水于千仞之溪者，形也。"

"故形兵之极，至于无形；无形，则深间不能窥，智者不能谋。"

第一节　企业血脉——文化企业

一、世界500强企业的企业文化的共同特点

1. 企业使命、核心价值观简单、抽象而富于张力。因为简单、抽象，本身能够提供新的、多重的见解和含义，从而能够根据时代的变化发展的需要作出新的注释。

2. 企业文化与企业发展战略互为因果的动态发展和调整。他们往往借助企业经营发展战略，把企业的经济与文化这两个方面结合起来，从而兼顾企业当前的生存发展的需要，又兼顾企业形成在“下一阶段”生存发展的文化支撑基础。这就可有效地解决文化与经济两张皮的问题。

3. 企业文化建基于组织和员工的行为能力上，并以行为能力作为媒介，把企业文化与经济即经营活动、商业盈利范式联系起来。同时，着眼于行为能力的企业文化使组织和员工注重发展行为能力，从而使组织和员工能承担更大的责任，更能适应下一阶段的企业发展战略的要求。

4. 在组织上确保企业使命、核心价值观贯通企业各个部门和阶层，以是否认同并支持企业使命、核心价值观作为聘用主要管理人员的一个条件。并做到：一、重用能力强并与公司有相同的价值取向的人；二、解雇那些在两方面都处于低水平的人；三、对有相同的价值取向但能力较差的，给予培训和开发；四、对于那些能力很强但不支持甚至反对核心价值观的人，暂时留用而不重用。

5. 善于运用故事、传说，以及图画注释来表现企业文化，把作为核心理念的企业使命、核心价值观转化为可以指导员工日常行为的日常理念，使企业文化成为具体的、可见的和可触摸的东西。

6. 他们把企业文化划分为两个层次：核心理念与日常理念。在核心理念方面，他们强调统一；在日常理念方面，他们容许员工个人的个性化理念的存在。他们一方面用核心理念去指导员工个人的日常理念和日常行为，另一方面注重从员工个人的日常理念和日常行为中，发现和提炼符合核心理念、符合企业发展的需要的东西，作为企业的核心理念。这就可有效地解决企业文化的统一性与员工个人的差异性的问题。

◆ **世界 500 强企业灌输企业信念的有效经验**

• 严格执行内部逐级提拔的政策——招募年轻人、从内部提拔并让员工从年轻时就形成世界观。无论在聘用时还是在聘用的头几年里，都实行严格的筛选制度。

• 建立内部的“大学”和培训中心。

• 在工作岗位上与同事和顶头上司打成一片。

• 奖励、竞赛、公开表彰活动——表彰那些为公司作出与公司核心思想一致的重大努力的人。

• 宽容那些没有违反公司核心思想而因忠诚犯错误的人，而对那些破坏公司核心思想的人进行严惩并予以开除。

• 采用“投入”机制（资金和时间的投入）。

• 广泛宣传员工的“个人先进事迹”并树立公司的榜样（例如张贴顾客表扬来信、塑大理石塑像等）。

• 使用独特的语言，强化对属于一个与众不同和优越超凡的集体的自豪感。

• 企业的赞歌、喝彩、立志或发誓，都强化着员工的心理认同感。

• 确立与公司核心思想相一致的奖励和提拔制度。

• 制定强调行为规范和理想的工厂和办公室条例。

• 不断以口头和书面形式强调企业信息、企业传统和员工为与众不同的机构中一员的自豪感。

• 以资源分配的去向来向员工们表明企业组织的新战略意图和方向，以及新文化新理念。

• 坚持不懈地推行新的价值观，并把它们融入工作责任的体系中。

二、运动中的陀螺仪——企业文化

有人把企业文化比喻为运动中的陀螺仪，它稳定性极好，能平衡地旋转，将运动和静止有机地结合起来，这是其诱人之处。在这种神奇现象中，陀螺仪所表现出来的自控和定向能力使人难以置信。它的能力事实上来自它的惯性。在这些方面它与人的行为、企业文化有着许多类似的地方。

如果组织内的人员认同它的使命，同时它的文化也支持这一使命，那么，这些人也会拥有陀螺仪那种令人惊叹的能力：他们知道该做什么以及怎么做；他们知道如何找到问题，还知道如何找到问题的答案。如同陀螺仪的自转，他们的行为也符合经济性原则：没有多余的行为；不会浪费；高度专注。这种理想状态并非天方夜谭，那些最优秀公司里的员工正是这样做事情的。

企业文化是一种非常复杂微妙的东西，它更多的是指企业对恰当的哲学根基的追求，也就是我们所说的理念。一个企业的文化将定义该企业员工所共同接受的价值观念。它告诉一个组织中的人们哪些行为是被重视和尊重的，对于那些希望在事业上取得进步的人来说，这也正是他们需要大力改进的地方。

每个企业都会制定一整套的规则，用以指导个人和团队的行为。那些正式的、明确的规则被称为企业政策和管理程序，而那些非正式的则被称为惯例、规范和传统或潜规则。企业政策的功能是控制员工的行为，尽可能消除不一致的行为。惯例、规范和传统或潜规则也起着同样的作用。通过多元化的机制，如纪律处分、不予提拔、资源分配、角色分配等，对正式或非正式规则以外的行为给予惩罚，从而使人们从反面引起重视。

全球经济一体化环境下的深刻变化和竞争压力的愈益剧烈，促使企业必须在更高层次上进行竞争，这就是能否提出恰当的战略并迅速加以实施。而作出战略反应的唯一最有希望的催化剂，就是企业文化。

企业文化是通过企业对其面临的各种形势以及他们察觉到的来自内部和外部的机会与威胁作出的反应，而逐渐形成和发展起来的。当形势的变化比文化的调整更为迅速时，企业的成功甚至生存都会处于危险之中。对于企业组织机构来说，正是那些曾帮助它们在过去获得成功的企业理念、行为原则、经验方法，成了它们败落的根源。正如美国的阿尔温·托夫勒所指出的："昨天的成功正是今天的危险所在。"

◆ 企业文化的不确定性

这里的"文化"，更多的是指企业文化中的日常文化部分。它不是指知识修养，而是人们对知识的态度；不是利润，而是对利润的心理；不是人际关系，而是人际关系所体现的为人处世的哲学；不是俱乐部，而是参加俱乐部的动机；不是社交活动，而是社交方式；不是运动会的奖牌，而是奖牌折射出来的荣誉观；不是新闻，而是新闻的评论；不是舒适优美的工作环境，而是对工作环境的感情；不是企业管理，而是造成哪种管理方式的原因。——而所有这些，不同的企业会有不同的理解，同一企业不同的个人也会有不同的理解，而这，恰好说明了企业文化具有不确定性。尽管它更多是属于企业文化中的日常文化部分，但如果忽视了它们，就会错失发掘日常文化中的优秀而又生动的东西，并升华为确定性的企业理念的机会；或者说被日常文化中的庸俗有害的东西，侵蚀确定性的企业理念。

◆ **文化改革的阻力是文化本身的惯性**

文化决定了组织的决策范式、指导组织行为并且规范所有成员的个人行为。在可见的层次，它是“我们在这里做事的方式”；而在深层次，它包含着信念、价值观以及在整个组织中人们待人接物的态度。企业文化的持久性和影响深度确保了组织行为的延续性，这显然是组织的一项重要资产。但是，文化的这种惰性也使文化本身的改革十分困难。

企业文化在本质上具有惯性，因此它会利用一切机会阻碍改革。这种阻力具有多面性，有多种表现形式，例如：

- 企业政策和管理程序。
- 企业的习惯、惯例、传统和潜规则。
- 企业信念。
- 企业社会化过程及其行为范式。

案例：日本伊藤忠公司的公司认同计划

伊藤忠公司的显著特点之一是：业务与收入的多元化。每年销售收入超过1 200亿美元，这些收入来自1 000多家性质不同、雇用了10万员工的子公司，他们共同经营着丰富、品种不同的工业品和消费品。它的一些主要集团包括纺织、食品工业以及钢铁、森林产品、航天、电子、建筑等方面的基础产业。但它的主要收入是来自通过发挥传统的综合商社的作用——作为一个薄利多销的中间人角色。

公司认同计划有两个目标。一是为了将他们高度成熟的公司文化转变得更具有内在挑战性，二是通过这个运动唤起、学习并重申伊藤忠公司初始的重要的企业文化和思想形式。公司认同计划的整体目标是帮助他们推进工作，进而成为更加强大的公司，成为一个能力更强的全球一体化业务开拓者。

公司认同计划的核心内容是：在全公司范围内进行一次认识环境与条件、认识21世纪的业务发展以拓展视野的活动。

他们建立了新的行动纲领来指导和监督每个人，使他们都为公司成为全球化企业而努力前进。诸多工厂都要一致执行这个纲领。做到这一点，他们面临的挑战是提高和恢复每位员工（从高层到基层）的思想活力。

这些行动纲领包括：他们能够实践信念——为克服自满而设计；公平竞争信念——因为他们相信业务上诚实守信是绝对不能含糊的；思想开放信念——只有这样，他们才能促进相互交流的创造性。

最具重大意义的部分是他们公司的人力资源得以有效开发，这是理解他们思想的关键所在。如果要描述他们新的人力资源模型，不仅要将其描述为具有西方工商管理硕士特点的人，而且应当是具有结合了中国人称之为“老朋友”的态度与行为方式的东方群体思想意识的人。

当你访问中国——你时常会被问及“你来这里仅仅为了商务还是寻求建立长期的关系”。“长期的朋友”就是老朋友的意思。开发人力资源必须承继西方的商业惯例和“老朋友”的处世原则。

他们将着手开发一个新的人力资源评估体系。依照面向未来的思想设置新的培训程序，为此他们需要从西方和东方搜集最佳实例和领导范式，以适应这种形势。

他们将公司人才简要划分为：（1）企业家；（2）管理者；（3）专业技术人才。他们同时建立了二维人才评估系统，这个系统由才能与业绩、价值指标构成，价值在日本社会是根深蒂固的。他们也可以加入体现管理目标战略重要性的第三维。

第二节　企业文化的三大识别系统

一、如何识别和确立企业理念

确立企业理念，从识别企业理念开始。在实践中我们往往先从问一个“为什么”中得到分析判断其理念是属于何种理念资料，这就是：我们所坚持的是什么？我们从事的是什么事业？我们究竟要向何处去？我们为什么要这样？我们所做的一切到底为了谁？

而且，在进行上述探索的过程中，我们必须注意如下方面：①企业最高领导层对于企业的抱负和想法；②时代社会潮流的趋势；③企业内部大部分成员认为必须做到的事项；④企业的事业范围和追求利润的行为准则和基本战略；

⑤企业存在的目的或使命。

既然核心理念是企业战略得以产生的根基，那么，我们反过来对企业的对内管理和引导组织的战略，对外进行竞争和经营的战略，问一个“为什么”，就可探寻其核心理念。既然日常理念告诉人们事情是怎样的，那么，我们反过来看事情是怎样做的以及其影响的因素或关系，尤其是管理者完成其使命的行为方式和根本性的组织关系如何构成，就可以探寻日常理念。

比如，我们可以从日本的本田科研工业公司的“绝不以牺牲对（消费者）使用汽车的方便的追求来换取劳动生产率的提高”这一具体的经营思想，来认识本田科研工业公司的核心理念——“事业的根本，首先要了解（满足）各个时代的大众需求。”从其“一人一件事”与“异曲并行”的自由竞争中，我们找到了其“工作面前人人平等，技术面前人人平等”的佐证。从其“项目攻关组”制度上体现了其“三现主义”（现场、现物、现实）并进而体会了其“下克上”的经营机制，而这一“下克上”的经营机制，正是本田的核心理念——尊重人，鼓励人独创（企业也才能独创自己的产品和品牌）的反映。

可以说，企业核心理念主要是显现于现在的未来，日常理念则主要是显现于现在的过去，因而，我们对企业理念的认识，更多地应从其日常理念方面着手，而对企业理念的确立，则应更多地从其核心理念方面着眼。而这，不可忽视的是先要识别出那些陈旧过时的企业理念。那些很少讨论到的理念，往往是对企业影响很大的理念，它们似乎显而易见，也就被认为是理所当然的，所以它们形成了可以称之为企业中无意识的陈规的组成部分，因而它们往往更易被忽视。

尽管企业发展战略是在自觉不自觉地受一定的理念影响而产生的，但当企业发展战略初定时，对于最高领导人来说，最重要的是要能清楚地表述某一理念对企业战略目标的正面作用与负面作用，并能通过战略目标的取向而使企业根本的核心理念具体化、日常化。

日常理念因其具体而实际容易发生偏差，对于一般职工来说，日常理念更能起指导的作用。企业文化理念识别系统建立的难点之一就是，如何把核心理念化作具体的活生生的日常理念。

◆ 企业战略与企业文化的不和谐性

企业文化中，可以看得见的是，“这就是我们这里办事的方法”；看不见的是，它对渗透在组织中的理念、价值观和态度综合在一起的影响。而企业战略，在本质上也是决定企业基本发展方向的意向决定。如果说企业的发展战略是关于企业要实现什么目标的陈述，组织是如何到达这一目标彼岸的舟楫，那企业文化中的核心理念，就是关于为什么要实现这一战略的陈述。所以，它们之间是一种互为因果的关系。而在最高层次上说，企业核心理念与企业战略二者合而为一，只是在经营层次上，前者着重于企业的长久发展的指引，后者着重于某一历史阶段发展的指引。但这，就给二者之间形成不和谐性的土壤。换句话说，企业战略与企业核心理念总是从和谐走向不和谐，然后经过调整复归和谐，它们是一个和谐与不和谐相互交替的动态发展过程。

进一步说，企业的核心理念对企业总体战略的制定有决定性的影响，而企业的日常理念则指示着企业经营战略实施中的优势和弱势。但由于企业经营战略的动态变化，所谓的优势和弱势也会发生转变，反过来也会对企业的日常理念发生影响。

案例：阿尔卡特公司从经营战略入手改革企业文化

1995 年夏天，塞吉·查鲁克出任阿尔卡特——阿尔斯特赫姆公司 CEO。几个月后，公司宣布：以其当年公布的破纪录的亏损额载入法国公司史，亏损达 266 亿法国法郎，（造成这种巨额亏损）主要是由于公司 200 000 名冗员的开支。

但他仍然开始了彻底重组公司以减少支出的改革。他采取的行动包括：尽全力清理公司边际资产；建立集中化采购；重新调整阿尔卡特电话交换企业（这是集团全球最大的公司）的结构，从旧的按国家设立机构的体制转变为更加适应电信自由化环境的按产品系列设立机构的体制。他采取行动抓住在快速增长的移动电话业务方面一度丧失的机会，同时他宣布将阿尔卡特所属的 900 家独立的法人实体精简成管理更加有效的 500 个单位，同时裁减了大量的冗员。

1996 年，得益于资产清理兑现的现金，公司转而盈利。在它最近介入移动电信市场后，甚至有迹象开始显示出其正在收复失地。

他们更换了先前的、以国家为单位进行经营的结构，代之以 8 个对其经营绩效负全责的区域性公司（跨国家区域）。在这些公司里，经营单位的领导确定战略、选择产品并对其自有资源负责。以他们单位在世界范围内的经营绩效为基础，对其进行评估。

赋予他们企业以这种垂直产品线路和面向客户的结构，是基于这样的全面认识：以一个国家单位管理地区市场会产生利益冲突。事实上，那些负有地区责任的经理们得放弃对经营成果一定意义上的控制。这就造成了“确定的紧张态势”——存在区域负责人与经营单位负责人的潜在冲突，因此，在一个地区就如何为客户提供最佳服务方面，需要进行健康的对话。

新组织的不同之处在于：公司扩大了8个大国家分部负责人的职责——以整个区域的职责，他们同时负责其特定国家的员工的资产，以及其分部所覆盖的每个国家的经营业绩。

为预防这种组织方式导致无组织思潮，公司设立了关键财务经理职位以确保全体一致性。财务经理在他们权限范围内对所有事情拥有重大权力。他们接受有关委托人的所有信息，并协调委托人的关系。实质上，他们是阿尔卡特面对这些委托人的中间人。他们能够在关于委托人与组织的其他部分——经营单位和国家管理人员——合作方面做出重大决策。

有两件事情确保这个系统的运行：第一，快速、准确地提供回复；第二，这是以确保组织能顺利执行目标的一条——在你的职权范围内，做一切能够帮助与你一同工作的员工得以发展其主动性和灵活性的培训发展工作，这业已成为公司发展过程中，从工程文化向经营文化发展迈出的必要一步。如果你开展了这两项活动，这个系统就会成为一个自律的系统。

他也不相信存在基本文化差异。那种认为公司中的员工将按照他们祖国的文化行事的观点，是错误的陈腐观念。在他们集团，重要的是阿尔卡特的文化。

他们优先发展的是铸就集团内部的完整统一性。借助于电子通讯手段，交流甚为便利。重要的会议经常通过电视会议举行。会议通过连接50 000员工的电子邮件和公司的内部网络进行筹备。

在进行重大改革的过程中，一定遇到了许多抵触，阿尔卡特也不例外。公司是通过采取下列行为加以克服的：

在一个带有强烈工程文化烙印的阿尔卡特，他发现：大胆地将适当的经理安置于适当位置是重要的；运用客户表彰信，在公司内实施并保持对员工的市场营销教育；在集团内创造销售人员的积极形象，特别是主要会计经理人员；实施培训计划以对处于改革进程中的员工提供支持等等，是树立面向客户的思想的有效方法。同时，他致力于在公司内部发展一种企业精神——特别是在研究开发领域，对此集团投入营业额的15%，研究开发活动有满足其自身发展的自然倾向，力图在核心市场而非按相反方向发展。

将一个如此激烈的改革引入思想观念中，组织一定会变得不稳定。通过开诚布公地说明维持现状将会产生的困难，塞吉摆明集团面临的新现实。就开创未来的关键因素而言，公司必须对他们的目标持清楚而又现实的态度。另一方面，公司应当保证什么是一定能够达到的——而不是言过其实地夸大所面临的困难。

又例如，他们创建“建议性的忧虑”的文化，推翻了项目评估的一般规则。从前，当一位负责人向塞吉提出一个项目时，他首先会运用他所掌握的技术进行论证。现在，对所有项目，他要求提供一份两页纸的经济预测的初步概要。他所采取的步骤不是遵循理论教条，没有强加给管理者“十条戒律”，而是设立了实践的指导方针。他还努力鼓励员工积极创新，发展团队精神——如围绕项目组织攻关力量。

又例如，阿尔卡特公司提出了通过建立虚拟运作企业，使新出现的项目付诸实施的设想。为将这种虚拟公司现实化，公司按需要建立一个多元文化小组和经营多种业务的单位。起初，这是建立在非正规化基础之上的。后来，随着公司逐步认识到什么是需要非常清楚地执行的原则，而给予正规化。这种能够在六个月或更长时间的“虚拟公司”，使得他们能够非常快速地试验新兴的市场或新技术，它也使得他们有可能取得迅速的改进。

◆ 识别企业核心理念的目的和意义

进行理念识别的意义在于：什么样的理念是有助于实现战略的，什么样的理念妨碍实现战略。我们可以用一个简单模型来对企业理念与战略的风险进行评估。企业在实现其战略的过程中要采取一系列行动。凡与文化理念现实矛盾的都将遭到抵抗，反之就容易被接受。此外，虽然一系列的步骤都是为实现战略服务的，但其重要性却各不相同。

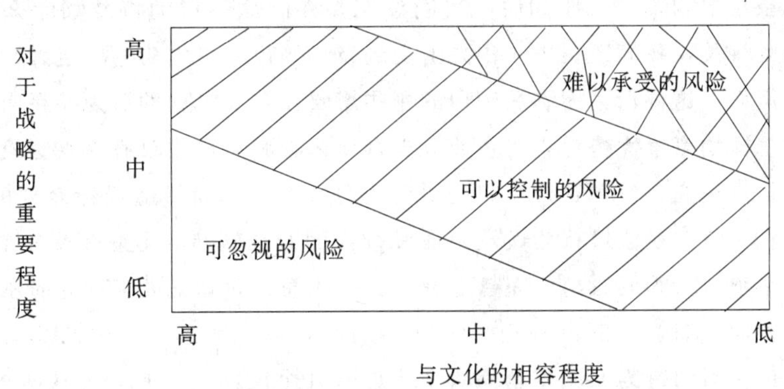

图 2-1　文化理念与战略风险评估

因此，文化理念风险的大小取决于两个重要方面：①每一具体步骤对于战略的成功有多大的重要性；②这些具体步骤与日常理念的相容程度如何。我们可以把这两个问题分为高、中、低三个等级，然后排列到一个三三矩阵中，如图 2-1：

左下角区域的行动或步骤与现存文化理念相容程度高，对企业战略的影响小，所以它们可能造成的风险是可以忽视的。中间的区域代表可以控制的风险区域。右上角区域内的活动对企业战略有决定性影响，但与现存文化有尖锐冲突。因此，要么改变战略，要么改造文化理念。而在改造文化理念的实践中，策划人员应该准备推出一些过渡性的文化理念，以避免因急刹而翻车。

> 当企业核心理念与企业现实的战略需要有矛盾时，是改变企业核心理念以适应企业战略，还是改变企业战略以坚守企业核心理念，还是升华企业核心理念以发展企业战略，这是一个考核我们是否是一个优秀的企业家的问题。

二、如何识别和确立企业行为

所谓行为识别，主要是希望将企业的理念及特性，透过企业行为“范式”（原则意义上的范式），激发企业内部共识及展现企业外在魅力，使其获得认同，进而达到企业新形象塑造的目的。

如何评估旧的或新的企业行为是否有利于企业发展战略的实现？我们可以确立几条基本的线索。比如说，我们首先要弄清这一行动将鼓励什么样的行为。与此相关，我们还要进一步弄清受到鼓励的行动与成功的决定因素有什么关系。例如，这种行为能满足用户的哪些需要和要求？这种行为能在市场活动中造成怎样的竞争优势？它对企业开支有什么影响？它在政府、立法机关、金融机构、供应商、股东、公众舆论、现在的员工等方面将造成什么样的影响？行为识别，既然是透过行为焕发企业精神，因而在塑造企业新形象的行为上，自然也必须从行为的调整、完善上着手。一般而言，修正员工行为应从企业内外两个方面，双管齐下。

在员工对内行为的调整、完善上，包含九个层面，大凡企业决策的确定、教育训练、专业训练的实施、内部各部门之间的行为关系、内部调查的投入、生产合理化、制度合理化、产品的研究开发、市场策略的制定等均可包含在内。而在员工对外行为的展现上，则可透过营销方式包括对竞争厂家的竞争方式、售后服务方式、广告宣传的行为、市场调查、公关及公益活动的行为等方面来调整、完善。

行为的一个重要的体现就是人们的干劲，即对工作表现出的热情以及投入的能量？人们是否关心自己的工作、职业生涯以及企业的整体发展。在一个能够激发出人们干劲的组织里，所有的员工（从仓库保管员到高级经理）都对自己在组织的角色有归属感。他们关心自己的工作、自己的企业的发展。为了使顾客在这里享受到与众不同的服务，他们所表现出来的对工作的高度热情令人难忘。

行为影响人们之间互动的方式，从人们之间待人接物的一般态度到语言习惯无所不包。通过将人人都知道的价值观、信念、不成文的条例、规范以及仪式综合成为体系，文化指导并加强某种行为范式。

从特定的意义上说，一个历史长久但充满陈旧没落的文化因素的企业，比一个新企业更难确立新的行为识别。因为，过去的不良行为很多已沉淀为企业文化，并在更本质的层次上已成为企业核心理念或已成为与企业核心理念结合在一起的日常理念。它们作为文化的时候，继续延展其陈旧没落的行为。因此，我们在对这种企业进行新文化新形象塑造时，应有足够的艰苦与耐心细致的工作准备和百折不挠的精神。

案例：伊博得洛拉公司采用业务行为管理方法，重塑企业文化

伊博得洛拉是西班牙最大的私有公司，世界排名第 21 位，年收入超过 80 亿美元。作为执行董事长，从 1993 年起哈威尔·埃莱洛就努力为公司在西班牙电力业解除管制后寻找出路。

在伊博得洛拉，公司进行文化改革的一个工具是构造基于业务活动的管理（Activity-Based Management，简称 ABM）的框架。

ABM——文化改革的核心。

为迎接这些挑战，哈威尔设计了一个三维战略：提高内部效率，重新设计商业活动，增加利润。他第一步是开展一项全员活动增强对价值链的理解，描述业务流程以及为顾客提供服务的过程，并通过重新设计流程，降低成本，获得收益。然后，他开始对组织结构进行重新设计——从根据业务分工进行分类的结构转变为更加分权的战略部门，由集中组织的员工提供后勤服务。

ABM法，是由“作业成本法”（ABC）派生出来的，它把成本和业务活动联系在一起，给成本发生者和成本活动在整个业务流程中定位。ABM是在ABC的基础上，运用更广义的管理思想和更广泛的信息基础形成的管理方法，它的目的是使人们能够从一个全新的角度审视企业的活动和行为——从顾客、分部、产品或服务、产品系列、地域、业务链等多种不同角度考虑成本和利润。它为公司提供了一个综合考虑成本、活动、资源和目标的基础。

通过ABM法，使管理人员的认识更清晰，这样他们就能够在资源、活动、成本和为顾客提供服务之间建立具体的联系，然后通过这种信息系统，把资源转变为更多的收益——例如建立更多的盈利分部，削减不能盈利的产品和服务，投资于边际利润高的地区。

ABM是重塑价值观的一个有力工具，而不仅仅是成本计量和盈亏分配的一种新方法。它具有如下3个特点：

1. 改革信息的获得有等级之分的做法，责任直接落实到各经营单位。

2. 促进了对各业务部门的联系和成本发生的理解。

3. 在不同形式的业绩评价之间建立了联系。

由于ABM具有这3个特点，它很快就成为伊博得洛拉文化改革的中心。

行为评价——重点、数量、标准、应用——是目标行为的主要动力，为有效的管理提供了有力的工具。伊博得洛拉全面引进ABM，带来了新的、更富成效的评价体系，它使职责更明确，员工的行为更有远见，更注意发现以前没有抓住的机会。

员工的报酬也与行为评价和目标行为紧密地联系在一起。在引入ABM以前，公司的评价和标准主要是以完成日期和最后期限为依据，而且80%的标准只是定性的；引入ABM后，80%的标准变成了定量的。新的业绩评价基础是为客户提供的服务的质量和财务结果。

这一方法成功的另一个重要因素是对评价标准进行了分级。例如：利润率和其他财务指标现在要比技术指标更重要。以前在考虑企业生存时，技术的成熟和优势一直是主要因素。

ABM法认为，根据有关信息采用相应的行动是组织中每个人的责任。在伊博得洛拉，现在每个人都能得到与他们的经营行为有关的财务结果，重点是多少资源被消耗掉了，用在哪里。他们要根据这些信息采取行动。这些信息都是从他们的行为结果中收集和提炼出来的，看到这一点有助于提高他们尽可能地做好工作的责任感。这样，管理信息就很快成为改进经营行为的工具。

ABM是一种新的经营管理方法，它的基础是ABC法。

如果公司在ABC的活动中加进经济和行为指标作为目标和标准，他们就得到了以活动为基础的ABM管理体系的框架。ABM体系为他们提供了决策所需的准确、及时、可靠的信息，使他们能够对一些基本问题作出回答：某个过程的准确成本是多少？某项产品/服务的准确成本是多少？某项产品/服务的准确成本是多少？客户和供应商与成本关系是什么？他们的操作程序与竞争对手的相比如何？他们改进程序的努力对会计有怎样的影响？

◆ 如何改变或塑造理想的企业行为范式

为了述说的方便，笔者在这里把企业文化分为组织文化和经营文化。一般地说，对老企业文化行为的整改，宜先从经营文化行为开始，因为更多的时候，组织活动会随着经营活动的改变而改变。而对于新企业，则采取组织文化和经营文化建设双管齐下的方法，更能见效。

我们要从文化理念的改变，去改变行为；再从个体行为的改变，去改变群体的行为；然后，再从行为的改变，形成新的习惯、新的价值观以及新的行为规范。如此经过这些一连串的量变、质变，行为识别——行为范式才能确立出来，凸显出来。在这个过程中，尽可能把新的价值观建立在每个人都能理解并效仿的实际行为的基础上，让它们根植于公司每天的工作里。一旦转变为实际行动，信念就直接表现为行为，而行为又会导致具体的结果。从这一角度来说，行为又可以被看成是思想与实际的具体连接点。在讨论行为的时候，我们实际上是在更多地讨论整体的行为规范，而非个体的行为特点。

而在操作上，只要我们坚信任何一个群体都不是一块死板，而只不过是活泼的互相有很多差异的个体的集合群，我们可以对群体中某个具有新战略、新文化的需要的行为的个人，进行诱导和鼓励，当其进入行为改变状态时，即可通过组织的支持或制约力量，强化其行为，延展其行为导向，影响其他人，促成群体行为的改变，也就是促成新的行为范式——行为识别的确立。

◆ 运用资源分配来表明改革战略的意图和方向

改变企业精神的确很难，但战略是使其改革的一个重要因素。当一般根据被认为是不符合企业精神的战略取得成功时，企业把这种在成功的领域中必要的企业精神，在企业内部推广，最终采用新的战略将成为改变企业精神的契机。决定企业精神的最大要因，在于事业领域的环境要因和应有的竞争方式，企业在选择事业领域方面所采取的战略，长期决定着企业精神。

在企业实际经营中，资源的分配往往比权力的分配更让人重视，资源分配的去向也一直是人们把握公司高层动向的坐标，所以，应运用资源分配，把主要资源分配到作为改革战略计划的项目上去，以表明改革战略的意图和方向。

同时，不管人们愿意不愿意，当你把主要资源分配到作为改革战略计划的项目上后，也就在客观上改变了竞争的方法，而且也改变了人们在日常工作的内容和状态上的价值观，可以说战略改变了人们日常接触的“物”。这种与工作及其工作的物质内容相适应的新企业精神，不断地产生出和旧企业精神的紧张关系，企业根据这种紧张关系，在企业精神的总体中不断增加新的要素。

一个企业如果迷信精神理念，企业管理就没有基础，员工行为就会散乱而难以形成识别系统——范式系统；但如果迷信规章制度和经济利益，企业经营就没有导向，员工行为就没有灵魂，也一样难以形成鲜明的识别——范式系统，两者相辅相成，互为因果。

三、如何识别和确立企业情报

任何本质的东西都是通过其表现才反映出来。企业的主体性应该通过其情报识别设计表现出来。人们衡量一个企业有无主体性，与同行企业、竞争企业有无差别，也往往从其情报识别上入手。因而情报识别设计应该是那些最能把握企业文化的本质、洞悉企业发展势态和市场同行企业竞争势态的高层领导人的常务性工作。情报识别设计，既不应只有抽象的企业理念，也不应是琐碎的日常文化。它除了抽象的理念之外，更多的是具体的行动备忘录或行为范式手册。例如，基督教的理念是很抽象的，但它的情报识别设计——《圣经》里的故事的编撰，却又都是摸得着的具体的行为备忘录或行为范式手册。

企业的情报信息主要包括：1. 企业理念的文字化——使命、核心价值观、愿景规划、规章制度、工作或业务流程；2. 企业战略的文字化——战略规划、工作计划、工作目标；3. 企业经营管理工作的文字化——任务说明书、会议资料、工作备忘录、年度报告、股东报告、公关宣传文稿；4. 企业故事——正式组织编撰的故事和非正式组织编撰的故事；5. 品牌识别——标志、关键广告语、包装、广告牌、广告片等等。

◆ 企业的任务说明书的编写范式

世界 500 强企业一般都制定一份任务书，这是为了让它们的经理、员工在许多场合与顾客和其他相关者共同负有其使命感。一份有效的任务说明书将向公司的每一个成员明确地阐明有关目标、方向和机会等方面的意义。公司的任务说明书作为一只“无形的手”，引导着广大而又分散的职工各自地但却是一致地朝着同一个方向努力——为实现公司目标而进行工作。

企业的任务说明书应明确公司要参与的主要竞争范围，以让企业内部人员识别自己部门和自己的工作有无偏离公司的发展战略要求。

• 行业范围：公司将考虑的行业范围。有的公司只参与一种行业的经营，有些只限于经营一些相关行业的产品。例如，杜邦公司钟情于经营工业市场，而宝洁公司则经营民用消费品市场，3M 公司只要能赚钱，几乎所有的行业都愿进入。

• 产品与应用范围：公司愿参与的产品与应用领域。例如，钢铁制造商可以限制其业务是为建筑行业生产钢铁。

• 能力范围：能被公司掌握和支配的技术与其他核心能力的领域。例如，日本电气公司在计算机、通讯和集成元件方面建立了核心能力，它就能供应便携式电脑、电视接收机、手提电话等产品。

• 市场细分范围：这是公司想要服务的市场或顾客类型。有些公司只为上流社会市场服务。例如，保时捷公司只生产高级轿车、太阳镜和其他辅助设备，嘉宝公司长期以来只为婴儿市场服务。

• 垂直范围：公司自己生产自己需要产品的供应程度。其极端是公司自给自足许多自己需要的供应品，例如，福特汽车公司有自己的橡胶园、玻璃制品厂。

• 地理范围：企业希望开拓的区域、国家或国家集团范围。联合利华或卡特皮拉那样的跨国公司，它们几乎在全世界 150 多个国家和地区有经营业务。

◆ 企业情报信息的象征性

从某个角度来说，企业的情报信息不仅仅是情报信息本身，它们也许还“象征”什么。正因为如此，它们才能够深植人心，让人难以忘怀。每当人们重述或使用某些情报信息时，隐藏在背后的意义就会更加明显。这正是企业文化和价值转换成策略优势过程中最重要的一环。

企业的情报信息，有些可能对公司的利益和发展有正面的作用，有些可能对公司的利益和发展有负面的作用。其中，尤其要注意对那些正式组织编撰的故事和非正式组织编撰的故事进行识别。在正式组织里，可能由于经理人员对公司的优先次序模糊不清，而编撰的故事不利于把公司的注意力集中到公司的主要战略目标上来。在非正式组织里，可能由于个别人员的不满而编撰出不利于公司发展的故事。诸如：负面的故事包括“沉船”的故事（公司无法应付变动的环境，你再如何努力也没有用）；“妖魔鬼怪”的故事（这是一个险恶的世界，你唯有依赖你自己才能生存）；“不公平公司”的故事（公司的制度不公平、经理人不值得信任）；“规则”故事（公司只是想要建立苛刻的制度，而不想知道员工的意见）。

故事有真有假，但这并不重要，重要的是它能够传达人们所隐藏且不愿直接承认的感觉或怀疑。因此，你应当花点时间去倾听这些故事，它们极可能是公司航行过程中的最佳指标——或使你避免触礁，或使你快速地到达彼岸。

任何一个组织都生动地活在故事和传说之间。如果我们真的关心理想、价值、激励和员工的忠诚，就应该留心故事、传说的象征性和重要性，并善于发扬和整理我们所希望的行为范例，从行为范例中整理出行为范式。

◆ 企业情报信息识别的目的

对企业理念的识别，与对企业战略的识别一样，目的是检查这二者之间是否相互适应。同理，对企业经营管理工作情报信息的识别，目的是检查其与企业理念和企业战略这二者之间是否相互适应；对企业故事的识别，目的是发现和利用那些对公司的利益和发展有正面作用的故事，及时发现和清除那些对公司的利益和发展有负面作用的故事；对企业品牌的识别，目的是形成对竞争对手的否定、差异、距离，并检讨自身所暗示的与选择的消费群体之间的关系、观点、看法上的态度是否正确。

对企业情报识别的目的，还在于及时清理一些昨天需要而今天已经过时的信息，以确保企业的重要信息不被那些无用的不重要的信息遮盖。如果你保持简要的信息，你就具有使员工们或其他沟通对象达成共识的可能性。

阿曼将军说：“一个将军工作的精髓，在于协助建立一个清楚的方向共识……使不重要的东西不至于挡在重要的事物之前。”

◆ **企业情报信息的标准化与非标准化**

企业情报信息可以分为标准化与非标准化两种。诸如品牌标志、关键广告语、包装、广告牌、广告片、精神口号、厂歌等等，属于标准化情报；其他则属于非标准化情报。不同情报的标准化，可以标准化文案程式的统一规定来体现，也可以文案里的重要内容的一致性来体现，也可以是两者结合来体现。而后者是最理想的设计。非标准化情报更多的是根据企业主体构成或特定身份的宣传、特定发展阶段或特定产品的宣传内容的需要而制定。

从认识论的角度上来说，标准化情报识别是为了让受众更易于识记企业；而要让受众更易于认同（理解）企业，则需要具体的深刻的情报信息，也就是依赖于更多的更重要的企业的非标准化情报。

第三节　血总是热的，文化改革总是要进行的

一、企业系统的硬件与软件

与计算机一样，一个公司也要有自己的软件和硬件。我们把包括企业战略、组织结构、薪酬设计方案、奖励和惩罚、财务报表设计及现金流控制制度等，以及权力的分配系统、内部的交流系统都看成是硬件的一部分；软件则包括价值观、信念和行为规则等，以及其他一切非硬件的东西。

而企业结构设置可以将一个组织划分为执行许多不同任务的特定部门，所以结构的设计显然是非常重要的，但真正将系统整合成为一个统一同步的整体的，还是软件。软件是使硬件系统得以运营的决定因素。硬件和软件相结合，就形成了企业的社会关系、行为规范、关系权力、信息流和决策流等等。

比如说，基本的薪酬系统属于硬件——因为它是一种量化的系统。如果你圆满完成任务的话，系统就会根据预定的程序对你进行奖励，它会向你表示祝贺，并把支票送到你的手上。但如果你希望对其他行为进行奖励——比如说你在创新方面取得的成就、领导团队的改进或你与同事的协作等，这时就需要软件来发生作用了——对你行为的性质、贡献的大小等等进行认可或不认可，因为正是软件定义了可以得到奖励的行为规范。那些对表现优异和非常有潜力的员工给予过高奖励的领导者，实际上是在建立一种能够提高整个组织行为规范

的社会软件：这将使得人们更加努力地工作以取得更好的业绩。

在很多时候，无论是企业战略的改变，还是企业理念的改变，都或多或少地牵动企业各种硬件和软件的改变，只是人们把诸如组织结构的改革、人事权力的重新分配、工资体系的重新设计等等，也习惯地称为新战略。

许多决定对企业进行改革的人，通常首先会考虑到要改变组织中的核心价值观念。除非企业原来的价值观核心所赖以建立的社会发生了根本性的革命，否则，这种观点往往会导致改革的失败。因为核心价值观是组织当中的一些基本的原则和标准，比如说诚信或对客户的尊重，这些可能需要被强化，但它们很少需要被改变。

无论是因为企业战略不适应企业理念，还是企业理念不适应企业战略，当需要改变时，一般情况下，更多需要改变的应该是企业的社会系统的硬件部分；而在企业的社会系统的软件部分，需要改变的一般属于行为规范和日常理念的部分。

◆ 不可忽视的日常文化现象

人们的行为总是受其信念的影响而发生的。这些信念的形成因素有很多，比如说人们所接受的培训、他们个人的经历、他们对公司未来的理解以及他们对领导者言行的观察，等等。只有当这些因素发生变化，从而使人们相信自己以前的观察和观点是错误的时候，他们的行为才会发生真正的变化。比如说，如果一个组织中的人们相信自己所处的是一个毫无前途的正在走向衰落的行业，他们就不会投入更多的时间和精力来谋求在这个行业的发展。如果他们相信许多在工作业绩上不如自己的人却得到了和自己一样的奖励，他们就不会有动力做出更大的成绩。

常见的阻碍企业效能最大发挥的日常文化：

- 部门经理之间缺乏相互批评的氛围，他们更愿意避免冲突。
- 下属牢记一条格言——“不要招惹是非”，也不愿说出自己的真实想法。
- 人们在工作中缺乏积极主动性。
- 不给员工直接的反馈意见，而是在背后批评员工。
- 员工只做出必需的承诺，在履行承诺时则满足于交差了事。

不可忽视的日常文化现象是，落后的文化仍然被应用到新的发展战略上，或者正确的文化被错误地应用，而后者往往更容易被人们所忽视。现代组织理论学者杜拉克就指出人们对规章、制度等文化误用的情况：

1. 错误地相信程序上的规章是说教的工具。它是能指出怎样才能迅速地做好某件事，但不能确定是否是正确的处理方法。

2. 有时错误地用规章制度来代替决策，而事实上它们只能用来处理不需要决策的问题。

3. 错误地把它作为一种惩罚性的控制手段。行政性组织常常要求照章办理，这就使得一般的职工在其岗位上无事可做。

如果我们忽视了类似上述的日常文化现象，我们也就难以给企业植入新的文化理念。因为对于一般员工来说，日常文化往往比企业理念更具有影响力。

◆ 什么时机是实施改革的良机

不良的经营业绩对于企业改革来说，是福也是祸。其积极的方面在于：资金亏损引起了人们的注意和重视，但同时，它使得调整的空间更小。良好的经营业绩也存在着不利的方面——它使人们更难相信需要进行改革，但你拥有更多的资源帮助你进行改革。

太安全的操作也会有风险：当紧迫感达不到足够高的程度时，企业转型就难以成功，组织的长远未来也会出现危机。

什么时候紧迫感达到了足够高的程度？答案是：当公司的管理层中75%的人真正认识到企业的常规状态完全不能接受时。低于这一比率，将会给改革启动的随后阶段带来严重的问题。

企业改革绝不仅仅是企业高层团队几个人的事，它必须得到广大职工的配合，才容易获得成功。在一般情况下，选择下列时机扬起改革的风帆，成功机会大一些：

1. 企业陷入困境，市场占有率、经营收入、利润大幅下降，面临生存危机，这时员工配合意愿强，往往愿意为企业改革承担额外的工作任务。

2. 主要竞争对手进行企业改革之时，这时一方面给员工们竞争压力，另一方面以超越对手为标杆，通过企业改革来提高员工的士气。

3. 企业预感到某项新科技的产生足以改变市场的竞争规则，运用此项新规则可使人认识企业改革的必要性和客观性，尤其是企业改革后的竞争优势。

4. 当企业改革的宣传、沟通卓有成效，并且公司的管理层中75%以上的人员已经接受了企业改革工程之时，实施改革的成功机会较大。

案例：西门子公司的整体企业文化改革

当今迅速增长的竞争压力不会对企业界的超级舰队额外施恩，他们必须将自己转变为由大量高速的摩托艇组成的舰队，以具有应对市场和消费者偏好多变所需要的机动性。他们在 8 年前将利益规模与机智、灵活和责任心结合到一起付诸改革，将一个分散化的组织——从一个研发、生产、销售和市场营销的组织结构，转变为更加垂直的组织形式，公司属下大约 250 家企业，都要将这些职能内化，并独立自主地经营。这导致了能量的彻底释放，生产周期、产品推向市场的时间、成本、生产率和消费者服务等全部发生了戏剧性的改进。

但更为紧迫的是，企业还要发展更加关注市场和利润创造的思维和作为。而要做到这一点，他们就要在工作场所引入能发挥更大灵活性和个人积极性的机制，还要鼓励企业家精神并压制官僚主义滋生，以迅速改变西门子员工的思维和作为。

过去西门子公司的员工有时仅将利润当作公司的副产品，而不是当作公司存在的中心目的。这在研究和创新淋浴的项目上体现得格外真切，这里的工作重点是在新发现上，而极少关注这些新发现是否能够准确反映市场的需求。有鉴于此，他们推出了一项 TOP 文化改革计划。这里的“TOP”一词是“时间优化程序（time—optimized process）”的首写字母缩写。

选择这项“时间优化程序”的初始目的是，提高所有工序运行速度的必要性和优化提高每道工序的运行效率。而借用“TOP（顶级）”这个具有双重含义的词，准确地表达了使西门子公司在所有方面都达到顶级、卓越的管理的目的，而不是仅仅局限于它的发明数量的多少。

TOP 蕴含着 3 个主要内容：生产率、创新和增长。所有这些的基本出发点和动力源于改革。西门子在下面 4 个主要领域寻求意义深远的改革：（1）减少等级层次；（2）选择管理范式；（3）改善交流沟通；（4）要求与客户建立更多的交流和更快地反馈客户的需求。TOP 计划导致公司指令链缩短；更为重要的是，它还削弱了加之于职称和头衔之上的重要性以及由其所产生的盲目崇拜。他们采取的最大胆的举动是废除了西门子在德国的单位中的头衔——发出了这样的信号：尊重应当来自同行们的承认，而不是来自标示于门面上的头衔。

TOP 计划对西门子公司内外的公正和公开的经营行为产生了重大影响。如：一个经营单位的盈亏数据过去常常是非常保密的，因为害怕这种信息成为落伍客户和竞争对手手中的竞争缺陷；但相对于公开化对提高了工人行为和经济效益之间的联系，尤其是在处于经营亏损状态的单位的工人行为和经济效益之间的联系，以及这种联系所取得的效益，他们宁愿实行信息公开化。因为这种信息给经理人员和工人们施加了紧迫的压力，以要求其快速找到纠正问题的方法。

他们正在改革西门子的整体企业文化，从工程导向型公司转变为一个以知识为基础的企业，在这样的企业里，对客户的责任是企业文化的基石并渗透于各个环节。生产经营遵循严格的成本设计原则：是客户而非西门子，决定时常进入的最佳时间、产品性能和价格参数。

在过去，西门子实施交叉补贴政策，从富有部门强行征取资金，用以补贴和支持获利很少的单位——这导致了责任心的削弱，导致了资源被引入不合理或低效的利用，因为一些受补贴的单位实际上理所当然地要走向失败或被抛弃。TOP 计划排除了诸如上述的利益和责任的陈腐观念。

实施 TOP 计划，他们已取得了一些显著的成就：(1) 生产成本收益提高了 20%多；(2) 发明量增加一倍、超过 5 000 项的同时，促进了创新；(3) 主要收入增加来自环亚太市场。后者是他们正在实施将西门子从一个主要是德国的公司，转变为羽翼丰满的国际性公司目标的重要标志。

可以说，TOP 文化改革计划，仍然是一种试验性的改革。在获得了 TOP 试验性的改革的成功后，他们再展开更重大的改革，把每年自动提高薪酬的旧政策废弃，取而代之的是，现在30 000名经理努力工作以完成他们个人合同所规定的条款，而且他们获得额外津贴的报酬取决于他们怎样有效地完成预先确定的目标，并由一个新的评价系统来确定。从前，下级职员是由其老板进行年度评价的，现在上级也由比他们职位低的人进行评价。他们的评价根据基本目标、动机、积极性和其他因素作出。对于下级的评价，上级主管人员必须写出一个工作改进的行动计划并提供一个纠正问题的时间表，以回应所受到的批评。这也是真正废止了资历驱动型（论资排辈）的"职业自动阶梯制度"，代之以内容丰富的薪酬协议制度。这就从行为管理范式上进一步深化了改革。

范式或方法论，可以提示寻找处理问题的切入点和钥匙。

二、建立文化改革的框架

我们都知道，如果没有适当的软件，再好的硬件配置也无法帮助一台计算机完成预期的任务。同样，在一个组织当中，如果软件部分（人们的信念和行为习惯）没有到位，硬件部分（战略和组织结构）也无法真正发挥作用。

只有当大家都清楚目标是什么的时候，文化改革才可能真正实现。需要说明的是，这种框架其实非常简单，所需要的就是改变那些能直接影响企业效益的员工行为。作为经理，首先你应该清楚地告诉人们公司的目标是什么。然后你会与大家一起讨论实现这些目标所应当具备的条件，并同时把这作为指导过程的一个重要环节。一段时间之后，你应该对他们进行更多的指导、取消奖励、调换工作岗位，或者是让他们离开。在这个过程当中，你实际上就已经为自己的企业建立了一种新的文化。

案例：孟山都公司如何让大家清楚公司改革的远景目标

1996 年孟山都公司实施了一个“五项原则”计划，以激励人们创造股东价值。这个计划的 5 项原则是：

1. 明确地表述共同的远景目标；
2. 让大家清楚共同的远景目标对孟山都的每个人意味着什么；
3. 建立创新的组织、程序和政策，帮助人们取得成功；
4. 把个人目标和动力与公司行为评价标准结合起来；
5. 沟通，沟通，有效地沟通。

创造股东价值的最基本的方法是资金收益率要高于资金成本，公司中的每个人对此都必须有清楚的认识，只有这样，每个人才能清楚他们怎样才能在孟山都为创造价值作出最大的贡献。

让大家清楚公司的远景目标对每个人意味着什么？——实践这条原则的一个例子是“孟山都全球论坛”，他们不分等级，从每个层面每个角度上选择员工，代表们包括高级管理人员、工厂的操作工人、业务部门经理、地区销售经理、秘书和人事部领导。

来自不同地区、不同层次的人们的组合，强烈地传达着团队合作的信息以及每个人都有机会作出自己的贡献的重要性。为使论坛保持“中立”，不受总部的操纵，每个代表都离开他工作的部门。这样，每个人都能感到他是被召集来领导、管理和创新公司的。

孟山都在内部采取了一种新的工作安排的方法，要求员工必须对他们所掌握的技能、从事的工作和追求的事业有更强烈的责任感。“开放市场”的计划，在公司内部打破了曾有过的工作界限和障碍，员工们以前可能感到没有机会从事本部门以外的工作，现在他们随时可以在孟山都的任何部门、任何工作上自由地发挥他们的能力，他们不需要先征得主管的同意，才能申请其他工作，同样，寻找人才的管理人员可以在整个孟山都自由招聘。

对“开放市场”计划的支持手段是：开放的工作项目表和用电子方式流传的员工的简历。这个项目向员工传达了一个重要信息：“开放市场”代表了一次意义深远的文化改革。这种改革（在员工和公司之间）建立了一种更加类似合作者的关系，这样员工们能自由地进行自己的职业发展，公司也因为开发出了后备人力资源而受益，这些后备人力资源就是能够实现公司宏伟目标的有一技之长的员工。

建立适应成长需要的组织

新孟山都更强调关系和角色，而不是组织结构。他们抛弃那种沉重的、步调缓慢的等级森严、部门决定一切的公司，取而代之的是13个小的、灵活的部门，它们能够更有效地对变化和激烈的竞争以及技术发展、政治变化和社会发展趋势做出反应。其特点如下：

1. 强调关系和角色——而不是结构；
2. 客户价值/股东收益；
3. 业务单位驱动；
4. 经验/服务共享；
5. 迅速、明确、最优地分配资源。

这些高度自治又相互联系的部门还有一个特点：在激励和鼓舞员工方面，这些部门的结构是很有效的，因为员工的行为和价值的创造之间有了明确的联系。

新财务标准

他们得出结论：两个财务指标——全部经营收入和投资带来的现金流入量，与市场股票价格的关系最大。把这两个指标综合起来变成简单的但却实用的经济增加值（Economic Value Added，简称EVA）指标，在日常经营中，业务部门可以根据它来做决策，如指定目标、评价战略、进行投资等。

三、推行改革的基本策略

在推行改革时，需要考虑两个基本的因素，一是明确改革的目标，二是必须了解环境条件的动态性：是什么导致了目前的问题；有什么资源可用于推行改革；改革过程中可能存在什么障碍。通过对这些问题的分析，你就能逐渐明白和形成什么样的策略最可能带来成功。接下来的一步就是决定，在其他因素都受到直接控制的条件下，需要在人际关系或结构层次上采取什么行动。特别重要的是，运用“行为杠杆”，以促成所希望的改革。

◆ 常用的推行改革的“行为杠杆”策略

1. 员工教育。在改革发生前就教育员工，他们可能面临哪些问题以及解决的办法。

2. 参与和介入。吸收那些影响改革计划运作的人进入改革计划的过程，并邀请他们帮助你决策及采取哪些行动。

3. 促进。通过各种方式减少人们对改革的焦虑，如认真倾听他们的意见，给予他们情感上的安慰，给他们宽裕的时间考虑自己的前途，提供再培训的机会及其他可能的帮助。

4. 协商。给改革的抵制者一些刺激，以取得他们的协作。

5. 操纵。有意识地采用一些手段，使反对者除了配合之外，再无其他选择。

6. 强制。通过明示或隐含的威胁，如解聘、减薪、不予晋升，以及其他可能微妙或不微妙的威胁，来使人们按照所期望的方式去做。

◆ 常见的推行改革的行动步骤

1. 找出受欢迎的文化，即对企业能有立竿见影效果的文化。文化改革的策略，应该是建立在战略、运作、组织结构、人力资源管理系统、管理与监督以及领导艺术等基础之上的。因为文化是包含在这些方面之中的，所以改变这些东西就能改变文化。

2. 借用质量管理、顾客服务、业务流程重组等运作过程中的当代措施改变文化。着重于运作的3种当代措施有全面质量管理，包括对内部和外部顾客的顾客服务、业务流程重组。如果这个改革过程从一开始就注重了这一点，而且这些措施又实施得当，它将是最好的文化改革策略。

3. 通过改组机构来挑战、革新原有文化。

4. 将人力资源管理系统当作改革的杠杆。招聘、提升、培训和职业发展都可成为改革文化的手段。

5. 采取与改革相关联的战略。

◆ **改革意识的四种渗透方法**

如果进行企业改革的理由是透明的，就会增强共同感，这些理由应该与公司的历史相联系的，并对旧文化或旧战略的缺点和为什么要用新文化或新战略取代它，而在公司内取得共识。在企业改革的过程中，关键的是要进行改革意识的渗透，让每个人都清楚企业进行企业改革的理由和目标。

所谓改革意识的渗透，说到底就是让企业全体成员理解和相信改革战略。为此，企业的领导应该发挥统率指挥的作用。其主要内容如图 2-2 所示。

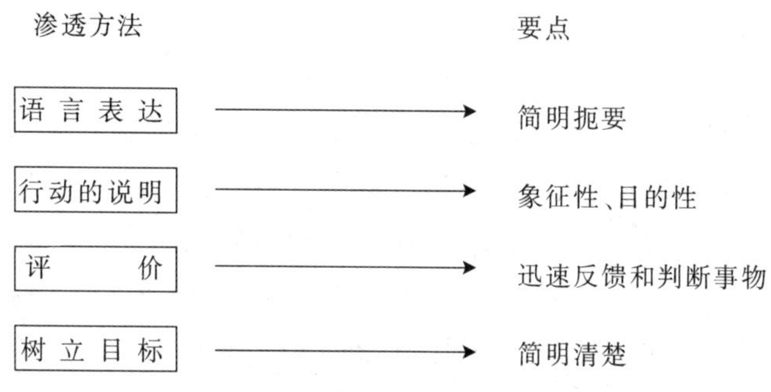

图 2-2　改革战略意识的渗透方法

1. 用提倡新价值观的活动冲击公司，反复向企业员工宣传改革内容及其重要意义。如英国航空公司举办了一连串有关顾客服务和对服务型企业进行管理的员工会议。虽然这些活动是以培训的形式举办的，但实际上是对牢固的旧文化进行正面攻击。

2. 提前创造一些机会，这种机会是领导者所采取的说明改革指向的象征性行动和目的性行动的机会。例如，在不属于正常人事变动时期进行较大的组织调整，以使企业在人事上确保改革执行者应有的地位，其具体做法常常是领导者亲临战略实行的现场，与有关人员直接接触，征求意见并指挥安排，其意义在于领导者通过行动与部下沟通。

3. 以行动的结果来说明和表现改革。这种手段是把对部下行动的价值及时给予评价和反馈，即高度评价并表扬符合改革方向的行动，对于部下所采取的不符合改革方向的行动不作过多评价，而对于背离改革方向的行动，则采取完全否定的态度并给予严厉处罚。

4. 适当的目标设定。改革战略构思的起点，在于企业所提出的改革目标。

改革目标的设定先于改革战略的决定，它成为改革战略构思的起点。

如果没有具体明确地设定改革目标，其结果一般会产生焦点不定的改革战略。提出这种改革战略的企业，往往抓不住改革战略的总体，在实行中陷入盲目性，并且无论如何也不能让企业形成实施改革战略的机能。改革战略和改革目标是表里如一的关系。

◆ 以敏感而又容易推行的绩效考评为改革切入点

绩效考评、考核、奖励等既是企业文化理念的体现，也是企业组织的行为。作为企业文化理念的体现，它反映了企业当局今后长期发展的倾向性；作为企业组织的行为，它具有即时调节人们的行为的作用。也正是从这个角度上说，以绩效考评为改革切入点，往往事倍功半。

将员工的业绩与奖励直接联系起来，并使得这种联系变得透明。文化范式及其与绩效发生联系的前提条件是绩效考评能够对员工的行为产生驱动效应。同时，这些考评措施也反映了构成企业文化改革的倾向性，如企业的价值观、规范甚至是基本的信念体系。况且，即使你不提听起来神秘兮兮的“文化改革”，重新调整绩效考评体系本身也是达到文化改革目标的有效途径。

持久的文化改革要有切实可行的方法支持，如考核、奖励以及人们有组织的行为。一个关键的方法是：从文化方面分析人们的工作方法，制定出最优操作法，然后对此行为和态度进行改进。行为改革常常是文化持久改革的基础。

◆ 失败往往由于不能把握体现改革意识渗透的经营细节

企业改革的失败通常都源于像绩效考评政策或信息系统这样的经营细节的失误；但另一方面，企业领导人又最忌讳陷身于日常经营的细节之中而不能自拔。正如美国电话电报公司的杰里·斯特德（Jerre Stead）所言，解决这一问题的方法是：“从改革愿景向后倒推。”你不能仅仅在口头上谈改革愿景，你必须将它落实在日常工作中，即对你的下属在实行改革过程中的行为及其绩效进行考评，并确保他们不至于三心二意。

为了保证改革在现场的顺利实行，企业需要从适应改革的方向来调整评价的标准。动员企业全体成员进行符合改革新方向的业绩评价，是改革意识渗透不能回避的问题。

管理悖论：当“鱼与熊掌难以兼得”时，是按当前的价值——“两害相权取其轻、两利相遇取其大”，还是按长久的价值观——行为和结果的导向性和象征性，后者有时不得不“两害相权取其重、两利相遇取其小”，这也是考验你是否是一个优秀的企业家的问题。

四、利用行为能力把企业理念与企业战略结合起来

为了陈述的方便，笔者把企业组织使命、企业核心价值观和远景目标等称之为企业的理想文化。

无论是塑造企业的理想文化，还是把企业理想文化转化为企业的日常行为，都需要一个思维框架。而行为能力的概念正好提供了这样的一个思维框架。塑造企业的理想文化与发展企业和员工的行为能力，是一个互为因果的过程。行为能力决定着员工和组织的成功，而企业的理想文化则决定着员工能从何种程度上来表现能力。

同时，我们必须对当前的形势，对我们员工和组织的优势劣势了如指掌。必须认清我们的顾客、合作伙伴和竞争对手，以及他们的优势和劣势。必须根据长期和短期的目标制定战略战术，对要打的战役做出明智的选择，并清楚地知道何时该做出牺牲，何时该坚持立场。我们还必须不断地向员工们灌输我们正为之奋斗的企业组织使命、企业核心价值观和远景目标。

◆ 利用行为能力评估推动员工向理想境界发展

能力的概念为一个重要的评估机制提供了基础，这一评估机制用于员工的选聘、考核和培养，它使整个组织以那些对企业核心价值观必不可少的行为方式为发展的导向。由于我们能准确地衡量某种能力的高低，因此我们能够为企业组织挑选那些将表现出理想文化所需要的行为的人。以能力作为考核基础，我们可以将企业组织希望和需要的行为方式在整个组织中传达。在员工培养机制中运用能力概念，我们可以创造出改变员工方式的具体途径，使员工的行为与我们想要实现的理想文化相一致。

五、利用你稳定的客户群来推动你的改革

将客户纳入改革进程中，需要我们在处理与客户的关系时用心独到，我们不仅仅需要“聆听客户的声音”，还要千方百计寻找出顾客做采购以及重复购买决策时的动机与依据。那些富于创新精神的公司，无论是在推行企业战略改革，还是推行企业文化改革，都将顾客视作公司的利益共同体，当他们准备改革计划时，都会让顾客参与其中，献计献策。如果你想使改革的力度更大更稳，那么，不妨邀请一些重要客户参加你下一次的改革讨论会，让他们从市场的角度、从顾客的角度为你出谋划策。记住，无论你的管理团队多么优秀，始终是在“山中看山”，而代替不了顾客在“山外看山”。改革需要从“山中看山”与“山外看山”两种角度出发。

六、检验改革战略是否有效的三个标准

1. 改革战略的实施是否已经在整个企业形成“一体化的焦点”。它是指在战略上充分有效地使企业全员的认识和努力方向一体化，具有为人们提供共同认识的“焦点”的作用。

仅仅统一目标统一前进的方向还不够，还必须使员工的行动一体化，必须使人们自觉地接受一体化的方向，以高涨的士气、坚定的信心，朝着既定的方向齐心努力，这是企业最好的状态，是一种创造出来的洋溢在企业中的前进的趋势。

2. 创造出企业组织的前进的趋势，并且充分加以利用和保持，是改革战略的一个指向，也是改革战略上是否适应企业组织的第二个标准。

3. 改革战略的内容能否在员工中产生一种积极进取富于创造精神的紧张感，是改革战略是否适应企业组织的第三个标准。

任何不能适应企业组织现实的改革战略，都是无效的战略。

第四节　带刺的玫瑰——企业组织与个人的文化个性

有关企业组织与个人的文化个性，有不同的划分方法。在这里，笔者综合英国著名学者查尔斯·汉迪用古希腊的四位神祇来代表四种不同类型的管理文

化范式，以及美国著名学者伊查克·爱迪思以企业运作所需要的四种主要管理功能——整合（integration）I角色、创新（entrepreneuring）E角色、执行（performing）P角色和行政（administering）A角色的管理思想，也把企业组织与个人的文化个性，划分为EAPI四种个性（有关EAPI四种个性与管理角色的论述详见第七章和第八章）。

对企业组织与个人的文化个性的划分方法，只是为了阐述的方便，现实生活中的企业组织和团队，以及个人的文化内涵中，大多是由多种文化构成的，而且，这些文化构成会不断因应各种变化而变化。企业组织与个人的文化个性，实际上源于文化构成的差异性。

但有一点是肯定的，在任何一个特定的时空下，组织、团队和个人的文化内涵中，总是会由下述的其中一种文化占主导。也正因为这个原因，识别企业组织与个人的文化个性，才能更好地扬长避短，达到我们事业的目的。

一、不同企业组织的不同文化个性

◆ 创新型文化的组织或团队

创新型文化在管理上采用非常不一般的方式。基本上，管理就是不断成功地解决问题。首先，必须去发现问题所在，然后针对问题提出解决的方法，调整适当的资源与策略，让会影响最后结果的人员所形成的团队开始运作，一切以最后的结果，也就是问题解决的实际情况，来评判其表现。

创新型文化倾向于认为“个人”是一种“富有才智的人”而非“人力资源”。创新型文化认为专家才是权力或影响力的基石，年龄、服务年限，或与老板的亲密关系都不重要。要对团队有所贡献，需要的是才能、创造力、新方法与直觉力。在这种文化中，有才华的年轻人得以绽放光彩，创造力备受尊敬。这种组织文化最适合那些在民主社会中富于理性和创新精神的知识分子，自认为属于精英政治中的人，充满青春活力的聪明灵巧的大学毕业生。

这种组织是“突击队式”的松散联结而成的工作网，每个团队能够自给自足，但在整个组织体系中，又担负有特定的职责。当富有才能的不同的团体，通过对一个共同课题、任务或问题的认同，而发现彼此之间的同质性时，创新型管理文化便能运作得最好。要在这种文化环境中产生影响力的第一步，便是改变焦点问题或工作任务本身的定义。改变了问题，也就改变了活动的方向。

创新型文化总是处理一些新问题、计划，与重新计划之类的事。这种文化使用过去的资料来更正对未来的一些评估与预测。

在创新型文化中会有许多交谈、争辩与研讨，讨论文件到处都是，而且应该一一阅读。在创新型文化中，你要依靠案例中的理性力量来帮你成功。然而要这么做，首先得界定问题，并赢得别人对界定问题的优先性的认同。因而，在创新型文化组织中，策划背后的那些讨论和委员会，对典型I个性的人来说，根本缺乏效率，简直是不负责任。

只有在迫近的大灾难中，才有可能提出新问题。新问题通常是从一个团队中某个改变了的共识中衍生出来的。任何想要改变事物面貌的新成员必须记住，即便是在十分紧急的状态中，他也必须先赢得该团队的尊敬，才能提出这类问题。

事实上，创新型文化的管理方式，是大多数人所乐于接受与向往的，因为它具有更多的可复制的可学习的专业知识。

但不幸的是，假若要创新型的人去制造什么产品，不论价值大小，他们往往会为了实验他们的创意而造出最好的（或许是最贵的）产品，或是瓦解整个制造过程，或者干脆放弃。这是一种昂贵近乎奢侈的组织管理方式，因此很容易由于经费不足或其他原因而遭折损：一个本当由典型创新型的人来解决的问题，结果却必须以整合型文化的方式去处理。

管理悖论：

企业的长期利润不是来自稳定的产品和服务上，也不是来自对产品和服务不断创新的追求上，而是来自二者的辩证统一中。

◆ 整合型文化的组织或团队

当我们想到“组织”这两个字时，在脑海中通常浮现的是整合型的文化。这种组织的运作，是通过定义在组织中的角色或职务之上，而非个性化的个人上进行的。

在整合型管理文化中，个人只是机器的一个零件，是亨利·福特梦想中可以随时被替换掉的那一部分。一整套职务的“角色”是固定不变的，随时可变的是扮演这些“角色”的个体。

在这种组织或团队里，事物是依照事先设定好的范式来运转的。总的来说，你对这些范式知道得越多，使用次数越多，就越能处理较多的问题。在这种类型的组织里，所谓效率常常就是指“单纯化”——将事物按其最醒目又最重要（往往也是最表面）的特征一一归类处理。为了把成本降到最低，整合型的组织可能会试图将“每个东西”，甚至包括开发性的工作，都予以标准化与范式化。

你会发现在整合型的文化中，非常适合一些例行性活动。这些活动可以依照我们的需要，分解成不同种类的知识、技巧和经验。也因此，个人被视同任何其他有形的东西，是可以被规划、制表、部署和更易重组的“人力资源”。因此像会计师事务所、评鉴方案、企业诊断、培训课程、工作上的轮换，以及人力计划方面形式上的技术等等，便属于这类文化。而事实上，这些项目也就是传统管理开发上的内容。

在整合型文化中，“权力”是一个非常清楚明白的概念，权力是从一个人所扮演的角色、职位或头衔中衍生出来的，某种角色即意味着诸多权力与责任。如果要对他人进行分析（逻辑推理）与说服，则需伴随必要的权势才行。管理者是在组织权势之中的那个角色。在这种整合型文化中，“你凭什么做事?”——这与其说是在问你有什么本领，还不如说是在告诉你注意自己的角色。如果你没有那种头衔，你就只能“问”，不能“说”。你职位上的权力不但赋予你叫某人做某事的资格，也允许你为你自己所管辖的区域，建立一些复杂的规则、程序和系统。这些规则、程序和系统，就像那稳定的铁路，并由这些“铁路”引导、掌握那些将输入变成输出的资讯和活动。

在整合型管理文化中，对于大多数人来说，管理并非就是做决策，决策的机会并不多，而且大多数都是属于常规操作的范畴。管理者就像火车司机一样，他所控制的是速度，而不是方向。你只要做你分内的事就行了——不必多，当然，也不能少。在这种文化中，所谓的效率是让火车准时到站，不要太早，也不要太晚。在整合型文化中，结果的好坏都不能归属于任何个人或某个小组，所以他们评判人的标准，是看你平时扮演的那个职务角色表现如何。

整合型文化是依靠法则与程序，来联结被界定的工作或角色；依靠联结一个检视系统和情报的桥梁系统，以确保那些法则与程序的执行。

个人主义者不喜欢角色，年轻人不喜欢角色，因为角色文化必然压制个人的独特性。墨守成规者往往对整合型文化情有独钟。

◆ 执行型文化的组织或团队

执行型文化是一种团队的文化。这种组织既可以是在整合型文化之下的稳定结构的一部分，也可以是“突击队式”的团队运作，并能够自给自足，但在整个组织体系中，它们一定是担负着特定的职责的。

执行型文化的组织或团队会以整个组织体系的不同部分寻求资源与策略，以便能在特定的环节或问题上，将力量加以整合。不像整合型文化的权力是处于顶端的那样，也不像行政型文化的权力是处于中心那样，执行型文化的权力是分布在网络的交接点上的。

执行型文化倾向于通过“把问题或任务装入格子”的方式来处理变化。这种组织技术包含厘定问题或任务、分派员工时间，并借由在组织图表中增加一个新的格子，来重新分配资源与优先次序。这个格子的标题实际上也就代表了某个问题或任务。

执行型文化中，诸如目标管理、长期计划，会被认为是一些耗时的仪式。执行型个性的人会以自己的方式，去定义团队的共同目的。

对执行型的人来说，团队是很有意思的。如果团队赢，每个人都赢；如果团队输，每个人都输。大家都有同舟共济的感觉，同时大家也觉得人人平等，因为每个人都可以对组织有所贡献。个人主义者不喜欢执行型，因为执行型强调团队精神（尽管是开创性的）。

这种文化把“个人”视为能为自己的终极目标负责，而在当下又能被派到指定的问题领域去执行任务的人。重视行动——这些符号和标签，象征着行动导向的精神——战士、团队、执行任务部队。

◆ 行政型文化的组织或团队

行政型文化组织，像是一个父系家族的系统，具有威信的和指挥力的核心领导即行政 A 角色。我们如何不断地花最小的代价来满足那些需求？这是 A（行政）的决策问题。

当速度比准确的细节更重要，或是当拖延的代价比犯错误的代价更高（而且这种错误又是可以在下一回交易中被更正过来的）时，行政型文化组织便相当有效力。如果你属于这类小团体，你将享有很好的工作文化，因为他们注重个人，给人自由，并对个人付出的心力予以奖赏。

在行政型文化中，信赖和移情作用支持着直觉式的决定，个人的领袖魅力建立在成功的记录上，金钱是成功的温度计，政治、与人交往和网络是一种必要的生活。你要用职责来鼓励这类人：给他们资源、挑战和你的信赖，用成果或是用欣赏的眼光来激励他们，而不是用退休金方案、头衔，或是公务车等等来控制他们。

在行政型文化中，如果议论的来源比本身的逻辑性更重要，那么你在某个团体内所选择的个人与小圈子，就会非常重要。不管你是“谁”，还是要先看你“做了什么”，然而你必须知道你将会被“谁”，而不是“做了什么”来评断，并因此成功或失败。

二、不同的人的不同文化个性

◆ 典型 E 个性的人

典型 E 个性的人，是一个以崇尚创新型文化为主的人。

一事当前，典型 E 个性的人的行为范式是：这个问题有没有其他的可能性，有没有新的解决方法，并不断地尝试新的可能性新的方法，他们喜欢创造，是善于解决问题的人。他们认为，创造力与实用主义的结合便能解决问题。他们在富于变化、有问题需要解决和有条件开发自我潜能的状态下，往往更容易蓬勃发展。他们以成果来回报组织给他们的报酬。

一群专家聚集在一起，形成处理共同执行任务或问题的团队。在解决问题的过程中，和他人在一起工作的能力，是最基本而又重要的。只要他们在一起配合默契，而非相互排挤，则许多的脑力结合一起，往往能研究出更好的解决问题的方法。

典型 E 个性的人所谓的学习是为了获得将问题解决得更好的能力。一些技术上的辅助工具，可能会对学习有所助益，但最重要的是通过不断的研究，也就是在“假设——试验——再假设”的过程中，持续地去解决问题。“案例研究”，是他们学习中最常见的一种方法。这种方法提供了像“权力与影响作坊”和“团队试验室”之类的团队能力的训练设计。

典型 E 个性的人非常尊敬专家与专业精神，因此也很在意自我的提升。这里指的自我提升是指在专业上的提升，而非管理职务上面的提升——尽管升职常常是专业成功的外在象征。想对他们发号施令，就必须赢得他们的尊敬。这种施令可以通过一般社会接受的“说服”形式来进行。因此，同意便取代了服从。

他们最能接受新事物，喜欢新问题和新状况，但他们也是团队型的人物，他们知道，复杂的问题需要一个执行型小组，在这样的小组里，他们会选择各式各样的能人，并设法使他们融为一体。

典型E个性的人对你服务的年资和职称并不在意，他们只是想知道你的看家本领是什么，是不是能为当前的执行任务牺牲奉献。年轻、活力充沛和创意四射是他们的标志。在顾问咨询公司、广告公司或商业银行，你都会发现这样的人。他们往往在项目的开发领域中，或是在以创新型文化为主导的环境中，或是在大型组织的最高阶层中，工作往往会比较出色。

典型E个性的人在稳定状态中会变得浮躁不安，而在危机出现时，也可能会犹豫不决。要叫他们全心付出，除非工作任务是出自他们自己的创意。也就是说，他们是又贵又不合作的齿轮，因此最好的办法是，绝对不能把他们当作齿轮来看待。

◆ 典型I个性的人

典型I个性的人，是一个以崇尚整合型管理文化为主的人，是善于整合团队成员意见和能力的“专家”，即整合I角色。

一事当前，典型I个性的人的行为范式是：喜欢从研究问题出发，然后定出适当的解决问题的方法，他们关注的是我们做任何事情的最终原因，即相互联系。对这种最终的连续的需求即整合，他们是用不同的渴求来表示的。

典型I个性的人会让每件事物都能够被套用在规则手册中——尽管很显然，这可能是最复杂的做法。他们倾向于用过去的情况来指导未来，觉得预算与正式组织中的工作职务很合理，而且让人觉得很有安全感——尽管他们可能会对细节加以争辩。

典型I个性的人的思考方式是逻辑性的，他们喜欢一个在形式上合乎科学的世界。他们喜好井然有序的，非常重视生活与事物的秩序与可预测性。东西要摆在适当的地方；合约要精确、如期兑现；角色得界定好，且各守本分。他们比较喜欢知道影响彼此关系的规则，因为它让个人所扮演的角色得以发挥其功能。他们通常没有什么好奇心，所以他们相信他们身处的这个世界，必定是由那些自知在做什么的人所组织起来的，尽管有时实在缺乏足够的证据，来证明他们的确知道自己在干些什么。对于I个性的人，“达到要求”才是一个值得为之奋斗的目标。

对典型I个性的人来说，像A个性的人的个人拜会，就好像是表示不信任的一种对私人领土的入侵行动——“他是不相信我的报告，还是不明白我的图表?”

典型I个性的人信奉和谐之神，凡事讲求逻辑，也讲理性，但就是有点过于温顺。他们喜欢整齐清洁、有条不紊，凡事都照规矩来。只要能预测的事，都要预先做计划。直觉是不可信的，因为它无法预测，又会破坏事物原有的次序。对他们而言，组织最好要像火车，每班车都能按照时刻表准时发车和进站。

典型I个性的人特别喜欢别人称呼他的头衔，因为头衔能道出他在整个组织架构的地位。他喜爱使用组织架构图表、手册、工作简介等，因为这些东西让事物各就各位。对整合型的人来说，规律是他们喜欢的，更何况规律又能带来效率。因此，只要能引进规律的地方，他们就全力引进。

典型I个性的人在既稳定且凡事又可预测的组织部门中，最感到自在。会计部门、工厂、仓库、银行柜台和后勤单位，常常都充满了这类整合型的人。我们应该感谢上天赐给我们整合型的人，因为他们安于执行组织内许多基本的工作，进而使组织运作顺畅，就像可替换的零件一样。反过来说，他们对许多东西也相当重视与珍惜，包括：工作任务皆在掌握之中所带来的安全感；每天赶搭同一班公车回家的那种感觉；他们喜欢各式委员会，也愿意放手让他们去查核合约及记录上的细小枝节，因为他们重视正式和秩序。假如你不够整洁、太过冲动或没耐心，就别和他们一起工作，但绝不可看轻他们。

◆ 典型P个性的人

典型P个性的人，是一个以崇尚执行型文化为主的人。典型P个性的人关注的是现在做什么，如何行动即通过执行角色P来提供所需的服务、满足顾客的需求。我们做什么来满足这种需求？这是典型P个性的人的决策问题。

一事当前，典型P个性的人的行为范式是：行动，凭经验做事，他们对什么问题是由什么问题产生的，什么行为会产生什么结果不会在行动前先搞清楚，他们是边做边调整的。当典型P个性的人说“把工作办好”时，他们对这句话的看法不同于典型I个性的人，他们暗示一个问题被解决了、一个执行任务完成了——事情完全结束；而整合型文化是在持续进行的状态中工作，典型I个性的人可能更常是说“继续办这事”。

典型P个性的人比较现实，他们对遥远的东西不太感兴趣。如果你有什么大目标大计划需要P个性的人配合的话，你应该先把那些大目标大计划细分为一个个小目标小计划，让他们容易感觉到触摸到“有东西”，他们才会积极行动。他们的安全感不像典型I个性的人来自聘雇合约，也不像典型A个性的人来自内部的人际关系，而是自己的能力。他们知道自己就像仅存的战士，一定得把任务执行完成。

◆ **典型A个性的人**

典型A个性的人，是一个以崇尚行政型文化为主的人。

一事当前，典型A个性的人的行为范式是：直接跳到问题的解决方法上去，他们的行动是实验式的、狂热的，没有经过事前计划的。他们与典型P个性的人都是行动主义者，但后者是凭经验做事，而前者往往凭当前的“直觉”行动，而把经验也给忽视了。他们的活动中，有一半是在“九分钟”内完成的。他们的生活中没有明显的范式，偏好“中断”——比如突然离开会议场所、预留余地、机会等等。

他们喜欢对刺激快速做出反应，而且很容易感到厌烦。他们不喜欢一成不变的惯例——只有7%的面谈是依照常规排定的。事实上，一步一步的逻辑分析不是他们的思考方式，以“直觉”与“果断”来描述他们所做的行动更加适合。他们在对行动做评估时，“时机”对他们来说是非常重要的。因此，他们喜欢一大堆不同的事件和充满高度变化的日子。他们倾向于直觉式与整体性的思考，他们能很快就找到一个解决方法，并加以试验，如果第一个解决方案看起来有些不适合，他们就立即再找一个。他们通过一种所谓“移情作用”的特殊沟通方式，来达到决策速度的闪电化。任何要求以高速度来完成的事情，都可以在他们的管理下取得成功。当然，速度并不能保证品质，品质全赖他们和最接近他们的那些圈内人士的才能而定。

典型A个性的人非常看重印象与软性资料，而很少在传统报告和硬性资料上下功夫。他们不会从局部一步一步地建构出整个画面，而是从全局的角度来思考事物，检视整幅画面并加以评估。

“领袖”、“处理困扰的人”、“中间联络人”这些字眼最适合用来描述典型A个性的人的主要角色。A个性的人往往喜怒无常而又刚愎自用，凡事全凭一己好恶来决定。他象征着：不太理性但常常散发着慈爱的力量，冲动而富有领袖魅力。在这样的环境里，如果真的提出直言不讳的所谓建议，可能会为自己惹来巨大的灾祸呢！毕竟，他们的文化是行政型的霸权型的，一个外人或下属竟要在他们面前指手画脚！——这可是他们决不能容忍的事。

典型A个性的人对讨论的逻辑过程，并不常有太大的反应，反而对最后的署名比较感兴趣。“谁说的”比“说了些什么”更重要而切题；结果比原因更有分量；行动也比争论更有分量。因为，他们不是借由推理，而是通过那些

“值得信赖的人”口中的理由，来改变组织的方向。

典型A个性的人追求“权力”，甚于“人”和“事件”，他们也相当看重金钱。不过，这只有当金钱是推动事物前进的因素，或是完成目标象征显赫地位的一种标志时。

他们喜欢行动自由，有力量控制资源，以及重视个人直觉。如果限制了他们的职责范围，或是要他们主管一些只要技术专家便能提供重要问题答案的部门，那么这对他们而言，就是压制了他们的潜力，不让其有发挥所长的机会，令他们感到非常无趣。

这种人很少会半途停下工作来休息，因为他们不是为了休息而工作，而是为了激情而工作。一旦休息，就可能会失去一个让事物改观的机会。他们喜欢不确定性（包括赌博），因为不确定性暗示着操控上的自由。

典型A个性的人不够精致、不理性、难以预测，有时还很吓人，而且绝对跟别人不一样。

在许多方面将其转化为十足的法律契约。这种癖性常会让那些坐在组织顶端的典型A个性的人倍感挫折。

典型A个性的人想凭一己之力来改变世界的面貌，而不必通过权力、别人的帮助或是金钱来达到此目标。当然，他们希望被人注意到他们所做的事情。

技术和规则手册会被A个性的人所忽视，除非用这些东西能达到他们的目的，或是这些典型A个性的人尊重该技术的拥有者和手册的制定人（倘若这个作者能被认同的话）。

典型A个性的人习惯以其坚定的意志、承诺或武力以成其事。他们通常要靠那些他能指挥的人来完成任务，这些人，通常也是他信得过的人、他的心腹。这样事情不但能完成，还能依他想要的方式完成。如此一来，用不着写公文或企划，也不用开什么官僚会议，也不需要得到什么核准，也不需要什么监督，事情就可以很快有结果。因此，对他们而言，“人”很重要。也因此，他们会花很多时间选人。选出来的人不但要有技能，更重要的是，还要能和他们配合，而且要能让他们信得过。

典型A个性的人的优点是，他们相当重视“信任”；但缺点是，他们易躁易怒，往往很霸道，不但倚重权力，并且好用权力威逼，常常忽视法规而扰乱整个系统。好的典型A个性的人是很好的工作伙伴，而且因为他们充分授权，不喜欢用监督控制的方式，所以你在工作上有很大的自由发挥的余地。有成果他会奖赏，对于无可避免的错误他也会“遗忘”。然而，“信任”，是很脆弱的东西，一旦破裂，它就像打碎的窗玻璃一样，只能换掉，无法修复。典型A个性的人本能就知道这点，所以会想方设法赶走他们自认为不能倚重的人。如果你并不真心喜爱冒险，就不要勉强为这种类型的人工作。

三、组织发展的一般成功范式

每个组织都需要有混合的文化。每个主要活动、过程或工作中，都需要不同的文化管理来运作。但是就特定的条件下的活动，或承担特定功能责任的组织的各部门和团队之中，理想要求文化的单一纯粹性，即内在的一致性。因为每个文化都有自己对于个人如何思考与学习，如何被影响、改变，或激励的一些假设前提。这些假设前提产生了有关个人开发上的实务与理论、变化的哲学思想、控制系统，与报酬的方式。——但这更多的是一种理想，在现实中，即使是在特定的条件下的活动，或承担特定功能责任的组织的各部门和团队之中，我们都很难要求达到文化的单一纯粹性，而更多的是对不同文化的平衡。

在一个文化中行得通的事，在另一个文化中并不见得就行得通，或是不见得会运作得一样好。如果“工作”需要的是典型I个性的人，而你的“人”却是典型P个性的人，那会怎么样呢？毫无疑问，失败的可能性会很大，或者管理成本会很大。

文化上的和谐是一种健康，也是一种幸福，更是企业稳定长久发展的基础。因此，如何管理不同文化个性的组织和个人，就不是一个随便可以忽视的问题。

任何文化上的平衡，都只是暂时性的，因为组织必须不断地调整自己，以适应环境的变化。成长是文化变化上一种典型自我诱发性问题。

从赫赛的领导生命周期理论来看，行政型组织的风格是高关系低职责，整合型组织的风格是低关系高职责，执行型组织的风格是低关系低职责，创新型组织的风格是高关系低职责。

◆ 如何管理行政型组织

一般地说，没有母公司投资的创业型企业，创业初期适宜选择行政型组织，因为在业务发展的初期，到底有多少具体的“作业”，往往是连当事人都不能一下子搞清楚的，所以也难以一下子把责任划分清楚；既然难以一下子把责任划分清楚，就只能依靠员工们自觉承担责任。而行政型组织的高关系风格，就能有效地使员工们自觉承担责任。——在全世界范围内，绝大多数成功的没有母公司投资的创业型企业，都是行政型组织。这也说明了没有母公司投资的创业型家族企业为什么容易成功，因为家族企业就是典型的行政型组织。

当某一工作任务的速度比准确的细节更重要，或是当拖延的代价比犯错误的代价更高（而且这种错误又是可以在下一回交易中被更正过来的）时，你可以选择这种行政型团队，去承担这个任务，往往更有效力和效率。

行政型文化组织，人们处理事情的方式往往是借重某些资料“合成”而非通过分析来进行处理的，而他们所借重的资料，大多是推测的、未经证实的资料——例如印象与感觉、传言、闲言闲语等。所以你对于他们，需要更多的事实，追问更多的原因。

当你需要对典型行政型文化组织进行改革时，你可以先改变架构或程序，因为对行政型文化组织来说，他们重视的是关系，只要其中主要的人、主要的小团体维持不变，那么，改变架构或程序是不会有多大冲击的。然后利用新的组织架构或程序，注入新的文化，在这个基础上，再逐步更换不再适任的主要领导干部。

◆ 如何管理整合型组织

当企业发展成长起来之后，业务稳定了，规模扩大了，人员多了，领导者再也不能对企业组织、团队和员工直接管理了，再也难以像创业初期那样即时给员工们安排和指导工作，不能不依靠事先安排和指导工作，以及事后检查和指导工作。而这，只有角色、权力、程序、规则等等，才能满足事先安排和指导工作，以及事后检查和指导工作的需要。这时，就应该选择整合型组织。世界 500 强企业大都是偏向整合型组织。这也说明了家族企业一旦做大了之后，由于始终迷恋高关系的行政型组织，而容易走向失败的原因。带来成功的方式，往往不是维持成功的最好方式，马上得天下者，往往并不能马上治天下。

整合型文化运作上需要的正式职业、退休金方案、职业规划、角色识别、规则、程序和操作计划等等，都是适合角色所要求的“心理层面的”契约内容。实际上，整合型的人非常契约化，而且比大多数人更倾向于将上面所说的那些心理层面的契约内容形式化。

对整合型组织来说，像铁路系统设计那样来设计组织才是真正重要的，而操作则只需要符合列车时刻表即可。由此看来，要改变整合型的管理体系，重点不在于改变个人（火车司机），而在于要么改变角色和职责的组合，要么改变规则和秩序的网络。

改变周围的人，不会对整合型的组织产生多大的冲击——尽管这种改变对于个人可能是非常重要的学习经历。因此，在角色组织中，“工作的轮替”是一种受欢迎的个人发展形态——它开发了个人，又不会影响到组织。当整合型组织想借由角色的方式，也就是将工作任务划分成合适的角色与部门，来开发各类新项目时，效果往往不佳。角色是必要的，不过，改革的能量与动力却来自其他的文化，尤其是创新型文化。

整合型文化组织或团队，往往习惯于以昨天去衡量明天，而不自觉地以今天去认识和评估明天，而容易忽视外界的变化，忽视去开发未来与适应变化的潜能。因而，当市场和社会发生了变化，企业面临着紧急关头时，必须要给这个组织或团队增加一些典型 E 个性的人，强化创新型文化。在操作的层面上，你可以在其周边创建许多创新型团队、执行型团队，来顺应寻求改变的需要和奠定文化改革的基础。

◆ 如何管理创新型组织

如果组织的产品就是“解决一个问题”的时候，你就选择创新型组织。创新型团队人员从来不重视关系，他们重视的是，这个企业有没有让他们的特殊才能转化为价值的平台。广告公司、研究与开发部门、顾问公司，都像是解决单一独特问题的工厂。组织中的大多数专业人员，如“推销员”、“企划人”、“品牌设计者”、“产品技术开发者”，一般都是属于创新型的人物。“创新型文化”在冒险开拓新局面的时候，能运作得非常好。也是在这些新局面中，成功也会赚够一笔足以支付一切开支的金钱作为报酬。

当你的企业处于扩张时期，也就是当产品、科技或服务还很新颖时，你应该选择扩大或建立更多的创新型团队，因为在扩张时期有足够多的销售渠道和市场容量，可以让你以高价位战略获得成功。新科技或新产品也会一度产生某种垄断情况，直到整个科技稳定下来，或有对手出现为止。

如果“创新型文化”运作得非常成功，组织就会变得很庞大，而必须支付大量常规性运作或维护工作的费用，而这些都需要整合型文化参与。要是万一遭到失败，那是他们觉得非常难解决的一个问题，比如要一个合作良好的团队裁减半数的成员，的确是很困难的。此时，组织或团队要继续运作下去，通常都不得不需要一个典型 A 个性的人来处理危机。当然组织一旦这样做了，组织或团队的性质也会由创新型变为行政型的。

案例：微软管理创新型人才团队的方法和原则

微软独辟蹊径创建了“组织职能交叉的专家小组”的办法，并确立了“两项基本原则”：

其一，建立以小组形式工作的职能交叉型专业部门。这种工作方式是微软使用人才在组织形式上的创新，如多功能的软件开发小组，是由程序经理、软件设计师、测试员组合的“特性小组”，用程序经理与软件设计师并肩工作的技术组合范式，来解决产品开发创新与市场需求之间的矛盾，确保产品特性。这种并肩工作包括共同策划产品、构思产品特性、撰写产品说明书、拟制产品开发时间表、寻找折中方案等。居于用户与开发员之间的程序经理，必须是能管理产品项目的全过程，而且还是微软连接市场和技术的重要纽带。测试员则采用与程序经理、开发员平行工作的范式；客户支持专家、用户培训员、产品经理则是多个“特性小组”的交叉功能人员。

其二，让各部门专家自行确定其技术专长并负责人员招聘。微软产品开发组织是公司的核心和希望，所以赋予的权力也相应较大。程序经理和开发员有高度的自由，通过对产品设计和用户反应进行的重复实验来发展产品特性，同时，强调由各个专家作出决定，但小组共担责任、共同工作，从而使官僚式控制减少到最低程度。微软赋予部门专家灵活机动的权力（但作为大公司的微软在既定方针和正规教育方面则显得相对较少，而“试错”的机会则也会相对增多），产品经理和高级功能经理主要作技术决策，在单位预算约束下配置资源，确定项目时间表，产品阶段性和产品上市的决策。诸如招聘开发员的权力也交给“特性小组”和技术与产品部门的专家，而不是人事部门——他们只是管理招聘的过程，以便招收那些认同“微软范式”的人。

◆ 如何管理执行型组织

若你从事的业务是一种成熟而稳定的业务，是一个处于需要重复运作的环境中的业务，业务的竞争力主要表现在经验的不断丰富和技术的不断熟练，那你应该选择执行型的团队。这个团队不需要过多的关系，也不用过多强调职责，他们知道自己天生就是一个战士，他们的名字是行动。如果在创业初期，在行政型领导下的是执行型的团队成员，更容易获得成功。相反，若你的业务是一种成熟而稳定的业务，是一个处于需要重复运作的环境中的业务，你如果引入创新型团队，那就会有麻烦了。对创新型文化团队来说，无法预料的变化是个酵母，而稳定则意味着束缚。

执行型文化的组织或团队会以整个组织体系的不同部分寻求资源与策略，以便能在特定的环节或问题上，将力量加以整合。不像整合型文化的权力是处于顶端的那样，也不像行政型文化的权力是处于中心的那样，执行型文化的权力是分布在网络的交接点上。

在执行型文化中，诸如目标管理、长期计划，会被认为是一些耗时的仪式。因而，对于典型P个性的团队和个人，你应该尽可能地把大目标或长期计划，细分为一个个小目标小计划，让这些小目标小计划具有更多的即时任务的色彩，具有更多的看得见曙光的“黎明”——任务。

案例：英国波士可公司的工作任务与工作团队的错位

英国波士可化学有限公司是一家拥有8条生产线生产内销药剂产品的企业，以伦敦一家批发仓储的现场销售为主，由于运作良好，交易额与利润的年增率达到25%。

从他们的交易额来看，他们认为应该有自己的工厂来进行调配与处方。根据预估出来的工厂花费和销售的持续成长，放手去做的经济远景看来很不错。因为他们所需的基础原料在当地就可取得，而相对来说，进口的制成品则很昂贵。

就历史来看，他们是唯一一个供应商，根本没有制造上的竞争对手。因此，他们买了一些最好的制造器材，雇用了一个9人小组来督导工厂的设计与建造。然后，这9人小组成为组织的第一个管理小组。

这9个人很年轻，条件很好，领的薪水也高，而且拥有所需的各项才能。他们的领导人是34岁的马丁，他是被指派的工厂经理。马丁就象征着他的小组，非常具有理想色彩、热忱，他把他的工作视为一个向大家展示自我，并使工作既有意义又有趣，而且对个人与组织都有益的机会。

这9个人在一个中间摆了3个新工厂模型的大房间内一起工作了两年。他们设计所有的事情，从机器的设计规划到餐厅的布置，从工资制度到员工制服。

他们围坐成一个圆形，这点本身就反映出马丁的管理方式——一种由同事间彼此尊重所激发出的共同解决问题的活动方式。他们希望全工厂的400名员工也能像他们这样工作。当你去参观他们那个大房间时，你会发现，这个房间充满了兴奋、理念，洋溢着生气。很显然，马丁的 9 人小组是一个创新型文化团队。

在第 3 年，工厂开幕了——只比预计时间晚了一个月。在自行制造经营的企盼中，积压了许多待办的事项。

不过当时在产业界，也开始了全球性的经济危机，随之而来的是在买卖利润上的萎缩。英国的通货膨胀开始上扬。

该工厂前几个月的情况实在很艰难（他们称之为长乳牙期的不适）——机器故障，操作的员工没有经验，还有不符合期望的一些品质问题。这一年实在是个大灾难，销售往下滑，而客户则给该工厂极大的压力：他们要求立即送货、较短的生产作业时间、特殊的订货类别等等。

但是该公司的设计是根据长期的电脑计算，与标准化的生产进度，设计好了的系统根本应付不了目前的情况。相反地，倒是有无止境的临时调整要做，每天都有每天的问题要解决。

成本提高了，人们的心情也浮动起来。原来为了（人员和设备）扩充所准备的房间，现在看起来就像是蜘蛛和蜥蜴的安乐窝，而销售却没有如预料的那样增加。因此，工厂开始裁员，而工会也就乘虚而入了。

马丁的 9 人小组几乎不断地在开会。根据他们的传统，任何问题都会被归类成一个企划案，并且指派一个企划小组来处理，6 个月后已经有了 47 个企划案。帕特（生产工程师）参与了其中的 23 件，马丁开始掉头发，又离了婚，于是这 9 人团队普遍对命运产生一种困惑、不安和非理性的愤怒。“事情怎么会搞砸呢？我们都是很有才华、年轻、卖力工作、有热情投入的人，为什么会行不通呢？”

老板责怪马丁，说他应该要强硬些，要拒绝一些人，还有多吼一点，少一点这种无止境的管理委员会的工作。可是马丁需要时间，因为你无法在不到两年的时间内就让一个公司活跃起来。

参与式的解决问题方式想必是最好了，但是麦可（生产经理）却非难这个参与式的解决问题方式。他说：“这只是个药丸工厂，你根本不需要脑子，只要一些劳力和一些系统就够了。”

而其他的人则埋怨这 9 人小组：“他们怎么不好好做他们的事？老是要我们帮他们处理问题。那可是他们该处理的事，不是我们。我们可是都晓得他们还有特别福利和豪华咖啡屋这些事。”

接着，这 9 个人开始离开了。其中 3 人知道在波士可没有晋升的前途，而到其他公司去了。马丁在一次争辩中解雇了另一个人（这大半是为了他自己的自信而做的）。

裁员削减了劳动总人数，经验也开始能让机器维修运作了。出乎意料地，美国的母公司给了马丁“新产品经理”的职务，而他也接受了。

麦可接掌了马丁的职位，他用系统取代了企划，用“角色与责任”取代了参与式的问题解决方式。原来的“九人领导团队”已变成“三人领导团队”。他们每个月定期召开会议来交换信息。不过，现在是由麦可解决问题，然后告知其他的人。显然，麦可的三人团队是一个整合型文化团队。从结果看来，麦可的三人团队挺好的，他们使工厂走上了健康发展的轨道。

从马丁的“九人领导团队”到麦可的“三人领导团队”，也许正说明了企业在不同发展阶段需要不同文化风格。创新型文化团队负责开创，整合型文化团队则负责经营工厂。只不过要相同的人既擅长开创，又能在稳定状态中表现优异，则实在是件难事，或是可遇而不可求。

组织的确需要根据不同时期和工作任务的不同而进行适应性调整。不过，无论多大多小的改变，都会牵涉到不同文化平衡的变化。当然，那得付出痛苦与时间，但这是必需的。

第五节　世界500强企业所要求的行为能力范式及其基本要素

世界500强企业把能力定义为决定绩效的持久品质和特征，例如主动性、影响力、团队精神、创新精神和战略思维能力。能力概念的威力在于：它能够对个人能力进行描述，而且个人表现是否突出的品质同样能够描述企业的核心价值观和企业文化的关键性特点；它能够轻而易举地将企业组织的使命、核心价值观和远景目标等理想文化转化成具体的行为和方式，使员工能够理解并付诸行动。能力语词的使用和反复出现，如“以业绩为导向”、“创新能力”、“团队精神”和“以服务为导向”，能使企业文化不断向既定的目标前进。

行为能力主要分为五种：工作能力（包括功能性能力）、人际交往能力、个人素质能力（包括商业能力）、管理能力、领导能力。

一、工作能力

一般来说，与工作能力相关的因素有：我们工作的目的是什么，达到目的的方法是什么，总体来说就是我们如何工作。完成工作任务的能力主要包括以业绩为导向、绩效管理、影响力、主动性、生产效率、灵活性、创新能力、质量关注意识、不断改进的精神和专业知识技能。

（一）以业绩为导向

以业绩为导向包括挑战性目标的确立。为之付出努力并最终实现以业绩为导向的管理者自然而然会从每次会议、每一天、每一周能够收获哪些成果的角度来考虑问题。业绩导向意识强烈的人认为一项任务的完成是一个限定的过程，对完成的时间、任务的大小都有适当的限制要求。

以业绩为导向的典型行为范式的基本要素：

1. 确立可实现的目标；

2. 为实现目标作出努力；

3. 建立评估行为和绩效的标准。

（二）绩效管理

绩效管理是人们用以制定战略战术计划，监控、评估员工绩效，以及解决绩效过程中出现的问题的能力。作为管理者，绩效管理意味着对其所管理的项目和人员进行跟踪，不断强化行为方式的改变。这对挑战性目标的实现至关重要。不能迅速解决绩效获取过程中的问题，会令一个企业付出高昂的代价。具有绩效管理能力的人，能够对自己、下属、其他人或组织设立较高的目标或标准，不满足于平庸的绩效。

绩效管理的典型行为范式的基本要素：

1. 让员工参与标准的设立，鼓励员工把绩效质量当成自己的事，并注重员工绩效的质量和数量；

2. 清晰明了地设定具体工作要达到的目的，并跟踪进展情况；

3. 寻求他人对员工绩效的反馈，鼓励他人寻求如何使事情得到持续改进。

（三）影响力

如果你无法影响他人，使他人依照你的知识和判断改变事物的进程，那么无论你知识多么渊博，判断如何准确都无济于事。人们正是通过影响力来影响周围的世界。具有影响力的人能够跨越组织界限获得对提议的支持和尊重，并且，在必要时可以在组织内外发展积极的业务关系。

影响力的典型行为范式的基本要素：

1. 在讨论中申明自己的信念和思想；

2. 准备并陈述有说服力的观点解决他人的忧虑、愿望和需求；

3. 引发反对意见，并做出有效的反应。

在一个更高的层次上，影响力表现为以下品质：

1. 辨别关键的决策者和影响这些决策者的人；

2. 预算可能出现的反应和反对意见，并计划如何解决。

（四）主动性

管理者最大的心理负担之一就是他们觉得责任完全压在他们的肩上，他们必须亲力亲为，否则工作就无法完成。几乎每位主管都认为主动性对公司每个方面的运作，都会产生巨大的影响。英语中引入的新词语“前瞻性的（Proactive)”，即反映出这是一种迫切的要求，员工必须自主进行工作，从而使自己和企业都获得成功。具有主动性的人会积极地去影响事件，以实现目标；主动行动，而不是被动接受。他们是思想和行动的发起者。

主动性的典型行为范式的基本要素：

1. 持一种雷厉风行而建设性的态度，无须别人请示或要求便采取行动；

2. 以个人或小组为单位，主动展开项目实施，并为其成功担负所有责任；

3. 敢于冒险，实验新的思想和新的方法，愿意不断地改变和学习。

（五）效率

所谓效率是指人们用以快速地、高质量地，并以最小的资源消耗来完成某项工作的能力。具有很强效率能力的人，能够以迅速、准确的方式完成任务，并且完成的目标超过必要的程度。

效率能力的典型行为范式的基本要素：

1. 能够充分理解工作任务的各个关键环节，以及它们与总体目标或整个计划进度的关系，以高效率完成任务；

2. 将任务分解成若干组成部分；

3. 即使在资源紧缺的情况下，也能够有效地分配、利用资源。

（六）灵活性

今天的市场日益变化多端，我们必须具备根据需要随时调整战略战术的能力。具有灵活性的人乐于接受新的观念、视角、战略和所处的地位，并善于通过改变行动或行为，以便达到目标。

灵活性的典型行为范式的基本要素：

1. 询问一种情境下所有利害相关的人并听取其反馈意见，不断地进行修改和调整，以响应正确的意见；

2. 当前战略战术不能奏效时能迅速对其做出调整；

3. 在决策和措施可能产生的结果尚未明朗的形势下能够处理得当；

4. 向人传达的信息指出行动的方向，而不是详细的细节。

（七）创新

创新能力是人们用以创造新的观念、工作方法、解决方案和产品的能力，它包含了一种创造和发明的行为倾向。具有创新能力的人，善于在与工作有关的情况和机会中，创造或认识到富于想象力和创造性的解决办法，乃至从毫不相干的现象和场合中发展规律，以及用全新的方法对各种观念重新进行组合。一事当前，他们总是在问：我们如何能做得更好？完成这项任务或解决这个问题的不同方法是什么？与创新能力相联的还有概念思考的能力。

创新能力的典型行为范式的基本要素：

1. 支持和执行新的工作方法和程序，表现出打破常规的思想，不落窠臼的横向联系思维；

2. 事前便对新的想法和方法进行试验、确证、改进，使它们发挥最大效应；

3. 非常愿意实验概念（或主意）并在自己的环境中实际发展它们。

（八）质量意识

对质量的注重确保所有工作的成果都是完美的，并能达到或超过外部客户和内部客户的内在标准和需求。具有质量意识的人能够以身践言，以身作则，对自身的行为也应用同样的标准。质量意识的高水平体现在对企业组织的一大部分造成影响，使之采取某些步骤、政策和程序，以确保最高的质量标准。

质量意识的典型行为范式的基本要素：

1. 精心准备标准、方法和资源；

2. 对于个人应当如何行为、所完成的工作的质量，有书面的要求和期望；

3. 监控他人工作的准确性和质量，采取措施改正错误。

（九）不断改进的精神

具有很强不断改进意识的人，总是寻求做事的新方法，他们习惯于问这样的问题："我们如何能做得更好？"他们力争尽善尽美，自然而然地想方设法使某项任务或其过程更有效率、更为简化。

不断改进的典型行为范式的基本要素：

1. 对管理体制、管理程序、员工绩效趋势定期进行分析，以找到改进的机会；

2. 为其他人提供解决问题，改进工作程序的手段和方法；

3. 总是比较自身组织的实践与其他组织的实践，总是探索工作的新方法，鼓励他人寻找工作的新方法。

（十）专业知识和技术

专业知识和技术是人们用以施展其专业技能和知识的能力。具有专业知识和技术能力的人，会积极研究专业或技术领域中的信息，以便跟上时代的发展，提高个人的或职业的绩效，在他人心目中树立“专家”的形象。

专业知识和技术的典型行为范式的基本要素：

1. 具备并能够运用基本技术和概念方面的知识；

2. 通过改进现行方法开发技术解决方案，有时创造新的方法和技术；

3. 积极参与专业领域中的研究项目，并与他人分享所获得的知识或思想。

案例：康柏公司自我创新文化的三大指导原则

1996 年，康柏公司提出了自我创新的文化改革，并确定了如下三大指导原则：

一、在别人之前，给你的经营和财务管理范式找毛病。对每项产品、服务、过程和活动，不断地进行重新审视，带着问题审视你经营的每一方面。确保在组织内，你的员工有权向传统提出挑战，有权提出新的战略和对经营管理基础工作的新想法。

二、当你准备以为某一行业的市场领袖为目标时，要特别小心谨慎，尤其是当正在丧失市场份额时，你的市场触角要超越你这一行业的传统领域及现有产品。想要了解该行业即将发生的根本性变化，只盯住你的传统竞争对手是错误的。

三、最大限度地拓展你的组织，发挥它的潜力。人们对大胆的、明确的目标反应强烈，并能很快适应它的要求。不要依靠渐进式的前进——这只是拒绝变化的借口。在实现一个目标后，提出一个更大胆的目标。

基于认识到计算机行业正处于一个关键的转折点，康柏公司在内部实施了“十字路口”行动，对公司的方方面面提出了挑战，特别是那些在 20 世纪 90 年代前五年使他们成为行业领袖的战略战术假设和经营范式。“十字路口”的中心目标是明确康柏从当时到 2000 年以及以后，在总体目标、战略和财务目标方面的方向。他们采用“新兵训练”的方法：通过高强度、大负荷的努力，带来效果显著的变化。“十字路口”项目在 8 周内就完成了它的使命。

康柏公司组织了 15 个由不同职能部门人员组成的小组，每个小组有 8 到 10 名公司最好的执行人员，以开发一套完整的建议方案。高层领导在这一阶段注意限制自己的作用，他们主要是协调整个过程的进行。

小组成员之间互相探讨，也可以向康柏的其他同事请教。他们与合作伙伴、顾客和供应商一起分析技术、市场和生产程序方面的问题。他们向计算机行业以外的专家调查数字和国际互联网的应用前景。

短短的 8 个星期之后，这些小组提出了他们的建议：

1. 新技术和竞争者对康柏的潜在影响；
2. 现有竞争者可能采取的战略；
3. 可选择的分销和生产方式；
4. 新的客户和需求来源；
5. 潜在的市场和产品战略；
6. 对核心产品——PC 机的投资；
7. 对新市场的投资。

经过内部高层领导者的激烈争论之后，这些建议升华为三元发展战略：(1)加强和发展康柏的核心产业；(2)投资于具有战略意义的新产品和市场；(3)大力促进康柏员工的培训和业务提高。为使这一战略能有效地付诸实施，公司重组 4 个以顾客为中心的全球性生产组织，并成立了一个世界范围内的销售、市场、服务和保障组织。另外，在国际互联网时代，康柏公司开始把他们的资源集中用于未来产品分销方式的建立。

提出挑战，而不是规定。只有给“十字路口”小组以充分的独立和自由，并对他们的建议以高度的重视，公司的创新文化才不致被削弱。这个小组的每个成员都向全体管理人员和职工传达的一个十分清晰的信息是，对组织来说，带来变化的行动和参与行动的人员，是和行动的成果一样重要的。这个信息也说明了信念和责任的重要性，这会给公司带来长期的收益。

沟通。着眼于未来的高速发展的公司，为感知未来，都采取了倾听的态度。例如：康柏的“顾客满意委员会”，一个以生产和质量部门的高级官员为主席的全球性组织，每个月开两次会，交流从世界各地来的市场信息、顾客反馈、产品质量和生产经营数据等。他们的主要信息来源之一是“顾客满意指数(CSI)”，这个指数反映了顾客对所有使用的产品和所接受的服务的感觉。

康柏的分析家每年在世界各地的主要市场、分销渠道和生产线上，进行 5 000 多次的“顾客满意指数”的调查。CSI 也包括主要竞争对手的数据，这些数据用于了解外部情况的变化。

寻找最好的实践。康柏使它的研究和开发工作始终处于前沿的方法是，与商业伙伴，如微软和英特尔，分享知识和创新，并投资于（为计算机生产提供）前期技术的公司。这使康柏可以获得更多的专业技术和产品开发战略方面的专业信息。

制定这些高标准目标的方法之一是：根据资金成本的两到三倍，决定一个理想的收益率。还有一个方法就是瞄准最强有力的竞争对手的利润率。

同时，抛弃了旧体制中过于严格、僵化的内容，取而代之的是改变行为、促进改革的3个基本价值观：

1. 不安于现状，向现有的领域之外拓展；

2. 当你经过努力不能完成指定的任务时，要求帮助；

3. 安排、提升、激励最有能力的人。

这些价值观成为公司领导的座右铭。在新的伦理观中，强调高层人员的级别和权力的人际关系已经没有位置了。老板们要做的不仅仅是从上至下的严格管理，而应该创造一种能发挥员工聪明才智的民主气氛。

在大多数改革中，时间都非常紧迫。首席执行官们没有时间采取长期对策，有些做法应该放弃。例如，试图通过行为的调整和改革来引起变化，等到大多数工人开始对这些努力做出反应时，公司很可能早已不存在了。更迅速、更快捷的方法是相信经济利益的诱导、促进作用，它会使你看到每个人都按你所要求的作出了改变。

首席执行官的管理风格是依靠把权力分给每个有着特定目标的工作组，他们可以根据改革的进程决定这些工作组的成立、调整和解散。他们的主要精力应放在使中层管理人员对他们正在履行的文化改革有信心，他们要使管理人员对新的、高标准的价值目标，高质量的工作和责任制的连续性有信心，为此，可以使用一些他们感到能激励人们自我超越的统计数字来做辅助手段。

二、人际交往能力

人们在企业组织中互相协作，创造出的集体成果远远大于个人努力的总和，因此与人际关系相关的能力诸如团队精神、以服务为导向、人际意识、对组织的认识、建立良好的关系、解决冲突的能力、沟通能力、跨文化的敏感意识等，对个人和组织的成功也是至关重要的。

（一）团队精神

团队精神不只是发挥你个人的作用，或者通俗地说就是紧紧抓住你那一头的枝条，优秀的团队成员能够通过各种行为和工作方式，提升团队中其他成员的工作绩效。具有团队精神的人，能够与他人合作，并忠实于团队的整体目标，而不是要取得个人的利益。

团队精神的典型行为范式的基本要素：

1. 履行对其他团队成员承诺的义务；

2. 知道团队其他成员的强项和弱点，并对他们的工作提出反馈意见，帮助他们成为更出色的团队成员；

3. 努力阻止在团队中发展出小集团。

（二）以服务为导向

在最基本的层次上，以服务为导向是指提供外在的或隐含的方式、规定于某种关系中的服务。例如互相尊重、兑现承诺。以服务为导向包括对客户的投诉做出反应，解决他们的问题，迎合他们的要求，从而让他们的需求得到满足。

具有服务导向的人，能够理解内部的和外部的客户要求，作为发展长期客户满意的一部分，并致力于通过使他人获得最大的长期利益，而使自身组织也获得最大的长期利益。

以服务为导向的典型行为范式的基本要素：

1. 对客户的要求以及时的、专业的精神做出反应；

2. 理解客户的业务是如何发展的，并建立理解不断变化的客户期望的机制；

3. 听取客户的反馈意见，能清楚说出目前的客户期望，掌控他们的满意度；

4. 能够说明竞争对手的服务系统和服务特点对客户的影响趋势。

（三）融洽的人际关系

人际关系这一能力包括引出、察觉、理解和预测他人的忧虑及情感。它包括三个重要的因素：有效倾听的能力、敏感性和同情心。具有人际关系能力的人，所采取的行动能够表现出对他人的感情和需要的关心，通过主动发展密切的联系而形成融洽的关系。

融洽的人际关系的典型行为范式的基本要素：

1. 仔细倾听他人的想法和忧虑，能够读懂交流中的暗示，以洞察别人的真实感情；

2. 以不使他人感受到威胁的方式和他人探讨敏感的问题；

3. 探讨共同感兴趣的话题和领域，强调共同点；

4. 根据他人的个性特点和文化特征调整沟通方式。

（四）组织能力

组织能力是指就特定的任务目标，为自己或他人建立行动路线，制订计划，以适当安排人员和分配资源，而以最小成本完成任务。具有组织能力的人，能够确定和发展完成一项任务的最有效的组织，他们善于将一个大的目标分解为作为组成部分的任务和角色。

组织能力的典型行为范式的基本要素：

1. 随时掌握正式和非正式的沟通渠道和工作汇报关系，根据对组织文化特征的了解，制定相应策略以获得实施项目和战略方面的机会；

2. 能够认识到完成任务所需的技术和人际的技能，并能安排具有适当能力的个人，承担相应的任务；

3. 创造系统，发展出最好地完成既定目标的人际相互作用的机制（文化），以便利于完成此目标；

4. 对组织的各个任务能够排列优先次序，并告诉相关人员什么时候需要做什么，何时完成。

（五）解决冲突的能力

管理者解决冲突的常用方法是命令下属按“我的方式”处理问题；这种化解分歧的方法往往会使员工受到打击，造成抵触和不满情绪，最终危及员工的工作绩效。

具有解决冲突能力的人，在传递信息或进行争论时，采取的方式能使得别人同意或接受，能够提供附加的论证或事实，以便最大限度地支持自己的理由。

在高层次上来说，解决冲突的目的是以令冲突的各方都感到满意，都感受到重视的方式来化解他们的争议和分歧，冲突各方可以充分发表意见，最后达成最有效的解决问题的方案。

解决冲突的能力的典型行为范式的基本要素：

1. 不以带有攻击性或贬低他人的方式表达不同意见；

2. 知道何时应该妥协，何时应该坚持立场；

3. 通过询问、倾听和概括以理解他人的立场，突出他人的论证中的矛盾和不一致，并摆出事实以支持论点。

（六）沟通

沟通能力是人们用以使他人随时掌握重要信息的能力，这些信息包括日常运作，面临的危机或长期计划的进展情况。其理论基础是如果人们对经营状况有更多的了解，就能做出更明智的决策，对组织更有归属感，并能更积极地工作，受到更大的激励和推动。

具有沟通能力的人，善于通过有效的沟通，为决策搜集信息，为决策铺平道路。在高层次上来说，沟通能力以富有哲理的方式，在信息交流中起着提高工作的协调性和工作效率的作用：如果我不知道你的问题我就无法帮助你。

沟通能力的典型行为范式的基本要素：

1. 能够清晰地组织和表达思想，创造性地发现和利用有效的沟通手段和渠道；

2. 使用开放式问题，以便探求信息的真实含义，总结意见，以便获得健全的理解；

3. 带着敏感和同情寻找冲突的观点，以便检验思想。

（七）跨文化意识

我们身处的社会对各个民族都有着根深蒂固的种族、性别以及固有形象上的文化传统，同时，同一民族的人由于学习与经历的不同，也会形成不同的文化个性，跨文化的敏感意识是吸引和利用最广泛的员工队伍的聪明才智的一个重要能力。具有跨文化意识能力的人，善于体会和平衡各个民族或各种文化个性的矛盾和要求。

跨文化意识的典型行为范式的基本要素：

1. 注重培养对不同文化及其背景的知识和理解；

2. 了解不同民族文化差异并以此为基础改变沟通和行为方式；

3. 了解几种主要文化个性的特点及其优点缺点，并能根据文化个性的特点及其优点缺点，进行沟通和管理。

三、个人素质能力

个人素质能力是每个人内在的一种能力，反映出个人的品质和特征，与之相关的因素有：人们相信什么，采取何种思维方式，他们如何去感受周围的环境，能感受到什么，他们如何学习，如何发展自我。

（一）正直诚信

正直诚信的能力反映出我们对自我的看法，对自我的接受程度，反映出无论我们的工作质量如何或我们为他人接受的程度如何，我们都会认为自己的一切正常的最大限度。

正直诚信能力低下者最明显的标志是维护自己，出现问题时总不是他们的过错——“复印机坏了”，“财务部没有准时把数据交给我”，“你没说过我应该这么做”，责任总该由其他人承担。

具有高度正直诚信能力的人，能够在所有事务中诚实和公开，并尊重和遵守核心价值和伦理原则。他们常常勇于承认错误，并对其行为负责。他们的自我价值评判并不是建立在事事正确的基础上，因此犯错误不会令他们紧张，而是积极寻找并感谢帮助他们改正或提高的任何反馈意见，也不喜欢指责他人，或找借口开脱自己。

正直诚信的典型行为范式的基本要素：

1. 根据自己的信念和道德标准，前后一致地行动，履行自己的承诺和达成的协议；

2. 勇于承认错误，不怕可能存在的负面后果；

3. 为了更广大的组织和员工利益，能够表达自己的信念、观点和作出的决定。

（二）自我发展能力

具有很强自我发展能力的人，能够对他们现有的技能水平和为获得进一步成功所需要的其他技能做出准确评估，他们会主动去发现，将来的岗位可能需要哪些技能，并为获得这些技能做必要的准备。他们乐于听取他人对其长处、弱点、技能和能力等方面的反馈意见。他们习惯于问自己：“我怎样才能做得更好？我能采取什么样的不同方法？”作为领导者，他们能够创造出一种环境，鼓励和认同那些乐于发展自己，学会犯错误以及不断学习和成长的员工。

自我发展能力的典型行为范式的基本要素：

1. 拥有一个发展计划，其中描述了有利于未来职业发展的各个组成经验；

2. 指出应该得到个人发展的技术范畴；

3. 寻找对个人长处和弱点的反馈意见，积极发展有利于职业发展的关系网；

4. 知道什么是重要的，并能够有效安排自己的时间和活动。

（三）决策

决策能力是及时做出决策的一种能力。具有决策能力的人，乐于作出决定、给出判断、采取行动或承担责任。在高层次上，它表现为即使在风险很高，形势又不明朗的压力极大的情况下，也能够做出决策。它还包括行动时机到来之时对某一群体的控制能力。

决策能力的典型行为范式的基本要素：

1. 评价任何行动的重要性和必要性，能迅速评估居于主导地位的情况；
2. 待选方案及其结果一旦明朗便及时做出决策；
3. 当需要推动行动和决策的发生时，能够控制某个群体。

（四）应对压力

应对压力是一种利用自己和他人都能保持良好的生理和情感状态，并有助于实现企业目标的方式来处理情感的能力。善于应对压力的人能够在不同场合对善意的或约束性的举动做出适当反应，也能够恰当地利用情感的表达来进行沟通，达到目的。具有应对压力能力的人，不管是时间的压力、意见的冲突、团体的压力或任务的困难有多大，也能产生稳定的绩效。

应对压力的典型行为范式的基本要素：

1. 在面对模糊、反对和压力时也能保持冷静，集中精力于目标；
2. 知道什么时候工作的压力正在削弱绩效，以有助于缓解压力而又不损害人际关系或工作效率的方式表达情感；
3. 在压力过后能够“再充电”，并从情况中学习。

（五）分析能力

分析能力是指以系统的逻辑思维去理解、分析和解决问题的能力。具有分析能力的人，善于发现问题，寻找相关信息，将不同来源的信息联系起来，并找出问题可能原因。

分析能力的典型行为范式的基本要素：

1. 将概念、难题和问题分解为各组成部分；
2. 能够评价一个情境的各组成部分的相对重要性和影响；
3. 能够将各部分观点组合起来，形成健全的看法；
4. 分析某一决策可能性的代价、利益、风险和成功的机会。

（六）概念思维能力

概念思维能力是指利用概念和抽象的理念找出共同点以及重新组合各种观点，从而达到更透彻地理解问题，解决问题，促进创新使组织受益的目的。

概念思维能力的典型行为范式的基本要素：

1. 发现某一情况中的首要或潜在的问题；

2. 创造或利用实例或比喻来帮助他人理解概念。

（七）团队建设能力

团队建设就是要建立一个相互合作及高水平运作的工作小组。具有团队建设能力的人，善于通过与当前和未来工作有关的培训和发展活动，来发展下属的技能和能力。出色的团队建设者十分了解团队的发展动力，以及团队必须经历的各个发展阶段——“成形期、规范期、风暴期和成熟期”——并帮助团队尽可能顺利地迅速地过渡到成熟期。

团队建设能力的典型行为范式的基本要素：

1. 为项目的开展建立工作指南，向团队成员分配任务；

2. 帮助他人考察他们成长和发展过程中的障碍，帮助清除组织面临的障碍，发现对团队有利的资源；

3. 迅速认识并处理士气问题，用多种激励手段激励他人，为其注入活力；

4. 允许别人犯错误，把错误当作学习的机会，鼓励人们分享其学习经验，为他人的学习和成长承担风险；

5. 以员工才干和潜能为标准，将责任授予他人；

6. 使用正确方法，以决定真实的发展需要，对每个员工的长处和弱项做出准确的反馈。

（八）注意细节

“夫祸患常疏于忽微”，细节也能决定成败。具有注意细节能力的人，一事当前，对涉及的所有方面都充分关心，而不管这些方面多么细小。

注意细节的典型行为范式的基本要素：

1. 在心目中对最终成果的质量有一幅清晰的画面；

2. 将任务分解为各个部分，分配给他人，将期望的标准告知其他人，提醒他人任务应当何时完成。

四、领导艺术能力

领导艺术能力对帮助人们领导他人实现当前目标、远景目标和使命，有着特别重要的意义。

（一）远见卓识

远见卓识是领导者用以创造出催人奋进的企业使命、远景目标和价值体系的能力。一般来说，员工们都有希望成为某个更远大目标的一部分，从而使他们的工作和生活更有意义，具有远见卓识的领导者能够满足员工的这一愿望，他们能够脱离日常活动，而看到整体和长期的利益。

远见卓识的典型行为范式的基本要素：

1. 向公司内部和公司以外的人员解释公司远景目标和使命；

2. 根据变化的影响调整组织的远景目标、使命，以及战略计划和经营活动，确保战略计划和经营活动与其远景目标和使命相一致；

3. 将当前活动与达到最终结果联系起来，清楚说明活动在长期远景中处于什么地位。

（二）战略思维能力

战略思维能力是领导者用以借助其对组织自身、组织在市场中的地位和经营趋势的理解，创造并实施组织经营战略的能力。关注于重要的战略目标，而不是每个问题一出现，就立即处理。

战略思维能力的典型行为范式的基本要素：

1. 了解组织的优势和劣势；

2. 利用对行业和市场的发展趋势的认识制定并支持长期发展战略；

3. 明白自身的某一战略行为将会产生什么结果。

（三）开拓进取的能力

具有很强开拓进取能力的领导者，能够积极寻找商机，周密计算经营风险，不断重塑自我，使组织不断成长。

开拓进取能力的典型行为范式的基本要素：

1. 借助市场产品和行业发展信息寻找新的商业机会；

2. 准确分析和评估新的经营方向的利弊和风险。

（四）变革能力

变革能力是指能够调动各种力量改变众人的习惯、信息和感情，从而使组织顺利完成变革和转换的过程。领导变革的人必须是一个沟通者、激励者、分析师、富于远见者，他们是战略思想家和斗士，他们愿意接受和欢迎变革，而不是采取消极的立场。他们总是寻求做事的新方法。

变革能力的典型行为范式的基本要素：

1. 明确认识和评价当前形势，包括支持和阻碍变化的各种因素；

2. 为发起改革者提供资源、扫清障碍并且积极拥护。

（五）忠诚组织

忠诚组织，意味着一方面能够遵守企业的政策或程序，不能为了任何个人的私利而做出损害组织的行为，另一方面自觉为了组织的利益和长期发展，而甘愿奉献。

忠诚组织的典型行为范式的基本要素：

1. 表达和建立对组织利益的关心；

2. 承担在组织中建立忠诚和献身精神的责任；

3. 改变现行的东西时，取得适当权威的认可。

（六）确立工作重点

确立工作重点是管理者用以确保其下层能够与经营目标保持一致、资源能够按优先顺序合理分配的能力。

确立工作重点的典型行为范式的基本要素：

1. 帮助他人理解他们的工作与经营目标之间的关系；

2. 确保资源、时间和注意力的分配与经营重点一致。

（七）工作目标、原则和价值观

讲求工作目标、原则和价值观的领导者，也能激励他人遵循他们自己的价值观。在高层次上说，领导者表现出工作目标和发展方向的一致性。他们所有的决策和措施与其个人价值体现为完全一致。每一层次的员工都能遵循自己的原则和价值观进行工作。

工作目标、原则和价值观典型行为范式的基本要素：

1. 鼓励他人将他们的决定和行动建立在组织目标、原则和价值体系的基础上；

2. 依据工作目标、原则和价值观向他人解释个人的动力来源和决策。

◆ 哪一种能力最为重要？

从可操作的角度来看，我们可以认为如果企业组织只选择一种能力范式并应用于所有的员工，对组织最有利。从当前的能力研究来看，由 6 种能力构成的基本范式能够将组织大部分职位中的绩效顶尖的员工区分开来。它们是：1. 影响力；2. 以业绩为导向；3. 主动性；4. 团队精神；5. 以服务为导向；6. 质量意识。

案例：借助行为能力的分析认识企业文化的优劣所在

借助行为能力的分析可以认识企业文化的优劣所在。从企业的五种能力类型对B公司的企业文化进行分析，分析数据揭示出造成B公司问题的一些组织行为特征（如表2-1）。

在完成任务能力类型下，B公司的强项是以业绩为导向、创新能力和主动性。这表明B公司是一家努力完成工作的公司，员工注重业绩，为获得业绩而尽力工作。公司的弱项在于绩效管理和质量关注意识，具体表现在过度浪费和高返修率。这些问题使公司将新产品推向市场时动作迟缓，而且不能保证按时交货。

在人际交往能力类型下，B公司在对组织的认识和团队精神方面表现出很高的能力，虽然其程度略逊于完成任务能力。

B公司在其客户决策程序上表现得很出色，能够理解决策是怎样做出的，由谁做出。员工在以服务为导向方面的能力较强，他们尽力使客户满意，并履行对客户的承诺。

从反面来看，B公司在人际交往能力方面的相对弱项包括沟通能力，解决冲突和建立良好的关系，员工感觉他们对新的决定、政策、成功、失败等都了解得不够。他们经常感到他们只是奉命行事，而对其中原因却一无所知。这种缺乏沟通的状况使员工觉得不受赏识、不受重视，这也对生产和客户关系造成了负面影响，因为问题不能得到及时的沟通和解决。

B公司在解决冲突能力上存在的弱点意味着员工或回避冲突，或不负责任地大吵大闹。冲突或者停留在表层而不断恶化，久治不愈，或者完全由一方占据上风，而失败者内心充满了怨恨，感情受到了伤害。无论属于哪一种情况，低下的解决冲突的能力导致了沟通不足、团队合作不佳，以及消极对抗情绪，从而最终引起积极性和生产率下降。在B公司，解决冲突能力的低下使销售部门和生产部门之间不断产生摩擦，在产品定价、开发和生产方面造成紧张的气氛和越来越多的延误。

表2-1　B公司能力的强项与弱项

能力类型	强　项	弱　项
工作能力	以业绩为导向 创造能力主动性	绩效管理 质量关注意识
人际交往能力	对组织的认识 团队精神 注重服务	沟通能力 解决冲突的能力 建立良好的关系
个人素质能力	决断能力 分析思维能力 概念思维能力	应对压力 决策素质 正直诚信
管理能力	团队建设	激励他人 培养他人
领导艺术能力	确立工作重点 管理改革过程	远见卓识 战略思维能力

B公司的员工在建立良好关系的能力方面也有待提高。从总体上来看，员工在建立温暖、持久的人际关系上来表现出高超的技能。他们相互之间不感兴趣，不太能建立相互之间的高度忠诚。这就导致了在解决问题的过程中缺乏应有的热情和投入精神。

在个人素质能力方面，B公司的强项在于决断能力、分析思维能力和概念思维能力。员工擅长做出关键性的、难度较高的决定，而且大多数表现出良好的判断力。他们很强的思维能力显然与其在工程技术方面的出色绩效有密切关系。这也反映出他们解决问题的能力。他们在理解复杂的技术问题和将问题分解为各组成部分方面能力突出。B公司高度的产品创新水平反映了员工利用概念思维创造出新的方法满足客户需求的杰出才能。

B公司最大的弱点在于应对压力、决策素质以及正直诚信等方面。应对压力从整体来看是企业文化中最差的能力，这说明公司员工长期处在压力之下，而且缺乏有效的应对方式。他们不能充分估计到当前的形势或面临的选择会产生何种短期和长期后果。在正直诚信能力方面的能力较弱。员工比较维护自己，而不肯轻易承认错误。他们也不太愿意坚持可能带来个人风险的价值观念。正是这些弱点促使管理层瞒着董事会挪用下一年度的销售额，以此来掩盖他们低下的销售业绩。

从管理能力来看，团队建设是B公司最强的能力，激励他人、培养他人则最弱。管理者善于帮助人们共同合作完成任务和项目，但不太善于了解并帮助员工实现他们的愿望和要求。

在领导艺术能力方面，B公司的最强项是确立工作重点。管理者出色地使员工的工作与经营重点相一致，并合理分配各种资源，以保证工作顺利完成。员工清楚地知道经营的重点是什么，以及他们的工作和这些经营重点有何种联系。

本章实战型思考题（答案在 www. mgmtkey. com 网站）

2.1　张一公司是一个大型股份有限公司，十年前也曾进行过一番轰轰烈烈的企业文化建设运动，运动之后，也形成了一本企业文化手册和企业精神口号。然而，公司上上下下感到所谓的企业精神和核心价值观越来越乏味、空洞、苍白。大家认为，一方面企业文化应该要具有企业个性的，另一方面，现实中，大家都与时俱进，都把当今社会上大家认为最好的那些价值观诸如“以人为本”，诸如“求实、创新、服务”等等，作为自己的核心价值观和企业精神口号，他们的企业文化与其他企业难以有什么有意义的区别，并因此也难以具有什么现实性的指导作用。他们感到他们的企业文化与企业经营仿佛是两张皮，总是难以结合起来。你的企业是否也存在这种情况？你是如何把企业文化与企业经营结合起来的？

2.2　作为“海归派”CEO的张二，一方面他实在有太多的新文化理念要引入公司，并且公司如果要继续生存到下一阶段，就必须要未雨绸缪地引入新文化理念；另一方面他又很清醒地意识到，在新的企业文化理念未曾立足之前，公司还需要旧的企业文化理念来维持企业的运作。这真是一个二难悖论问题：新的战略需要新的文化理念的支持，但旧的文化理念不除，新的文化理念也难以立足。如何才能突破这种企业战略与企业文化理念不一致的限制呢？张二不得不虚心地请教专家。你的企业是否也存在这种情况？你是否也需要请教我们？

2.3　张三的前任在他那个时代是非常成功的，企业上下都形成了根深蒂固的思维定式和行为习惯。不幸的是，时代变了，作为继任型CEO的他，不得不进行改革，但他的下属们动辄把他的前任抬出来，以他们过去的成功来抵制改革。由于刚刚上任，他不能以较大的人事变动来推行改革，他非常苦恼。我们告诉他，有两个方法可以解决他的苦恼，而且一旦切入，改革本身也能够在企业文化中根深蒂固。你认为是什么方法呢？

2.4 张四在其公司陷入困境之时走马上任，公司上下也都明白公司如果不马上进行改革，将会走向破产。但到底谁可以真正能领导公司走出困境，大家都没有把握。换句话说，张四虽然经由董事会的聘请走马上任，但他却缺乏信任基础，而信任，恰恰是进行改革的关键要素。张四要获得信任，必须要给下属们两个认知。你认为这两个认知是什么？

2.5 张五请了一群专家与公司相关部门人员一起，好不容易制定了一整套远景规划、企业使命和价值观之后，发现这些远景规划、企业使命和价值观实在有点“软”，无法在操作的层面上体现出来。他又咨询另一个专家，专家告诉他，如果要把这些远景规划、企业使命和价值观在操作的层面上体现出来，还必须把它们转化为硬性的行为规范。那么，如何把软性的远景规划、企业使命和价值观，转化为硬性的行为规范呢？你是否有方法？

2.6 张六下属的一名主管是拥有MBA学历的海外留学生，而且曾在海外多家跨国公司工作多年，他工作积极、作风强悍，但他个性急躁，经常跨越一些大家认为必要的环节，而处理事情，显然他是典型A个性的人，即典型行政型个性的人。张六一方面觉得他是一个人才，想重用他，以满足公司计划明年开拓国际市场的人才需要；另一方面又觉得他是一个典型A个性的人，经常会犯错误。张六之所以没有辞退他，因为张六坚信只要找到对于典型A个性的人的正确的领导方法，他的公司就有机会再上台阶。现在最主要的问题是张六本人也不知道对于典型A个性的人应该如何领导。你是否也有相似的经验？你可以不咨询我们就能给张六提供决策意见吗？

2.7 张七当初凭着自己的一个专利技术产品，成功创立和做大了企业。科研人员出身的张七，最重视的无疑是科研技术和科研人员，所以他广揽人才，拥有了一批具有博士、硕士学位的科研团队，他们每个人都有一两项属于填补几个国内空白的产品技术，或获得重大科研项目奖的产品技术，显然这是一个创新型文化团队。然而，时代在变化，公司原来的产品不再受到市场追捧，大家也从不断下降的业绩中，认识到必须要开发出新技术新产品。但在公司下一步向哪个方向开发新技术新产品的问题上，张七的科研团队内部意见纷纷，迟迟不能统一。最令张七苦恼的是，他每次下达的与竞争对手开发同类技术产品的科研任务，几乎是与竞争对手在同一时间里的，并且在张七的科研力量和资金投入都比竞争对手大很多的情况下，新产品却总是比竞争对手慢两步才推出市场。张七自问，自己也是一个科研人员，并且也总是能够给他的创新型文化团队一些主题任务，却又总是不如竞争对手。张七知道，他的创新型文化团队是一群鞭打不得的典型E个性的人，但他更知道，不对他们进行管理，后果将会不堪设想。现在，他希望有人能够就应该如何对创新型文化团队进行管理的问题，给他一根“盲公棍”。你是否有相似的经历？你可以不咨询我们就给张七一根“盲公棍”吗？

第三章 竞争悖论：立足于顾客还是立足于竞争对手

竞争悖论 1：实施以竞争者为导向的公司，往往可能因为花太多的时间和精力跟踪竞争者而忽略顾客的真正需要；而以顾客为中心的公司在提出它的战略时，也往往由于更多地集中在顾客需要的发展上，而不注意观察竞争者。从某种角度上说，正是竞争对手发掘出顾客的新需要、改变了顾客的需要，并且成就了顾客改变需要的条件和基础。从这个意义上说，忽视了竞争对手包括潜在竞争对手的动态，也就是忽视了顾客的需要，最后也一定会被顾客抛弃。

竞争悖论 2：一个企业的竞争力可以归纳为两类：比较优势和竞争优势。比较优势涉及的是一个企业内部不同产业（或产品）之间的关系，强调的是一个企业内部不同产业（或产品）之间的生产率高低的比较，或者是一个企业特定产品的各种能力之间的高低的比较；而竞争优势涉及的是各个企业在市场上的同一产业的关系，强调的则是各个企业相同产业（或产品）包括可替代产品之间生产率高低的比较，或者是各个企业特定产品的同类能力之间的高低的比较。企业竞争战略的立足点应该是什么，扬长避短是生存发展的常识，应该立足于自己的比较优势。但如果我们的长处不及竞争对手的长处，而我们的短处却远远胜过竞争对手的短处，那又应该如何？

孙子兵法：

"凡战者以正合，以奇胜。故善出奇者，无穷如天地，不竭如江河。终而复始，日月是也。死而复生，四时是也。声不过五，五声之变，不可胜听也。色不过五，五色之变，不可胜观也。味不过五，五味之变，不可胜尝也。战势不过奇正，奇正之变，不可胜穷也。"

第一节　顾客导向、竞争导向还是市场导向

我们不能不把顾客视为上帝，但不能要求顾客把我们视为恩人而永远忠诚我们。我们必须在关注顾客的同时，关注竞争对手，尤其是要关注由于竞争对手引起顾客需要的变化和游戏规则的变化。

一、决定企业生存的三股力量：顾客、竞争和变化

这就是被当今人们称为影响企业生存发展的三股力量：顾客、竞争和变化。

正是由于这三股力量在本质上与过去的不同，而使以竞争者为导向的传统企业，和上世纪最后二三十年一度过分宣扬的以顾客为导向的企业，越来越不灵了。

首先说说我们的上帝——顾客。在欧美国家，顾客就是上帝的说法早已提出。尤其是近二三十年，顾客主宰了买卖关系。今天的顾客，消息灵通，该知道的他们知道，不该知道的，他们也能够知道。在信息社会，谁想获取什么信息，那是轻而易举的事。百般受宠的顾客不再受宠若惊，而泰然自若。而不幸的是，哪一天刮风下雨原材料涨价了，又或者仅是一小块石头激起的小浪——0.1%的质量欠缺，我们的顾客也不随随便便就让退回到先前的服务水平上。本来，物质早已不再短缺，需求早已饱和，但我们的顾客还会自造“饱和”现象，诸如用后向一体化的办法取代供应商，用替代品取代原先所需的产品，来增加讨价还价的能力。今天的顾客再也不是上世纪五六十年代那种温良、感激和忠诚的买家，他们有三项特征：1. 在质量、服务和价格方面要求无穷无尽；2. 宁愿违约；3. 不“从一而终”。

再说说今天的竞争。随着各国关贸壁垒的弱化，全球经济高度一体化，借助信息技术的发达，国际竞争犹如村民竞争那样贴近，一切都清清楚楚，可见可比，而竞争的对手和内容又是多得无法计算——世界真的很大，对手真的很多，我们常常还未弄清某一竞争是怎么回事，事情就已时过境迁了。在昨天，我们屈居行业第二、第三——甚至第 101 位，我们还能过得去，且略有发展，而淡淡然伺机待发。但今天，顾客越来越倾向行业第一的、本国第一的，不，

顾客越来越倾向国际第一的品牌，只要自己具备条件的话。于是，第一之后的所有人如危在旦夕，拼命追赶，刷新标准，争当第一；于是连现在稳居第一的品牌也一样惶惶不可终日，未敢有丝毫松懈，不断前进。然而，市场竞争毕竟不像某些体育竞技那样规定动作，而须要在同一项目上积累足够的功夫，才有机会胜出；消费者需求的多样性导致了竞争的多样性，竞争的多样性使市场的新进入者无须再花功夫积累市场领导者的资源，而脱颖而出。这些新企业往往自恃自己没有历史包袱，也没有组织方面的负担，一有新产品就往市场上推，且往往无视旧的游戏规则，常常弄得大企业措手不及。而事实上，他们中有不少也能够以自己的成就改写了商业游戏规则。于是，今天的竞争不再有定律，规则常有常新。

再次，说说今天的变化。变化历来就存在，我们这里所说的是指变化性质的改变。在进入信息时代的今天，我们可以明显地感到变化节奏的加快。创新活动和技术进步成了一对互相促进、互为依托的孪生兄弟，而这对孪生兄弟犹如草原之火，在发达的信息技术之风的吹动下，更加熊熊烈烈。于是，变化无处不在，无时不有，而且变化是一种加速度的变化。一个不留神，商机就稍纵即逝，一天不抓紧，前功就尽弃。

由于百般挑剔的顾客的需求个性化，竞争的激烈而常新，变化的加速度而使产品和服务的寿命周期不断缩短，而使单纯以竞争者为导向和以顾客为导向的企业，越来越不适于生存。

二、竞争者导向的优点和弱点

实施以竞争者为导向的公司，是否有可能因为花太多的时间和精力跟踪竞争者而有损于顾客导向？答案是肯定的。一家公司可能过分强调以竞争者为中心，以致忽视更为重要的以顾客为中心。

以竞争者为中心的公司就是一家行动基本上由竞争者的行动与反应所支配的公司。公司花大量的时间在各个市场上逐个跟踪竞争者的行动及其市场份额。它们是依照竞争者的发展状态来确定其行动方向的（如表 3-1 所示）。

表 3-1　以竞争者为中心的公司的行为反应

市场形势	行为反应
竞争者 A 将全力在中国压逼我们。	我们将撤出中国市场，因为我们无力打这一场仗。
竞争者 B 正增大其在中国台湾地区的分销覆盖面并影响着我们的销量。	我们将在中国台湾地区增加广告开支。
竞争者 C 在新加坡已经削价，结果我们失去了 3 个百分点的市场份额。	我们将在新加坡采取相应措施对付竞争者 C 的削价。
竞争者 D 在日本采用一种新的特别服务项目，结果我们的顾客开始把业务转向它。	我们将在日本增加促销预算。

从积极方面来看，以竞争者为中心的公司拟定一个奋斗者的方向。它们训练其市场人员保持警惕，注意自己的弱点和注意竞争者的劣势。从消极方面来看，公司表现出过多的反应范式。它不是执行一项始终如一的顾客导向战略，而是根据竞争者行动来确定自己的行动。结果，它没有走向按预先确定的方向和目标。由于很多事情都取决于竞争者所决定要做的事，所以它不知道自己的下一阶段的发展方向，也不知道何处才是终点。

三、顾客导向的优点和弱点

以顾客为中心的公司能够更好地辨别新机会和建立具有长远意义的战略方案。通过观察顾客需要的演变，在资源和目标允许的情况下，它们能决定何种顾客群和何种新出现的需要才是最重要的服务对象。它们是依照顾客的发展状态来确定其行动方向的（如表 3-2 所示）。

表 3-2　以顾客为中心的公司的行为反应

市场形势	行为反应
总市场每年增长 4%。	我们将在达到和满足高质量细分市场方面集中更多的力量。
增长最快的细分市场是易受质量影响的细分市场，每年增长 8%。	我们的计划是打算购买更好的元件，改进质量控制系统并把我们广告的主题转向强调质量。

续表

市场形势	行为反应
容易成交的细分市场也在增长，但这些顾客与任何供应商的维持关系都不长久。	我们将避免削价和妥协，因为我们不需要以这种方式购买东西的客户。
越来越多的顾客已经表示对 24 小时的热线电话供货感兴趣，而行业里无人提供这种业务。	如果前景良好，我们将安装 24 小时热线电话。

以顾客为中心的公司在提出它的战略时，会更多地集中在顾客的发展上。但世界 500 强企业的成功经验告诉我们，既要注意顾客也要注意竞争者。千万不可只注重顾客而不注意观察竞争者。因为从某种角度上说，正是竞争对手发掘出顾客的新需要、改变了顾客的需要，并且成就了顾客改变需要的条件和基础。从这个意义上说，忽视竞争对手包括潜在竞争对手的动态，也就是忽视顾客的需要，最后也一定会被顾客抛弃。在今天这个阶段，两者必须兼顾，实施以竞争者为导向和以顾客为导向相结合的市场导向战略。

顾客并不总是对的，他们中有些人所说的往往并不是他们自己真正需要的东西，甚至他们不知道自己到底需要什么。所以我们要分析顾客所说的，帮助他们识别自己真正需要的东西。当有人问美国克莱斯勒公司 CEO 罗伯特·A.卢兹，他会不会从思想的深处认为顾客永远是对的时，卢兹说："我不会。我见过太多丝毫不了解自己究竟想买什么的顾客。"克莱斯勒公司下属一个部门有两款超小型汽车上市两年后一直销量不错，为了销得更好，他们进行了市场调查，结果如下：接受调查者称只要这些汽车稍稍再大一点，顾客会更喜欢。于是，他们展开了一场加大汽车体积的行动。没有人去想加大后的汽车体积其实同公司已有的一些价格稍高的款型一样。公司的市场营销人员，对于顾客的意见过于专注，以至忘记了公司已有顾客所要求的汽车。

顾客并不总是对的，当你去询问顾客的意见时，他们往往就事论事，他们也"忘记"了公司已有顾客所要求的汽车。

四、市场导向战略——世界 500 强企业的共同的战略导向

以顾客为中心还是以竞争者为中心这两个问题，实质上就是企业的顾客市场选择和竞争对手的选择。由于你选择了特定的顾客，你也就自然地选择了在

特定顾客市场上的竞争对手。

顾客市场选择和竞争对手的选择，如同一枚铜币的正反面，是不可分离的一个问题的两个方面。并且顾客市场选择的一个基础，是要看谁是竞争对手，因此，可以毫不夸张地讲，顾客市场的选择取决于竞争对手的选择。但也要指出，并不是一旦选择了顾客市场就立刻会清楚谁是主要的竞争对手。

在一个可供企业选择的候补竞争对手较多的情况下，这个企业应该分析对手们所有的经营资源、产品和市场机制的程度等等，如果在这些基本点上各自的表现不同，那么对这个企业来说同时存在着容易竞争的对手和难于竞争的对手。这时，把谁作为竞争对手，成为这个企业构思经营战略与竞争相适应的关键选择。

顾客市场选择和竞争对手的选择，在这两个问题上所作出的战略上的决定应该是一致的，这种战略我们称为市场导向战略。

GE 公司的韦尔奇一方面强调以顾客为中心，另一方面又总是按照“是否是行业第一、第二的原则”，来衡量其属下业务部门的去留，并以此原则不断地收购、出卖、重组其业务部门。实际上，世界 500 强企业都是实施市场导向的战略，它们既不是盲目地以竞争者为导向，也不是盲目地以顾客为导向，而是实施以竞争者为导向和以顾客为导向相结合的市场导向战略。

美国克莱斯勒公司在上世纪 90 年代之所以能够又一次转危为安，其中一个主要原因是他们实施了市场导向战略。CEO 罗伯特·A. 卢兹说：有一个选择他不会后悔——尽管在那个时候作出决定有点痛苦，那就是他决定不生产一款世界水平的豪华汽车。这款汽车本来会是非常漂亮的。但是 1994 到 1995 年，他们了解很多竞争对手都已正在着手研制与此款汽车相似的汽车，这样早已萎缩得非常小的利润还会继续缩小，因此，卢兹决定不生产这款豪华汽车。卢兹说：“要让你的品牌或产品富有特色，你越是想通过满足每一个顾客的一时兴致而扩展产品的影响力，其影响力就越弱。”

◆ 市场导向战略的关键是把握胜利者的商品的要素

任何一个顾客都不会把市场上任何产品或服务视为“商品”，顾客只把那些具有自己需要的服务特点或功能特点及质量水平的产品或服务视为“商品”。所以，找出三五个被顾客视为“商品”的例子，包括本公司的和竞争对手的，尤其是长期被顾客追捧的市场领导者的“商品”，试着寻找每项产品的差异因素及独特性。请公司所有的部门所有的团队的代表，以及业务骨干都参与这样的访问顾客与评估竞争者的活动，这很重要。因为每个地方都存在无数的差异性。造成一个公司产品与众不同的因素很少是只有几项，而常常是1 000个因素，可是只要每个因素比别人的都好一点点，总合起来别人就无法竞争。

> 一个真正有效的战略，就是既能满足顾客的需要，又能与主要竞争对手有所区别的战略，还要给自己带来足够的利润。

第二节 成功竞争战略的出发点和落脚点

一、以不断创新发展竞争优势

企业之间劳动生产率的不同，是企业竞争胜负的主要决定因素，因为劳动生产率的不同，使得不同的企业在全球范围内生产相同产品时存在不同的机会成本。即使一个企业并不拥有任何绝对优势，但只要这个企业在全球范围内的任何一个地方生产一种产品的机会成本（用其他产品来衡量）低于在其他企业生产该种产品的机会成本的话，则这个企业在生产该种产品上就拥有比较优势。例如，日本的丰田公司、本田公司一方面由于所在国家缺乏自然资源，而无法拥有成本优势，另一方面由于历史的原因而未能拥有最先进的核心技术，在技术质量方面明显低于欧美国家的企业，但由于其经营管理水平高，以及家族式的企业文化，员工们能够通过大量的小改小革的创新，而提高劳动生产率，从而在经营管理能力方面形成比较优势，并能够在顾客总价值方面转化为自己的竞争优势。奔驰车与丰田车，尽管在质量上和价格上前者均高于后者，但在顾客总价值上两者却是相差无几的。日本车打进欧美国家就是明证。由此也可见，创新可以使落后变先进，可以形成竞争优势。

如果说，一个企业拥有的因素，如自然资源、劳动力、地理位置等，视为企业拥有的基本因素的话，那么，我们就可以把企业通过投资与发展而创造的因素，如一个企业的顾客价值链，即供应商、销售商以及各种合作伙伴，现代化的信息技术、设计人员、科研机构、品牌营销范式视为企业的推进因素。

美国哈佛大学商学院的著名教授迈克尔·波特认为，一个企业的竞争优势只靠基本因素是难以维持长久的，只有那些拥有推进因素的企业才能保持它的国际竞争优势。因此推进因素对一个企业的国际竞争力是最为重要的。而迈克尔·波特所说的推进因素，就是创新，持续不断的创新。在这里，创新包括了理念创新、技术创新、组织创新、管理创新、营销创新、流程创新等等。企业持续的竞争优势主要来自不断创新的企业战略。

◆ 选择进入产业集群有利于刺激创新

如果企业的投资者拥有足够的条件的话，应该选择进入产业集群来发展他们的事业。投资电影娱乐事业的，就到美国的好莱坞；投资电脑业的，就到美国的硅谷。当然，这并不是说其他地方就不能做相同的事业。但须知道，企业界也一样存在着“生物圈”——遇强则强，遇弱则弱。

竞争是创造竞争力的重要源泉。只有通过竞争才能创造现实的和有优势的竞争力。企业的创新需要有适当的周边环境。而产业集中本身就可以刺激创新，并形成一种积极向上的创新文化的氛围。在产业集群中，由于地理接近，企业间密切合作，可以面对面打交道，这样，有利于各种新思想、新观念、新技术和新知识的传播，由此形成知识的溢出效应，获取“学习经济”，增强企业的研究和创新能力。对企业而言，有两类知识是十分重要的：一是当地供给方面的知识溢出，主要来自供应商、合作者、教育和研究机构等；二是需求方面的国家和国际知识的转移，主要来自客户、消费者以及国际分销商等。对以中小企业为主体的产业集群来说，这两类知识都是十分重要的。它不仅可以强化当地知识的溢出效应，而且可以通过各种渠道加快国际知识的转移。此外，产业集群还可以为企业提供交换非编码知识和信息的机制。通过个人接触和交往，产业集群内的企业可以获得一些隐含的、难以编码的知识。在迅速变化的全球经济环境中，这种隐含的知识越来越重要，而且，这样的知识只有通过个人间直接交换才能获得。

迈克尔·波特从企业战略的角度来考察产业集群的形成原因和影响因素，特别强调创新的重要性，认为竞争力主要取决于创新和升级的能力，而这种创新能力主要来自支持性产业，全球的尤其是本地的相关产业和竞争性产业。他认为高竞争力产业集群可以刺激创新，只有创新才能创造并维持企业所必需的竞争优势。因此，通过加入具有竞争力的产业集群，企业可以提升它们的竞争力。一方面，在产业集群中，各产业之间存在着一种互动关系，一个有竞争力的产业通常会提升另一个产业的竞争力；另一方面，由于存在竞争的压力和挑战，企业将更加努力地争取获得对抗其竞争对手的优势。同时，竞争对手的存在也迫使企业不断创新。

显然，产业集群拥有明显的竞争优势。这种竞争优势主要体现在两个方面：一方面，通过集群内企业间的合作与竞争以及群体协同效应，可以获得诸多经济效益方面的竞争优势，如生产成本优势、基于质量基础的产品差别化优势、区域营销优势和市场竞争优势等；另一方面，通过支撑机构和企业间的相互作用，可以形成一个区域创新系统，提升整个集群的创新能力。对于这种集群竞争优势的来源，韦伯把它归之为集聚经济，马歇尔则强调外部经济的重要性，克鲁格曼则认为是报酬递增、运输成本和需求交互作用的结果。迈克尔·波特运用他的钻石范式，强调需求条件、关联与支持性产业、因子条件、企业竞争与战略密切配合的重要性。

二、关注竞争优势

比较优势是由一个企业拥有的生产资源和满足顾客的能力所决定的静态优势，是获取竞争优势的条件；竞争优势是企业把一种潜在的比较优势转化为现实优势的综合能力作用的结果。比较优势作为一种潜在的优势，只有最终转化为竞争优势，才能形成真正的核心竞争力。企业必须以国际经济综合竞争为导向，将现有的比较优势转化为竞争优势。

如果每个企业都以自身所具有的比较优势作为竞争战略的话，则所有的企业都相互受益——但这只能是一个永远无法实现的梦想。因为企业所在地的自然禀赋，以及由此形成的历史的有利的生产条件的不同，尤其是因为那只“看不见的手”的作用，企业无法及时获得充分的信息，于是，撞车——形成竞争对峙是必然的，优胜劣汰也是必然的。例如，戴尔公司的创始人戴尔，由于无法拥有像 IBM、微软、康柏、英特尔等公司的技术，而在技术上处于劣势，但他发现这些大公司都不屑于给顾客提供技术顾问服务——诸如电脑配置、使用培训等等，于是他就以提供技术顾问服务来销售电脑、来创办他的企业，尽管在技术上他远远不如那些大公司。由于他在当时提供了其他竞争对手没有的顾问式技术服务，他的公司能够销售更多的产品，形成更大的总采购量，与更多的供应商打交道。最终戴尔公司形成了强大的供应链管理和价格优势，而且这些优势足以弥补技术劣势——表现在顾客总价值上就是抢走了 IBM、康柏、微软等等大公司的不少市场份额。而这反过来又进一步促进了戴尔公司的顾问式技术服务水平，使原来属于比较劣势的技术服务上升为比较优势——竞争优势的竞争力。相反，IBM、微软、康柏等由于忽视了给顾客提供顾问式技术服务，使原来属于比较优势的技术服务沦落为比较劣势——竞争劣势。

一般地说，企业竞争战略根据企业自身所拥有的比较优势而定，随着竞争形态变化而不断调整。由于竞争的动态性，一些具有比较优势的方面可能因为缺乏竞争优势，而沦落为没有优势的方面；而另一些原来没有比较优势的方面，由于竞争对手的忽视和自身的重视而可能会上升为比较优势，并最终形成核心竞争力，即竞争优势。任何企业，即使是曾经最强大的企业也不可能在一切产业中都具有国际竞争优势。这也表明，竞争优势不能完全消除或替代比较优势。例如，GE公司就给自己下了一条铁律：凡是不能在行业上处于第一或第二地位的业务及其单位，一般要放弃卖掉。GE公司在兼并其他企业或企业的部分产业时，大多以有没有比较优势为主要决策依据；而一旦进入了经营轨道之后，则以能否保持竞争优势为依据，判断是继续经营还是放弃卖掉。

◆ 识别谁是谁——识别你的竞争对手

严格地说，竞争优势是指在竞争上能够把你的公司与其他公司区分开来的东西，它可能与你的比较优势有关，也可能与你的比较劣势有关。DEC公司、苹果公司、戴尔公司当初的成功，不是竞争对手们被他们战胜了，而是因为竞争对手们——大人物们轻视而没有去做的事，他们自己去把那些事情做好了。

所以，要想确定竞争优势，首先要了解所在行业。任何行业，不管有多难，都会给小公司新公司提供无数确立自己竞争优势的机会。应该审视一下自己的公司，是否在资源和能力方面做好了准备，一旦机会来临就能抓住吗？今天的环境是动荡的，你必须不断地抬头看看前面，判断市场的变化是否给你提供了赢得竞争优势的机会。

当你选择进入任何一个市场之时，实际上也就选择了已经在这个市场上的竞争对手，包括潜在的竞争对手。在一个市场上的竞争对手，包括潜在的竞争对手较多的情况下，识别你的竞争对手是谁，是一个非常关键的问题。所谓“知己知彼，方能百战百胜”。

你应该分析对手们所有的经营资源、产品和市场机制，如果在这些基本点上各自的表现不同，那么对这个企业来说同时存在着容易竞争的对手和难于竞争的对手。这时，把谁作为主要的竞争对手，成为你构思经营战略与竞争相适应的关键选择。

通常情况下，大多数公司都容易低估自己竞争对手的应对能力。例如，一家公司九个月前确定的战略是，在未来的一年时间里，公司的每股收益率将达到5美元，其战略是将通过降低价格的方式来扩展自己的市场份额。在过去的三年里，这个公司一直在不断地扩大自己的生产能力，由于这是资本密集型行业，而且边际利润很薄，所以消耗了大量现金。按照这个公司的主管的计算，价格降低带来的销售量的增加将大大降低生产成本。从当前的形势看来，市场形势良好，对他们产品的需求也没有呈现出任何下滑的趋势。但他们最多只能达到3.5美元，远远低于原定的目标。那么问题到底出在哪里呢？分析结果表明，在制定该战略时，他们忽视了竞争对手的反应。事实是，该公司的最大的竞争对手几乎立刻就作出了反应，其他同行公司也纷纷仿效。整个行业的价格开始下降。由于该公司在市场上占有很大的份额，因此遭到的损失也大。

三、区别竞争对手，以比较优势打造自己的核心竞争力

比较优势和竞争优势的本质都是企业竞争力的全球比较，所不同的是，比较优势涉及的是一个企业各种生产经营能力与竞争对手各种生产经营能力之间的关系，强调的是它们之间的生产率差异和顾客满意率的不同表现；而竞争优势涉及的是各个企业在市场上的同一产业的关系，强调的则是各个企业相同产业之间的整体的生产率差异和顾客满意率的比较。一般地说，很少有企业是“全能冠军”的。

例如，在日本家用电器业中，“索尼”是以产品差别化为中心，“松下”是以辅助服务差别化为中心，“三洋”是以价格差别化为中心，这三家公司各自有竞争战略的重点核心。通常情况下，“索尼”以新产品开发先行，“松下”紧跟着进行投资，以强有力的流通服务网为武器与“索尼”共同占有市场，而“三洋”在价格竞争阶段是很强的。当然，三家公司并不是“单打一”地选择竞争武器。“索尼”自然要参与价格竞争，“松下”也要进入产品开发竞争的先头企业队伍，“三洋”也不是与产品开发无缘。换句话说，他们主要的比较优势——核心竞争力就是：“索尼”擅长于新产品技术开发；“松下”擅长于辅助服务；“三洋”是擅长于成本管理而价格低。同样，在美国电脑行业，微软公司擅长于产品技术开发，IBM擅长于系统解决方案，戴

尔公司擅长于顾客服务。所以，他们虽然同在一个市场进行竞争，由于各自具有不同于竞争对手的比较优势——核心竞争力，他们谁都不能轻易把竞争对手打倒。

实际上，在企业之间的动态发展过程中，比较优势与竞争优势就会同时发生作用，并经常性地变化。一般来说，一个企业具有比较优势的能力往往易于形成较强的国际竞争优势，换句话说，比较优势可以成为竞争优势的内在因素，竞争优势是比较优势的外在表现。

案例：思科公司的竞争优势是基于 IT 系统上的整合体制

思科公司的竞争优势集中体现在其客户服务系统上，它是一个高度自主管理的系统，各部门、团队或个人的目标一旦确定，需要什么样的资源，如何使用资源都将是他们自己的事。但高度自主并不意味着分散，思科通过建立一套 IT 整合体制，来维系整个公司。其 IT 整合体制如下：

1. 委托投资项目模式：销售、制造、渠道等部门需要的项目，需要由这些部门来负责 IT 部门的费用。

2. 所有的项目都要通过 WWW 系统体现，使用的快速、高效是衡量的标准，减少网上系统无用或低速的设计。

3. 实现以客户为中心的组织系统与以技术领先为中心的基础系统之间的平衡。

4. 将 IT 视为各部门在与对手的竞争中寻求相对优势的基础平台：实现技术领先和客户的满意。

正如思科公司 CEO 钱伯斯自己说的那样：

“我们有一套整合机制，成型的程序，这已经几乎是自动完成的了。我们的收购和整合战略是世界一流的，这就是为什么我们能够保持 20%～25%增长速度的原因。我们已经形成了我们的遗传基因，我们的 DNA，如果不放慢增长速度的话，我可以一个月完成五项兼并。”

这里的 DNA，就是基于 IT 系统上的整合体制。这个机制的具体运作过程是：首先将兼并企业的 R&D 和产品系列直接通过 EIS 和 DSS 与客户的需求对应起来，并与思科的现有系统在最短的时间内实现嫁接，然后将兼并企业的销售、制造和渠道系统完全纳入思科的功能系统。

思科的利润率要比竞争对手高大约 15%，库存少 45%，新产品到达市场要比对手快 25%，返修率下降到 2%。通过 CCO 系统，不仅可以大大节省开支（每年大约节省2 500万美元），而且即时服务增加了客户的满意度。思科的调查显示，接受CCO系统服务的客户对思科服务的满意度超过没有接受这一系统的客户25%。

思科的供应链包括5个方面的内容：

1. 一体化：思科认为所有供应链的参与者，不论是思科自己的还是合作伙伴的，都要整合为一个整体，都要作为一个企业来运行。这一理念的关键有两点，一是要让主要的供应者去管理和操作供应链的主要部分，二是供应链中的任何一个改变都需要通过网络快速地让相应的参与者知道。

2. 新产品推广：思科发现，一旦需要四到五个重要的相应流程在一起的时候，任何一个流程需要再重复进行，都需要花一到两个星期的时间，而导致成本增加和时间延误的最大祸根，就是在信息处理中大量人力密集的收集和传递信息过程。思科通过网络将产品数据自动地收集处理，从而大大地减少了所需要的时间，这一过程是新产品推广中的重要环节。通过这一过程，新产品推广能减少1/3的时间，光是这一项，1997年就减少了单个产品成本2 000美元。

3. 自动测试：从1992年开始，思科使用软件测试来自动测试，减少人力与标准化产品的测试。测试结果完成后，结果会自动地送到供给者手中，在保证思科知识产权的情况下，这种测试会在合作的供应者那里进行。

4. 直接操作：过去在给客户供货时，先要供应商将产品提供给思科，再由思科提供给客户，这样要多花三天时间。自1997年起，思科先从美国开始，直接由供应商将产品送交客户。

5. 动态分享：思科的供应商可以实时地得到思科的库存系统和订货系统的数据，直接根据这些数据安排其商业计划。

◆ 竞争战略的重点应放在核心竞争力上，而不是产品

核心竞争力的定义：这是一种能提供进入广大市场的潜在通路，对公司最终产品在所认知的顾客利益上作出重要贡献的，使竞争者难以模仿的能力。

核心竞争力的性质：第一，核心竞争力是企业内部集体学习能力而不是外在资源的强大与否。第二，核心竞争力是企业人员的能力并可以通过学习而继承和发扬的资产。第三，核心竞争力是为客户创造价值的能力，它是相比对手的优势。

普来哈拉和哈梅尔教授对竞争战略作了有趣的比喻：在一棵树中，树根是

核心能力（制造引擎的技术），树干是核心产品（如引擎），树枝是业务单位（汽车、摩托车等等），树叶是最终产品（雅阁、喜爱等品牌的汽车）。公司如果只在业务单位和（或）最终产品水平上工作，它终将会被迫输给接受那棵“树”的树根和树干水平为主导的企业。

日本的本田公司已经发展出它的核心能力，即生产引擎。它设计和改进引擎的技术为它进入下列最终产品打下了基础：摩托车、汽车、割草机、雪地汽车、耕作机和艇外电动机等。同样地，佳能公司在光学、精密机械和微电子方面的高级技术，为它生产复印机、摄像机、打印机和传真机等打下了基础。

这表明，一个公司必须敏锐地区分哪些可以向外购买、哪些应该自己掌握和生产。例如，施乐公司可以放心地通过市场购买纸张和玻璃，而不必有相应的库存，但如果它放弃了在材料科学、机械科学和光学方面的研发项目，它将会犯错误。

案例：日本电气公司以“C&C”核心概念集中企业竞争战略的焦点

日本电气公司的“C&C”（计算机交流）的核心概念是：它是把计算机和通信的融合作为该公司事业发展核心的一种思考方法。对此，该公司的领导人小林宏治先生说：“‘C&C’这种核心概念所表现的内容，不只是单方面考虑到计算机的激烈竞争，另外还有发展通信事业的考虑，也就是说日本电气公司必须要利用通信的力量，来发展通信事业。即使在事务的分散处理上使用计算机，也不只是为了竞争，而是指发挥公司内通信网络的作用而言。需要计算机进行分散处理的事务范围很广，所以我们决定要使其与多年经营的通信相结合。”

根据这种基本概念形成的信念和决心，日本电气公司在个人使用的电脑产品上投入力量，成为日本国内该产品市场占有率居第一位的企业。该公司在通信和计算机两方面都不可缺少的集成电路技术领域，也采取相同的战略，成为在该领域中居第二位的大厂商。

◆ 可以从三个主要的竞争武器上发展核心竞争力

竞争武器从大的类别上说，可分为专门针对产品性能、辅助服务和价格这三个类别的需求群体去发展，也就是说，通过抓住吸引这些需求群体顾客的要点，发展出产品差别化的优势，或服务差别化的优势，或价格差别化的优势（一般是低价格战略）。

必须明确自己的竞争武器——核心竞争力集中在哪一方面。如果把这三个武器都视为同等的重要，则选择的焦点会模糊，吸引顾客的程度和企业内部资源集中的程度一般会大大减弱。例如，如果以产品开发为主要武器，就不要再把价格当成主要武器了。如果在服务上集中努力，就要在避开价格竞争和在产品开发上避免过多的投资。一般来讲，这种“集中”是大家所希望的。

• 若以产品差别化作为主要武器，那么，加强研究开发以及周密细致的产品设计，再加上严格的质量管理等，就成为企业政策的重点。

• 若以服务差别化作为主要武器，那么，注重品牌形象、流通体制的配备、服务力量的强化、交付期限和贷款支付的优惠等，就成为重点，另外还要求企业具备能够对顾客的细小要求快速作出反应的企业精神。

• 如果是以价格差别作为主要武器，那最重要的首先是决定降低成本的手段。

在这三个竞争武器中，企业无论选择了哪一个作为竞争武器，一般地说，也需要有其他的内容作相应的补充。

在这三个竞争武器之间，存在着公认的选择顺序。产品差别化最好，服务差别化次之，价格差别化最次。

在同一种竞争武器上，能否选用出比竞争对手更有效的武器，决定着竞争的成败。例如，采取同一低价格战略的企业，在生产成本上如果有差别，则高成本的企业按理会逐渐处于不利地位。

竞争武器是否有效，取决于企业与竞争对手在同一种竞争武器上的比较优势。竞争武器的比较优势是指在速度、效率、服务、费用方面和所有的竞争对手比较，自己能够更快、更有效率、更节约费用地满足顾客的需要和更令顾客满意。

上述的所谓三个竞争武器，只是一种大类的划分，实际上这三个大类中的每一个都可以再划分出很多种类的竞争武器。

◆ 发展核心竞争力的关键

• 首先要形成企业核心概念。企业根据贯穿于总体战略的基本概念，或是作为核心的基本概念，研讨竞争战略的指向性如何才能顺利地贯彻到企业的各个角落，由此而形成对企业发展方向的共识。这些战略的核心概念，是实现企业组织一体化的基础，也是企业各部门在分别制定保证总体战略实行的具体计划时的基本方针，也是确保企业发展核心竞争力的关键。形象地说，你要把公司愿景、核心价值观、战略目标与业务链、核心业务统一起来，上下认同不做一切与核心竞争力（现在或未来）无关的赚钱业务。

• 有预见性地发现价值链中的“最佳操作方法”或“关键成功因素”，并通过组织学习的机制，把它们转化为组织的共享知识和组织能力。建立一套知识管理系统使员工的能力相互提高，并转化为组织性的使用资源或学习能力、应用能力。这有利于发展核心竞争能力。

• 从企业核心竞争力的角度出发，发展自己的成长业务、成熟业务和种子业务，并把这三层业务链纳入平衡管理的轨道，这一方面更有利于企业核心竞争力的发展，另一方面更能确保企业持续的繁荣发展。

具体地说，若以产品差别化作为主要武器，则无论是成长业务、成熟业务，还是种子业务，都要加强研究开发以及周密细致的产品设计，同时进行严格的质量管理。

若在服务差别化作为主要武器，则无论是成长业务、成熟业务，还是种子业务，都要注重品牌形象、流通体制的配备、服务力量的强化、交付期限和贷款支付的优惠，另外还要求企业具备能够对顾客的细小要求快速作出反应的企业精神。

如果是以价格差别作为主要武器，则无论是成长业务、成熟业务，还是种子业务，最重要的首先都是决定降低成本的手段。

◆ 关注核心竞争力的台球效应

世界500强企业的实践告诉我们，不仅是本企业现有的事业领域的竞争武器的创新，而且以往本认为与自己无关的领域中的竞争武器的创新，也会像台球碰撞那样给予自己的领域以深刻的影响，同时还为自己提供了很大的发展机会，因此，企业一定要使自己的核心竞争力——发展竞争武器的眼界更宽阔和灵活一些。

例如，集成电路技术和液晶技术的发展，彻底改变了钟表业界的基础。合成纤维技术的发达，也使纤维厂商步入实质的化学产业。如果蓄电池技术取得飞跃性的进步，甚至连汽车企业也可能步入电力企业。总之，技术趋势之波的变动会是很大的。

企业竞争武器一旦越过各种各样的障碍，开始了台球波及效果之后，企业竞争武器的总体会自动地发生变化。为了更好地利用这种自动变化动向，你必须要考虑在何处还将有障碍，哪儿是障碍小的领域，什么是一定要越过去的障碍等等。这些都是你在构思自己的核心竞争力时，要认真考虑的重要问题。

核心竞争力的意义不仅是当前业务的问题，还应该是成长业务、成熟业务和种子业务的共同问题。在理想的情况下，成长业务、成熟业务和种子业务之间，还构成一种无形资产的相互波及和利用的逻辑关系。一旦成长业务、成熟业务和种子业务之间存在相互波及和利用的逻辑关系，就大大地积累和放大各个业务的资产和价值，以及竞争力。它们的能力因为相互适应并共同强化成为一种动态合力，成为一种企业的对外竞争力。

所谓无形资产，是指企业的技术、情报、商标形象、信用、企业精神等等。这种资源根据企业所采取的战略，通过各种波及效果被积蓄、被利用，然后再被形成一种核心竞争力，并且往往能够适应下一阶段或下一时代的市场变化的需要。

案例：松下公司从干电池起步积累无形资产——核心竞争力

日本松下公司建立海外生产基地时，基本上是从生产干电池开始的，然后再分析比较所在国的情况，把产品领域扩大到收音机、电视和电风扇等方面。这种做法具有非常明显的阶段性战略展开的意识，并且正在形成范式化。对于其中的道理，高桥荒太郎先生指出："干电池是世界上任何一个国家都普遍售卖的必需品。因为质量上的关系，这种产品有如下优点，即由于使用先进的自动化机器设备生产，即使工人的技术熟练程度不高，也可以确保一定的质量。还有一点不可忽视，通过生产在短期内有培训工人的效果，然后根据职工技术水平的提高，逐步向收音机和电视等需要高技术的产品发展。"

这个例子说明，日本松下公司一方面把确保产品领域的干电池（成熟业务）和作为经营资源的员工技术的熟练程度，作为当前的战略内容；另一方面，为将来计划开拓新的产品领域（种子业务）和谋求向高技术的方向发展，积累和准备企业的经营资源技术和员工的技术力量。

◆ 自己开发制造还是从外部购买——一个悖论的选择问题

实施自己开发制造主要零部件战略，还是实施从外部购买产品主要零部件战略，尤其是在自己具有开发制造的技术能力但成本却比从外部购买的价格要高的情况下，这真是一个不容易做出的决定，这也是一个竞争悖论。事实上也不可能有标准答案，而只能具体问题具体分析。

但如果某个主要零部件的开发制造技术，是一个行业的关键技术，并且可以在多个产品领域、行业领域被多重利用的话，因此而有可能导致技术升级、行业升级的话，只要我们自己有条件，就应该实施自己开发制造主要零部件战略。

实施自己开发制造主要零部件战略，可以积累企业的无形资产。无形资产的本质，在于它生成的各种形态很容易被多重利用。一个重要技术的积蓄，可以在多种领域同时得到使用。这种同时多重的利用，成为有效地创造竞争力的源泉。

相反，一旦企业无法拥有和控制它所在的行业的重要资源，尤其是核心关键技术，这家公司的处境则会非常危险的。所以，我们可以发现，世界500强企业可以把产品发外加工，也可以把整个生产工厂卖掉，但有两样东西他们始终把握在手，那就是产品核心技术的开发和市场品牌。

案例：卡西欧公司实施自己开发制造的战略，而发展核心竞争力

为了谋求发展自己的核心竞争力的相乘效果，卡西欧公司很早就向液晶数字显示手表领域投资。当计算器出现之后，卡西欧公司凭借其已经在液晶数字显示手表领域积累的技术，轻易地进入了计算器领域，开发了中继式办公用计算器产品。但由于夏普公司推出的台式电子计算器，比卡西欧的中继式办公用计算器产品更受市场欢迎，卡西欧的生存面临巨大的压力。好在卡西欧已经拥有虽然并不充分但还是顶用的电子技术储备力量，于1965年，也推出了自己的台式电子计算器产品，并进一步开创出计算器的关键技术——高效集成电路的设计。

到了1970年，美国首先研究开发出台式计算器使用的高效集成电路的标准件。于是很多虽然缺乏高效集成电路技术的公司，借助购买高效集成电路的标准件，而加入到计算器的领域，从而引发了计算器的行业大战。到了1976年，经过激烈的计算器大战后，那些借助购买高效集成电路的标准件，而加入到计算器领域的企业，一一消亡了；而在世界上仅存下来的三个制造者都是坚持实施自己开发制造主要零部件战略的公司，它们是卡西欧、夏普和美国的TI（得克萨斯半导体公司）。这三个制造者都是以特制的高效集成电路为导向，发展自己的产品。因为高效集成电路逻辑结构的设计，对企业的关键业务领域，尤其是对技术积蓄和情报获得方面具有很大的贡献。

实际上，当时特制高效集成电路的价格比市场出售的标准件高，因此在公司内部被指责为浪费。然而，实践证明这三大公司选择以特制的高效集成电路

为导向，发展自己的产品，在高效集成电路的时代，是拉开与其他公司的差距的一个根本原因，也是他们能够生存发展下来，而其他竞争对手早已消亡的根本原因。

制造一枚小小的高效集成电路，大致需要三个设计。第一是机能的设计，第二是逻辑结构的设计，第三是电子线路的设计。机能是指对高效集成电路的功能和特性的设计，如把它比喻为住房设计，则如同主人要求的样式书。逻辑结构的设计是指根据怎样的构造来制造具有这种机能的电路设计，它类似房间配置的平面图和外观图。电子线路的设计，是指这种结构如何组合设计，它类似住房设计的矩阵图、电气配线图、小房配备图等施工所需要的专门设计图。

卡西欧自己进行从机能到逻辑结构设计的优点有二。第一，可以使企业快速独立地进行产品开发。使用市场上普遍适用的标准件，不能产生出产品的特点。如果把逻辑结构的设计委托给半导体厂商，就等于把开发最重要的部分让他人去做，并且意味着“吃时间”即耽误时间。第二，是对高效集成电路技术的积蓄和充分利用，这也是逻辑结构设计的核心内容。

卡西欧这种独特的战略，是伴随台式计算器大战开始的。

而这种产品技术的开发生产过程，给卡西欧带来了集成电路技术的积蓄，使卡西欧的无形资产储备——核心竞争力发生了很大的变化。这就是卡西欧计算器的动态战略，即在成长业务、成熟业务和种子业务之间，构成一种无形资产的相互波及和利用的逻辑关系，从而构成一种动态的合力——核心竞争力。

四、通过产业化合作竞争促进竞争优势

竞争是创造竞争力的重要源泉。只有通过竞争才能创造现实的竞争力。通过产业化合作，竞争企业相互集中在一起，既展开激烈的市场竞争，又进行多种形式的合作，如联合开发新产品、开拓新市场、建立生产供应链，由此形成一种既有竞争又有合作的合作竞争机制。这就使产业化合作群内的企业比产业化合作群外的其他企业，具有了产业化合作群形成的竞争优势。在产业化合作群内，这种合作竞争机制的根本特征是互动互助、集体行动或循环行动。

当你身处其中，你就可以在培训、金融、技术开发、产品市场、市场营销、出口、分配等方面，实现高效的网络化的互动和合作，以克服内部规模经济的劣势，从而能够与比自己强大的竞争对手相抗衡。

当你身处其中，你就可以获得更多的产业信息交流、透视敌手及互动强化

的机会。这种集体行动的互动机制的形成，可以使信息的流通更为顺畅，加快观念、知识和技术的传播，缓和经济利益的冲突，减少交易过程的障碍，从而获取集体效率。

当你身处其中，由于竞争对手企业的集聚必然加剧企业间的竞争，而竞争程度的加剧，反过来又将促使你进行创新，降低成本，提高产品和服务质量，从而增强整个企业的竞争优势。

当你身处其中，还应及时建立战略联盟和伙伴关系，实行灵活的专业化生产。

在产业化合作群内，正如波特所说："合适的竞争对手能够有助于企业增加持久的竞争优势以及改善所处产业的结构。"通过产业化的合作竞争，往往会通过多种渠道和机制，在提升自身产业的竞争力的同时，也提升另一个相关产业的竞争力。这说明，在激烈竞争的环境中，各相关产业的竞争力是相互影响的。在各产业之间，竞争力的提升同样存在着"波及效应"。

五、走向知识联盟——一种新的竞争范式

我们知道，一旦公司无法拥有和控制它的重要资源、核心能力和关键技术，公司的处境就会非常危险。但今天的变化是一种越来越加速度的变化，科学知识的爆炸性层出不穷，我们又如何保持竞争地位呢？世界500强企业发现，仅仅依靠自己的力量发展他们需要的所有知识和能力，是一件花费昂贵并且困难重重的事。那么怎样来发展这些起支持性作用的知识、资源和技能呢？现在，世界上越来越多的公司和组织创造了交叉知识和专业能力。他们通过与竞争对手相互合作来发展和促进各自需要的重要资源、核心能力和关键技术。

> IBM总裁杰克·库尔勒说："认为我们知道每件事是一种危险的想法。"

◆ 为什么走向知识联盟

知识联盟有助于你学习另一个公司的专业能力；有助于你和其他公司的专业能力相结合创造新的交叉知识；能使你帮助另一个公司建立技能和能力，这

种技能和能力以后会有益于你和你的联盟伙伴。

如果公司间只是简单地传递转移知识，那么根本谈不上知识联盟，如果这样，他们很容易购买一本计划书和一套公式。公司要寻求的是互相学习交叉知识，他们的关系就像师傅和徒弟间的关系，正如米切尔·波兰伊（Michael Polanyi）所描述的："你向师傅学习，因为你相信他做事的方法，即使你还无法仔细地分析和考虑这种方法的有效性。通过观察和模仿师傅如何做，徒弟无意识地学会了做事的技巧，包括那些连师傅本人也并不十分清楚的知识，这些隐含的规律仅仅在一个人模仿另一个人时才能汲取。"

知识联盟可以使你的视野和参与的范围更加广泛，只要某个组织拥有有益于你的专业能力，不管它是一个企业，还是一个院校，你都可以与它共享制造过程中的经验、知识和技能，从而进一步扩展和改善你的基本能力，并有助于从战略上更新核心能力或创建新的核心能力。

管理悖论：

与竞争对手建立知识联盟，可以免费或低成本地学习到竞争对手的独特的"武器"，但同时也让竞争对手免费或低成本地学习到自己的独特的"武器"。

案例：以诺基亚为首的手机巨头联盟对抗微软公司

2002 年 10 月，欧洲移动经营商 Orange 推出了一款炫目的智能手机 Orange SPV，这是第一款采用 Windows 操作系统的智能手机。微软公司进入手机领域的行动，反映出在计算机和无线通信领域互相渗透的今天，竞争的焦点正在从语音转向数据，从硬件转向软件。

微软公司曾经梦想"每张桌子摆放一台计算机，每个家庭拥有一台 PC"，但是现在微软必须承认，与移动电话相比，整个 PC 产业处于相对停滞状态，不但 PC 机销售低迷，而且 PC 机也几乎没有什么革新：今天的 PC 机与数年前的没有什么本质上的区别，只是速度快了一些而已。笔记本电脑或者 PDA 产品 2003 年的销售量也不过1 000万台左右，而手机的销售量动辄以数亿计算。

对于微软公司来说，选择在目前这个时段进入移动电话市场，似乎有些不合时宜，因为目前 3G 还面临着一些市场和技术的难题，存在着很大的不确定性。但是移动电话很有可能取代PC成为整个技术产业的焦点，面对这种可能的趋势，微软公司别无选择，SPV便是在这种情况下推出的。

由于采用了Windows软件，SPV无疑是一台移动版的PC机，它整合了微软的网络浏览器、电子邮件以及媒体播放软件。它是微软进军智能移动电话市场的第一款产品，微软期望在这一市场能够继续上演在PC领域发生的一切：PC机硬件成为日用商品，利润寥寥无几；而在软件市场，微软公司凭借Windows获得高额垄断利润。无论是诺基亚公司，还是摩托罗拉公司，以及众多的手机厂商，他们都清楚，一旦移动终端的操作平台像计算机一样被微软公司垄断，整个移动终端行业就会像PC行业一样，大批大批的业务会转变成日用品的生产，而利润将向提供软件的微软公司倾斜。——这也是为什么诺基亚和摩托罗拉都将微软公司定义为未来竞争对手的原因。

所以，以诺基亚为首，摩托罗拉、西门子、索尼、爱立信、松下以及三星等公司共同组成了手机软件联盟Symbian，专门从事智能手机软件的研究与开发，以共同对抗微软公司进入手机市场领域。Symbian软件系统提供了智能移动电话操作系统最基本的底层功能，如对电话、图片、安全以及因特网接入的支持。而且Symbian软件许可完全公开其软件内核，这一点与微软的软件许可有本质的区别。

目前所销售的手机中80%的产品采用了Symbian软件系统，Symbian犹如一把利剑插向了微软公司的胸口，让其感到剧烈的疼痛，比如微软公司阵营的手机制造商Sendo公司就叛变了。微软公司不公开其源代码是造成Sendo背弃的主要原因。这种情况当年曾经在PC上演过，当年IBM为了与苹果竞争从战略上选择了微软，原因就是苹果的源代码是保密的。

作为一种反击，微软公司开始尝试与移动经营商建立合作关系，直接面对消费者。对于诸如Orange之类的移动经营商来说，这种合作方式具有很大的吸引力，因为它们可以对手机进行定制并且贴上自己的牌子，从而与竞争对手区别开来。SPV智能手机就是微软、HTC以及移动经营商Orange公司三方合作的结晶。HTC设计并且生产手机硬件，微软提供软件，Orange公司答应购买这些手机。

通过这种合作方式，微软无须手机巨头的支持就可以进入这一市场。微软公司期望通过这种方式，使手机制造业最终从垂直集成的方式演化为水平分工的方式。在目前的垂直集成的方式下，手机制造商同时生产硬件和软件，而水平分工的方式则将手机硬件和软件生产分开。

到目前为止，以诺基亚为首的手机巨头联盟与微软公司的对抗比赛，无论是从产品本身，还是从品牌形象来看，都存在可左可右的可能性，而未见分晓。

从产品本身来说，一方面，一旦微软公司所期望的手机的水平方式成为主流时，就意味着手机的PC化，这将大大有利于微软公司；但另一方面，从目前来看，以诺基亚为代表的手机联盟似乎占了上风，像诺基亚、摩托罗拉以及三星之类的手机巨头产量是以百万来计算的，而Orange那样的经营商给ODM制造商的订单最多在几十万，由于缺乏规模效应，通过这种方式生产的手机价格居高不下。

从品牌形象来说，一般消费者已经认定微软公司是计算机行业的巨头，而认定诺基亚、摩托罗拉、西门子、索尼、爱立信、松下以及三星等公司为手机行业的巨头。同时，移动电话已经成为一种时尚用品，消费者更看重其品牌，通过ODM合作方式生产的手机恰恰缺少强大品牌的支撑。也正是在这一点上，以诺基亚为首的手机巨头联盟在手机品牌化方面的核心竞争力起着很大的作用。但是，既然PC产业中像戴尔那样的“组装商”也能够成为产业领袖，谁又能保证微软不能使自己也成为手机行业中的“戴尔”?

竞争还在继续，“革命尚未成功，同志还须努力”。——而以诺基亚为首的手机巨头联盟，目前所致力的是加快他们之间的知识联盟，并借此共同提高各自的智能手机软件的研究与开发能力，以适应已经到来的或即将到来的智能手机的竞争。

第三节　如何制定有效的竞争战略

任何战略都可以用几个要素进行总结，实际上，也就是这几个要素定义了该战略所包含的主要概念和行动，定位了企业战略的方向、活动领域以及如何活动（如图3-1所示）。因此，确认战略要素也就成了战略定位过程中的一个重要环节，因为它能够帮助你对自己的战略进行更加清晰的认识，能够帮助你判断一项战略的优劣以及原因，同时它还能为开发出必要性的备选战略提供基础。

一、一个有效战略应该包含的主要概念和行动

战略定位简明地表述为企业活动基本方向，其内容如下：

1．决定企业应有形态的基本概念。

2．基本概念的具体构成分为以下三个要素：

① 产品和市场机制；

② 业务活动领域；

③ 经营资源机制。

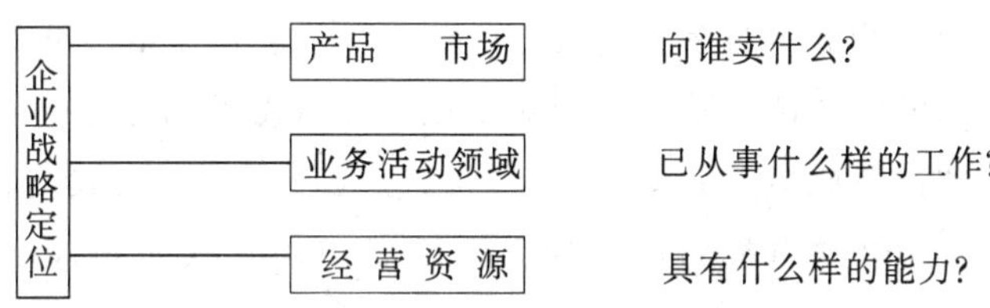

图 3-1　基本战略的形态

企业应有形态的基本概念，可以形象地表述为企业的基本目标。没有这种基本概念就没有战略设计的核心，自然也就不能进行战略设计，这种基本概念，表现了企业或作为领导的你的个性。

其次是业务活动领域，是指企业的业务活动流程所在的领域。

再次是经营资源机制的决定，是指在事业活动中，企业内部对各种必要的资源和能力（总称为经营资源）怎样组合以及向什么方向积累。

如何制造出这三个要素之间的动态交织，是你在设计基本战略时的最关键的环节。但是这三个要素之间，并不存在决定一个要素后其他两个要素自然被决定的绝对关系。与其说三个要素的选择自由度不是零，不如说在有一定自由度的三个要素之间如何制造出动态的密切的适应关系更重要。

二、什么是适应竞争的战略

在制定企业竞争战略时，首先是要以战略要素的现状作为前提；二是要求战略与各要素自身规律相适应，使企业能动地向所希望的方向变化，这是很有战略意义的适应；三是要求你在战略上紧扣住各要素的本质变化，并使其成为

推动企业发展的杠杆，可以说这是更有战略意义的具有杠杆作用的适应（如图3-2 所示）。

如果你能够把战略中的要素清晰地定义出来，那么即使最复杂的战略也可以用一页纸的篇幅完整地表达出来。战略的要素一旦被清晰地定义出来后，我们就可以更加清晰地分析这个战略在现实上是否适应竞争，也就是能否具有什么比较优势和竞争优势。从竞争的角度上说，一个适应竞争的战略，至少应该符合下列三个标准的一个：

第一个标准是制造和竞争对手之间的差别，并利用这种差别压倒竞争对手的战略。

第二个标准是制定使竞争对手难于反击的战略。

第三个标准是给竞争对手制造反击的障碍，或者说采取战略的最终形态是不战而胜。如果可能的话，不直接与对手竞争而取得胜利是最好的，因为这样做没有直接的“竞争成本”而受到欢迎，其道理与军事上的战略相同。《孙子兵法》中指出：“是故百战百胜，非善之善者也；不战而屈人之兵，善之善者也。”

在“制造和利用与对手的差别”的战略与竞争相适应的关系中表现为以下三个标准。

① 制造出竞争的优势；

② 采取使对手难于反击的战略；

③ 不把竞争对手当作实际的敌手。

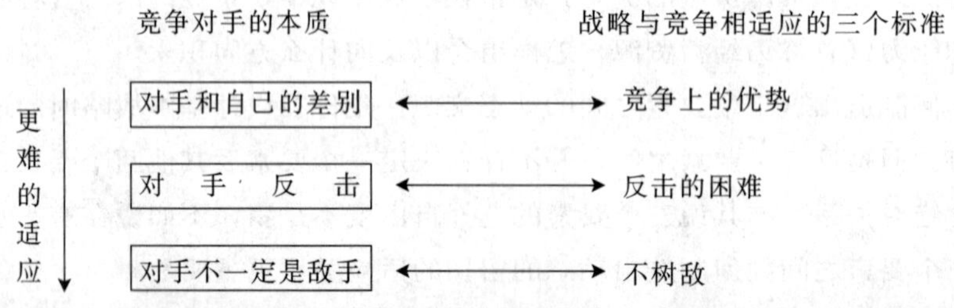

图 3-2　战略与竞争相适应的三个标准

◆ 让对手难以反击的战略

在难以反击的战略中，有两种类型。第一，缩小对手的反击欲。第二，即使对手有反击欲，也要制造障碍使对手难于反击或没有反击能力。

- 使对手掐住自己的脖子

例如，在竞争中推出代替摇钱树商品的代替品的战略恰好说明这一点。竞争对手为了对抗这种产品，如果也跟着搞类似产品，则立刻会在自己内部造成自己侵犯自己的竞争。因为这种对抗商品必然要侵犯原有商品的需求，这是常有的事。

- 先下手为强的战略

先下手的企业所做的事，是必须使对手认识到反击会造成很大的浪费，从而减弱反击欲，造成对手难于反击的局面。例如，预测顾客需求的发展变化，抢先进行大规模投资的战略就属于这种情况。

如果对手进行对抗性的大投资，则业界就可能会出现设备过剩的危险，使对手的对抗性投资收益不大。如果竞争对手不顾这种情况，也跟着进行投资，拼命以投资来对抗，结果必然会在投资上使自己陷入困境。

- 显示有再反击的强大力量

向竞争对手显示自己对其反击具有再反击的能力，并有充分反击的准备，从而使对手减弱反击欲。

- 推测竞争对手的反击特点

竞争对手的企业精神，对手企业经营者的姿态和价值观，对手企业的实质内容和财力、设备等资源情况，以及对手企业以往采取战略的基本内容等等，都成为推测竞争对手反击性格特点的重要情报。

- 制造反击的障碍

根据对成为反击必要武器基础的资源供给施加的影响，谋求制造对手反击障碍的战略，也是一种使反击难于进行的战略。

这种战略最一般的范式，是抢先抓住企业活动中必不可少的，而且是供给有限的资源，使对手周围的资源供给受到限制。

制造反击障碍的第二个范式，是使竞争对手自觉放弃利用有关的资源，即制造出一种能够排除竞争对手利用资源的结构。这方面最典型的情况是专利技术的保护。在流通特约经销店制度和系列化上，也存在这种情况。自己垄断控制的流通网，不让竞争对手钻空子，迫使对手全额负担流通费用。

制造反击障碍的第三个范式，是指否定和突破竞争常规的范式。具体讲是把竞争对手难于筹集到的资源，作为自己的竞争武器。例如，在资金有限的企业较多的业界中，采取快速设备投资的关键战略；或者在企业精神过时保守的企业较多的地方，进行机敏的产品开发，以周到细致的“随即应变”的服务等展开竞争。

◆“大敌”当前，先联手作战——合作竞争的双赢战略

你不独占某项技术，相反，当你与竞争对手互相交流和合作时，往往会取得更大的成果。之所以如此，有下列三个理由：

第一，由于同行业的其他企业也以同样的技术推出类似的产品，可以减少顾客方面的不稳定感，有形成统一行动的可能性，规格的标准化，具有诱发顾客需求的效果。这种情况特别是在开拓期的产业中，是很普通的现象。从顾客的角度讲，很多企业如果各自以不同的技术不断推出互换性的小产品，那么这种事态的发展的一个消极面，是会引起顾客心理上的不稳定感，从而可能发生抑制购买的现象。

第二，进行技术交流的对手企业的产品，送到范围很广的顾客手中，使顾客不只接触单一企业的技术和产品，其结果是这种技术和产品被顾客所接受，如果是这样，那么这些顾客也将成为自己的潜在顾客。

第三，采取技术交流这种协调行动与促进技术的提高相联系。进行技术交流并允许他人利用被交流的技术，可以互相切磋琢磨，弥补技术的不足，有利于提高技术水平，其结果对己对人都非常有利。

也就是说考虑竞争战略时，不能认为只有竞争胜利，也不应该只限定连战连胜。竞争中两败俱伤或自己失败的情况也不少。进一步开阔视野，协调行动，对你来说是更重要的。

三、制定战略计划过程中的注意事项

战略计划应当包括你所处的行业前景如何的分析，以及对你的主要竞争对手的评估。人们在制定战略计划时，总会对经济环境、竞争形势，以及为什么有些公司会比另外一些公司更为成功等等问题，给予特别的关注。比如说，我们要进入的市场是一个增长型的市场，还是一个萎缩的市场？市场份额是最有力的评判标准，显然，它应该是你在制定战略计划时的一个主要的依据。如果某部门在市场上所占的份额很低，而它又处于一个高速增长的市场环境当中，则战略计划的主要目标就应当是提高这个部门的市场占有率。

战略分析的下一个问题是：在当前环境下，在我们这个行业里取得成功的是什么样的公司？它们的成本结构如何？是否有创新性的技术，成熟的分销系统，以及一个全球化的战略方案？尤其要追问的是，那些在本行业中取得成功的公司与不成功的公司之间的主要差别是什么？

很多企业失败的原因是，他们常常沉溺于一些所谓伟大的创新性的竞争策略的构想，并有意无意地误把仅仅是构想的东西，视为他们的实际竞争力。殊不知，任何竞争策略的构想本身，都客观地需要相应的组织能力去实施。也只有在竞争策略的构想得到相应的组织能力去实施时，它才能与组织能力结合为组织的竞争力。所以，战略分析也应该包括组织能力。

在衡量组织能力的时候，一个重要的方法就是提出正确的问题。比如说，如果你的战略要求整个组织具备全世界范围内的生产能力，你就需要了解以下问题："我们是否拥有具有全球经营经验的人才？我们的员工是否知道如何进行资源搜索？我们是否有足够的能力来经营一条延伸到全世界范围的供应链？"在回答每一个问题的时候，我建议你按照从 1 到 10 的分值来打分，如果你的答案最终得分没有高于 6 的话，那就说明你的公司并未具备足够的能力。

如果你身处机械工程行业，并准备向电子行业转型，那么你就应该考虑，自己的公司到底有多少对电子行业非常了解的人？他们对芯片技术或信息技术是否有足够的了解？如果准备把软件嵌入到某些产品当中的话，你是否拥有足够的软件人才储备？如果你对这些问题的回答得分是 8 或 7 分的话，怎样才能将其提高到 10 分呢？

◆ 战略问题的关键意识

战略问题分析最重要最关键的是，战略确定之前，我们应该致力于发现那些市场领导者或失败者他们成功的要素或失败的要因，并对照自己是否也具备他们成功的要素或存在他们失败的问题，对后者，我们计划怎样解决这些问题。在这个基础上，进一步思考，就现在和今后的市场状况来说，还有没有什么问题是那些市场领导者或失败者他们也未能发现的问题，而我们能否解决这些问题。

◆ 各项业务活动的相互配合

在理想的状态下，企业战略所有的业务活动的组成部分都是相互关联的。要使这些业务活动富有成效，就意味着要最大限度地降低总成本，意味着要利用一系列业务组合来支持公司的战略。让我们来看西南航空公司的例子。它的快速地面周转使班次运转频繁并且提高了飞机利用率，十分符合它高度民主便利和成本低廉的定位。但是西南航空公司是怎么做到这点的呢？在公司高薪聘请的地面和机场工作人员身上可以找到部分答案，灵活的企业制度使他们的地面周转工作效率得到增强。但是更大一部分答案来自西南航空公司是怎么进行或避免其他业务的。没有简餐提供，没有座位预订，没有航班间的行李转送，西南航空公司避免了使其他航班降低速度的原因。它挑选路线和机场时尽量避开那些会引起误机的繁忙地方。西南航空公司对航空路线和类型的严格限制使统一使用一种型号的飞机成为可能；西南航空公司只使用波音 737。

◆ 一个优秀的战略计划必须考虑到以下问题

在制定任何一项战略计划的时候，你必须同时考虑到必要的成本和可能的收益，必须注意在实现长期目标的同时保证短期效益。如果我们为了实现长期收益而牺牲短期收益的话，计划实施人员的热情就会大大降低。

一个优秀的战略计划，应该包含若干阶段性的目标。阶段性目标是实现任何战略的基石。如果你的企业没有完成自己的阶段性目标，你就必须重新考虑自己的战略计划是否正确。

阶段性目标是否实现，以及结果如何，有利于我们重新审视市场环境和变化趋势，并以此考虑是否有必要重新调整战略计划。一个优秀的战略计划应该是可以随着环境的变化而随时调整的。一年进行一次规划可能是一种非常危险的规划方式，尤其是对于那些身处周期比较短的行业当中的公司来说，因为市场环境瞬息万变，根本不会给你很长时间进行大的战略调整。但阶段性的评估就不同了，它可以帮助你对当前的市场情况与企业发展阶段有着更好了解，同时对计划进行一些必要的调整。

- 执行计划中有哪些重要的阶段性目标？
- 你对企业现有市场和客户的理解如何？
- 什么是发展企业的最佳方式或成功的关键因素（在保证利润的前提下）？目前企业发展的主要障碍是什么？你的竞争对手是谁？
- 你的企业是否具有实施该项战略的能力？
- 企业短期利润和长期利益是否平衡？
- 执行计划过程中的阶段性目标是什么？
- 企业目前面临着哪些关键问题？
- 企业如何保持持久的盈利？

◆ 战略的关键是产品或服务的实现系统

在如今激烈的全球竞争中，企业所需的不是更多的技术含量，而是构造一整套全新的产品实现系统，并要超越其他竞争对手。

建立战略的主要目标在于：将顾客所要求的重点（特别是从营销中获得重点）转变为经营中的特定功能、特定职责；制定必要的计划以确保经营（和企业）能力能充分完成这些功能和职责。确定重点的步骤如下：

1. 确认目标，根据产品或服务组将市场细分。
2. 确认产品或服务要求、需求形式、每一产品或服务组的边际利润。
3. 确定每组的订单赢得要素和订单资格要素。
4. 确定策略，我们的服务包是什么以及我们的服务运作的着眼点在哪里？
5. 将订单赢得要素转化为特定的经营功能和职责的要求。
6. 确定服务，我们将采用什么样的工艺，使用什么样的员工和设施来完成服务？

◆ 如何进行战略评估

在进行战略评估的过程中，人们需要对竞争形势进行分析。但在大多数情况下，企业对自己的竞争对手进行分析时，所使用的材料——行业结构、成本结构、市场份额、品牌区分度和分销渠道——都是过时的。而事实上，真正重要的是企业及其每个业务部门对自己所面临的竞争形势的了解程度如何，尤其是竞争对手当前的市场表现以及它们以后可能会采取的行动。

- 你的竞争对手将采取哪些措施来把你阻挡在它的客户门外？
- 竞争对手的销售力量如何？
- 你的竞争对手将采取什么措施来增加自己的市场份额？
- 在你推出新产品之后，他们将采取什么应对措施？
- 你对这些竞争对手的领导层的背景了解多少？
- 你对最强的竞争对手的领导者了解多少？对我们来说，这意味着什么？（如果竞争对手在扩大市场份额方面采取了很强的激励措施，则它很可能会牺牲利润来阻止我们进入它当前的市场空间。虽然这可能只是一种短期的行为，但却足以破坏我们的计划。）
- 竞争对手可能会采取哪些并购行为来应对？
- 竞争对手是否会组成战略联盟，并主动向我们发起攻击？

• 竞争对手招聘了哪些新的人才来改变当前双方的竞争力量的对比？

• 你的产品处于产品周期的哪一个阶段？行业是否会出现替代产品？将在什么时候出现替代产品？

• 你的营销策略是否会引发竞争对手作出更为激烈的竞争行为？你的营销策略是否会导致整个行业的利润下降？当行业的利润下降之后，你如何确保企业持久地盈利？

大家所面对的环境都是相同的。而成功者和失败者之间的主要差别就在于他们感知市场竞争的态势和环境变化，以及根据市场竞争的态势和环境变化及时进行政策调整的能力。

在分析问题的时候，人们通常都是采用一种由内到外的方式，也就是说，他们总是更多地从制造和销售产品的角度来考虑问题，而忽视了客户的购买行为和实际需求。

关键就是要了解那些实际做出购买决策的人以及他们的购买行为。比如说，在大型的工业公司里，做出购买决策的大多是工程师和采购代表。在小公司里，CFO（有时甚至是CEO）是主要的采购决策者，因为他们要对公司的现金流保持关注。在进行销售的时候，针对不同的公司要采取不同的战略。

本章实战型思考题（答案在 www.mgmtkey.com 网站）

3.1　王一公司的业务是一种夕阳产业，并已经呈现衰退趋势。两年前他就开始寻求出路。但他发现所有自己可以进入的并且目前行业利润还算可以的行业，市场霸主已经形成，竞争也非常激烈，任何新进入者，都可能会遭到市场霸主们的打击。所以他一直未敢轻易进入任何一个自己可以进入的市场，除非有人帮他想出一个使市场霸主们难于反击的竞争策略。你是否可以帮助他解决这个问题？

3.2　王二已经计划以3 000万元在电工行业市场投资。这个市场经过近16年的发展，产品已经非常成熟，技术含量低，技术创新的机会非常微小（除非社会出现重大的新材料新技术），市场竞争主要集中在品牌推广、市场渠道和顾客的开发和管理等等营销策略方面。目前这个市场产品划分为高、中、低三个档次，号称行业四大霸主的"第一集团军"都集中在中高档市场，而行业的"第二集团军"却都集中在中低档市场，实际以低档为主，并已形成两大低档市场霸主。现在，王二的设备和厂房，以及员工已经准备完毕，但作为后来者，他还有两个关键决策问题没有把握决定：一是他应该以什么样的品牌策略出现？二是他应该以什么样的产品组合策略和定价策略进行竞争？你是否也有相似的经验？你可以给王二提供决策意见吗？

3.3　王三公司凭着拥有一项从大豆中提取某种蛋白的专利技术，而开发出一种保健食品产品，并且产品销量逐步上升，其品牌在国内也有比较高的知名度。但近几年国内保健食品众多，鱼龙混杂，很多消费者有保健意识，却不敢有购买保健品的行动。再加上市场上也出现了不少具有替代其产品功能的其他竞争对手的产品，致使其销量呈现出逐渐下降的趋势。今年，他到中欧和亚洲一些国家考察发现，这些国家很多消费者不但具有较强的保健意识，还比较肯花钱购买保健品，尤其是完全具有像他的产品那样功能的产品在市场上并不多，有的只有其中的一两项功能，而且价格比较高。他认为自己发现了商机，决定进军国际市场。现在的问题是，他不知道以什么样的战略进入国际市场，参与国际竞争。他明白，商机稍纵即逝，他必须以最快的速度进入那些国家，但他除了拥有比较充足的市场营销人员和生产技术人员之外，由于这几年生意不好而手头上的资金非常有限，不到投资建厂所需资金的20%。他希望：1. 不需要花费多少资金；2. 始终控制自己很不容易建立起来的品牌及其形象，以确保下一阶段在国际市场的发展基础；3. 他只给他的“海外公司”一次性投入，然后必须自身可以造血——至少要略有利润。你是否也有相似的经验？你可以给王三提供决策意见吗？

3.4　王四也是一个学以致用的人，刚刚学完EMBA的有关公司竞争战略的课程，了解了有关公司竞争战略的重要性后，立即在自己公司展开一场讨论和制定公司竞争战略的活动，其中他还特意把自己的EMBA授课老师请到公司给下属们作了一场专题报告，老师也不遗余力地把经典战略理论大师美国的迈克尔·波特的竞争战略讲个透彻，尤其是诸如五种竞争力量的分析和评估。不知是老师讲得太多太深，还是这些企业“操盘手”没有足够的时间在波特的五种竞争力量的分析框架中进行战略目标评估。他们提出，诸如有关行业结构、成本结构、市场份额、品牌区分度和分销渠道等一般性的数据资料，不难求得，但有关潜在竞争者和替代者实在难以预测，而且是属于遥远的未来，对当前的指导意义不大。他们问，有没有简单而实用的分析工具或提示性问题，比如，在就当前状况而进行竞争战略目标评估的过程中，除了需要行业结构、成本结构、市场份额、品牌区分度和分销渠道等数据资料之外，更需要的更重要的是什么？作为CEO的你，你是否不需要咨询我，就可以告诉他们更需要的更重要的是什么问题?

3.5 王五公司十年前已经是国内家电企业的大哥，年销售额过 60 亿元。但近十年却被海尔等后起之秀超过了。落后的原因很多，其中之一是采购成本远远高于竞争对手——内部人与公司做生意。前任 CEO 先是引入其他一些供应商，但都被内部人以诸如“质量问题”、交货问题而打退了，后又引进公开招标的方法，仍无法把采购成本降下来，因为参与投标的都是自家人——原来的供应商分别开设不同品牌的公司。作为新任 CEO 的王五，他知道因为难以抓住证据而不能轻易更换有关内部人，但他又不能再容许这种情况继续下去。好在王五不耻下问，咨询有关专家，而获得了解决问题的钥匙。你是否也碰到类似的问题，你已经解决问题了吗?

3.6 王六公司是给汽车零部件商做 OEM 的，其中主要客户是美国公司。令王六恼怒的是，客户的订单时多时少，使他也要跟着大规模地招聘和裁减员工，质量无法稳定和提高，管理成本加大，业务也无法稳定提高。他多年来积累了几千万元自有资金，他希望不再通过美国的贸易公司，而直接进军美国市场，给美国的几大汽车制造商提供 OEM，以求扩大和稳定业务。他咨询专家有没有方法解决他的问题，专家给出了钥匙。事后，他很高兴地打电话来说，他已经如愿以偿。你是否也碰到类似的问题，是否也需要咨询我们?

3.7 由于电工产品（开关插座）的利润在众多行业中尚是较多的，而且进入门槛非常低，全国竟有近 500 个品牌，但在高档市场的只有四大品牌，其中王七公司居于行业的主导地位。现在，从市场反馈的信息来看，有一个 X 新品牌被经销商们和顾客看好。这个 X 新品牌，上市不到两个月，已经覆盖全省县级城镇；据说它预算投入 3 000 万元，展开全国攻势，打入四大品牌之列。四大品牌中已经有两家做出了降价 25%的计划，以打击 X 新品牌，这等于向王七发出信号：要维持四大品牌秩序，就必须共同联手打击新进入者。王七公司也跟着做出降价 25%的计划。谁知 X 新品牌早有预算，一开始就开发了高、中、低三个档次的系列，其中高档产品能卖多少算多少，主要是用来打出品牌形象的，使其低档产品能卖得相对高价，所以它也跟着降价 25%。看来，打击 X 新品牌的关键是不能让其在通过市场渠道进入市场，但降价不能有效地阻击 X 新品牌进入市场，那么，还有什么方法可以阻击 X 新品牌进入市场呢?

第四章
用人悖论：
品德与能力、新人与老人，哪个更重要

用人悖论 1：如果人真是“经济人”理论所界定的那样，需要监督和控制，为什么人们又总是想摆脱别人的监督和控制？如果人真是“社会人”理论所界定的那样，需要信任和自由，为什么有那么多没有“婆婆”的人们又总是要重新寻找“婆婆”？——他们不敢接受权力，不敢承担责任，而需要领导在前面引路，并为他们铺设前进的拦杆。

用人悖论 2：企业在选择接班人时，在众多候选人中，总是存在德才的差异。企业是需要做事的人，没有能力无助于企业的发展；但是，没有品德却可能会毁灭企业。

用人悖论 3：作为团队领导，如果我不用一些有能力的下属，我可能不能很好地完成任务；如果我用了一些有能力的下属，我可能不但很好地完成任务，可能还会有超出预期的表现，但这个下属却可能因此而成为我仕途晋升的拦路虎——我的老板会先把他提拔到与我同等的地位，然后不久再把他提拔到更高的职位。

孙子兵法：

“夫兵形象水，水之形，避高而趋下，兵之形，避实而击虚；水因地而制流，兵因敌而制胜。”

“善战者，致人而不致于人。”

“故进不求名，退不避罪，唯人是保，而利合于主，国之宝也。视卒如婴儿，故可与之赴深；视卒如爱子，故可与之俱死。厚而不能使，爱而不能令，乱而不能治，譬若骄子，不可用也。”

第一节　如何发展特别能战斗的职工队伍——员工能力

一、世界500强企业在用人方面的共同特点

1. 世界500强企业运用核心价值观和远景规划促进员工的发展，它们以专门的计划和程序，帮助员工发挥主动性、设定更富挑战性的目标、更富创新精神、成为更好的领导者和管理者，总之，为其所在部门的成功、为整个企业组织的成功承担更多的责任。

2. 从不同的角度陈述企业的使命和构建远景规划，使员工既可以设想自己处于某些特定的情景之中，也可以了解想象中的行为具有什么普遍性和特征，并通过修正自己的行为和培养自己的能力来实现企业的使命和远景规划。

3. 为能力出众的员工开辟施展才华并对企业组织产生重大影响的途径。如果员工想出提高生产率的好办法，就应予以实施，员工也应因贡献得到表彰。

4. 创造出使员工全身心投入工作，迎接挑战并积极工作的氛围。企业领导层负责聘用、培养经理层，经理层负责聘用、培养和调动下一层员工的积极性。他们调整岗位和团队的结构，从而使员工始终处于兴奋状态；他们帮助员工提高技能和工作能力。对员工而言，工作使他们引以为荣。

5. 通过薪酬和表彰机制奖励员工的出色绩效和对企业组织成功作出的贡献。奖励可以是经济性的，也可以是人们看重的其他形式，诸如：对其贡献予以记功或表彰，提供升职的机会，提供使员工能力得到提高的培训和培养的机会，提供富有挑战性、刺激性及对企业组织至关重要的工作机会。

6. 世界500强企业善于创造统一的构架、程序和体制，尤其是关于统一管理过程中所使用的管理语言，以最好地利用员工身上的内在本性，并使企业组织成为员工在共同努力实现企业使命的过程中，发挥其主动性、积极性，施展其聪明才智和能力，并满足自身愿望的载体。

7. 企业为每一种重要的工作职责都建立了一套行为能力范式。这套行为能力范式中至少含有以下五种能力：团队精神、鼓励尝试新方法（创新精神）、以业绩为导向、绩效管理和影响他人的技巧。每种工作都包括形成企业理念基

础的其他行为范式和能力。

二、用核心价值观和远景规划凝聚人心

虽然大多数人已经有了表现更好的动力——他们知道如果工作表现更出色，他们会挣到更多的钱，也会获得更多的认可和机会，但问题是，个人利益常不足以使人们打破惯常的行为范式。如果常识和个人利益的动力足够大，就不会有人抽烟、酗酒。相反，人们会更加积极、主动，会十分关注质量问题，并勇于承认错误。既然常识和个人利益不足以使人们打破惯常的行为范式，那么，作为企业，有什么可以使人们打破惯常的行为范式呢？答案就是企业价值观和企业远景。谁不愿意在一个员工精诚合作、完善自我、发挥主动、为客户提供良好服务，并以高水准运作的公司工作呢？通过清楚地表现公司的远景规划，公司为其能力评估奠定了基础。

核心价值观和远景规划能给人一定的激励和动力，帮助他们摆脱旧习惯和习俗的巨大影响。人们按照更高的目标和原则生活的愿望，促使他们克服惰性，发生转变。由于工作能力和企业理念被联系在一起，他们有比个人利益更好的理由成为胜任的员工。

从企业组织的角度看，员工具备必要的工作能力是实现远景规划的途径，就员工而言，它是帮助员工争取事业成功，亲自参与实现超越个人抱负的途径。

远景规划应当有鼓舞作用。远景规划应当符合他们的价值观的需求，并使他们从中看到个人的利益，而且这些利益对他们来说是至关重要的。

既要泛泛而谈，也要引用具体事例。应该从不同的角度陈述企业的使命和构建远景规划，这样员工既可以设想自己处于某些特定的情景之中，也可以了解想象中的行为具有什么普遍性特征和特性，并通过修正自己的行为和培养自己的能力来实现企业的使命和远景规划。

三、行为的动力原料——思想

行为思想，根植于是非好坏的道德规范。认为某些行为从本质上说比另一些行为好的想法，是建立在道德判断或人生观的基础之上的。每当某人出现情绪反应认为“那样做不好”时，他是在对意识体系作出反应。人的行为思想包

括以下几种不同的类型：规范、核心价值观、远景规划和目标。

规范。规范是思想替代本能动力的最低层次。它是人们在社交过程中学到的行为规则，是人们从中选择适当行为的行为库。我们一般都意识不到它们的存在。只是在有人违反这些规则时，我们才会意识到。例如：刀叉使用不当，没有主动握手。规范是最低层次的人生观，因为它们与建立在更高目标基础上的核心价值观无关。规范的作用不超出“这么做是正确的，因为我们一般都是这么做的”的价值观。尊奉习俗最为重要，这当中隐含的一条法则是“标新立异就是错的”。

核心价值观。核心价值观体系的作用在于它们能超越所有以上提及的行为动力。为了基本信念，有的人宁愿饿死而不行窃，有的人为国捐躯。——做应该做的事的愿望——即根据建立在崇高目标上的核心价值观而生活和工作。

核心价值观、远景规划和目标。这是最高层次的理念，它们能使人们在预见自己和他人的最大潜能的基础上采取行动。历史上那些伟大的人物之所以伟大，是因为他们领导人们追求最高理想，而不是追求短期的个人利益。

应运用与工作能力相关的术语和概念来表达远景规划，用员工易于理解和见到的具体行为来构建和表述远景规划。

◆ 行为思想，从个人的转变为企业的桥梁

我们每一个人，在参加工作以前，大多已经形成了一些价值观，相对于企业的核心价值观来说，就是属于个人的价值观。当企业的核心价值观与个人的价值观有差异，并都对员工个人的行为有影响时，如何把个人的价值观与企业的核心价值观对接起来？答案就是约定俗成地使用管理语言。

管理的前提就是统一语言——约定俗成地使用管理语言，我们首先要把企业核心价值观尽可能地用语言转换为行为范式，其次把与行为范式有关的能力要素或关键行为也用语言和概念表达出来，然后，把这些概念和术语运用在企业管理的过程中，这更有助于员工理解并接受企业核心价值观与能力概念，也便于员工将两者应用于实际的工作中。

作为企业核心价值观塑造和转化背景的思维框架是一个关键的因素，而行为能力的概念正好提供了这样的一个思维框架。一般地说，人们在遣词造句之中就已经折射出其态度、信息和行为范式。所以，建立一个共同的语汇库，使之包含我们能追求的企业远景目标、使命和价值观，将有助于人们遵循远景目标来思考、行事。

四、利用远景规划培养个人能力

运用与工作能力相关的术语和概念帮你表达远景规划，用员工易于理解和见到的具体行为来构建和表述远景规划。与工作能力有关的关键行为可以为语言和概念提供框架。

既要泛泛而谈，也要引用具体事例。如果他们此前在某些方面能力不济的话，在你的远景规划中，就要把他们这方面的能力想象成比现在强得多。应该从不同的角度构建远景规划，这样，员工既可以设想自己处于某些特定的情景之中，也可以了解想象中的行为具有什么普遍性和特征。

远景规划不是要求人们想象他们现在的状况如何，而是设想他们发挥了所有的潜能时是怎样的。人们往往认为自己的能力或潜力有限。他们通常由于早先的经历而限制了自我的意识，以及对儿时形成的自我看法的行为反应。他们实际上已对此范围以外的事不做任何冷静思考。例如，如果你让一个自认为很笨的人解答一个看似困难的问题，他的第一反应可能是："我不行。"即使有能力，他也连尝试解决这个问题的想法都没有。只有在别人的一再催促下，他才会考虑如何解决这个问题。

行为与远景规划的关系可概括如下：在大多数情况下，人们的所作所为受自我意象和对自身能力看法的影响。而由于思维定式的影响，人们往往低估自身的能力。

换句话说，人们一般只做一些他们认为自己力所能及的事。而我们有关能力培养的完整的概念，是建立在下列假设的基础上：人的能力远远超出目前他们所能做的范围。因为行为是看法的反映，当他们的自我看法发生改变，看到了自身更大的潜能时，他们的表现就会更好。

远景规划对个人的作用与对组织的作用一样。它向人们展示了他们的最终目标——在此即具有纯熟的技巧，并激发产生实现这个目标的愿望。远景规划有助于管理人员与下层员工进行积极的交流。反馈的目的是帮助人们达到理想状态，而不仅仅是反映员工为何表现不佳。

◆ 运用远景规划培养能力的步骤如下

找出员工能力的强项和弱项；

让员工谈谈对自己的远景规划；

制定对员工的远景规划；

将企业的远景规划告诉员工；

争取与员工达成一致；

鼓励员工将远景规划转变为现实；

共同确定实现远景规划的途径；

不断坚持运用远景规划，并从这一角度与员工沟通；

重复以上各步骤。

人们拓展了对自我的远景规划，就会更加成功地担负更多的工作职责和相应地增大工作量。

◆ 怎样把远景规划用在员工身上

远景规划的开头语要表明你是在谈员工可能达到的未来状态，以员工的优点开头，不仅能使员工自我感觉良好，也能帮助员工看到他们的长处，有助于他们实现远景规划。

针对某人而不是某项工作谈远景规划。人们需要一种感觉，即觉得远景规划是专门为他们而制定的，而不是为在这个职位上的所有人而制定的。我们为某种工作岗位上的所有人作的远景规划可能差不多，但是各人自己的远景规划应该体现各自的优点与独特之处，员工越是感到自己非同一般或受人重视，远景规划就越有效。

远景规划应当有鼓舞作用。远景规划应当符合他们的价值观的需求，并使他们从中看到个人的利益，而且这些利益对他们来说是至关重要的。

如果他们此前在某些方面能力不济的话，在你的远景规划中把他们这方面的能力想象得比现在强得多。

◆ 运用远景规划培养能力时要避免下列问题

不要借谈远景规划之名批评员工；

不要说教；

不要批评员工做错了什么或告诉他们应该怎么做；

不要告诉他们必须改变自身行为；

不要为了促使员工实现远景规划而提出有诱惑力的优厚条件或奖励。

第二节　怎样才能打造出一个优秀的领导团队

一、世界500强企业用人的共同理念

面对社会的流动性日益增加和对公司生活的悲观与怀疑，企业比过去更需要明确地了解自己的目的，以使工作更有意义，从而吸引、激励和留住出色的人员。

高层管理者们经常问：我们如何能让人分享我们的核心价值观？你不能这样做，也不可能这样做；相反，应该去发现那些内在的核心价值观和目的与你相同的人，吸引并留住他们，而让那些核心价值观与你不同的人另寻他处。

在用人的问题上，应该用什么样的人，世界500强企业一致认为，应该用那些认同公司的理念、认同上级领导的理念的人；否则，能力再强也不能聘用。中国古训“道不同，不相与谋”，这是绝对不能含糊的问题。

◆ 认同并支持公司的核心价值观应成为聘用主要管理人员的一个条件

约翰·斯图尔特·米尔（John Stuart Mill）说：“一个有信仰的人的社会影响力等于九十九个只关心利益的人。”

从能力和价值认同的关系来看，所有的管理人员都可以归入以下4类之一：一、能力强并与公司有相同的价值取向，这些人是企业的中坚力量；二、那些在两方面都处于低水平的人应被解雇；三、对有相同的价值取向但能力较差的，应进行培训和开发；四、这一类人是对领导的真正的考验——首席执行官们对于那些能力很强但不支持甚至反对核心价值观的人应怎么办，例如某一部门的负责人很独断，而组织的价值取向是团队文化。

在谈到通用电气公司关于处理这些“与公司文化相背离”的管理人员时，杰克·韦尔奇说：“做出清除这些管理人员的决定造成很大影响，但为了使通用的员工开放、直言、荣辱与共、敢于对传统的权威挑战，我们必须这么做，这也是对我们是否能做到‘言行一致’的考验。”

◆ 鼓励聘用更有能力员工的理念

广告业企业家戴维·奥格尔维（David Ogilvy）发现了强化这一理念的戏

剧性的方法。为了给他们的团队传达在奥马公司建立组织的强力信息，他给每个主管一套俄罗斯套装娃娃。你知道那是一种木制彩绘的玩具，打开外面的大娃娃你会发现一个小一级的娃娃；继续打开你还会发现更小的；依此类推，在第七层最小的玩具上缠着一个包含信息的纸条："如果我们雇用比我们还小的人，我们就会变成矮人国。如果我们雇用比我们大的人，我们将会成为巨人国。"这确实是非常有力的理念。

雇用"大人物"，雇用比自己强的人——更有能力、更高技能、更有创造性，企业才能更具有竞争力，才能生存发展下去，自己也才能生存得更有意义，更容易成就事业。那么，如何鼓励各级领导人员雇用"大人物"，雇用比自己强的人呢？你可以参考下列理念：

• 经济效益。如果聘用更多效率高，能力强的人，大家就会有更多的奖金、更高的薪酬与其他好处。

• 职业发展。我们会得到别人的赞赏和认可，还会被提拔。

• 权力、特权和地位。如果我这么做，我会更成功，更有权力，团队的归属感在很大程度上有助于人们取得这种好处。第一或保持第一都会给人提供大量的精神食粮和自我肯定的意识。

• 闲适。如果这么做，我们的工作会更方便。闲适是对一系列复杂的概念的简要表达，它意味着效率、生产能力、影响力、满足感以及避免令人不快的任务和交往。

• 成就感。成就本身就是一种报偿，足以使他们参加一项新的绩效计划。

• 发展，成长和学习。有机会进行自我完善和获取新技术和能力，足以使他们支持这些基于能力的应用管理交流。

• 安全感。失去工作和组织失败的威胁常被当作激励手段来改变员工的行为。

案例：微软是如何"寻找比我们更出色的人才"的

在微软公司，无论是高层的领导还是负责招聘的人员都有一个与众不同的信念："寻找比我们更出色的人才。"他们深知人才招聘对公司前途的重要意义。为此，公司的领导十分重视，并亲自参与招聘。公司还要求负责招聘的人员必须与各部门建立良好的合作关系，了解人才的需要，在各部门出现人才危机之前就能物色到合适的人选。公司招聘的程序员不仅需要编码或测试的知识，更重要的是有四种重要的素质——雄心、智商、专业技术知识和商业判断能力，而对智商与分析问题的能力又尤为重视。比如，招聘人员会问一些诸如“为什么下水道井盖是圆的?”“如何算出每天有多少水流过密西西比河?”的问题，招聘者并非想得到正确的答案，而是想了解应试人员的解题思路、创造性和应变能力，或是得到“这是一个愚蠢的问题”的回答。特别是招聘新开发员，可说是百里挑一，老的开发员们花费了他们15%的时间来招收新开发员，以至使管理层不得不试图限制他们花在面试上的时间——规定每周不多于两次，每次为一个小时。一名普通学生在学校被一位开发员看中后，至少有四到五个开发员会面试这位候选人。如果不止一个部门对某个候选人感兴趣，该候选人可以到其他部门进行一整天的面试。每一个面试者都需对候选人做出详细的书面评估报告，这一反馈的公开性使面试的质量不断提高。

微软通过“升迁级别”，尤其是采用低工资、高奖金和股权认购的方式留住那些有才华并有兴趣干实事的人才。低工资和不支付加班费的政策是微软深入考验员工心态的一招，在1982年后，微软开始发放年度奖金（现在高达15%的一年两度的奖金），并给员工股票认购权以及用不超过10%的工资购买股权时享受8.5折的优惠折扣（一个微软员工工作18个月后，就可以获得认股权中25%的股票，此后每6个月可再获得其中的12.5%，并可在10年内的任何时间兑现全部股票，每两年还配发新的认购权）。在微软工作两年以上的员工，很少流动。

◆ 用那些与上级保持一致的有能力的人

我们发现，有些领导者喜欢某个人，其原因只是因为这个人比较顺从自己的意愿，或者这个人比较善于避免冲突，或者是由于这个人和自己出身同一背景，一句话，这个人与自己一致。

每个人都希望自己的下属是一个忠诚而能够让自己信任的人。但一旦这种判断建立在上述错误的因素上面，它就变得非常危险了。

世界500强企业强调认同理念，不仅仅是认同公司，还要认同上级领导，与上级领导保持一致。他们强调要聘用那些与上级领导保持一致的人。他们大多认为，真正意义上的与上级保持一致体现在以下的行为中：

• 保持高透明度的沟通。好消息和坏消息都应及时通报，以便上级制定相应的计划和措施。让上级措手不及也意味着让自己措手不及。

• 分担上级的使命，尽自己最大的努力为他们服务。

• 为上级的成功付出努力，我们要给上级提供有益的反馈和建议，如发现问题和困难，就挑起我们的一份担子。

• 弥补上级的不足。充分了解上级的长处和弱点，弥补上级的弱点和盲点，使上级的弱点和盲点不至于伤害到上级个人和组织。

• 抵御攻击。不能容忍他人攻击领导者的企业文化能够发挥组织的潜能并繁荣发展。

• 对上级保持高度的期望。

• 进行真诚的沟通，因为真话是服务组织和上级的。

• 传达对上级的尊敬和欣赏。

• 帮助上级治愈伤口，清除不满情绪。

• 不会追随上级的领导者永远不能达到事业的顶峰，因为造成他们不追随上级的原因，也正是造成他们无法实施有效领导的原因。

与上级保持一致不是体现在明知上级出现偏差而盲目顺从，甚至表面顺从而内心反对的言行中，而是体现在一个人对顾客负责、对公司负责、对上级负责的言行中，包括“良药苦口”和“忠言逆耳”式的言行中。

通用公司韦尔奇的前任里奇纳多·琼斯已经功成名就，他为人聪明，非常善于与人沟通，被认为是那个时代最伟大的商业领袖之一。当里奇纳多·琼斯选择接班人时，他并没有因为杰克·韦尔奇为人直率、喜欢争辩，常常和上级争得面红耳赤，而对其有任何的偏见，而选择了杰克·韦尔奇接替自己担任公司总裁及主席。里奇纳多·琼斯认为通用电气已经到了必须实行变革的关头，而聪明、坚忍、做事总是力求尽善的韦尔奇正是领导这场变革的绝佳人选。

本田公司现任总裁在其刚进入本田公司不久，发现公司某些管理制度不合理，当本田宗一郎到其所在的子公司视察的时候，他就当众对本田宗一郎提出批评。事后本田宗一郎认为他的不和谐的言行的出发点是为使公司更好，所以接受了他的批评，并根据他的意见而确立了“异曲同工”的政策。后来还选择他做自己的接班人。

◆ 用那些乐于把知识和经验传递给下属的人

为什么有些企业一些领导人员的离职会导致企业管理和业务的下降呢？其中一个原因是企业在发展过程中所形成的知识和经验被个别领导人垄断了、私有化了。所以世界500强企业都非常重视预防企业的知识和经验被个别领导人垄断和私有化。他们往往以是否乐于把知识和经验传递给下属，作为一个关键考核项目对领导人员进行考核。

他们还在理念上强调：作为一名领导者，你的成长过程实际上就是一个不断吸收知识和经验，乃至智慧的过程，所以你工作的一个重要组成部分就应当是把这些知识和经验传递给下一代领导者，而且你也正是通过这种方式来不断提高组织中的个人和集体的能力。不断学习并把自己的知识和经验传给下一代领导者，这正是你取得今天成就的秘诀，也是你在未来能够引以为荣的资本。

◆ 用那些具有适应企业下一阶段发展的能力的人

每当企业因为种种原因而发生人事变动，尤其是重要领导岗位的人事变动时，应该选用老员工还是选用新员工？这没有标准答案，只能具体人事具体分析。

在许多情况下，企业的战略并没有问题，最后之所以失败只是因为用人不当——所用人员的能力与所推行的战略及企业经营的要求不相符。事实上，为了达到下一个阶段的目标，被选中的人在当前的表现不一定要比他的前任或他的同事更加优秀，但是，他的能力必须与下一阶段的目标相符合，更适合把业务推向下一个阶段，这一点非常重要。评价一个人的能力如何，更重要的是看他能否做好明天的工作，而不是看他在本公司的资历深浅。有很多这样的人，他们在过去和当前阶段取得了很好的成绩，却不能在下一个发展阶段取得成功，所谓“江郎才尽”。

这就要求平时充分运用人力资源管理系统，对员工进行正确的评估，以发现那些高潜力人才。要弄清楚哪些人的业绩很好，哪些人的领导协调能力比较优秀。然后对高潜力人才进行有针对性的培养，他们在哪些方面还要加强，在哪些方面需要进一步发挥，要着重对此进行培养。必要时，可以辅以职位的调动，以锻炼其相应的能力，以使其能适应下一阶段目标的需要。

案例：GE公司用人以能力优先，而不论资历

杰克·韦尔奇用人的条件是：关键在于你能干什么。通用电气对人才的选拔不注重学历和资历，看中的是实力。例如，在决定一个有7 800名财务人员要向其汇报工作的关键人选时，韦尔奇跳过其他几位候选人而选38岁的达莫曼。达莫曼当时的职务比该职位要低两个级别。他中选的原因在于他处理棘手任务的能力给公司领导印象很深刻。

韦尔奇制定了一个年度的人事评估计划，其内容是对通用电气的智力资本进行密切关注。这项年度评估被称作“C会议”。“C会议”于每年2月份开始，这时候每一位通用电气员工都要填写一份自我评价表，然后与其经理讨论，之后这位经理要将一份评估意见递交上一级的管理层。

韦尔奇和他的副董事长以及高级人力资源部门的负责人，在各个事业部门的总部会见各事业部的负责人。通常情况下，要在一个事业部花上一个整天的时间，对通用电气资本事业部则要用去两天。

在这些评估会议上，没有关于薪水的讨论，这项讨论将会在较晚的时候进行。现在关键的问题是评价。韦尔奇和他的同僚会向他的事业部领导人提出许多问题。诸如：

谁要退休？

你打算提拔谁？

谁应该参加克顿维尔的经理培训班？

“C会议”的过程是如此重要，以至使韦尔奇花去20多天的时间去发掘最好的事业部领导人。事实上，在全年中他都在思索着这一问题并做到心中有数。

在“C会议”上，韦尔奇和他的高级同僚将全部的注意力放在各个事业部的人员流程方面的工作上。对韦尔奇来说，没有什么东西——既不是经营策略，也不是公司的创新力——比确保最合适的人得到选用和提拔更为重要的事了。他把大部分时间用在人事上。

韦尔奇对人及其能力的关注最充分地体现在公司每年4～5月的会议上。公司的最高领导层前往通用电气的12个业务部门现场评审公司的3 000名高级经理的工作进展，对最高层的500名主管则进行更严格的审查。会议评审通常在早上8点开始，晚上10点结束。业务部的首席执行官及高级人力资源部的经理参加评审。这种紧张的评审逼迫着这些部门的经营者识别出未来的领导者，制定出所有关键职位的继任计划，并决定将有潜质的经理送到通用电气的培训中心接受领导才能的培训。

一份通用电气的人事档案绝不是随便收集的一些潦草的笔记。它包含通用电气主管的实际经营结果和工作目标的比较，以及为了报酬审查及年度继任与发展评估所做的鉴定。

一份由两名人力资源专家花费整整一周时间准备的长达10～15页的文件，最迷人的地方在于成就分析。内容包括详细而彻底地评定一个主管的优点和缺点，以及其他有关的资料，从财务绩效、心理状态到健康状况都包括在内。这些报告建议进一步的发展方向：比如建议任职海外、到研究所进修，或是像准时出席会议、尊重部属等基本事项。成就分析是在20世纪70年代为了评估主管们所设计的一种工具。在韦尔奇手里，它已成为一种帮助主管们成长的工具，是通用电气用来发展主管所使用的密集反馈和教导过程的一部分。

◆ 用那些具有激情和活力的人

激情源于梦想：梦想是做一切事情的强大动力，有梦想才有可能激发自己的激情。一个人缺乏激情，就表明他没有真正认同企业的使命和核心价值观、企业的远景（梦想）。

激情发自兴趣：一个人缺乏激情，就表明他对目前的工作没有兴趣，他也就不可能会把工作做得很出色。

激情源于感动：感动的事情，是必然引发人们心中产生出某种东西的根据。人一旦对某种生活、某些事业有所感动的话，紧接着会自然涌出某种力量。相反，一个人对一切事情都无动于衷的话，说明他不会专注于企业里的任何工作和事情，也就谈不上会有积极性和主动性的表现。

激情引发信念：一个人对一件事有了激情，并愿意去做，就会形成自己的信念，不达到目的不罢休。信念是成就成功的一个极大动力。

激情促进投入：有了激情才会真正被一件东西所吸引，才会愿意不顾一切地去了解它，认识它，进而发展它。激情使人能够忘却其他，全心全意投入自己的所爱。

激情生成力量：激情有时可能不能做出什么细致的分析，但它能在不明所以的情况下给你力量，让你不害怕任何挫折，勇往直前。

案例：GE公司的激情管理——活力曲线

他们称之为活力曲线的基本构想就是，强迫每个公司的领导分别按照20—70—10的比例区分出他们的团队中的A、B和C三类员工。如果他们的管理团队有20个人，那么管理层就想知道，20％最好的4个和10％最差的两个都是谁——包括姓名、职位和薪金待遇。表现最差的员工通常都必须走人。

作出这样的判断并不容易，而且也并不总是准确无误。是的，你可能会错失几个明星或者出现几次大的失策——但是你造就一支全明星团队的可能性却会大大提高。一年又一年，“区分”使得门槛越来越高并提升了整个组织的层次。这就是如何建立一个具有强大竞争力的组织的全部秘密。

A类是指这样一些人：他们激情满怀，勇于做事，思想开阔，富有远见。他们不仅自身充满活力，而且有能力带动自己周围的人。他们能提高企业的生产效率，同时还使企业经营充满情趣。

在GE看来，激情是其他领导能力能否发挥的共同基础，也许是比任何其他因素都更为重要的因素。正是这种激情，将A类员工和B类员工区别开来。B类员工是公司的主体，也是业务经营成败的关键，他们投入了大量的精力来提高B类员工的水平。经理的工作就是帮助他们进入A类。

C类员工是指那些不能胜任自己工作的人。他们更多的是打击别人，而不是激励；是使目标落空，而不是使目标实现。你不能在他们身上浪费时间。

活力曲线并不完全，其意图——将人才区分为A、B、C三类——并不能完全地实现。有时候——甚至是很可能——某个A类员工被划到重要的70%那部分里去。这是因为，并不是每个A类员工都具有在公司里得到更高发展的志向，尽管他们仍想在目前的位置上做得最好。

经理们如果不能对员工进行区分，那么很快，他们就会发现自己被划进了C类。

活力曲线需要奖励制度来支持：提高工资、股票期权以及职务晋升。

A类员工得到的奖励应当是B类的两到三倍。对B类员工，每年也要确认他们的贡献，并提高工资。至于C类，则必须是什么奖励也得不到。每一次评比之后，他们会给予A类员工大量的股票期权。大约60%到70%的B类员工也会得到股票期权，尽管并不是每一个B类员工都得到这种奖励。

每一个人所得奖励的基本依据就是自己在这条曲线上的位置。

失去A类员工是一种罪过。一定要热爱他们，拥抱他们，亲吻他们，不要失去他们！每一次失去A类员工之后，他们都要做事后检讨，并一定要找出这些损失的管理责任。

他们的做法很有效。每年我们失去的A类员工不到1%。

他们的活力曲线之所以能有效发挥作用，是因为他们花了10年的时间在他们的企业里建立起一种绩效文化。在这种绩效文化里，人们可以在任何层次上进行坦率的沟通和回馈。坦率和公开是这种文化的基石。所以并不能在一个不具备这种文化基础的企业组织里强行使用这种活力曲线。

◆ **用那些具有情感控制能力的人**

如果一个人缺乏情感控制能力方面的强度，他将很难形成落实任务所需要的一系列行为方面的特点和行为习惯。无论是对自己还是对别人而言。如果大家都不能实事求是地面对组织中存在的问题，你的组织怎么可能会制定出符合实际情况的战略计划呢？如果领导者们没有勇气和自信解决组织中的冲突，或者是提出善意的批评，整个组织怎么可能建立一种实事求是的文化呢？如果一个小组的成员都不能坦率地承认自己对很多问题都没有答案，这个小组就根本无法改正自己的错误，更谈不上进行任何改进了。下列四种情商对一个领导人来说尤其重要：

• 真诚：无论你所遵从的是一套什么样的领导伦理，人们都会首先观察你的行为。如果发现你言行不一的话，他们就不会以真诚的心态来对待你，在这种情况下，那些最优秀的员工会失去对你的信任，最糟糕的员工却很可能效仿你的做法，而处于两者之间的则会采取一种明哲保身的态度，这最终将发展成为建立执行文化的一个巨大障碍。

• 自我意识：只有当认识自己之后，你才能客观地评价和对待自己的优点和缺点。你知道自己行为上的不足之处以及情感上的缺陷，而且你也有方法来克服这些不足——取人之长，补己之短。

• 自我超越：自我超越意味着你能够克服自己的缺点，做到真正对自己的行为负责，能够随着环境的变化对自己的行为和心态进行调整，善于接受新事物并能够始终如一地坚持自己的道德标准。

• 谦虚：对自己认识得越清楚，你就越能够采取一种现实的态度解决问题。因为你已经学会倾听别人的意见和建议，并承认自己并不知道所有问题的答案。在与别人交往的过程中，你表明了一种可以随时随地向任何人学习的态度。你并不会因为骄傲而放弃收集那些能够对你的成功带来帮助的信息，更不会因此而不愿与别人分享荣誉。谦虚的心态使你直面自己的错误和不足。错误是在所难免的，优秀的领导者总是能够承认错误并从中总结教训，这些错误最终将成为一种财富，成为你在未来进行决策时参照的依据。

这种学习并不是一种智力上的练习。它要求一定的耐心和恒心，需要你切实将其贯彻到自己的日常生活当中去。它要求你能够对自己的行为进行不断的反省和调整。一旦一个人培养了这种能力，他就能够无限地进行自我改进，使自己的能力得到提高。

二、怎样识别领导人选

◆ **优秀的领导人的特征**

1. 他们拥有一流的管理技术，在战略计划、营销、人际关系等方面都做得最好；优先发展具体经营程序所需要的技能，如价值链、财务等的管理，更重要的是他们能够把其管理技术向下传递，在组织的每个工作程序上都培养出管理的高手。

2. 他们善于描绘出公司发展的蓝图，并能恰当地决定哪些是要保留的核心业务，哪些业务可以分给合资伙伴等。

3. 他们充分认识等级制度的缺陷和不适应性，充分认识现代社会的“知识型组织”或“学习型组织”的特性，并拥有在权力与寻求领导民主化之间相机抉择的成功经验。

4. 他们能够充分理解员工对变化的情绪反应，以及新的战略战术和政策可能会在员工之中引起的焦虑，并能够通过良好的沟通和创造一个好的环境，解除员工们对改革的焦虑，从而带出一个有方向和目标的、有一致认同的价值取向和战略重点的、有共同的行为规则的企业或团队。

5. 他们并不认为自己是“全能冠军”，能够把握所有问题的正确答案，所以他们能够不耻下问，能够坦诚地把自己的想法说出来，听听大家有没有其他意见，能够接受不是自己提出来的任何人的任何正确的意见和建议。

6. 他们不是心照不宣地单方面决定如何划分任务和责任，相反，他们让别人参与集体讨论和决策。他们通过公开的对话来确定自己和别人的任务和责任，至少他们根据能力划分任务和责任，包括在团队成员之间划分任务和责任。

7. 他们具有专业技术知识和人类独有的深谋远见，具有应对异常复杂、充满变数的视角和气质。在企业或团队面临重大问题或危机，并且团队成员意见纷杂不一时，他们具有承担责任的勇气，果断独立作出决定的能力。

8. 他们善于分析与移情，充满热情与好奇心。他们一方面是天生的怀疑论者，质疑一切事物，从不认定什么事情是自然而然的；另一方面他们能够信任别人，允许别人做决定，并且支持他们，即使有时决定是错误的。他们认识到，这样做会鼓励别人去承担风险，并走出他们的舒适地带。同时，他们能够把这两个方面的特质平衡运用在管理之中。

9. 他们知道什么时候就行为路线提出建议或者要求，并且清楚如何与不同的个人交流。他们知道，有时需要更为命令式地告诉别人如何做，但是，总体上他们喜欢建议和鼓励而不是命令。

10. 他们把错误当作学习的机会，并且宽容别人的需要发展之处。建设性地检查错误，而不试图找到过失者，或者进行责备。他们正面地对待自己的错误，以及别人的错误。

11. 他们提供经常性的反馈，强调积极的方面，但从不忽视不良绩效。他们不但通过正式的组织体系或程序，而且经常性地通过非正式的讨论提供定期的反馈。他们提供正负平衡的反馈，既确认长处，也确认有待发展或改进之处。

12. 他们奖励或赏识那些超标准完成任务的人。他们通过公开表扬成功的人（或事）来激励被辅导者。只在值得表扬的时候才给予这种赞赏，而不是滥用以至于贬值。

13. 他们赞赏个人的差异。他们认识到，个人之间的差异能够增加团队的实力，他们鼓励不同的风格、各种技能的交融以及个性特色等。这就与那些只招聘与自己相似者的人形成了鲜明的对比。

◆ 不合格的领导人的行为特征

有下列行为特征的人，都是不合格的领导人，都不应该是领导人选：

1. 那些只会竭尽全力地扼杀那些比自己强的下属的人，那些封杀下属的创造性的人。

2. 那些总是不相信别人能够在没有自己指导的情况下完成工作的人。

3. 那些事无巨细总是要亲自做出决策，而没有把时间和精力集中在更为重要的事情上面的人。

4. 那些只会完全把任务交给下属，让下属放任自流的人。

5. 那些鼓励下属依赖自己，而不鼓励下属从实际情况中学习的人。

6. 那些对企业对员工没有激情的人，就表明他没有真正认同企业的使命和核心价值观、企业的远景（梦想）。

7. 那些因为对公司核心价值观不认同或对领导人不认同，而对公司前景持悲观与怀疑态度的人。

◆ 关注行为方式——一个打开人的能力和思想的窗户

怎样才能确定一个人是不是一个有效的领导人选呢？答案就是要注意观察

他们的工作习惯。有效的领导人通常都比较善于激励别人，他们决策果断，能够敦促下属完成工作，并习惯于在做出决策之后继续对执行情况进行跟踪。

对领导者的培养应该从面试和评估应聘者的时候就开始。首先关注的是一个人对于执行的热情。应聘者是否会因为完成一项任务而激动万分，而不只是满足于无谓的空谈？他是否能够从学生时代起就全身心地投入到自己所做的每一件事情当中？他在哪所学校就读并不重要，关键是他在学校里的表现如何，他在过去的学习和工作中取得了哪些成绩？这个人喜欢谈些什么？他是否喜欢具体的执行工作，还是只停留在对一些所谓战略或理念性的东西的夸夸其谈上？他是否能够详细描述出自己曾经在以往的工作中遇到了哪些困难？他是否能够描述出在以前的工作中，他的同事都起到了怎样的作用？他是否有能力说服和召集其他人共同完成一项艰巨的任务？

那些能够带领公司实现目标的领导者总是能激发下属的士气。这种人能够脚踏实地，把目光集中在一些短期的任务之上，并通过一个个地实现这些阶段性的任务来实现公司长远的发展目标。

传统的机械式评估过程常常会遗漏一个重要因素：在以前的工作过程当中，应聘者取得成功的方式会对其所在的组织产生怎样的影响？是会增强整个组织的业务水平还是更多地起到了一种削弱的作用？他们完成任务的方式，与他们“是否完成这个任务”的问题同样重要。在很多情况下，以一种错误的方式完成任务甚至会给这个组织带来毁灭性的打击。他是力挽狂澜，克服重重困难实现目标，还是以牺牲公司的长远利益为代价而取得暂时的成功呢？在完成任务的过程中，他是否合理地分配了工作，给予那些有潜力的人足够的机遇来培养自己的领导能力呢？这些问题都无法在一个人的简历上找到答案。

正确的评估方法应当是，领导者应当对被评估者完成任务的方式抱有同样的关注。哪些人能够始终如一地完成任务？哪些人更加聪明、更加富有进取心，能够在面对困难的时候通过颇富创造性的方式解决问题？哪些人只是凭借运气取得了成功，而且丝毫没有采取措施取得与日俱增的好结果？哪些人为了完成任务而不惜牺牲整个组织的士气和长期利益？

当你准备真正了解某人的时候，最好的办法就是找五个认识这个人的人，尤其是与这个人存在上下左右业务关系的人，把他们集中到一间屋子里，大家开诚布公，分享彼此对这个人的观点和认识，直到最终达成共识。

人与人之间的分析评估当然带有一定的主观性，但当几个熟悉评估对象的人在一起进行分析评估时，只要你始终引导他们从人的行为方式及其结果上进行分析评估，那么原来主观的分析评估也会变得客观。

案例：人才评估着眼于精确和具体的行为上

一家公司的高级执行官正在和一个小组一起讨论把沃尔特（时任公司营销副总裁，34 岁）安排到经营部门去工作。沃尔特是一个非常聪明、和蔼、精力充沛、口齿伶俐而且非常值得信赖的人。董事会对其青睐有加，实际上，他已经被列入未来 CEO 的候选人名单。当时的 CEO 也相信沃尔特是最有可能继承他职位的候选人。从事经营部门的工作就是向着这个方向的一个极为重要的步骤。

小组中的几名成员曾经观察过沃尔特一段时间，而且他们还从其他一些曾经和沃尔特共事过的人那里收集了评估资料。在进行讨论的过程中，人们开始对沃尔特的行为有了三点新的认识——CEO 也从来没有考虑到这一点。首先，虽然沃尔特是一个非常有想法的人，但他很少对自己所制订计划的实施情况进行跟进，他总是把执行工作交给别人。其次，他是如此迫切地获取大额订单，以至于他经常忽视该订单对于公司资本投资的影响——对于一家资本密集、高债务而且边际利润比较低的公司来说，这是一个致命的弱点。再次，他总是喜欢参加大的项目，从而忽视很多规模虽小，但利润却更为丰厚的其他项目。

这些都是非常具体的行为，直接来自那些曾经和他并肩作战过的同事。这次讨论的时间不到 20 分钟，但执行官们包括 CEO 很快就得出结论：沃尔特需要进一步提高，从目前的情况来看，他既不适合接替经营部门的工作，也不应该成为公司 CEO 的候选人。

◆ 调查核实品德与能力真伪

越是重要的领导岗位，越是不能抱着“试用期”的态度用人，因为这种“试用期”的态度用人的风险实在太大。低层人员的试用失败，一般不会给企业带来什么损失，而高层领导人一旦试用失败，往往会给企业带来看得见的与看不见的损失，甚至是不可估量的损失。所以，对于重要领导岗位的新来的应聘者，在进行评估的时候，应该就他所说的关于自己过去的重要事项进行一番调查核实。你可以通过下列的问题，来充分了解应聘者的品德和能力：

“他如何确定自己工作的优先次序？他的工作伦理是怎样的？他是否对自

己的工作充满热情?”尤其是要问下列一些问题:“他是否有什么工作任务完成得很成功?他是用什么方式成功地完成任务的?成功的关键因素是什么?他是否有什么工作任务没有完成并且很失败?他是用什么方式执行这些工作任务的?失败的关键因素是什么?”等等。这些问题的答案常常能使你直接了解到一个人最本质的东西。

◆ **绩效模拟测试方法**

绩效模拟测试方法有工作抽样和测评中心两种。工作抽样方法适用于常规的职务;测评中心则更适用于挑选从事管理工作的人员。

工作抽样:方法是通过给候选人提供一项职务的工作样本,让他们实际执行该项职务的一种或多种核心任务,来考察他们是否拥有必要的才能。被提供给候选人的工作样本,是由管理者借助于职务分析得来的资料而仔细设计的,它可以确定该项职务需要哪些知识、技术和能力。

从测试的效果来看,工作样本几乎总会表现得比悟性、个性及智商等项书面测试更为优越。

测评中心:这是绩效模拟测试的一种更为复杂的方法,特别适用于评价应聘者的管理潜能。当你采用这种方法时,你首先要定义关键行为和成功绩效标准。为获得这些成功绩效标准,你应该事前与这个岗位的责任人,或者那些与之工作联系密切或与之打交道的人,如同级别的同事、上司和团队队员,进行探讨。你应该探讨包括如下的问题,它们将为关键行为和成功绩效标准提供有价值的标志:

“请说明一下这个角色的总体目标。”

“它的关键任务和活动是什么?”

“这些任务需要花多少时间?”

“在这个角色中最常见的问题是什么?”

“应如何处理这些问题?”

“你是如何处理它的?”

“在去年这个角色是如何变化的?”

“在3年之后,它还会发生哪些变化?”

与一系列有关人员进行面谈,对得到的反应进行研究,并与前述角色描述和工作描述中得出的资料相比较,我们就能对该角色获得更好的理解,从而能够更加充分地确定成功绩效标准。

然后，根据上述的关键行为和成功绩效标准，组织一个由直线主管人员、监督人员及受过训练的心理学家组成的测评中心，模拟性地设计出在实际工作中有可能面对的一些实际问题，让应聘者接受 2～4 天的测试练习，以此来评价其管理能力。练习活动根据实际工作者会遇到的一系列可以描述的活动要素（比如与人面谈、解决出现的问题、小组讨论和经营决策博弈等）来设计。

利用测评中心来挑选管理人员的效果被证明是相当令人满意的。因此，尽管这一方法的使用成本比较高，但在甄选管理者时仍被广泛地采用。

如果面谈没有加以良好的组织并按标准化的方式进行，它就有可能存在着各种潜在的偏见和障碍。这主要表现在如下几个方面：

- 面谈者倾向于支持与其持相同意见的申请者。
- 申请者接受面谈的顺序会影响到评价。
- 反面信息会不适当地被更多地重视。
- 先前对申请者的认识可能影响面谈者的公正评价。
- 面谈中信息吐露的顺序可能影响到评价。
- 面谈者通常对什么是代表“合格”的申请者持有固定的框框。
- 面谈者经常在面谈的前四五分钟内就对申请者作出适合与否的判断。
- 面谈者经常会在作出结论后的几分钟内忘记面谈的大多数内容。

管理者通常可以采取一些具体的措施，使面试成为一种更有效的甄选手段，比如：

- 对所有申请者设计一些固定的问题。
- 多提那些要求申请者对实际做法给予详尽描述的行为问题（比如，“给我举个你需要惩戒一个员工的具体例子，告诉我你会采取什么行动，行动的结果会怎样”）。
- 取得与申请者面谈的工作有关的更详细信息。
- 尽量减少对申请者履历、经验、兴趣、测试成绩或其他方面的先前认识。
- 面谈中要做笔记。
- 采用标准的评价格式。

避免短时间面谈造成过早形成决策等。

第三节　凭什么评功论过——绩效的管理与考核

一般企业在考核问题上往往存在两种倾向：重素质，或是重业绩。过于重“素质”，会使人束手束脚，过分重视个人修为和人际关系，不讲实效；它妨碍人的个性，创造力的发挥，使人但求明哲保身，不思进取；它使考核的价值取向趋于消极。而过于重“业绩”，又易于鼓励人只重结果，而不择手段，它从另一个角度使考核的价值取向于消极。

而世界 500 强企业大多建立了一套为保证企业完成其战略目标而设计的流程和规定。这套流程和规定就是绩效管理和绩效考核，它包括组织目标设计、奖惩计划、反馈、评估和学习机制。绩效管理就是为确保管理者期望产生的工作行为、表现及其结果，而进行的企业内部的管理活动，是上级与员工一起完成的，并且是以共同合作的方式来完成。绩效考核就是管理者期望产生的并纳入考评的工作行为、表现及其结果。整个绩效考核的核心工作就是沟通。

任何一个员工、任何一个组织的绩效高低，取决于员工和组织的行为能力，所以真正有助于提高绩效的不是绩效考核，而是在绩效管理过程中对员工和组织的行为能力的结果即绩效进行考核，并根据考核结果对员工和组织的行为能力，进行相应的指导和培养。一旦发现绩效低下，最重要的就是找出原因。

> 面对团队和个人绩效，首先检讨组织或系统的因素，然后考虑个别团队、个人的因素；重点关注流程、规则、角色与担任该角色的员工的能力是否相适应。

一、建立绩效目标与能力发展目标

绩效目标与能力发展目标的关系是：绩效目标即员工的工作“是什么”，而能力发展目标则是员工的工作“怎么样”。如果能力发展目标既不能改善目前的绩效，又不能让员工为未来的绩效做准备的话，那么，这样的能力发展目标就不是一个合适的目标。反过来，绩效目标应把员工和组织的能力优势和弱点考虑进去，包括要达到目标所应采取的策略和手段，对员工和组织的能力弱点进行弥补、改善，以防止这些弱点影响目标的完成，并应充分利用员工和组织的能力优势。

◆ **绩效计划的成功要点**

为了帮助管理者和员工采取必要的行动使计划获得成功，绩效计划应包括实施阶段的步骤与援助问题，例如监督进展情况，找出问题并分析问题，以及帮助员工最大程度地改善自我和提高他们的绩效。计划应该包括前进过程中的重大事件，以及在中途用于评估进展情况的其他手段。

在绩效计划与能力发展计划的提高过程中，需要进行评估。评估可以起到两方面的作用：一是通过目标评估使人们有机会了解在评估阶段所取得的业绩，二是通过能力评估对员工在工作中取得成功须具备的总体才能进行评估，这其中包括他们有哪些资本帮助自己完成工作目标，又有哪些因素阻碍他们取得成功。

◆ **绩效考核的成功要点**

绩效管理是依据主管与员工之间达成的协议，来实施的一个动态的沟通过程。这个过程由员工和其直接主管之间达成的业绩目标协议或工作计划书来保证完成，并在协议中对未来工作达成的目标作出明确的要求和规定。

绩效考核是完成绩效目标的一种结构化方法，是衡量组织成员是否完成目标的手段。这一过程包括由战略目标驱动并与业务流程相联系的，对企业、部门和个体的绩效与考核。

而对企业、部门和员工个体的行为能力、行为表现，以及结果的分解表达过程，就是绩效考核中最富有技术挑战性的课题。它包括企业经营关键绩效指标体系的制定，各个工作岗位或职务所要求的行为能力和行为范式，以及行为能力和行为范式的划分等级等等。

绩效考核是指用系统的方法、原理、评定、测量员工在职务上的工作行为和工作效果。它关心诸如责任心方面的东西，但它更强调员工在一定时间段里有关责任心方面的实际行为表现。员工行为能力考评主要关心的是，人的心理素质和较为稳定的行为能力方面的东西，比如思维能力、责任心、灵活性、全局观等比较稳定的特性。绩效考核用的是考核制度与计划管理紧密结合的方法。计划管理用“一定质量要求下”的“工作量”和“工作进度”为指标。所以，必须保证收集相关的数字，并建立相关的检查和平衡机制。

案例：软件开发设计师绩效考核指标设计

考核指标系统通常由考核要素、考核指标、考核评分三部分组成，在指标设置上一定要遵循同质性、可考核性的原则，易操作，这可以将它再细分为4个小的步骤。以“软件开发设计师”为例：

第1步：软件设计师的工作内容及其标准。

要分别与客户、公司老板或业务主管和软件设计师沟通，比如得到的考核工作内容是：负责软件的概要设计、详细设计、编码的内容测试工作，交货时间、质量标准和数量等。

第2步：工作成功的关键行为能力要素及其比重。

这一步需要分别从其下属、上司，或同级别的同事等不同个人那里收集意见，比如得到以下关键点：

(1) 按时完成工作任务最为重要，占50%。

(2) 规范的工作，编码要规范，习惯备份源程序，25%。

(3) 团队精神和团队协作，联合开发，25%。

第3步：将关键行为能力要素进行细化。

这一步需要分别从其下属、上司，或同级别的同事等不同个人那里收集意见，一般都要细化到二级指标，如：

(1) 岗位关键职责目标25%。

编码水平、文档编写水平、建议及接受建议、工作总结和开发计划、备份源程序、技术保密六项平均分配。

(2) 当期重要任务目标（按时完成任务）50%。

可以进一步细分为工作量及完成情况（50%）、技术难度（10%）、新技术使用情况（10%）、管理责任（10%）、技术责任（10%）、其他临时工作（10%）。

(3) 当期工作态度（团队其他成员的认可程度）25%。

热情度、信用度、协作精神、是否积极工作、是否有好的建议、合作精神六项平均分配。

这三个内容中的岗位职责目标设计和当期重要工作目标的设计，还要有重点地展开阐述。

第4步：确定分值。

接下来，就是要通过设计绩效考核表（谁来考）来使每个要考核的指标得到评价结果。一般来说，有如下考核关系：

重要任务——直接上级考评。

岗位工作——直接上级考评。

工作态度——员工互评。

为了了解员工对自己的认识——员工自评。

二、创造绩效考核与员工行为能力考评的良好环境

由于我们能准确地衡量组织（团队）和员工某种能力的高低，因此我们能够为企业组织挑选那些具备实现目标所必需的能力的团队和员工。以行为范式和行为能力作为考核基础，我们可以将企业组织希望和需要的行为范式和行为结果即绩效在整个组织中传达。而这，关键是要建立管理层与员工定期计划总结的沟通机制，也就是创造绩效考核与员工行为能力考评的良好环境。

◆ 建立管理层与员工定期计划总结的沟通机制

作为管理者，需要揭开“战略”的神秘面纱，将公司的战略以及发展目标，以公司员工们切实可以理解并实施的语言进行诠释。只有这样才能使关键绩效指标体系在分解和确立的过程中，有明确的指导方向，让各级员工了解公司管理的方向和重点，从而在设定指标体系时有据可依，有的放矢。

中层管理人员需要身体力行地参与到绩效指标体系的分解之中，并承担员工绩效计划的“教练员”角色。因此，中层管理人员的参与是一种专业的参与，他们需要帮助人力资源部门分担重要的绩效管理职责，通过这个步骤也可以有效地让各级管理者意识到绩效管理不仅仅是人力资源部门的工作，也使其站在前所未有的战略角度分析本部门或本职位对于公司整体战略目标的影响。

因此对于广大的员工而言，需要通过不断的宣传、培训和实践使其了解关键绩效指标的来源，以及其与自身工作之间的联系。通过这种“追本溯源”的理解，可以更加有效地将公司的整体发展和员工的个人发展联系起来，并指导员工今后的工作方向和能力的发展方向。

作为企业领导人，在定期沟通时，你需要将公司的远景规划和具体的经营指标，向管理层和全体员工宣传贯彻，无论是财务经营指标，还是安全质量指标，还是普通社会服务义务指标等，都要明确到每一级员工。人是健忘的。因此，周而复始地聆听员工的反馈，与此同时不忘再次苦口婆心地提醒，都可帮

助大家在这绩效老核制度推行中，更加地清楚了解。

◆ **建立绩效导向的文化**

绩效考核是被考核者行为取向和能力发展方向的指挥棒。

一个组织如果要建立一种绩效导向的文化氛围，就必须把有关“人”的各项决定——岗位安排、工作报酬、提升、降级和解雇——看成是一个组织的真正的“控制手段”。因为，公司的各项决定应向组织中的每一个成员表明，管理层真正需要的、重视的、奖励的是什么。通过沟通，考核者把工作要项、目标以及工作价值观传递给被考核者，双方达成共识与承诺。

三、绩效考核与员工行为能力考评的制度保障

进行绩效考核与员工行为能力的考评，如果事前没有一定的制度保障的话，则容易在实际执行过程中发生偏差。所以，世界500强企业都会建立一些组织机制和考核原则，以给绩效考核与员工行为能力的考评作制度保障。

◆ **考核原则**

• 公开、公平原则。

考评标准、程序和对考评责任者的规定在企业内都应当对全体员工公开，对在同一负责人领导之下从事同种工作的员工，或同一岗位的员工，应一视同仁地使用相同的评价方法和考评标准。

• 客观考评原则。

首先要做到“用事实说话”，避免由于光环效应、偏见等带来的误差；其次要做到把被考评者与既定标准做比较，而不是在人与人之间比较。

• 与企业文化和管理理念相一致。

在考评内容中必须明确：企业鼓励什么，反对什么，给员工以正确的指引。

• 重点原则。

考核内容不可能涵盖该岗位上的所有工作内容，为了提高考评的效率，降低考核成本，并且让员工清楚工作的关键点，考评内容应该选择岗位工作的主要内容进行考评，不要面面俱到。

• 直线考评原则。

对各级员工的考评，都必须由被考评者的“直接上级”进行。间接上级对员工的直接上级作出的考评评语，不应当擅自修改。

• 反馈原则。

考评的结果（评语）一定要反馈给被考评者本人，否则就起不到考评的教育作用。反馈考评结果的同时，应当向被考评者就评语进行说明解释，肯定成绩和进步，说明不足之处，提供今后努力的参考意见等等。

• 差别原则。

对不同岗位、不同部门要有不同的考核标准，而考核的等级之间要有明显的差别界限，针对不同的考评评语在工资、晋升、使用等方面应体现明显差别，使考评带有刺激性，鼓励员工的上进心。

◆ 考核的组织和领导

• 直线经理的职责：

确定工作内容；

设定绩效目标；

提供绩效反馈；

填写评分。

• 人力资源部的职责：

开发评估系统；

为评估者提供绩效考核方法和技巧的培训（召集定期的绩效评审会议，为目标管理设定目标）；

监督和评价评估系统。

• 合格的考核执行者应当满足的理想条件是：

了解被考评职务的性质、工作内容、要求及考核标准与公司政策；

熟悉被考评者本人的工作表现，尤其是本考核周期内的，最好有直接的近距离密切观察其工作的机会；

此人应公正客观、不具偏见；

考核关系与管理关系保持一致是一种有效的方式，因为具有管理关系者对被考核的工作最有发言权。

◆ 考核程序与步骤流程

计划阶段；

监控辅导阶段；

考核评估阶段；

反馈阶段。

完整的考核流程是上述四阶段的循环提高。

在这里，最关键的是必须在考核前做好员工能力、工作目标和绩效指标的确认工作，以及考核期的结果反馈工作。在考核之前，主管人员需要与员工沟通，共同确认其能力级别与对应的工作目标和应达成的绩效标准。在考核结束后，主管人员需要与员工面谈，共同制订今后工作改进和能力发展方向的方案。

在考核实施过程中，一般还遵循按组织层级逐级进行绩效考核的程序。绩效考核一般是先对基层绩效考核，再对中层绩效考核，最后对高层绩效考核，形成由下而上的过程。

◆ 如何要求和运用考核结果

不同部门间以及不同评价者之间的分数是不可比的。而企业对员工绩效考核结果的运用，又必须让它们具有可比性。一般采用不同考核等级硬性规定分布比例的做法。

是采用正偏态分布还是负偏态分布，这既取决于公司的战略——扩张战略还是紧缩战略，也取决于公司的分配政策。

绩效考核的结果一般要统计以下资料：

• 各项结果占总人数的比例是多少？其中优秀与不合格的比例各多少？

• 不合格人员不合格的原因是什么？是员工个人的态度问题还是能力问题，还是团队组织资源与环境的问题？

• 是否出现员工自评和组织考评差距过大的现象？原因是什么？

• 是否有明显的考评误差？是哪种误差？如何预防？

• 能胜任工作岗位的员工比例占多少？

四、如何让绩效管理成为一个帮助员工发展能力的过程

绩效管理的核心要素包括如下几个方面：

• 绩效计划：即主管经理与员工合作，就员工下一年应该履行的工作职责、各项任务的重要性等级和授权水平、绩效的衡量、经理提供的帮助、可能

遇到的障碍及解决的方法等一系列问题进行探讨并达成共识。

• 动态、持续的绩效沟通：即经理与员工双方在计划实施的全年随时保持联系，全程追踪计划进展情况，及时排除遇到的障碍，必要时修订计划。

• 绩效评价：纳入绩效管理体系的考核可在融洽和谐的气氛中进行。对每个人都要找出他的长处和短处、取得的成绩以及需要进一步改进的地方。世界 500 强企业一般都把大部分时间用来讨论这些需要改进的地方，以及这些员工是否有培养的前途。

• 绩效诊断与辅导：一旦发现绩效低下，最重要的就是找出原因。

• 再计划——又回到起点：完成了上述过程之后，绩效管理的一轮工作就算结束了。同时，新的绩效计划开始。

◆ 重点要放在绩效计划和绩效诊断辅导上

先要搞清楚在计划期内员工能够做什么，能力与工作岗位和目标任务是否对应；然后根据能力与组织目标确定应该做什么，做到什么地步，何时应做完，并说明为什么要做这项工作，以及其他的具体内容，如员工权力大小和决策级别等。通常绩效计划都是做一年期的，但在年中也可以修订。

◆ 持续的绩效沟通

让绩效评价远离冲突，变成解决问题的机会。绩效管理不是讨论绩效低下的问题，而是讨论能力与目标是否对应，已经取得的成就、成功和进步的问题。当你把重点放在这些方面，冲突就会减少，因为这时员工和经理是站在同一线的。重点要沟通的问题如下：

1. 这个员工在哪些方面的工作已经有良好的表现？

2. 这个员工是否还可以在其他方面的工作有良好的表现？

3. 为了更充分发挥他的长处，应该让他再多学些什么，再做些什么？

常用的方法：

每月或每周同所有员工进行一次简短的情况沟通会；

定期召开小组会，让每位员工汇报他完成任务和工作的情况；

每位员工定期进行简短的书面报告；

非正式的沟通（例如，经理到处走动并同每位员工聊天）；

当出现问题时，根据员工的要求进行专门的沟通。

案例：摩托罗拉的绩效管理

1. 绩效目标计划

绩效目标计划由两部分构成，一是业务目标，一是行为标准。这两部分相辅相成，互为补充，构成了员工全年的绩效目标，共同为员工的绩效和组织的绩效的提高服务。在这个部分里，主管与员工经过一个不断进行的沟通过程，就下列的问题达成一致：

- 员工应该在什么时候做某项工作和什么时候完成某项工作。
- 员工为什么要做某项工作，所做的工作如何为组织的目标实现作贡献。
- 员工的工作应该做多好，用具体的内容描述怎样才算把工作做好。
- 员工和主管怎样才能共同努力帮助员工改进绩效。
- 如何衡量绩效。
- 确定影响绩效的障碍因素并将其克服。
- 其他相关的问题，如环境、能力、职业前途、培训等。

2. 持续不断的绩效沟通

沟通应该贯穿绩效管理的整个过程，而不仅仅是年终的考核沟通。仅仅一次两次的沟通是远远不够的，也是违背绩效管理原则的。因此，摩托罗拉公司强调全年的沟通和全过程的沟通，这一点在摩托罗拉手机的广告词中也有体现：沟通无极限。

它主要包括如下几个方面：

- 沟通是一个双向的过程，目的是追踪绩效的进展，确定障碍，为双方提供所需的信息。
- 防止问题的出现或及时解决问题（前瞻性）。
- 定期或非定期，正式或非正式地就某一问题进行专门对话；在这个过程中也要形成必要的文字记录，必要时经由主管和员工双方签字认可。

3. 收集、观察和记录事实

为年终的考核做准备，主管需要在平时注意收集事实，注意观察和记录必要的信息。这包括以下两点：

- 收集与绩效有关的信息。
- 记录好的以及不好的行为。

收集信息应该全面，好的不好的都要记录，而且要形成书面文件，必要的要经主管与员工签字认可。以上两个过程一般在第二、三季度完成。进入第四季度，也就进入了绩效管理的收尾阶段，到了检验全年绩效的时候了。

4. **绩效评估**

摩托罗拉员工每年制定的工作目标包括两个方面，一个是战略方向，另一个是业绩。其评估的目的是：把绩效评估作为公司长远的战略和优先考虑的目标，也作为总体人力资源战略的一部分，作为个人绩效与公司的任务和目标联系的一种工具，是一个提高员工个人综合技能的过程。它可能会包括员工在财政、客户关系、员工关系和合作伙伴之间的一些作为，也包括员工的领导能力、战略计划、客户关系维护、信息的分析能力、人力发展、过程管理法。

绩效评估的目的是要使个人、团队业务和公司的目标密切结合，提前明确要达到的结果和需要的具体领导行为，提高对话质量，增强管理人员、团队和个人在实现持续进步方面的共同责任，在工作要求和个人能力、兴趣和工作重点之间发展最佳的契合点。

摩托罗拉的绩效评估会议是非常讲究效率的，一般集中一个时间，所有的主管集中在一起进行全年的绩效评估。它主要包括以下四个方面：

- 做好准备工作（员工自我评估）。
- 根据事实而不是印象，对员工的绩效达成共识。
- 评出绩效的级别。
- 不仅仅是评估员工，而且是解决问题的机会。

最终形成书面的讨论结果，并以面谈沟通的形式将结果告知员工。考核结束，并不意味着绩效管理就到此为止，接下来还有一个非常重要的诊断过程。

5. **绩效诊断和提高**

这个过程是用来诊断绩效管理系统的有效性，改进和提高员工绩效，它主要包括以下 4 个方面：

- 确定绩效缺陷及原因。
- 通过指导解决问题。
- 绩效不只是员工的责任。
- 应该不断进行。

此外，摩托罗拉的绩效考核表里没有分数，而是运用等级的方法，实行强制分布，这样既能分出员工绩效的差别，又尽可能地避免在几分之一上的无休止的争论。

在与薪酬管理的联系上，摩托罗拉也采取了简单的强制分布，而不是绞尽脑汁地去精确地联系，因为这样既耗费时间，也偏离了绩效管理的方向。绩效管理致力于员工绩效的提高，而不仅仅是为了薪酬管理服务。

如果员工对评估有不公之感，可以拒绝在评估结果上签字。每个员工的评估表会有自己的和主管的签字，所以他的上级会知道其中有问题，并会参与进来，了解其中情况，解决存在的问题。

第四节　可见的评估系统自己会说话

一、世界 500 强企业采用的评估程序

• 让下属就其本人所同意的目标，书面写下自己的工作表现，从这一年的得失中学到了什么；并写出下一年的暂定目标，以及自己的发展目标。

• 管理者以书面写出下属的工作表现要点，指出他哪些方面还需要学习；为下一年提出建议性目标，阐明自己对他的进一步发展的看法。

• 之后，安排单独会面，让管理者对下属进行评估；在每个问题上都应该是下属首先发言，然后经过双方讨论，双方就关键问题达成共识。

• 评估之后，管理者要写出评估鉴定，包括下一年的具体学习目标和发展目标。

• 员工在鉴定书上签字，以表明他对评估和学习计划有了充分的理解。

二、确定团队或个人的特定职责和评估的准则

◆ 特定职责的特征

1. 它表示产出，即做好工作会有何结果。

2. 它对于部门或工作者来讲都是独特的，即团队或个人都特别负责什么。

3. 它导致可评定的目标和结果。

4. 它在部门或工作者的控制或权限之内，即个人或团队只对员工职权范围内的事负责，也就是只对员工负责决策的事情负责。

表 4-1　新旧评估制度的关键区别表

旧	新
基于质量和能力	基于目标和结果
你如何做	你实现了什么
集中讲过去	平衡现在和过去
管理者的观点占支配地位	自我评估和讨论占很大比例
以别人为参照	以目标为参照
培训建议集中在缺点上	学习的目标是为了促进强项
制造紧张气氛	气氛轻松
目的：评估	目的：激励

◆ **建立可见的评估系统须遵循的准则**

1. 评估表必须置于工作场所显眼的位置。

2. 评估表要能从一定的距离之外也很容易看清。

3. 图表要使员工和参观者易于理解，不需要任何人的解释。

4. 每个图表都要有目标限定。

5. 数据要由团队成员来填写。

6. 团队领导和团队成员要不断提及这些数据。

7. 评估表将强化两个目标：团队精神及持续进步。

◆ **鼓励自我评估的好处**

1. 员工不得不积极思考和做到精确；2. 下属们给自己提的目标，往往比上司设立的目标更高更难实现，或总是比上年有所提高，以表明自己不断进步；3. 下属们觉得目标是属于自己的，这种所有感会带来责任感。

三、形成有效反馈的准则

什么是有效反馈的准则？凡是既适用于作为上级的领导者的，也适用于作为下属的员工的，以及同级的同事的反馈的准则，就是有效的反馈准则。

1. **反馈应是具体化、清楚的，是可被准确理解的**

许多主管、同事和下属把反馈变成了抱怨，似乎缺乏一个主题。他们的不满好像有很多，涉及到工作的许多方面，而每个方面又谈得很模糊，对上级的、下属的、同事的一般化行为的笼统评价常常缺乏说服力，往往会使被评价对象不满和丧气。如果你确实要评价上级、同事、下属工作团队的工作态度，你应拿到诸如考勤单，工作备忘录等，说明其过于散漫，而且这种工作态度对工作业绩确实产生了不良的后果。

2. 反馈依赖数据说话

不要在“事实”上与上级或下属或同事发生争执，如果你认为工作进展“很糟糕”，而上级或下属或同事认为工作进展“还不太坏”，这将是最糟糕的事情。你要到财务部门、考勤部门、销售部门等地方获取能够用于证明工作进展情况的数据。

3. 反馈要针对事件而不是针对人

当你认为一件重要的工作被上级或下属或同事弄得很糟糕时，你的气愤可想而知。但是，对于工作来说，责备人于事无补。何况冷静地想一下，或许把全部过错归在上级或下属或同事头上并非完全地公平，或许事情还没有糟到不可挽回的地步。就事件本身把你的不满告知对方，共同探讨补救的措施，这样做，才是高明冷静的做事方式。

4. 把握反馈的良机

距离发现上级或下属或同事工作中的问题已经一个多星期了，才告诉他你自己的意见是什么，这显然并非完全地合适。因为这时，上级或下属或同事已经着手进入工作的下一个阶段，他不得不退回来，对一个星期之前的工作进行改进，上级或下属或同事会感到厌烦，即使你的反馈是正确的，它被完全接纳的可能性也降低了。相反，如果你对上级或下属或同事工作中可能存在的问题刚刚有所察觉，却尚未获取足够的信息证明这种察觉确有实据，这时急于反馈同样是不明智的。反馈的最佳时机显然是这样一个时刻：你拥有充分理由证明你的观点，你足够冷静，上级或下属或同事正在思考这一问题，这时的反馈常常能取得最好的效果。

四、可见的评估系统应该是简单而又关键的

当一个人不明白是怎么回事时，你就要他负责，那么他实际上既被剥夺了控制权，也被剥夺了责任感。当组织系统内的高层管理者了解一切情况、插手一切事务时，就意味着普通员工一直处于完全被监督的状态，从而失去了大家共同承担责任这一目的。所以，世界500强企业一般都在整个公司全面地建立

评估文化，建立一个可见的评估系统，让员工个人知道自己行为的后果，使员工对自己的工作能力和工作绩效有一个正确的评价。

评估既是了解当前实际运作的手段，也是对现有结果进行一定控制的有效措施。同时，评估内容本身也是组织内部沟通政策的一部分。

◆ 为什么要对工作进行评估？

1. 评估像试纸一样，是对良好管理的真正检验。

2. 评估表明你可以根据事实而不是根据主观判断来实行管理。

3. 评估将一些事情的重要性显现出来。公司评估的事情成为重要的事情，被评估的事情必须做好。

4. 评估促使你思考。它使你自问：此项工作成功的关键因素是什么？我们最需要在哪些方面做出改进？到底是哪些东西能让我们与众不同？

5. 评估促使你正确行动并不断改进。

6. 只有通过评估结果，你才清楚自己是否做出了改进。

硬性的评估结果是表明公司的运作状况正在改进的唯一明证。在通往世界级水平之路上，这种明证绝对是不可缺少的。

◆ 确定关键的运行评估标准，并公之于众

在这个层次上，每个部门都做出决定，确定哪些是衡量本部门工作的关键指标，以及如何去收集相关数据、谁负责收集、如何将收集的数据统计好并上报。

衡量目标是否切实可行的标准是，团队要有 80％的把握获得成功。当团队经历了成功的喜悦时，员工会大受鼓舞，并将继续努力。在通往世界级水平的旅途上，早期的成就无疑是动力所在。

确定评估标准当然好，但严格按照标准来执行才是最重要的。做到这一点的捷径是，预先与员工就评估标准达成共识，让员工在该计划启动的时候就参与其中。

◆ 关键的运行评估标准

1. 明确经营中最重要的评估指标。

2. 将评估系统延伸到组织中的每一级，覆盖每一个关键指标。

3. 将评估体系延伸到每一个人。

◆ **评估措施公之于众，是出于以下的考虑**

1. 你必须确定哪些是衡量部门运作水平的关键因素。它不仅提示你们去思考，而且使员工关注于自己做了哪些实际贡献。

2. 必须决定评估措施中的数据如何收集，即由谁收集，从哪里收集，多长时间收集一次等。

3. 下一步要做的是，数据以什么样的形式显示，是以表格、图表还是曲线图。

4. 把数据公开在信息板上，就能不断地提醒团队成员，员工应把精力集中于哪些方面，如何才能获得成功。这对于那些需要做重复劳动的岗位尤为重要。

5. 显示运作情况的图表，如果被置于员工的工作场所，让员工每天都能目睹，将产生积极的、强有力的影响。

6. 将工作目标和运行数据公之于众，会起到特别明显的激励作用。一旦数据显示某些员工名列前茅，员工会十分欣喜。同样，人们都讨厌自己的失败被公之于众。

案例：华纳—兰伯特公司的“全方位”评价体系

价值观必须建立在每个人都能理解并效仿的实际行为的基础上，它们必须根植于公司每天的工作里，并且是从人们的实际工作中提炼出的标准行为。在华纳—兰伯特，提炼公司的行为规范——公司支持什么、如何运行、如何对待组织内部和外部的其他人时，他们总结出了关键的5点：

1. 把注意力放在重要的事情上：采用科学有效的方法，以有吸引力的价格为顾客提供高质量的产品，行动迅速，妥善经营，随时准备抓住全球范围内的一切机会。

2. 第一个迅速地利用战略和战术上的一切机会。

3. 对确实取得成功的个人和团队进行奖励。

4. 互相之间、与供应商和客户之间保持公开诚实。

5. 鼓励创新和谨慎的冒险。

为支持这五项行为规范，他们为世界各地的员工制定了“全方位”的评价体系，从4个方面——主管、同事、报告和本人，收集反馈信息。这种评价与对个人评价的“软”方法有很大区别，它的目标是得到实际的结果，为评价个人和团队的工作提供标准和基础。

向被调查者提出一个直截了当的问题，让他们从 1 到 7 对个人特点进行排序，1 代表“几乎从不”，7 代表“几乎总是”或“从不违背”。每个问题都是直接针对 5 个核心价值观之一的行为，以下是几个例子：

价值观：鼓励创造性

这位管理人员在多大程度上……

支持新的思想和创造性思维，即使这些想法中有些会有失败的可能？

鼓励创新？

不满于现状？

价值观：公开谈论

这位管理人员在多大程度上……

以公开坦诚的态度与大家分享信息？

鼓励和倾听不同的观点？

建设性地面对低水平的工作？

价值观：捕捉机会

这位管理人员在多大程度上……

对新机遇和挑战作出迅速果断的反应？

灌输紧迫感和采取行动的必要性，同时加快信息交流的速度？

积极地寻找、确定和利用新机会？

在这些评价以后，还要做下一步的工作：召集该人员的直接领导和上级开一个评价会议，为他提出改进的行动计划。

奖励、提升、激励以及制止某种行为，都是与公司的行为规范和员工的“全方位”评价的结果联系在一起的。在新的“全方位”评价体系中，公司实行强制的排序系统，对每个员工的贡献进行分级。今天，同一工作中，最好的和最差的报酬的差距已达 60%——这对所有的员工都是一个有力的促进，为名列前茅，他们不断根据公司对他们的期望改进工作。

不针对具体的人或事，使人们能够对他人的工作和工作关系进行坦率诚实的评论，那些受到评价的人，要与他们的实际行为进行对照。这种方法也使员工能更好地理解高层领导是如何以及为什么作出一些重要决策的。

实际上，这种体系与以往的不同，它更强有力。为什么呢？因为它与 5 个核心价值观联系在一起。如果没有这种联系，同事的评价可能只是凭兴趣对他人的工作进行观察，而不会成为引起文化变革的工具。这种观察到处进行，它不会有什么帮助，同时是不切实际和不可计量的。

"全方位"评价体系，还为他们提供了另一个很有价值的管理工具——衡量公司在美国的部门和世界各地的分支机构的综合工作情况。有了这些信息，就可以研究很多假设和问题：工作得更好的团体的行为是否与众不同？如何使这些不同的地方成为公司的理想行为，并且在整个公司中广泛推广？这些综合研究，为他们提供了每年对不同的业务部门的过程进行跟踪的方法。

第五节　基于行为能力的人力资源管理

对于人来说，能力和行为表现的差别就是一切。人力资源管理的出发点就是人的能力和行为表现。按能力定级和划分责任，按出工不出力的行为表现，或者行为及其业绩表现卓越等等给予奖惩，就是人力资源管理工作的重点之一。

一、选择能力范式的方法

传统方法

对绩效出众的员工和绩效平平的员工，进行工作实时观察并对他们的活动作详尽的观察记录，找出他们的行为差别和特点。

询问比较法

把企业管理人员和绩效出众的员工召集为一个中心小组，向他们提问以下问题：

- 这个岗位的关键任务和活动是什么？在这个岗位上取得成功需要具备哪些条件？
- 在这个角色中最常见的问题是什么？应如何处理这些问题？你是如何处理它的？
- 为什么人们在这个岗位上失败？
- 绩效出众的员工有别于一般员工的特点是什么？

行为事件法

让绩效出众的员工和一般员工分别描述最能代表他们所做工作的活动，主管问一些补充问题以引出更多的话题，获得更多有关他们的行为、思想、感觉和效率的细节。记录提问和了解过程，制定资料，然后由另一名研究人员根据资料显示的能力进行编号，统计分析，就可确定区别优秀员工和一般员工的某种能力出现的频率和范围。

如果使用有效的基于行为表现的评分标准来评估能力，我们的评估就可能更快捷更高效，程序如下：

- 根据这些标准，抽样对优秀员工和一般员工的若干种能力进行打分。
- 计算每组员工在每种能力方面的平均得分。
- 用优秀员工的总分减去一般员工的总分，确定两组的平均得分的差。
- 根据两组平均得分之差依次排列能力。

排名首位的能力即是最大区分能力，其他依次类推。

◆ 三种能力可以列入能力范式中

基准线能力——取得事业成功所必备的能力。

卓越能力——最能区分绩效出众和绩效平平的员工的能力。

变革能力——对完善组织、建立基于能力的企业文化至关重要。

◆ 大部分能力发展目标可以归为四类

提高以行为为标准的评分得分："我的目标是把主动性的分数从 4 提高到 6。"

提高某一方面的能力而不改变相关的评分尺度："我的目标是更有主动性。"

发展能力方面的主要行为："我的目标是从头到尾对某一复杂项目负完全责任。"

与能力有直接关系的一份解释清楚的工作项目："我的目标是为工厂减少5%的损耗承担完全的责任。"

二、世界500强企业的工资体系的共同倾向——职能工资体系

世界500强企业大多实行职能工资制度。职能工资体系的特色是以能力要素为中心来构建的，根据不同类型不同职务所需要的知识、技能，尤其是职务承担者所表现的能力，划分职能等级，是职能工资体系构建的立足点。个人的能力是决定工资的最主要因素。它不再单纯根据职务本身的特征来决定职务承担者的薪酬，而是将职务承担者当前所担任的工作内容和完成该工作时能力的

发挥程度如何，以及绩效如何这两个关键因素，作为决定其薪酬多少的依据，以更充分地尊重和体现员工的“能力”和“知识”，推动从业人员不断通过提高个人素质和能力来实现薪酬的增长，从而推动企业的发展。

无论员工担任何种职务，属于何种级别，只要员工的能力经考核后有资格担任某种职务（现实中未必真的担任），就应支付与有资格担任的职位相应的工资额。只要员工努力工作提高业务知识和技能水平，便可获得工资方面的奖励，这有利于激发从业人员的劳动热情，促进技术进步和劳动生产率的提高。

需要说明的是，不要把职务（职位）与职能混淆。职务标准对应于“工作”，职能标准对应于“能力”。工作有难易之分，能力有大小之分，所以，职务标准有等级，职能标准也有等级，两者是对称的，不可分割的；工作越难需要的工作能力越大，反之，工作越容易需要的工作能力越小。两者又是有区别的，职务标准往往成为“工作成绩考核”的依据，成为上司日常工作指导和教育帮助的依据；而职能标准往往是“工作能力考核”的依据，成为公司人力资源开发和对个人培训教育的依据。

在这里，还需要特别强调的是，我们以往所理解的任职资格、工作责任，仅仅是我们给员工个人定多少级别多少工资的标准、依据；但应不应该给以及给多少，则要考核其在工作过程中能力发挥如何、绩效如何而决定，因而也就需要定期不定期地进行日常工作考核、技术测验、正规考试、年度考核评估制度等形式加以评定。

三、成功团队不可或缺的五种基本能力

一般地说，一个团队或员工的基本能力可以分为五种：工作能力（包括功能性能力）、人际交往能力、个人素质能力（包括商业能力）、管理能力、领导能力。

比如说，某人是一名工程师，一直在市场营销部门工作，假如现在你正考虑聘请他担任公司的人力资源部门执行官，那么他必须要拥有人力资源管理的背景——第一他要知道什么是绩效管理，了解任命、培训、薪酬等方面的东西，这些都是完成任务的功能性的工作能力。第二，他在进入本公司之前，虽然是在另一家同行业的公司工作，但两家公司的商业运作模式毕竟不同，他是否掌握本公司的商业模式以及它的盈利方式。第三，他必须拥有一定的管理技能。因为商业模式的经营在很大程度上就意味着管理、规划、组织、指挥和控

制。第四，他必须掌握一定的领导技能，因为他要领导人力资源管理部门的工作。第五，他作为人力资源管理部门的领导，要负责与其他部门沟通协调，共同完成公司的某些工作，所以他还要具有人际交往能力。

世界500强企业一般都注重对不同的工作部门、不同层次的工作岗位和员工的能力进行评估、定级，并致力于在整个公司范围内寻找和形成相对优秀的行为能力范式，从而使评估有标准，员工的能力发展有目标和范式。

◆ 把握团队和员工的能力短缺并补短

对于任何一个公司或团队组织来说，这五种基本能力都是不可或缺的；但对于特定的工作岗位和员工来说，则不一定要求他同时具有这五种基本能力。

在评估一个团队或一个员工是否胜任自己岗位的时候，是根据其工作任务的要求来进行评估。通常应该将评估对象分为三类：非常合适；有些牵强；不合适。如果一个人非常适合他目前的工作岗位的话，我们就只需要对他的工作进度进行监督就可以了。如果一个人的工作还算勉强令人满意，这就意味着我们需要对其施加一定的压力，并给予一定的帮助。如果整个团队的人都不大善于管理财务的话，那就需要给他派一名财务总监，并为他提供必要的组织支持。而如果一个人显然不能胜任自己的岗位的话，那就让其离开公司，或者让其他人接替他目前的工作。

案例：通用汽车公司斯隆的管理重点是用人

通用汽车的管理层把多半的时间花在人事的讨论，而非公司政策的研究上。这正是斯隆深谙管理之道的一个体现。有一次斯隆告诉德鲁克，公司有47个部门，但上一年由他主抓的人事决策就有143个，每个部门平均是3个。斯隆对此的解释是："如果我们不用4小时好好地安排一个职位，找最合适的人来担任，以后就得花几百个小时的时间来收拾这个烂摊子，我可没这么多闲工夫。"

一家公司并不是自然而然地有"不错的人选"的，重要的是如何把人安插在最适当的位置，然后自然会有不俗表现。这是斯隆也是最成功的管理者的"人事"艺术的重点。

四、根据能力范式和级别标准对员工进行能力评估

世界500强企业，无论在全球任何一个地方，他们都采取一个统一的系统

——能力范式和级别标准对员工的能力进行评估。根据能力范式和级别标准对员工进行能力评估，可以在整个公司范围内把评价人们的方式统一起来。比如说，人们不会只是说“他是好样的”或“他的确很聪明”，而会更具体地说，“我觉得这个人并不具有任何的经营能力”，或者“那个人虽然非常善于经营，但他在战略方面还有很大的欠缺”。

评估的主要内容包括：某人所在岗位的重要性，他在今后五年内工作变动的可能性。在这里，关键是无论是对当前的岗位，还是对他在今后五年内工作变动的可能性岗位或角色，都要先确定这个岗位或角色成功的关键行为能力的要素，然后就关键行为能力的要素与他的行为能力和潜力比较评估。

要把上述的评估做到理想境界，你还应该致力于在企业组织建立和形成一个社会系统——存在于组织内部的对话和按照同一标准进行观测和评估。这个社会系统有四项要素：第一，一个为实现较高业绩水平而不断努力的企业文化，这样你就会不断敦促组织中的每个人做出最佳表现。第二，一位不仅愿意，而且随时准备对一项评估提出质疑的领导者。第三，企业最高执行官的学院式文化，大家互相监督，实事求是，每个人都可以反对别人的意见，即使主席的意见也可以遭到质疑。第四，组织能够赋予人力资源主管有足够的权限，因为由于工作的关系，人力资源主管看问题的角度总是与其他人不同。

五、从人力资源管理的方面确保企业的可持续发展

◆ 奖励具有企业下一阶段所需要的能力并卓有成效的人

要确保企业可持续发展，关键是要将员工的业绩与奖励直接联系起来，并使这种联系变得透明。通过奖励那些具有企业下一阶段所需要的能力并卓有成效的人，告诉员工在现在及其今后，企业下一阶段需要什么样的团队和员工，哪些行为是被重视和尊重的；对于那些希望在事业上取得进步的人来说，这也正是他们需要大力改进的地方。

值得注意的是，重要的工作岗位不一定是指那些高级别的岗位，它也是指企业下一阶段所需要的关键岗位。这些关键岗位的级别也可以很低，比如说那些负责产品测试的人、软件设计的人，他们的级别并不高，但如果他们的工作对我们在今后三年的战略有着直接的影响的话，那它就是一个重要的工作岗位。在这种情况下，应该考虑这样一些问题：根据公司目前的业务发展战略，我们应该对哪些工作岗位给予特别的重视？有哪些员工可以适应这些工作岗位？如

果目前没有适当人选，要通过哪些途径寻找适当人选？适当的人选必须马上得到确定，因为这些工作非常重要，我们根本没有时间可供浪费。在进行评选的时候，你不能把数据作为唯一的标准，同时还应该考虑到人们在工作中的具体行为。你必须设法增加 A 级员工，也就是那些在行为和业绩方面都很出色的员工的数量，同时要敢于减少企业中业绩不佳的员工数量。一段时间之后，你的员工队伍就会变得更加强大，而整个组织的效益也会得到相应的提高。

随时发现那些具有很高潜力和可以提拔的人，可以避免两个危险：一是组织惰性，当长久没有工作变动的时候，整个组织就会表现出一种明显的惰性；二是避免职位被个别人长期垄断、后继无人。

◆ 奖励的形式要配合你的需要，尤其是企业下一阶段的发展战略

我们发现，很多企业领导人在奖励方面往往是事与愿违，主要原因是他们往往忘记了自己当前的和未来的需要，而不自觉地以常识、常情、常规去奖励员工，或不能顶住压力，而受压力的牵引去奖励员工。米契尔·拉伯福在其所著的《世界上最伟大的管理原则》中指出，企业在奖励员工方面最常犯的错误有如下十种：

- 需要有更好的成果，但却去奖励那些看起来最忙、工作得最久的人；
- 要求工作的品质，但却设下不合理的完工期限；
- 希望对问题有治本的答案，但却奖励治标的方法；
- 光谈对公司的忠诚感，但却不提供工作保障，而且付最高的薪水给最新进来的和那些威胁要离职的员工；
- 需要事情简化，但却奖励使事情复杂化和制造琐碎的人；
- 要求和谐的工作环境，但却奖励那些最会抱怨且光说不练的人；
- 需要有创意的人，但却责罚那些敢于特立独行的人；
- 光说要节俭，但却以最大的预算增幅，来奖励那些将他们所有的资源耗得精光的职员；
- 要求团队合作，但却奖励团队中的某一成员而牺牲其他的人；
- 需要创新，但却处罚未能成功的创意，而且奖励墨守成规的行为。

趋利避害，是人的天性。你惩罚什么奖励什么，人们就会自然而然地努力避免被惩罚的东西，而趋向受到奖励的方面。

> 当你的当前需要，尤其是企业下一阶段的发展战略的需要，与常识、常情、常规有冲突时，更是考验你是否是一个合格并且优秀的CEO的时候。

例如：你决定要淘汰那个已经没有多少利润并且日益衰落的老产品，全力开发新产品时，作为那个老产品的设计者，仍然致力于老产品的小改小革，并且达到忘我工作的地步。按常情，我们应该奖励忘我工作的员工——但如果你要确保企业持续发展的话，你就不能奖励那个老产品的设计者。

即使在某些压力下，只要你把握方法，运用多种多样的奖励形式，也可以避免犯上述的错误。例如说，你的手下有这么一个人，他是一位经验丰富的老员工，但似乎已经江郎才尽，没有什么潜力可挖掘了。在这种情况下，你可以选择现金而非期权的方式进行奖励。如果某人似乎拥有很大的潜力，而且他对公司的未来至关重要，但他今年的工作不能让你满意的话，你可以减少他的现金奖励，而更多地采用期权奖励的形式对其进行激励。

◆ 人才梯队和去留风险分析

即使最优秀的企业也未必能做到量才适用。一方面是企业不能使每个人的表现都达到预期水平，另一方面是企业不能完全确保每个人的才能都得到充分的利用和发挥。有些人并不能胜任他当前的工作，需要被调整到稍微低一级的职位上，有些人具有很大的潜能，可以胜任更多更重要的或下一阶段的工作，需要被调整到更高一级的或其他的职位上，而有些经理甚至必须离开自己当前任职的公司。同时，竞争对手又时刻以更高的价值和价格与你争夺人才，所以你不得不随时面临对某些人的去留问题进行去留风险的分析。

人才梯队和去留风险的分析的目的是，替换掉那些业绩没有达到期望标准的员工，把位置让给那些更能胜任更多更重要的或下一阶段的工作的人才。它是一个组织进行人才规划和建立领导人才梯队，发展企业组织能力的基础，也是确保企业可持续发展的基础。

去留风险的分析主要关注一个人的能力、他的可发展潜力，以及他的离开可能给公司带来的损害。去留风险分析讨论的是一家公司是否有足够的高潜力人才来担负起关键岗位的工作。同时它还能确保一些具有很高潜力的人才不会被闲置在自己的工作岗位上，而且他们不会轻易跳槽到其他公司。

同时，建立领导人才梯队，还使企业随时能够应付因为种种原因而导致的某些重要工作岗位人才的突然流失。在像通用电气、高露洁和霍尼韦尔这样的大公司里，建立领导人才梯队已经给它们带来了巨大的竞争优势。在 20 世纪 90 年代中期，通用电气已经由于其人才培养而闻名企业界，而它的所有部门总裁也都成了公司竭尽全力挽留的对象。这些人不断在各大公司的高级领导人会议上被谈到，并且成为顶级猎头公司瞄准的目标。针对这种情况，通用电气举行了一个论坛，专门讨论公司应如何通过股票期权等方式来挽留他们。尽管如此，可当一个处于重要岗位上的人离开之后，公司还是能够在 24 小时之内找到合适的人选来接替他的工作，因为他们一直能够保持人才梯队。

本章实战型思考题（答案在 www.mgmtkey.com 网站）

4.1　陈一老板投资食品企业，依靠自己的勤奋和一个得力的营销团队，以及外部广告公司的配合，两年内即从一个小城市发展到全国。生产、营销、行政等等部门及其工作也相应扩大了。于是，他不得不通过调整组织结构，安排人事。他设立了一个营销总监的职位，全面负责销售、广告和促销等工作，并把工作表现一向出色的销售经理提拔上来做营销总监，一年后，这个首任营销总监因业绩比过去下滑而被辞退了。陈老板又把另一个与他一起创业、工作表现也一向出色的销售经理提拔上来做营销总监，一年后，这个第二任营销总监也因业绩比过去下滑而自动离职了。于是，陈老板重金聘请一向负责其广告业务的广告公司的广告总监，来做他的第三任营销总监。结果，业绩比前两任下滑得更多。陈老板的问题肯定不是市场问题，因为他的产品市场总量不断增长。你认为到底是什么问题呢？你是否也存在过类似的问题？

4.2　陈二老板 20 年前创业，依靠自己对业务的精通和人际关系，一直是当地几个大企业的主要供应商。他不善于管理，但过去高利润掩盖了管理问题，随着交货时间和价格不断缩小，管理不善的问题日益显现。他也知道，由他本人培养出来的现在的主要负责人其实只是一些出色的技术师傅，由于他们素质低，难以适应将来的发展要求，所以近四年来，他先后从人才市场招聘了近十名具有管理经验的领导人才回来，其中有些具有大公司管理经验，有些具有本行业管理经验，有些具有硕士以上学历。但他们总是在脚未站稳之前就不得不被辞退，表面原因是在他们的领导下，不是发生这个问题，就是发生那个问题；而深层原因是由他本人培养出来的现在的几个主要负责人，不愿失去既得地位既得利益，而团结一致在暗中作乱。如果辞退现在的主要负责人，由于新人还未能接上手，企业可能立即垮台，于是在“两害相权取其轻”的所谓原则下，每一次他都不得不辞退这些新人。但他也清楚，如果不迅速改变这种情况，企业也是会很快垮台的。你是否也有相似的情况？你有没有什么方法可以帮助陈二老板平稳地跨过这个坎，还是要找我们给你钥匙？

4.3　陈三老板感到公司要进一步发展，就必须未雨绸缪地造就一批适应下一阶段的骨干力量。为此，他形成了一整套招聘程序，首先由各部门向人力资源部门提出用人申请计划，或公司直接给人力资源部门下达用人计划，然后由人力资源部门负责招考，再由各部门主管从自身专业需要和实践经验方面对应聘者进行考核，各部门主管自己推荐的人才也要经过人力资源部门的考核，最后再由公司高层包括老板共同对应聘者或被推荐者进行考核。然而，令陈三老板头痛的是，凡是由人力资源部门招回来的并经公司高层比较一致认为是比较优秀的人才，大都在试用期内被各部门主管否定而辞退，而各部门主管自己推荐的经公司高层比较一致认为只是一般的人才，又总是被各部门主管肯定。所以虽然他在人力资源上的花费相当高，平均两个月就到人才市场招人，但始终未能如愿。尽管陈三老板知道，他的下属都是“武大郎开店，高过自己的不要”，但在现实上他必须借助现行各部门的主管去试用新人。但在遇到我之前的三年里，陈三老板始终没有想出一个方法解决这个问题。你是否也遇到这样的困境，你是否已经有了解决方法？

4.4　陈四公司最近到国外同行的一个企业参观发现，他的同行的生产规模和市场销售额比他的公司大一倍，而他的办公室管理人员却比他的同行的办公室管理人员多四倍。他凭此直观地认为，他的办公室管理人员过多。于是，他给各个部门下达了一条命令：各部门要裁减20%的人员，各部门被裁减人员的工作一律由各部门留下人员中分配承担；但考虑到不能一刀切的原则，他同时又宣布，重要工作比较多的重要部门例外，即可以不按20%的比例裁减。现在陈四头痛的是，他不能一刀裁减人员，但所谓例外条款，给了各部门争取例外待遇的机会，他们也总是有很多“理由”来说明其部门如何重要，尤其是重要的工作如何多。为什么各部门主管无法按要求裁减人员呢？原来他们的下属员工也总是有很多“理由”来说明其岗位如何重要，尤其是重要的工作如何多。现在陈四需要你提供一种关于如何识别员工工作多少和工作是否饱和的方法，从而使他能够以员工工作多少和工作是否饱和的标准，进行有针对性的裁减员工。你是否有相似的经历？你有方法吗？需要我们给你吗？

4.5　陈五早年所学的专业是心理学，因而他深信21世纪是心理学广泛应用于企业的时代，现在和未来的领导者必须能够深刻把握人的心理，才能领导员工纵横驰骋于市场。现在他年近退休，却困惑于难以在其四名副总裁中选出一名接班人。因为作为一个拥有几万名员工的集团副总裁，一般的心理测试对他们已经没有意义，他们都很优秀，而且他们各自的专业领域不同，也就缺乏了可比性，还因为他对他们太熟悉了，光环效应使他无法完全客观地评价他们，而聘请心理学家对他们进行评价，却又因为缺乏操作层面的接触而缺乏根据。陈五希望有一种方法可以在符合可比性、公平性和简单化的前提下，就把握人的心理的能力方面对他的四名副总裁进行测评和排序。当然陈五的问题早已解决，而你是否也有类似问题，需要我们给你方法吗?

4.6　陈六越来越感到奖金的激励作用日渐微小，他的员工大多把奖金视为工资的另一种形式，有奖金就多做一些，没有奖金就少做一些。于是，他准备推行期权奖励制度。但上周他又改变了主意，并陷入手足无措的困境。他说他聘请了一个国内IT行业的年销售额100亿元的大哥级企业的中层干部，得知那个大哥级企业众多中层干部跳槽主要原因是其期权奖励制度：一是到公司的年限越长，获得的期权越多；二是职位越高，获得的期权越多。该公司创业元老大多已经退休，而新的领导干部从中层到高层，都是三四十岁的年轻“老革命”，新人难以有更多的晋升机会，而一些所谓年轻“老革命”，或江郎才尽，或不思进取，躺在“年限”上吃老本。所以一些有能力有思想的人就纷纷跳槽。陈六的公司虽然没有该公司那么出名，但情形也很相似。他明白不能没有激励措施，但应该如何实施激励?当我们把钥匙送给陈六之后，陈六非常满意。而你是否也有类似问题，需要我们给你方法吗?

4.7　陈七最近参观了一些著名公司，诸如“海尔”、“远大”、“摩托罗拉”，发现自己公司的制度并不比它们少多少，问题是它们的员工大多能自觉执行制度，而自己的员工大多把制度“埋藏”在抽屉里。陈七决心强化制度的执行力，先是专门召开全公司大会，强调“只有制度化才能生存”，最后他特意讲了孙膑在吴王面前斩吴王宠妃，把一队宫女训练成军队的故事，强调“王子犯法，与庶民同罪”。果真，一个星期之内，他处罚了十八人次，其中有两个创业元老和一个被称为公司“技术台柱”的工程师，因不把具体执行处罚的部门人员当一回事，并有意拖延整改，被他开除出公司。然而，事情的发展并非陈七所愿，第二个星期，从高层、中层到基层，都有员工自动辞职，未辞职的员工们也纷纷抱怨说，公司的制度太严了，他们无法适应。最令陈七痛苦的是，一个辞职高层干部对他说，“人的天性是寻求舒适、轻松，除非他没有办法寻求，比如在过去人才不能流动或不易流动，但今天人们随时都可以不打东家打西家，尤其是有些少本领的人才。”现在陈七真是进退两难，后来他咨询我们，我们告诉他，分三步走：1. 先推选一些方法性制度，因为方法性制度自身会“说话”——如孟子说：“权然后知轻重，度然后知长短，物皆然，心为甚。”2. 再推选一些职能性制度，尤其是来自客户的职能性制度，由于这些制度并不是来自上司、老板，而抵触情绪较少。3. 最后才推行组织性制度。你是否也有相似的经历？你明白什么是自身会“说话”的方法性制度和职能性制度吗？

4.8　陈八公司业务虽然有所发展，但工资增长更快，远远超过行业平均水平。其主要原因是公司招聘一些新员工，但这些新员工的起薪要求往往高于同一部门或同一岗位的老员工。于是，老员工们泄气了。于是他不得不又将老员工的工资调整到新员工的水平。而令他苦恼的是，一些新员工虽然拥有招聘要求的学历和相同岗位的工作经验（有经历不等于有经验），但实际能力并不比同一部门或岗位的老员工高。现在他终于认识到，一个公司可以参照人才市场的薪酬价格，但不能盲目，而更要依据本公司的具体业务所要求的能力与绩效确定薪酬。进一步说，不能简单地以同一部门岗位、同一职务级别确定员工的薪酬。这样，才能适应人才市场的要求而招聘到新的人才，另一方面又能避免新老员工的盲目攀比。想到这，他又纳闷起来——如何才能科学地给员工能力定级呢？你是否碰到类似问题？是否需要我们告诉你解决的方法？

第五章
顾客悖论：
员工与顾客，谁是“上帝”

顾客悖论 1：把顾客视为“上帝”无疑是正确的观念，但下列的原则却令人迷惑——原则 1：顾客永远是对的；原则 2：如果顾客错了，请参照原则 1。如果我们真的依据这两条原则经营管理企业的话，那就意味着不论合理与否、不计盈亏，只要顾客满意。不合理的顾客服务，可以暂时留住顾客，却可能毁掉企业能够生存到明天的资源基础。

顾客悖论 2：通常，一个公司 80%的销售额和利润，来源于 20%的客户；或者，一个公司 80%的利润是由 20%的产品带来的。如果从企业经营管理的帕累托原理出发，我们应该只把给我们带来 80%的销售额和利润的那 20%的客户，视为“上帝”，对其余的 80%的客户另眼相看。而当那些给我们带来 20%的销售额和利润的 80%的客户，因为得不到“上帝”的待遇而离开后，我们又不得不重新在给我们带来了 80%的销售额和利润的那 20%的客户中，再次按帕累托原理划分重要客户。如此类推，我们的顾客会少到不能支撑企业的生存发展。

顾客悖论 3：当上述两个悖论情况出现时，应该如何处理这种问题，谁最有发言权？是顾客，还是直接与顾客长期打交道的员工？如果是顾客，那上述两个悖论问题就没有研究的意义；如果是员工，那又与顾客是“上帝”的观念相悖。

孙子兵法：

“故善用兵者，屈人之兵而非战也，拔人之城而非攻也，毁人之国而非久也，必以全争于天下，故兵不顿，而利可全，此谋攻之法也。”

第一节 顾客应该至上

一、世界500强企业的顾客服务理念的共同特点

1. 你可能同时身兼供应者与顾客的双重角色。

2. 每个人的任务就是增加价值。增加价值意味着你必须以适当的方式改变原材料或信息，使之对顾客有用。

3. 顾客就是下一道程序面对的人，即那个得到你的工作结果的人。

4. 质量意味着满足顾客的要求。也就是说给员工及时、准确地提供顾客想要的东西。

5. 除非顾客出的价钱高于你的成本，否则没有一家商业企业能够立足。

6. 企业对成功者予以奖励，表扬那些在顾客服务方面做得超前的员工。

7. 只有我们把员工作为“上帝”看待，才能期望员工把顾客作为“上帝”看待，这是正确的顾客观念得以内化为员工的教养的前提。

8. 只有预先了解顾客的愿望，才谈得上满足或超越顾客的期望。

9. 每个人的薪水和福利都来自顾客的钱包，只有这一条途径。

10. 顾客愿意花钱的唯一原因，就是看到我们给他的东西的价值要大于其所花费的钞票的价值。

11. 一般情况下，顾客假如不喜欢我们产品的质量、价格、送货以及服务态度，他可以有别的选择。拖延处理故障或抱怨，不仅进一步增大了成本，而且会更加激怒顾客。

12. 顾客仅以自己的感受来判断我们。

13. 在评判顾客对于我们的价值时，不应仅从一次销售的利润来判断，而应看重今后他将再次购买的所有产品。

14. 顾客需要更贴近他们的商品，更理解他们的服务和更吸引他们情感的卓越的商业文化。而这就要求我们必须以顾客的身份、顾客的心思和顾客唱“同一首歌”，与顾客结盟，共同去寻找商业机会，共同创造企业的业绩。

15. 顾客并不总是对的，他们中有些人所说的往往并不是他们自己真正需要的东西，甚至他们不知道自己到底需要什么。所以我们要分析顾客所说的，帮助他们识别自己真正需要的东西。

◆ **什么是顾客？**

顾客就是下一道程序面对的人，即那个得到你的工作结果的人；他们可能是公司外部的人，也可能是公司内部的人。

顾客是到过公司的最重要的人，不管他是亲自来，还是寄信来，还是打电话来。

顾客并不依赖我们，而是我们依赖他。

顾客并不会打扰我们的工作，他的满足感是我们工作的目的。对他提供服务并不是施惠于他，而是他施惠于我们，让我们有机会为他提供服务。

顾客不是争论或斗智的对象。没有人会赢得一场与顾客的争论。与顾客较劲是失败的从商之道。他会说你的坏话，使你在市场上遭受更大的损失。

把自己的需求带给我们的人，便是顾客。让这些需求变成对他和我们自己都有利，便是我们的工作。

◆ **卓越服务的教养更重要**

世界500强企业之所以取得成功，也许唯一最重要的因素是，其工作人员，从最上层的到最低层的，都知道自己在为什么目标工作。具有正确的并且卓越的教养的员工，也许要比优质的产品、出色的设想或者技术革新更为重要。世界500强企业之所以能在自己的行业里占有支配地位，是因为他们的员工知道活着是为了生产产品并提供服务，对顾客的生活有帮助，能为他们作出重要贡献。确实如此，伟大的产品并不能使那些公司出名。正好相反，是公司创造出了伟大的产品。

世界500强企业都会试图同顾客、分销商、经销商和供应商建立长期的、信任的和互利的关系，而这些关系是靠不断的承诺和给予对方高质量的产品、优良的服务和公平的价格来实现的，也是靠双方组织成员之间加强经济的、技术的和社会的联系来实现的。双方也会在互相帮助中更加信任、了解和关心。关系营销可以减少交易成本和时间，在最佳状况下，交易可从每次都要协商变为惯例。

卓越的服务是一种毫厘之间的竞赛。没有一件事是具有决定性的，但是一千件事、一万件事，每一件事只要做得稍微好一点，累积起来就是让顾客忘不了的感动和荣誉——还有忠诚度（重复购买）、更高一点的利润。

卓越的服务从“先服务自己人”开始。作为员工，更应该首先从为自己所在的公司或商店的服务做起。日本松下公司的“先服务自己人”的理念，独辟蹊径，可以说抓住了现代经营管理的关键问题之一。如果不懂得这个方面的服务，那就可能连优质、充分的产品都生产不出来，谈何服务顾客。

案例：苹果电脑公司员工的卓越表现

苹果电脑公司的一个软件设计工程师寇区（John Couch）为了在“使用者亲和性”方面有所突破，他整整两年，每个周末总要抽出一天到两天的时间，在店里隐姓埋名地当值一个班。这让他充分了解一般人第一次接触电脑时，所可能有的恐惧和挫折感。他想这就是新创意的最重要的来源。保持接触就是了解对方。通常这多少会牵涉到统计调查。最近苹果电脑鼓励所有的主管（高级人员）主动接听顾客所打进来的公司付费电话。只要主管愿意回答一个或者更多的电话，证书上便会附有一颗金星。

二、世界500强企业的顾客服务的共同管理特点

1. 欢迎挑战，鼓励客户提出大胆的要求。这些企业能够发现顾客不断变化的需求，并对之采取相应的措施。

2. 企业拥有优质的产品。

3. 企业在与顾客打交道的过程中，让顾客轻松愉快。

4. 企业确立了明确可行的服务目标，一年比一年都有可见的服务进步；他们会跟踪顾客在每一时期的满意水平和确立改进的目标；他们总是能够让顾客了解或感受自己已经取得的进步。

5. 企业坚信，顾客服务是整个商业活动中的最重要部分，从最高层到普通员工都能统一认识，让为顾客服务、对顾客负责的思想在公司的每一个员工身上扎根。

6. 企业建立了硬性的服务标准，这种标准是大胆的，它使公司保持高度紧张的竞争状态。同时，对于员工和顾客来说，它又是十分明确的。你可以放心地与这家公司做生意。如果你定下这条标准，你要确保自己能够做到！

7. 企业招聘高素质的员工，然后进行训练、强化，使自己的员工有足够的知识和技能去完成服务目标，使员工能更好地为顾客提供服务。

8. 企业善待自己的员工，知道只有这样做，员工才会善待自己的顾客。

9. 企业经常广泛地评估顾客的满意度，或利用内部的调查，或者第三者

的调查（例如神秘的购物者，或由外部机构主持的定期调查），或者双管齐下，或者听取顾客深入的报告。

10. 每个部门都有顾客满意度的评估方法，在全公司范围内公告评估顾客满意度的方法（在公司的刊物、布告栏、年度报告上），并根据这些方法来设定目标，或者是薪资制度、考核制度和促销活动。同时奖励在满意度评估项目上的获胜者。

11. 这些公司大多会规定每个销售员对失去的每一顾客，要写一份详细的报告和采取一切办法来使顾客恢复满意。

12. 接管一个企业，不要仅仅根据它的账面价值——要在账面背后，看清楚潜在的人力资源价值如何。

13. 清楚你的组织的优势和劣势。不要好高骛远。不要给部下或顾客你无法做到的承诺。不断地问自己："我是否选择了正确的组织结构，以使全体员工的技能和潜力都得到充分的发挥？"

14. 保持公正坦诚。不虚伪，不论是有意识的还是无意识的。很多老板让人感到不真诚，难以相信。不听信谗言。

15. 不要过分依赖内部的程序和体制，没有什么能代替员工与顾客直接的、面对面的交流。

16. 从经验中学习，不断地问自己："从这件事中，我可以学到什么？人们想从我的公司得到什么？我如何帮助他们得到这些？"

案例：IBM 的做事方法

IBM 的人出门做维修工作时，一定会打电话告诉你："维修车已经上路了。"而分公司经理会和你一起吃午餐，提醒你他们为你做了哪些事（以及他们多快就把这些事做好）。

在每一种情况下，顾客总是能感受到 IBM 处理问题时的人情味。IBM 的人总是很快地出现，同时声势很浩大。IBM 的人会很快打电话给客户公司的高级人员。虽然这些电话无法解决技术上的问题，但是它们却证实了：IBM 的人确实关心这个问题。

有一次联合碳化（Union Carbide）的机器故障了，小华特生准备下星期一早上 8 点去拜访联合碳化的董事长。IBM 的员工回忆道，一辆大巴士带着 22 位同事在深夜出发，开往问题的发生地点。他们在倾盆大雨中，沿着山路蛇行了 3 个小时，以便赶在华特生先生到达联合碳化之前，就能把机器修理好。当他们早上 4 点钟到达时，华特生的执行助理像奇迹般地等在那儿祝福他们。他是从哪里来的？是怎么来的呢？只有上帝知道。但是他做到了，这就是 IBM 的做事方法。

IBM 所做的每一件事都是“错误”的：他们并没有使用最有效的技巧，借以替顾客解决问题，他们只是想借着问题推销更多的产品。然而，这招却相当管用。IBM 付出了关怀——容易被了解、富于人性的关怀。他们把客户当作“人”来看待。

三、提高服务顾客水平的有效范式

◆让员工形成和树立顾客至上理念的方法

1. 定期让团队成员了解顾客对自己的服务的评价和意见。具体方法是：先把公司的顾客分列为优秀、差劲、冷漠三类，然后分别从优秀、差劲、冷漠的顾客中各抽出 3 位进行访问。

2. 每月定期拜访一位最近开发和最近失去的顾客，尤其是优先拜访大顾客和老顾客，并访问其中的理由。

3. 让团队成员（5 到 10 位同事——最好来自不同的部门）互相交流杰出的公司和竞争对手的顾客服务的资料和体会，并利用这些结果作为半天会议的讨论基础，引导员工形成和树立正确的顾客服务理念。

4. 让员工问一个为什么自己能够与自己的几家主要的供应商维持这么久的合作关系？找出长期以来一直维持着关系的原因，列出这种关系的主要特性。然后，请员工反过来就上面的特性，来评估自己身为供应商所应获得的评分。

◆ 在顾客链上进行换位体验

1. 教育所有员工，让员工认识到顾客链的存在，以及如何在自己的环节上确保顾客满意。只要我们在每个环节上都做到零差错，顾客就不会收到存在任何质量问题的产品。

2. 分别让员工从供应商的角度出发，对自己提供给顾客（包括内部顾客和外部顾客）的商品或服务进行评价；再让员工从顾客的角度出发，对自己的供应商的商品或服务进行评价。

3. 把上下工序的员工、顾客与供应商集合在一起，把各自的分析评价结果提交给对方。对比发现的结果实在是很有启发意义，其情形往往如下：

通常，当员工自认为是供应商时，它对自己提供给用户的商品或服务十分满意；而相比之下，当员工作为用户来评价对方时，其满意程度则明显下降。

这是测量消费者满意程度的第一步，第二步就是在一个固定的基础上测量一下，做得怎么样？建议是从基本的部分开始。那就是，你的产品或服务在什么样的程度上达到每次都"一次成功"，你有多少次能履行你的交货日期，在掌握了这些之前，不要去做别的更复杂的事，因为这是消费者最想要的。单要做到这一点就需要你把很多细节走一遍，如改进系统、与供应商合作、培训员工、确保对商家不要做出你无法完成的许诺，等等。

这种形式对员工的教育意义是：当员工作为供应商时，应该致力于为顾客提供最好的商品或服务；当员工作为顾客时，也不应该摆出"上帝"的架子，被动地等待供应商的商品和服务。

◆ 要让每一个员工访问两种顾客（包括内部顾客和外部顾客），问他们：

• 既然你赞赏我们的工作，希望我们的合作继续下去，我们现在应该怎么做呢？

• 你认为我们应当怎么做，才能改进我们对你的服务？你如果给对方机会，顾客常常会说出一大串要你改进的地方。为了能实际把握这个问题，员工应继续问下面的问题。

• 假设我们只能改进两项或三项，你觉得最重要的是什么？这就可以保证对方的要求是可以实际操作的。而且这样的话，员工也更有可能尽快改进，因此使消费者高兴。

◆ 制订员工合作合约

一旦员工按照顾客的要求做出相应的一些改变，员工与顾客之间就会为今后的合作制订合约。合约应包含以下内容：

（1）原材料或信息的数量；

（2）产品或服务质量；

（3）什么时间能拿到；

（4）用何种方式拿到手；

（5）遇到问题时与谁联系，如何联系。

把这种上下工序的员工——顾客与供应商的协作范式，继续推广到整个团队，从一个部门到另一个部门，直到理顺所有部门之间可能的协作关系。在每种情况中，用户和供方的问题、矛盾应该由各自分别进行确认，但其最终结果由双方共同讨论解决。

四、公司应该如何提高顾客满意度

世界500强企业都善于借助一些具体的服务行为或产品特点，让顾客感到他们提供服务或产品的质量水平比先前的进步。他们强调员工要有把握未来趋势的想象力，强调要对新趋势（顾客新需求）的把握。强调对技术趋势与顾客需要趋势的把握能力是最关键的。例如惠普公司有着鲜明的技术发明与顾客导向哲学——“通过想象理解顾客未满足的需求”。

◆ 应该了解和思考的问题

调查最近三五项失败或者需要花相当多的时间，才能让顾客接受的新产品或新服务。评价早期采用者/试用者使用产品的方法，哪些阶层的顾客先使用这项产品？实际的使用情形和营销人员、设计人员，以及市场研究所估计的有什么不同？在产品特性、可用性、可靠性方面有什么样的偏差？这些意外的情形应如何预防？你是否已仔细地追踪早期的使用情形，以便立即找出问题点？如果做到此点，是否能够很快地对问题加以处理？

找出三五项成熟或重要产品线的产品或服务。了解顾客为何要重复购买这些产品或服务（是因为服务品质，还是其他的东西）？与公司来往的顾客对公司的特性有何认知？是以何种基础来调查的？多久调查一次？

在三五项主要产品的销售中，了解顾客所认为的“服务”应该扮演什么样的角色？顾客的认知是否与公司自己确定的形象一样？主要差别是什么？

◆ 着眼于特色或特点

特色或特点是公司产品差异化的一个有竞争力的工具。世界500强企业在为其产品增添新的特色或特点方面拥有了不起的创造力。率先推出某些有价值的新特色或特点无疑是最有效的竞争手段。

一个企业如何去识别和选择适当的新特色或特点呢？回答是：公司应该接触目前的顾客，向他们询问一些问题，诸如：

- 你觉得这产品怎么样？

• 不喜欢哪些地方？喜欢哪些地方？

• 是否可以增加些什么特色或特点，从而使你更满意？是些什么特色或特点？

• 每一钟特色或特点你愿意付多少钱？其他顾客提到的那些特色或特点你觉得怎么样？

这将为公司提供一份潜在特色或特点的最新陈列表。下一个任务便是决定哪些特色或特点值得增加。对每一个特色或特点，公司应该估计顾客价值和顾客成本。

这些准则还只是一个出发点。公司还应考虑每一个特色或特点有多少人需要，推出一种特色或特点需要多少时间，竞争者是否会模仿这个特色或特点等等。

案例：微软公司基于行为制定顾客服务的技术计划法

基于行为制订计划的技术的含义，按照微软公司的解释是：基于行为制订计划法从对用户行为，诸如写信或做预算，做系统的研究开始。然后，根据特色或特点在支持重要的或经常的用户行为上的重要性来对其进行评价。这样做的优点是有助于对特色或特点取舍的更理性的讨论，有助于对顾客想要做什么的更好的重要性排序，有助于对某个给定的特性是否方便了特定任务的更集中的辩论，可读性更强的说明，以及在市场营销、用户教育和产品开发中更好地同步。基于行为制订计划法中的关键点在于按用户行为、产品特色或特点，以及行为和特色或特点之间的内在联系来分析产品和设计产品。

◆ 让顾客参与我们的为顾客创造价值活动

由于许多顾客经常说不清楚自己为什么购买，因而，仅仅依靠随机客户问卷的调查结果是远远不够的。那些富于创新精神的公司，将顾客视作公司的利益共同体，当他们准备对产品和过程作修改时，都会让顾客参与其中，献计献策。如果你想为顾客创造更多的价值，那么，在下一次有关如何为顾客创造更多价值的会议上，不妨邀请一些重要客户来为你出谋划策。我们敢保证你一定会受益匪浅。记住，利用你稳定的客户群来推动你的改革。

围绕着如何为客户创造价值，供应链管理要求人们必须拥有一个更加系统的思路：考察采购的东西本身，而不仅仅关注价格；考察采购的速度、机动性、供货质量，同时考察供应商的知识以及创新能力。

要提高顾客满意度，就必须要为顾客创造更多的价值。要为顾客创造更多的价值，其中的关键在于，将业务结果和顾客所注重的东西结合在一起，再以这些结果界定公司必须发展（或者转包给其他公司）的业务能力，从而实现为其顾客创造更多的价值。这种做法要求从外部开始设计流程——站在顾客的立场上考虑问题，这是个基本规则。要了解顾客注重什么，唯一的办法就是仔细地并且经常地倾听顾客的看法，仔细观察顾客的行为，并尽可能地让顾客参与公司的活动。

当公司审视为顾客创造更多价值的方法时，应该问一个简单的问题："谁能向顾客提供最佳的结果?"而且公司应该同时审查组织之内和之外的人们。谁具有最好的技能和资本来为顾客服务？有时候，问题的答案就在顾客的身上。

顾客可以参与执行公司的很多业务，包括从产品开发到订单获取和服务等。与顾客协作，往往能够对某些问题形成有趣有效的解决方案，与顾客协作可能还会带来更多的新机会，从而使公司能够为顾客创造更多的价值。与顾客协作，还可以表现在如下几个方面：

• 让顾客为自己服务（比如顾客在天然气表处用信用卡，为自己的天然气付费）；

• 让顾客掌握供给方面的信息（比如，沃尔玛公司为宝洁公司提供现有的库存状况和运输日期）；

• 让顾客掌握需求方面的信息（比如，根据产品的受欢迎度和顾客的反馈对产品排出名次）；

• 让顾客来执行作业中影响较小的部分（比如，管理顾客自己的库存）；

• 建立伙伴关系来共同开发产品和服务。

案例：思科公司的顾客服务系统

思科依靠在线连接 CCO 回答客户问题，诊断网络出现的问题，提供解决方案或提供专家咨询。目前思科对客户的技术支持中有 90%是通过 CCO 系统来完成的。

通过 CCO 系统，不仅可以大大节省开支（每年大约节省2 500万美元），而且即时服务增加了客户满意度。思科的调查显示，接受 CCO 系统服务的客户对思科服务的满意度超过没有接受这一系统的客户 25%。

这种满意度很大程度上与 CCO 系统能够形成有效的监督体系有关。CCO

系统中所有重要客户的资料都与CCO的计算机相连，每天晚上思科的CEO钱伯斯都能够看到重要客户与思科的交往情况。每年大约有70%的员工会因为他们的表现突出而得到“红包”，而能否得到红包，很重要的因素就是CCO系统中客户的满意度，每一个客户在系统中都是由具体的人和小组来负责。如果某个客户有问题，会直接有相应的人或小组为他服务。

◆ **把供应商看作价值链的组成部分**

• 除了采购部门之外，定期安排企业内其他各功能部门的员工，去拜访供应商，参观公司的设备及其作业，和供应商一起处理和平息有关问题。

• 组织公司相关部门员工与供应商的相关部门员工共同成立解决问题的执行小组，或者说在一开始就把供应商请进来，说明任务以及目标成本。鼓励供应商提出降低成本，改善性能，或可加工性的意见。这样做是优化整体而不是只注意局部。最后，更多产品销售出去了，因为消费产品的用户拿到的产品价格好，质量高，用户满意，成了回头客。

• 世界500强企业的原材料和部件是通过看板来管理的。材料供应部门的重要目标应该是把看板管理延伸到供应商。

五、服务和维护顾客关系的基本策略

• 你要塑造一个零缺点的服务文化。确保在第一次就将服务做好，因为在零缺点的服务文化之下，每一名员工都了解服务可靠度的重要性，目标都是满足顾客的需要。“第一次就做对”不但可以确保顾客满意，也避免各种重做成本的发生。

• 你必须设计一套完善的服务和维护顾客关系的基本策略，而且高级管理者和第一线的服务人员都必须有足够的权力，能够弹性地处理服务和维护顾客关系的基本问题。

• 你应该欢迎和鼓励顾客抱怨。因为无论是多么好的公司、服务文化如何精良，服务失败的问题还是会出现。就企业的管理者而言，应该将顾客的抱怨视为一个改进的机会，因为如果很多顾客虽然不满意但也不抱怨，就表示将来再服务他的机会渺茫；只有顾客抱怨，透过顾客的观点来检视公司服务的缺失，才能迎合顾客需求。

• 你必须以最快的速度处理顾客抱怨。公司既然欢迎和鼓励顾客抱怨，就必须以最快的速度处理，才能表达公司修复一个失败服务的诚意。顾客抱怨处理设计完善的公司应该有员工“认养”抱怨的制度，也就是无论是谁听到或看到顾客抱怨，这个抱怨就是他所拥有的。而不是告诉顾客这是工程服务部门的问题或这是某某业务员的问题，将顾客像皮球一样踢来踢去。当然这牵涉到员工的教育训练和内部工作流程的设计。

• 你要假定顾客“性本善”而非“性本恶”。虽然并非每一位顾客都是绝对真实，也可能并非每一个服务的失败或抱怨都是公司的错，但是，应以假定顾客“性本善”而非“性本恶”的原则公平地对待顾客。换句话说，如果不肯定是谁的错，金额又不很大时，可直接用退款或重做一次服务的方式修复，不但迅速、有效、节省成本，更能取悦顾客。例如餐厅的客人抱怨送上来的菜并非他们点的，与其争辩是他没讲清楚还是服务员没听清楚，还不如直接道歉并换一道菜。

• 你要以市场研究的态度看待顾客抱怨。公司可以记录顾客抱怨的数量、性质、种类等资料，加以分析，用来监控服务品质和生产力，从而改进与设计整个服务系统。

• 你要从流失的顾客身上学习服务失败的原因。顾客抱怨处理不当的结果，不但会造成顾客的不满意，也会造成顾客的流失，很多公司不知道顾客是否流失，也不知道顾客为何流失。

• 你要回归到服务的基本面——提供可靠的服务给顾客。预防胜于治疗，如果第一次就将服务做好，就是最佳的服务品质。顾客抱怨管理的终极目标是没有抱怨，顾客若有抱怨，则有畅通的渠道让他们表达，公司可迅速、有效地加以解决。

◆ 服务标准的制定需要注意三个方面问题

• 处理好以专业技术角度而订立的由内而外的标准，与充分考虑到消费者需要和期望之后而订立的由外而内的标准的冲突。

• 不允许在服务标准中规定错误率。

• 高质量的服务要求完全迎合消费者的口味，而不是与消费者讨价还价，降低服务标准。

标准订立后，在执行过程中一定要对照标准随时进行检查，同时，要尽快将检查结果通知有关人员，以便及时改进服务。

第二节　员工也应该至上

在世界500强企业的伟大成就的背后，你找到的动力未必是卓越的战略（当然正确的战略也是重要的），或者设想周全的执行计划（这也是非常重要的）；你所找到的成功要素中，一定有一种是他们的员工的意志力量，是他们的员工全身心地投入才取得这样的成绩。要赢得员工的心，他们告诉我们，必须要让员工知道公司追求些什么和正在怎样干。公司的远见必须是激励人心的，被人理解的，也是大家所注视的。

一、世界500强企业的员工理念的共同特点

1. 每个员工都是服务专家。他们都知道自己对一个企业组织有什么样的需求。在日常生活中，我们都有过数次创造服务过程的经历。

2. 大多数服务都是有形服务和无形服务的结合，它们组成了一个服务包；而无形服务的部分，只能依赖员工们的自觉和自持。

3. 商品是被消费掉，但与顾客高度接触的服务是被体验的，这种体验的积累将成为企业继续参与市场竞争的竞争能力。

4. 有效的服务管理，需要对市场、顾客个人以及运作过程的充分理解，而对市场、顾客个人以及运作过程充分理解的人一定是第一线的员工。

5. 要使顾客满意，就必须先善待员工。

6. 要使员工的利益成为我们自己的利益。

◆ 员工关系是顾客关系的晴雨表

世界500强企业认为员工关系会反映到顾客关系中去，因而，管理当局要创造出一种能够得到员工支持并对优良服务绩效给予奖励的环境。管理当局应经常检查员工对工作是否满意的情况。过去，花旗银行规定顾客满意度为90%和员工满意度为70%。然而，问题就来了，如果有30%的员工不高兴，哪来90%的顾客满意度呢？卡尔·阿尔布雷克特观察到不高兴的员工是“恐怖”的。在《顾客是第二位》中，罗森布拉和彼得走得更远，他们说如果公司真正希望使顾客满意的话，那么，第一位的是公司员工，而不是公司的顾客，

员工必须是第一位的。

西南航空公司的总裁赫伯·凯勒对侮辱、谩骂或威胁他的员工的顾客绝不屈服。凯勒坚决主张公司不需要这类顾客。更重要的是他认为如果他站在骂人的顾客一边，忽略员工们的权利和尊严，这种降低员工地位的信息将使员工受不了。你可以想象这种合理拒绝顾客的决定会提高员工们多少服务的积极性。

◆ 首先必须善待员工

很多公司都存在明显的局限性：这些公司的管理系统仅仅专注于如何有效地利用这些资本，而不是员工。山姆·沃尔顿经营理念的创新，就是他坚持认为：善待员工就是善待顾客。

这个极其重要的事实，从表面上看似乎是矛盾的，就像折价零售信奉的"售价越低，赚的就越多"的原则一样。但是，它又是完全合理的，那就是公司越与员工共享利润，不管是以工资、奖金、红利还是股票折让方式，源源不断流进公司的利润就会越多。因为员工们会不折不扣地以管理层对待他们的方式来对待顾客，顾客就会不断地去而复返，顾客多了，销售额上升了，利润自然上升，这正是零售行业利润的真正源泉。

要使顾客满意，就必须先善待员工。现代营销观念要求公司既进行外部营销，又进行内部营销。内部营销是指成功地聘用、训练和尽可能激励员工很好地为顾客服务的工作。事实上，内部营销必须先于外部营销。在公司打算提供优质服务之前促销是没有意义的。有一个报道是关于马里奥特旅馆的总裁是如何接见未来的经理们的：

比尔·马里奥特告诉有可能获得经理职位的人，马里奥特连锁旅店要使3个"顾客群"满意：顾客、员工和股东。所有的群体都是很重要的，他问按顺序应先满足哪个群体？大多数候职者都说应先满足顾客。比尔·马里奥特说，无论理由如何不同，首先必须满足员工，如果他们热爱旅馆的工作并由此产生自豪感，他们将会很好地为顾客服务。获得满足的顾客会反过来满足马里奥特旅馆。如此反复的结果将会满足马里奥特股东对利润的要求。

比尔·马里奥特还说，顾客是最终取得利润的关键。他和其他人认为传统典型的组织机构图——总经理在顶端，管理人员在中间，最前线人员（销售人员、电话接线员、接待员）在底下的金字塔形——已经过时。精通营销的公司更加明白顾客与员工同是"上帝"的观念，它们把传统典型的组织机构图颠倒过来（如图 5-1）：在机构顶部的是顾客；其次重要的是前线人员，他们会见顾客、服务顾客和满足顾客；在他们之下的是中层管理人员，他们的工作是支持前线人员；最后，在底下的是高级管理人员，他们的工作是支持中层管理人员，使他们能支持为使各种不同顾客最终对公司感到满意的前线人员。沿着图两边增加顾客的概念，是说明公司所有的经理都应该包括在亲自了解顾客和服务顾客之列。

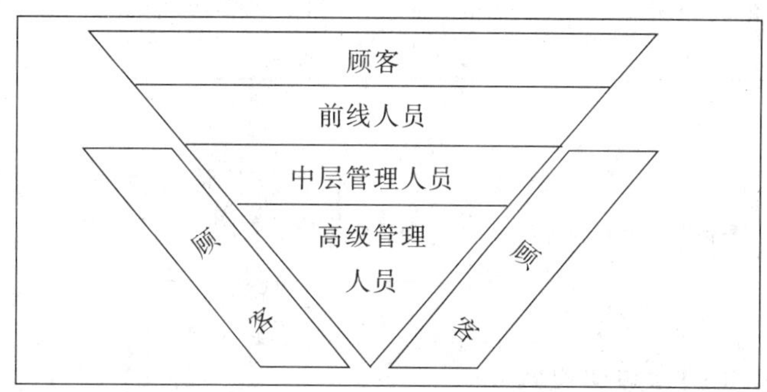

图 5-1 对公司组织机构图的“正确”见解

顾客一般不会从整体上去感受各个企业之间的服务差别、形象差别和文化差别，成功依赖于清晰而连续的战略实施，而战略实施的各个要素要依靠与顾客直接发生关系的员工，以高度的热情和熟练的技巧传递到顾客中去。

案例：沃尔玛公司坚持善待员工

山姆·沃尔顿很早就说过要善待员工，因为他明白这是在善待顾客。就满足顾客需要而言，山姆·沃尔顿深知第一线员工扮演着非常重要的角色，于是，沃尔玛公司推出了一系列策略，例如员工入股、利润分享等。这一方面强化组织的能力，一方面激励第一线员工快速周到地满足顾客的需要。甚至为了员工，沃尔玛调整了组织结构，使分店有 36 个部门。在同类的折扣店里，如凯玛特店只有 5 个部门。因此，商店项目分类越细，训练越耐心，员工对顾客的服务就越周到。

在人才管理出现竞争以后，沃尔玛马上推出了独具特色的全新人才管理概念——公仆领导。也就是领导和员工之间是一个“倒金字塔”的组织关系，领导在整个支架的最基层，员工是中间的基石，顾客永远是放在第一位的。领导为员工服务，员工为顾客服务。

沃尔玛的管理者都被亲切地称为“公仆”，为员工服务，指导、帮助和鼓励员工；为员工的成功创造机会成为“公仆”领导日常事务的重要组成部分。因此，沃尔玛公司的诸位“公仆”，并不是坐在办公桌后发号施令，而是走出来和员工直接交流、沟通，并及时处理有关问题，实行“走动式管理”。他们的办公室虽然有门，但门总是打开的，有的商店办公室甚至没有门，以便让每个员工随时可以走进去，提出自己的看法。这些也构成了沃尔玛企业文化独特的一条——“公仆文化”。

管理悖论：

当今流行的观念是，领导的真正权力来自下属的“同意”，作为上司和老板，却要把下属员工视为“上帝”。

◆ **重视员工的智慧和灵感**

每个人都能在不同的时候有许多好的灵感，但很少有人能把这些偶发的灵感变成一种明确的、积极的思想，从而贯彻到未来的行动中去。

世界500强企业都非常重视员工的智慧和灵感，他们善于把握所有的员工的偶发灵感，甚至创造机会挖掘员工的灵感，并把好的思想开拓扩展。而这行为本身，被员工们视为企业尊重员工的表现，从而要求自己更加积极地参与各种各样的合理化建议活动。试想，当你把企业的所有员工的灵感汇集起来，将会形成多么伟大的力量。

案例：宝洁公司的理念是：“我们要使员工的利益成为我们自己的利益”

宝洁公司的理念是：“我们要使员工的利益成为我们自己的利益”。这是缘于以下的故事：早在19世纪80年代后期，象牙肥皂正热销时，赫利开始研究：怎样使宝洁公司的员工不仅是生产的能手，而且对公司忠诚；怎样表明公司对员工负有责任感。

1883年，赫利从工厂最下层的粗活——为肥皂搅拌机加料干起。他可不是仅仅装装样子。在干活的时候，他不折不扣地过着一个工人的生活。早期的这种劳动使他切身地了解到工人的思想感情。这种了解就是他日后为什么坚持要同工人搞好关系的来由。

1884年，赫利终于说服了他的父亲和姨父，实行工人星期六下午休假，工资照付。这在当时是一项激进的方案。但是，全国日益增长的劳工骚动很快表明他的这一方案还不够完善。他为此苦思冥想，两年后提出了利润分享计划，认为这也许会使员工对公司有更多的忠诚和关心。但这一次他又失败了。工人把分享的利润看作是额外工资。但他并不气馁，又花了数年时间继续探讨。1903年，他想出了一个方案，这个方案取得了预期的效果，即把利润分享同购买公司股票结合起来，每个人每购买一美元的股票，公司将另行赠送一美元的股票，一直达到这个工人的年工资额满为止。这项方案取得的成功鼓舞着赫利在劳资之间建立进一步双向交流渠道的制度。

◆ 品质是来自那些关心、奉献的员工

公司必须了解顾客对质量的感觉以及他们期望什么样的质量，然后，必须尽力提供比其竞争者更高的质量。这涉及到全体员工的承诺。唯有当公司全体员工都承诺要保证质量，以质量为动力，并得到良好培训，质量才有保证。所以，世界500强企业总是首先要满足员工的需要——完成服务顾客目标及其服务水平所必须具备的相关技能培训、资源配备等需要。事实上，这些公司的员工犹如一个团队，共同为顾客和预定的目标而工作。员工们都渴望满足他们的内部顾客以及他们的外部顾客。

作为管理者，都希望能真正了解业务与员工，而从员工的角度考虑，他们也希望了解领导人及企业的走向，也愿意针对出现的问题与管理者进行及时的沟通。

可以确保品质的任何方法都是有用的。但是，只有在各个阶段的经理人都具有品质意识，关心品质、投入时间（在他们的日程表上明示出来），同时他们都体会到，不管技术如何发展，品质总是来自那些关心、奉献的员工时，并且，企业也树立了品质是来自“任何东西都可以做得更好”的信念，其中也包括关心员工、服务员工的工作也可以做得更好的信念。这些方法才能发挥作用。

◆ 质量必须为顾客所认知，预防不良顾客滥用“上帝”权利

质量工作必须以顾客的需要为始点，以顾客的知觉为终点。如果顾客要求较高的可靠性、耐用性或者高性能，那么这些就构成了顾客眼中的质量。质量改善只有在被顾客认知时才是有意义的。豪泽认为：“为了确保顾客认知产品

是高质量的，制造商必须在整个设计、工程、制造和分销过程中听取顾客意见。”

与此同时，事先让顾客认知相关产品和服务的质量标准，一方面让顾客在竞争产品之间进行选择，另一方面从法律的角度有效地预防不良顾客滥用“上帝”的权利，无理无限要求服务。

案例：迪斯尼公司如何让其员工形成“对顾客的积极心态”

1. 迪斯尼公司人事部门全体人员对新员工给予特别的欢迎。对新员工希望了解的情况均给予书面的说明——何处报到、如何穿着以及每一训练阶段的时间多长等等。

2. 第一天，新员工向迪斯尼大学报到并进行一整天的有关方面问题的会议。他们4人坐一张桌子，领到各自的姓名卡并享用咖啡、饮料与点心。与此同时他们被相互介绍，彼此熟悉。结果每一位新员工便立即认识3个人，并且感到自己是这一群体中的一员。

3. 利用最新视听材料向新员工介绍迪斯尼的经营思想和方法。他们可从中了解到他们是在娱乐企业中工作的，是“整个一出戏中的角色”。在为迪斯尼的“客人”服务时应做到满腔的热情、熟悉情况和熟练掌握专业技能。这种材料对每个部门都作了详细的介绍，以便使每一个新员工都了解他们在演出的“节目”中扮演的角色。然后请他们吃午餐，游览乐园，并被领去参观供员工专用的娱乐区。这个地区包括湖泊、娱乐厅、野餐地、划船与钓鱼设施和一个大图书馆等。

4. 第二天，新员工便到被分配的工作岗位上报到，如安全员（警察）、运输员（司机）、管理员（街道清洁工人），或食物与饮料供给员（饭店工人）。他们在“上台”前将再接受数天的训练。他们掌握了自己的职能后，便被领到“表现主题的特色或特点服装”准备上台演出。

5. 新员工接受如何回答客人经常提出的关于迪斯尼乐园问题的额外训练。他们如果答不出来，可拨电话给总机接线员，他们备有厚厚的资料簿，其中包含可以回答的任何问题。

6. 员工接受一份称作《耳目》的迪斯尼报纸。这份报纸主要登载有关活动、就业机会、特别福利、教育等方面的消息。每期均登有许多面露笑容的员工的照片。

7. 迪斯尼公司的每个经理每年都要花一周的时间，用于“交叉利用”，即离开办公桌走向前线，如收票、卖玉米花，或帮助游客上下游览车。这样，管理部门便可一直亲自参与管理乐园和保持高质量的具体工作，以求做到使千百万游客感到满意。所有管理人员和员工都戴上姓名标牌，并且不拘于职位高低而彼此直呼姓名。

8. 所有离开迪斯尼公司的员工都要回答一份调查表上提出的问题，如他们对迪斯尼工作的感觉有何不满的意见。这样，迪斯尼的管理当局便可评估在那些使员工满意并最终使顾客满意方面的成功程度。

难怪迪斯尼公司的人员能够在那些使“客人”满意方面得到如此巨大的成功！管理部门对员工的关心，促使员工感到自己是重要的并且对“演出的节目”负有个人的责任。员工们身上洋溢着的那种“拥有这个组织”的感觉，当然也会感染他们所接待的成千上万的游客。

案例：沃尔玛如何打造“上帝”员工

沃尔玛创始人山姆·沃尔顿先生认为：“沃尔玛的业务有75%是属于人力方面！那些非凡的员工都肩负着关心顾客的使命。”企业的主导理念则为“我们的员工与众不同”，有这么一段话：我们的公司是建立在一些非常朴素的基本价值观和信仰基础上的，我们有关人的哲学的一个主要根基就是我们的员工与众不同，这种信仰贯穿于我们所从事的每一件工作中。对这一点，沃尔玛公司又分为五个方面让员工进行理解：尊重个人、培训、评估、转职、人事记录。

沃尔玛的主管和“教练”是经过筛选并且在技术方面是经过培训的。同时，他们还熟悉日常管理和人事工作，他们懂业务，并且懂得公开交流的宝贵。他们“教练”队的才能在同行业中是有口皆碑的。

“教练”通常不会通过一系列正式的命令对你进行指导和指示，而是授权于其他的教练，这些同事会帮助“教练”，可以负责晚上锁门，分配任务，安排项目和规定主次。沃尔玛基于“尊重个人”的考虑，将公司管理者的角色定位于“教练”，其任务是帮助队员建功立业，而非突出个人。

沃尔玛的评估方案旨在确立目标，评价个人表现，提高生产力，并且制订发展、培训计划，大约在六个月的时间或你的服务周年，公司将会对你做一次工作表现评估。

评估将构成个人档案的一部分，这是一种对你的长处和机会的记录——是衡量你进步的一种工具，你可以与你的“教练”公开讨论有关你的评估的各个方面。

沃尔玛的门户开放——思想开放政策使每一个人均有发言的机会。也就是说，如果你有一个想法或者一个问题，你可以直接到你的“教练”那里去谈，而不必担心受到报复，若对答案不满意，或你的“教练”是你的问题之所在，你可以直接去找他的上级。请务必牢记“门户开放——思想开放”，这可以保证你的发言不遭到报复，但你的意见未必会采纳。

沃尔顿对他的“管理者”们也约法三章：“如果你想事业有成，那么必须让你的员工感到你是在为他们工作——而不是他们在为你工作。”“公司领导亦是公仆”，这是法定的原则。

沃尔玛的“公仆—领导”原则，是“为每一位同事服务”，“教练”指导、帮助、鼓励，并为每一位同事取得成功而创造机会。

沃尔顿还认为：第一线的同事——那些与顾客打交道的人们——才是唯一真正了解那里实际情况的人。在创始人的推动与倡导下，沃尔玛的人员终以“听力”出名：员工倾听顾客的，“教练”倾听员工的，总经理也必须倾听员工的、“教练”的和顾客的心声。“相互倾听”是管理方法的最好的来源，相互直呼其名，不仅隔阂被打破，还激发了创意，增进了友情。

二、了解和关切自己的业务及员工

世界500强企业要求高层领导人员做到了解自己的业务和员工，这并不是说只知道自己的企业经营什么，有多少员工，而是指：必须清楚自己的企业每一天都在做什么，自己的员工在做什么，工作进行到何种程度，在实施目标的过程中遇到了什么问题，现在是否已经正确地解决了等等。

马克斯/史宾塞公司（Marks&Spencer）的前任董事长希夫（Marcus Sieff）有一个习惯：多年来，每个星期六下午5点钟，他会随机选出四五家店，召集他们的经理开会，问他们近况如何。同样地，你也应该每个星期从直接和顾客接触的基层单位的前线员工中找三五个人，问问他们这一天的情形如何。

已故美国陆军指挥官马文·柴斯对关切的真义表达如下：

你不能期望一位士兵以自己为傲，如果你羞辱他。你不能期望一位士兵英勇善战，如果你称他为懦夫。你不能期望他们毫无怨言地突袭战火猛烈的敌人、攀登形势险恶的山脊、摧毁隐秘的敌方炮台，如果你从不曾尊重他们。坚定、严酷和强有力的领导，与欺凌恫吓、纪律和懦弱的领导之间的分野，原就是微乎其微并难以界定的。然而，既然我们把领导别人当作我们的事业，我们就必须找出这其中的分野。正由于领导包含着对人的判断和关怀，以及微妙的人际关系，因此只有人能领导而非电脑。我希望你们能够永远保持警觉，勿堕入拥有太多权力的陷阱。在本质上，应当常设身处地，以公平之心对你的部属，如此，他们才会义无反顾地为你奔赴沙场，死而无憾。

◆ **迹象比语言更重要**

员工通常会把公司中发生的事情和个人联系在一起。他们会关注工作的稳定性、公司的士气和团队配合，会担心企业裁员和减薪。最重要的是，他们都会将这一切和个人事业、生活质量、薪水乃至家庭义务联系起来，并以此来培养和体现出员工强烈的主人翁意识。

员工们渴望和公司紧密相连，他们希望和公司的关系不仅是一张工资支票和福利待遇。他们需要成为“圈子内”的人深入到公司内部，能对公司各部门的情况有所了解。他们更希望不只是被雇用的“一双手”或仅是机器上的一个零件，而随时可被更换。员工们坚信，通过自己的辛勤工作和对企业的耿耿忠心，他们有权了解企业的最新信息，并相信自己应成为公司决策的重要组成部分。

员工们的这样的期望，一方面要求我们把领导者和员工放在同等的重视程度上，另一方面要领导人员真正地尊重员工，与他们坦诚交流，让他们产生某种特殊结合在一起的感觉。同时要时时通过一些迹象来反映你和你公司是否已经与员工们取得密切的联系。

第一，当你和他们交谈时，员工们如果能畅所欲言，他们知道他们的意见能起作用也能被重视。这说明你对待员工的方式是得当的。

第二，经常得到沟通的员工深信自己能及时知道有关本部门和全公司的重大情况。这说明员工对公司产生了一种信任感。

> 社会心理学认为，人们会根据谁怎样看待自己的行为以及自己对谁的看法，而修改或调整自己的行为。

案例：通用公司的“扩展性目标”考核的目的

在通用电气公司，“扩展性目标”只是一种激励的手段，而并非考核的标准。年终时，通用电气公司所衡量的所重视的并非是否实现了目标，而是与前一年的成绩相比，在排除环境变化因素的情况下是否有显著的成长与进步。当员工遭受挫折时，公司会以正面的酬赏来鼓舞他们，因为他们至少已经开始改变。若是因为失败而受到处罚，大家就不敢轻举妄动了。

◆ **帮助员工订出框架**

公司帮助员工订出框架，也就是帮员工订出发挥才能的空间。在这个空间内员工想怎么发挥都可以，但不可以逾越这个空间。而订立框架的实质性内容包括对员工的授权程度、资源支持度和评估员工的表现。

案例：惠普公司的员工框架

惠普公司的创建人比尔·休利特说："惠普的这些政策和措施都来自一种信念，就是相信惠普员工想把工作做好，有所创造。只要给他们提供适当的环境，他们就能做得更好。"

在惠普高尚目标的引言部分，更明确了这一点，这就是："惠普不应采用严密之军事组织的方式，而应赋予全体员工以充分的自由，使每个人按其本人认为最有利于完成本职工作的方式，使之为公司的目标作出各自的贡献。"

这一点体现在惠普对新 CEO 的选择上。据说当时委员会看了长达 100 多人的名单，从 100 多人筛选到保留 10 位左右的候选人，其中包括主管惠普企业计算机事业的安·莉尔摩（Ann Livermore）和网威（Novell）的 CEO 艾瑞克·史密特（Eric Schmidt）等。

当时遴选委员会开出的三个条件包括：

有能力形成远景，同时能将远景执行出来；

具有把观念目标转成具体行动的能力；

要在科技产业有成功的历练，要有在大公司任职的经历。

菲奥莉纳和遴选委员交谈时，直言不讳地说她不懂计算机，惠普应该用她，因为惠普懂计算机的人那么多，所以要找"不一样"的人才能够将惠普带出困境，这样的人带给惠普的不是技术而是新的战略与方向，她在朗讯二十几年的经验，可以帮助惠普踏进通讯和网络的领域。

"新一代的领导方式不再是掌握信息，信息只是一种每个人都可以享用的工具。因此，惠普倡导一种新的领导方式，这就是订立一个框架让员工自由发挥。"

本章实战型思考题（答案在 www. mgmtkey. com 网站）

5.1 黄一公司是一家大型制造企业，拥有不少比较先进的大型生产设备。但近两年来，他的公司业务不断增长，但利润却没有同步增长，主要原因是他的客户大额订单减少，小额订单增多，生产线频繁转换，而导致成本上升。最令他头痛的是，他的设备都是大型的，一起动一转换就意味着一笔基本费用，而他的主要客户今后的趋势却是产品品种多批量少。现在他只有很少的资金，他希望你能够以很少的资金投入，以生产方式的设计为主，在现有条件下，既能满足产品品种多批量少的要求，又能降低成本。你是否可以不用找我，自己也可以帮到他?

5.2 黄二公司凭借给跨国公司做 OEM，而把握了自己做品牌和进入国外市场的机遇，业务总算蒸蒸日上，其小家电产品远销世界各地。但他也没有赚取到多少利润，原因是他的产品市场分布太散，而且每一个区域市场的销量还很少。由于世界各地市场对产品都有一些不同的要求，诸如电源、说明书等，以及跨国运输的周折，他的库存量也不得不随着销量的增加而增加。他发现：一方面必须保证各个区域市场不断货和经销合作伙伴满意，才能在国际市场上站住脚；另一方面如果他目前的库存量不能压缩到正常水平的话，不用一年，他也会破产。你是否也遇到过相似的情况？你是否可以不用找我，自己也可以帮到他?

5.3 黄三公司是一家大型制造企业，按照国际惯例，他的公司事先考核和选定了几家有一定实力和信誉的模具公司，为其定点供应商。每次需要新产品新模具时，黄三公司就会召集选定的几家模具公司一起进行投标，然后把任务给每一次的中标者。现在黄三发现，这套方法只能确保最低购买价格，却不能保证质量和交货时间。过去存在的问题，仍然没有办法解决，诸如不是产品公差有问题，就是产品本身不能适应生产工艺设备的要求，他的供应商不得不反复修整而只能以“大概”质量交货，而他们也不得不延迟产品上市时间。无论是作为供应商，还是作为顾客的他，都不希望这种情况继续发生，但他们到现在还不知道问题到底出在哪里，如何才能避免这样的问题发生？你是否也遇到过相似的情况？你是否可以不用找我，自己也可以帮到他?

5.4 黄四公司好不容易找到了一家美国的合作伙伴，对方提出要货到付款，并同意通过其开户银行开立一张跟单信用证。黄四知道跟单信用证只是一个国际贸易惯例，毕竟不是国际公约，缺乏强制性的法律约束力。黄四第一次做出口生意，对合作伙伴缺乏信用基础，但他又担心如果要求太严格可能会失去好不容易找到的合作伙伴，他进退两难。你是否也有相似的经历？你有没有什么方法可以帮助黄四公司平稳地跨过这个坎？如果你不知道，可以找我。

5.5 一个偶然的机会，终于让黄五深切体会到自己的主要竞争对手——那个后来者为什么会超越自己，主要原因是在对顾客服务的过程中，竞争对手的员工比自己的员工，更具有真诚、热情、细致，尤其是灵活而把握有度。黄五决定以竞争对手为学习标杆，他这个意念一产生，马上就犯愁，这顾客服务很难像工艺流程那样，有作业指导书、有参数、有指标，还有路线图等成熟或成型的标杆“符号”，它不可能有成熟或成型的标杆“符号”，这顾客服务的标杆学习怎么进行？黄五咨询有关专家，专家给了他一个方法，他非常满意。你是否也有相似的经历或问题？你是否需要我们告诉你那个方法？

第六章
授权悖论：
控制与授权，以谁为基点

授权悖论 1：权力的本质就是对特定事物的拥有或支配。权力就是一块蛋糕，授权越多，自己拥有的就越少。要确保组织和人员得到有效控制，就需要集权；而要确保组织和人员承担责任和形成积极参与的精神，就需要授权。

授权悖论 2：现代行为科学研究表明，领导的权力是否能够有效行使在于下属是否同意；要经过下属同意，我们的领导的权力才能有效行使，这“下属”不就变成了领导的“领导”吗？——德国外交家，哲学家卡尔·威尔海姆·冯·哈姆伯特（Karl Wichelm von liamboldt）说：“所有并非出自人们自由选择的事物，或者仅仅是命令或指导的结果，都不能深入人心；对于人类真正天性而言，都是一种异化。人们不会用自己全部的精力去完成这样的任务，顶多是像准确的机器那样罢了。”

授权悖论 3：很多要求第一时间解决的问题，需要下属跨越部门界限，甚至需要下属越级与自己的上级经理讨论对策，而实践证明，这对问题的解决是不可欠缺的，特别是在为客户解决紧急问题时。但这种行为一旦成为习惯，部门的权力界限和上下级的权力和责任界限就会陷入混乱。集权——控制，“一抓就死”；授权——参与，“一放就乱”。

孙子兵法：

凡用兵之法，将受命于君，合军聚众，圮地无舍，衢地交合，绝地无留，围地则谋，死地则战。涂有所不由，军有所不击，城有所不攻，地有所不争，君命有所不受。

第一节　控制与授权的基本理念

管理大师彼得·德鲁克说："不论一个人的职位有多高，如果只是一味地看重权力，那么，他就只能列入从属的地位；反之，不论一个人的职位多么低下，如果他从整体出发思考，负起责任，他就可以列入高级管理层。"每位下属都应思领导所思，每位领导者都应想下属所想。

员工被授予更大的自主修改故障的权力，从任务就是工作转变为工作包括任务和任务的改进。

只有在有约在先的情况下才有权力，只有在合约规定的范围和程度内，权力才能够有效行使。没有与公司的合约，权力就没有来源，没有与员工的合约，权力就没有效力。所以运用合约来管理。

一、世界500强企业共同的授权理念

1. 我们必须明白，要想成功实现授权，我们就必须有效地行使手中的权力。真正的授权需要强有力的领导。

2. 权力会产生立竿见影的效果，但随着时间的推移，要达到同样的效果所需要的权力剂量会越来越大，就像毒品一样。绝对的权力即绝对的腐败。

3. 提高决策水平与质量——为决策的权力营造一个清晰的架构，从而划清责任，提升决策质量、速度、灵活性以及职责界限，特别是要照顾到顾客的需要。

4. 克服复杂性——通过将复杂的问题分解以及总结从而实现对当今商业环境中存在的巨大复杂性进行有效的管理。

5. 保持灵活性——利用员工的灵活性以及智慧对持续的变化做出及时的反应。

6. 创造工作热情——通过建设一支对工作高度负责、充满主动精神的员工队伍，并激励他们在实现组织目标的过程中克服一切不利因素，从而充分利用人类精神力量的全部潜能。

7. 除非各个级别的决策权力能够事先被清晰地界定，否则，就不要随便发动员工参与。因为深思熟虑的交流就有可能变为带有敌意的相互攻击，而漫

长的讨论过程则可能使事情久拖不决，争论则会蜕变为相互怨恨，任何事情都可能会无疾而终。

8. 授权就是参与，就是让员工参与讨论员工的工作，诸如关于员工生产的产品的质量问题，提高生产力的办法，如何更好地为客户服务，如何进行改进等问题。

9. 授权就意味着信任和责任。信任和责任并不只是促进自尊，还会促进新的精神和能力的发展和成长。

10. 对下属工作实行监督和追踪的目的在于：了解下属是否按原定的计划执行，有无足以妨碍命令和计划贯彻的意外情况出现？反思、检讨主管本人下达的命令和计划的正确与否？

◆ 授权更显控制的重要性

控制不是授权独有的，也许授权之后，控制的重要性更突显出来。控制在一切管理之中都是必备的要素，真正的授权需要强有力的领导和控制。真正的员工参与恰恰是在规范化的领导控制之下，才能有效和有效率。授权与集权的实质就是对决策权的再分配。分配决策权还包括确定哪些是组织所面临的最重要、最困难的决策，以及由谁来做出这些决策。

无规矩不成方圆，企业组织如果没有事先将本组织的决策架构与程序确定下来，也就无所谓领导、控制与授权员工参与。所以，必须事先将本组织的决策架构与程序，以及各级人员的决策权限确定下来，并向大家明示。让处于组织上的任何一级的团队领导和员工，都知道“由谁决定谁来决策?”这个问题的答案。也就是说，不但要让负责决策的人知道，而且要让组织的其他任何人都知道。——这是领导、控制与授权员工参与的最基本的理念。

世界500强企业都深知以下问题的重要性——“谁进行决策”，以及更重要的相关问题——“谁对谁做出的决策作决定?”它们明白，只有那些拥有相关数据以及在第一线的人员，才能做出现实的和及时的决策。之所以授权给一线员工的一个基本道理，就是要把决策权交给那些拥有真实数据并且每天与现实（实际就是顾客）面对面打交道的人。同时，它们还明白，从不同的级别上看去，组织所面临的“现实”看起来是不同的。所以，关注每一级的决策方式，并加强领导也是必要的。

案例：互联网，体现授权优越性的最佳形式

为了更好地理解授权所带来的潜能以及挑战，让我们来考察一下互联网的

组织结构吧。由于排除了复杂性，互联网获得了巨大的灵活性以及能力。互联网上分分秒秒所担负的巨大的工作负荷，以及通讯流量被广泛分布到各个节点上，从而使它能够从容应对面临的庞大任务。每个网络节点的功能都强大到足以应付分配给它的那部分工作。由于不依赖于所谓的“中心”来进行命令与控制，即使某个节点被切断，某些连接被去除，工作仍能照常进行。由于互联网的总体结构以及工作标准将网络有机地结合成为整体，从而使系统变得比简单地将各部分相加更加强大。

如同互联网一样，授权将问题化繁为简，使相应的个人与团队足以应对。处于公司核心的管理层不必再承担主要的工作重负。取而代之的是，工作负荷被分解为可管理的部分，并将之分配给最清楚如何解决这部分问题的人来完成。授权标志着组织中的每个人都要为自己的行为负责。在一个实现真正授权的世界中，决策权并不是固定在某个位置不动，而是因事制宜，从而实现整个决策过程的优化处理。有时，事情好像会变得一团糟，看起来失去控制。但最终，正像互联网一样，公司整体会远远大于各部分之和。

第二节　如何使用胡萝卜与大棒——控制与授权

偏重管理而忽视领导的问题，是一个历史的问题。一个多世纪以来，管理史上充满了有关如何管理的书籍，只是在近半个世纪才出现有关领导科学的论著，而且数量也很少。因而很多人至今仍然偏重管理而忽视领导。实际上，管理与领导是有很大差别的：

在组织目标方面，管理的计划和预算强调微观，着重风险的排除以及合理性；领导的经营方向着重于宏观，敢冒一定风险的战略和围绕人的价值观念。

在组织观念方面，管理注重专业化，要求服从安排；领导注重于整体性，使整个团队朝着正确的方向前进。

在组织行为方面，管理侧重于控制、抑制和预见性；领导侧重于授权、扩展，并不时创造远景、事件来激发员工的精神斗志和积极性。

世界500强企业都强调领导而不忽视管理，但在企业或团队发展的不同阶段，领导与管理所占的分量应该有所不同。

一、授权矩阵框架

授权有很多好处，但不能因此而说一切都要授权。授权的内容只能根据组织的服务指导方针，并且对授权对象的能力意愿具体分析的基础上进行确定。对待授权的态度应该与对待技术的态度一样：必须适合。为了帮助分析授权是否合适，我们建议使用克拉特巴克（Clutterbuck）、克拉克（Clark）和阿米斯特德（Armistead）提出的授权矩阵框架（如图 6-1 所示）。

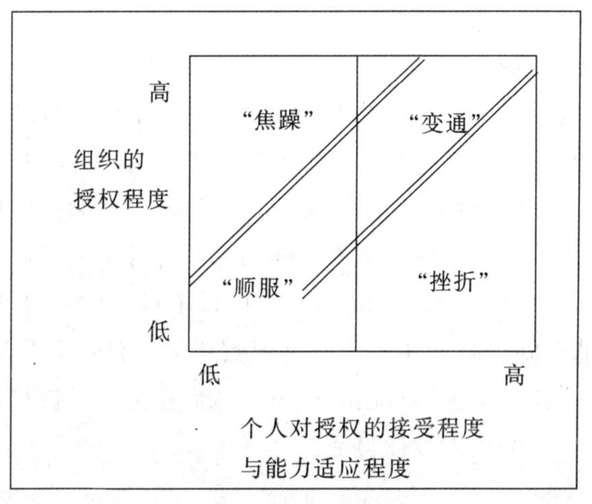

图 6-1　授权矩阵框架

个人偏好与能力适应程度指员工在没有严格程序制度限制下，主动开展工作时感到舒畅、有积极性和胜任的程度。组织的授权度指组织在相关系统与程序范围内允许员工自主工作的程度。决定对员工的授权程度时，必须把工作任务的特点、流程和环境等方面的因素都考虑到。

如果员工愿意并且有能力承担被授权的工作，组织也向他们提供了相当的授权，则组织处于"变通"的状态。

如果组织的授权度和员工个人的偏好与胜任度，在两个坐标轴的低端相配，则组织处于"顺服"的状态。例如，火车司机一定要"顺服"列车的高度安排，准时开动，准时进站，不能早一点，也不能迟一点。

有时，特别是在一些特别重视员工主动性的组织中，人们可能会变得很

"焦躁"。原因可能是他们还没有充分准备好面对这种局面，也可能是他们根本就不适应在没有制度和程序的环境下工作，或不适应在没有领导指导的情况下工作。

对于那些比较喜欢按自己的方式做事，善于主动开展工作的人，如果要求他们在任何情况下都按严格的规则和程序办事，他们可能会感到严重的"挫折"。

由上可见，授权的内容除了要在明确的服务指导方针范围内，对授权对象个人对授权的接受程度和能力适应程度之外，还要根据工作任务的特点、流程和环境等方面的因素，在综合分析考虑的基础上进行确定。

◆ 有效授权的关键

授权的关键是不要一下子就赋予员工太多的自主权，否则，会使他们在艰巨的环境中过早地遭受挫折，而不能培养他们的自信心和荣誉感。给予员工太多的自主权空间，会让他们感觉不被重视，这与没给他们任何自主权的结果一样糟糕。他们会认为授权者是一个不实际的人：他并不在意，没有自己的支持和领导，下属能否取得什么样的成果。授权并不像通常所认为的那样，只要"给予员工发展的空间"就足够了，而是要真正关注他们。尽管授权在某些地方特别接近于放手让员工发挥自己的能力，从而让员工掌握局面，但无论如何它绝不意味着让一个个员工放任自流。

管理悖论：

无为而治——通过"不控制"，而达到更好的控制。

二、确定授权的基本方针与程序

除非各个级别的决策权力能够事先被清晰地界定，否则，就不要随便发动员工参与。而一旦有了实际的方针和合理的程序，无论是领导、控制，还是授权，让员工参与都容易得多了，也容易实现目标。

◆ 有效授权的四步程序

团队的发展一般要经过 4 个阶段。认识到这一点并且预先考虑可能面临的挑战，将有助于保证团队的顺利发展和最终的成功。团队建设就是要建立一个相互合作及高水平运作的工作小组。出色的团队建设者十分了解团队的发展动力，以及团队必须经历的四个发展阶段——“成形期、规范期、风暴期和成熟期”，并帮助团队尽可能顺利地迅速地过渡到成熟期。在团队建设和发展的过程中，重要的一点就是根据团队的发展阶段——“成形期、规范期、风暴期和成熟期”，而给予不同的领导和授权。

1. 指示为主，全过程监督和控制

我们把第一个阶段称为“成形期”。它的特点是不确定性和成员之间的隔阂。团队成员感到自己的作用和关系不稳定。这是团队生命周期中“逐渐熟悉”的阶段。在团队的“成形期”阶段，实施指示为主，指导为辅的方针政策。具体包括：

如何做；

如何评定；

进行经常性的工作汇报；

领导者讲——他如何协助；

进行监督和控制。

2. 指导为主，监督、控制计划进度和过程

第二个阶段，称之为“规范期”。这时形成可预见的能力范式和行为范式，以及工作风格的发展。在团队的“规范期”阶段，实施指导为主，监督、控制计划进度和过程的方针政策。具体包括：

领导者决定——做什么，如何评定；

领导者问——关于工作应当如何做，大家有什么建议，工作汇报的间隔能否延长；

领导者问——需要什么帮助；

监督和辅导的问题。

3. 商讨为主，支持、监督关键过程

第三个阶段是关键性的阶段，是容易引起分歧的阶段，形象地称为“风暴期”阶段。经常会出现一些成员宁愿拆掉班子，承认失败也不愿继续干下去的现象。因此需要领导者控制情况和坚持努力，要鼓励他们继续干下去并解决好他们之间引起的问题，要让他们知道有“风暴”是正常的，让他们知道这是必须经历的阶段，是接着要来到的真正有生产能力阶段的前奏曲。在团队的“风暴期”阶段，实施指导为主，商讨为辅，监督、控制计划进度和过程的方针政策。具体包括：

领导者问——员工对做什么、如何做、如何评定的看法；

领导者——参与讨论并同意提供帮助和支持，同意工作汇报间隔时间。

4. **授权为主，关注计划和策略**

第四个阶段是“成熟期”阶段。成熟的团队会提出各种解决问题的方案，即使是在很大压力的情况下，也常常能获得最辉煌成绩的阶段。在团队的“成熟期”阶段，实施授权为主，关注计划和策略的方针政策。具体包括：

下属——负完全责任，并决定做什么，如何做，并关注团队的计划和策略，决定是否或何时进行工作汇报。

为了丰富读者对授权的理解，笔者再用数字来说明如何授权。一般地说，我们在团队的行为活动及条件边界上，应该是成形期20％的授权，规范期40％的授权，风暴期60％的授权，成熟期80％的授权。换句话说，成熟期是80％领导，20％管理；风暴期60％的领导，40％的管理；规范期40％的领导，60％的管理；在成形期是20％领导，80％的管理。

永远也不要把你的权力100％地授予下属。权力可以100％地“授予”下属的情况只有两种：一是你被晋升到更高级别的领导岗位上，二是你不称职而被解除职务，或你不再是老板。

案例：瑞士ABB集团如何控制分散化的部门

瑞士ABB集团CEO珀尔西·巴耐维克说：生产经营分散化是与集中监控紧密相连的——分散化绝对不能与放任自流混淆。当我们在权力和责任方面推行意义深远的分散化时，如事情出现差错，集团高级管理层有权力和责任干预、教导和改正。因此，我们建立了周密的财务报告体系，以实施不同层次的监控。例如，每月10日，我查看集团公司的总体经营状况，等等。

为进行交流，我每年亲自会见4 000到5 000人，并且我在董事会的同事们也需要做同样的工作。当我在印度、巴西或芬兰停留时，我们不希望只与5名经理人员会谈，而是与100或200人交谈。我们定期地把全球不同地区、做不同工作的部分员工召集起来。每隔18到20个月，我们就集中400到500名经理进行为期一周的交流，而大约100位重要的经理要一年集中两次。

如果我们能够提高所建立的小公司的发展速度和灵活的反应能力，同时员工们能够与客户相处得非常密切，理解他们每个人的努力对于他们所处的利润中心的重要性，而不是产生一种被庞大官僚机构所埋没的感觉，那么，人们就愿意承担由于分散增加的成本和由这种分散所产生的一些困难。

最近，在瑞士达活斯世界经济年会上，ABB集团首席执行官珀尔西·巴耐维克说："我们允许员工犯错误，但我们不允许消极被动。"

三、控制和授权的五个成功范式

一个有效的授权主管会根据授权对象，对自己的授权和控制的技术作细致的挑选和改造，以适应具体的授权对象。但这有一个前提，首先要充分把握一些基本的一般性的授权与控制技巧。这些授权与控制技巧包含：

1. 确立工作目标和标准；2. 关注和统领全局；3. 追踪下属的用权情况；4. 追踪下属对命令和计划的执行情况；5. 明确分工、权限和反馈机制。

◆ 确认工作目标和标准

主管不能笼统地说"公司希望成本得到令人满意的压缩"，工作目标和标准的三点要求是：客观、精确、适度。

对有的工作来说，不仅难以制订标准，而且难以评价。例如：对财务副总经理或公关部经理的控制工作就难以评价，这是因为明确的标准难以制订，这些主管人员的上司就往往凭借含糊的标准来衡量，诸如企业财务状况是否正常、工作态度如何、员工的工作热情如何等等。

你不能仅仅以控制标准来衡量员工过去做过什么，你还要能事先察觉偏差可能发生在什么地方。当面对一些诸如上述的难以制订标准和难以评价的工作时，你可以将与其相关的其他工作的目标和标准，作为这些工作评价时的参考标准，即从法律意义上说，就是承担连带责任。总之，任何工作都不能没有目标和标准。

◆ 关注和统领全局

授权无疑是一种令人赏心悦目的选择。而实际上，授权把主管们从具体事务中解放出来，使他们有更多的时间和精力思考全局的问题，他们往往比事事躬亲时更能统御全局。

很多时候，由于下属未必能够体会作为更高一级的你的使命和责任——公司大局或部门大局的使命和责任，而有意无意地在授权范围内以本位主义行事。所以你在授权之后，虽然不必事事躬亲，但仍然要关注全局，运用协调和控制手段，统领全局。即使是在相对轻松的工作压力下，仍然要把握对公司或部门全局的大权，永远不能让统领全局的大权旁落。有效的全局统领会在三个层面上进行：

对组织的控制——你应该采用纵向画线、横向画格的管理范式来实现组织的控制。纵向画线即界定各部门对上、下的权限；横向画格即界定下级各部门之间的权限。这种界定的结果是：在宏观上把各部门纳入自己的控制轨道，在整体规定的线路上按部就班地运行；在微观上使他们在画出的方格内充分享受自己的权利，灵活有效地运转。各部门既处于自己的指挥之中，又不能成为指挥不动的独立王国。

对工作的控制——你要对工作进行静态控制和动态控制。静态控制是对工作目标、工作计划、规章制度的制定做到心中有数；动态控制是在工作过程中，为预防和纠正失误、偏差而采取的指挥、调整和协调。

对员工的控制——主管们往往对控制“人”感到头疼。在对人的控制上，更显示出主管们“方法与艺术结合”的能力。除了选择好控制时机，最重要的是控制程度的把握。对员工的控制既要坚决果断，又要防止粗暴武断；既要讲求时效，又要防止操之过急；既要反应灵敏，又要防止“神经过敏”。高明的主管会懂得在“过”与“不及”之间寻找最恰当的点。

◆ 追踪下属的用权情况

授权使你的控制发生了微妙的变化。因为授权，你对工作及局面的控制实际上是退后了，这反而使控制在授权中的地位得以凸显。你必须使自己的控制技巧更加高明，才不致使工作陷入失控状态。同时，因为授权，你得以从具体烦琐的事务性工作中腾出时间来，其中的一部分将被用来监督委派出去的工作，这几乎成为你对这些工作负责的唯一有效的形式。

有些主管在授权之后，没有定期检查下属的用权适当与否的情况，而定期检查下属的用权适当与否的情况，是成功管理者经常采用的控制手段。

主管在发布授权指令后的一定时期，必须从有关方面了解下属用权适当与否的情况，并对用权适当的情况给予肯定，对用权不适当的情况给予否定和指导。这一方面有效地指导和帮助下属成长，另一方面，当这成为一种常规化的领导行为时，它本身就成为对下属用权的一种监督，从而在不再事事监督形成权力“虚设”的情况下，达到权力监督的目的。

从某种意义上说，通过对下属用权适当与不适当的情况给予否定和指导，预防干部犯错，确保干部健康成长，从而确保企业人才梯队的建设，是真正对干部负责，对企业负责的体现。

◆ 追踪下属对命令和计划的执行情况

有些主管在授权之后，常常忘记自己发出的指令，而对于已发出的命令和计划进行追踪是确保命令顺利执行的最有效方法之一，也是成功管理者经常采用的控制手段。

所以，你在发布授权指令的同时，要与下属商定，命令和计划下达后，下属应当定期呈报命令执行状况的说明。在进行命令和计划追踪时，你必须首先明确，追踪的目的在于：

了解下属是否按原定的计划执行，以及所履行任务的质量是否达标？

有无足以妨碍命令和计划贯彻的意外情况出现？反思、检讨你下达的命令和计划正确与否？有无调整的必要？

下属的工作能力和态度如何？能否确保任务按质按量按时完成？

确认绩效，兑现奖惩。对于出色的工作要给予充分的鼓励，对于不足的工作提出意见。精神推动如果结合物质奖惩，效果会更好。

◆ 明确分工、权限和反馈机制

1. 明确分工

当你要授权时，首先要确定授权的内容以及授权给谁。你必须选择一个最有能力完成任务的人，然后确定他是否有时间和能力从事此项工作，尤其是是否有意愿从事这项工作。

如果存在一个能干而愿意从事这项工作的下属，你就应该提供明确的信息，告诉他授权给他的是什么，希望得到什么结果，以及对时间和绩效方面的要求。

通常情况下，你应当只授权结果，而让下属自己决定采用什么办法。着眼于目标，并且给下属充分的自由，使他们对如何达成目标作出自己的选择和判断，可以增进管理者与员工之间的相互依赖的关系，增强员工的工作积极性，强化其对结果的责任感。

2. 指明下属的权限范围

每一项授权活动都与限制相伴随。授权是下放用于某项工作的权力，而不是无限制的权力。对员工所授予的是在某些条件下处理问题的权力，因而，你必须明确指出这些条件是什么，以使下属明确地知道他们的权限范围。

3. 让下属参与授权决策

确定完成某项工作必须拥有多大的权力的一个有效办法，就是让负责此项任务的下属参与该决策。但要注意，这样做存在着一系列潜在的问题，它会使下属在评估自己能力时自私自利和带有偏见。一些下属可能倾向于扩张自己的权力，而使其权力超出需要的范围或能力所及的范围。让他们多多地参与授权决策，会降低授权工作的有效性。所以，你必须事先明确地告诉下属，让他们参与授权决策，但最终决定权在你和你的上级。

4. 建立反馈控制机制

仅有授权而不实施反馈控制会造成很多麻烦。最常见的问题就是下属滥用他所获得的权限。建立控制以监督下属的工作进程，就可以及早发现重大问题，从而保证任务按预期的要求完成的可能性。

一般情况下，你在分配任务时就应确立控制机制。首先要对任务完成的具体时间达成协议，然后确定进度，在这些时间里下属需要汇报工作进展情况以及遇到的主要困难。控制机制还包括定期的抽查，以确保下属没有滥用权力，执行组织政策，符合适当的工作程序等。

案例：GE 公司授权与控制的方式

在 GE 公司，虽然高层管理人员已经参与进来了，但让基层管理人员参与变革也是非常关键的。而现在的问题是，基层的经理们仍然拒绝改变。韦尔奇感到解决问题的办法在于：让通用电气公司的全体人员能够向本部门的经理们提出与其工作有关的问题，而不是向通用电气公司的董事长提出。“我们应该创造一种气氛，任何人都可以在遇到问题的时候能够与解决问题的人直接对话。”

韦尔奇开始考虑这个挑战：如何才能让经理和工人相互交流，共同改善日常经营的问题。他确信接触实际操作的人们，才真正具备提高生产效率的创造力和革新办法。无论如何，经理们对日常经营问题的解决办法是没有独占权的。韦尔奇决定冒险采取两个关键性的行动，一是向一线人员放权，二是群策群力，集思广益。

他在整个公司要求经理们实行放权，让接触实际操作的人们参与提高生产效率的革新方法和决策。他指出：“如果你控制两个人，仅仅让这两个人去做你所让他们做的，那么我会开除你而留下其余两个人。既然有三个人，我就想要得到三种想法。而如果你只会发号施令，那我就只能得到你的想法。我更愿意从三种想法里面选择，这就是‘通用’的基本思路。”

提倡放权不是仅仅出于一种要对职员好一点的冲动，或者出于一种认为业务主管不如厂房里的工人聪明的想法，它的意义还在于，在GE形成这样的一种文化：你必须把你的员工看作部门必不可少的一部分。这样做的话，你会发现员工变得更加积极而尽责。积极而尽责的员工会有更高的主动性和生产效率。这一切一点儿也不复杂。

韦尔奇说，“群策群力”实质上是疏通内部意见的程序，其宗旨是使包括最高经营者在内的全体职工通过集体训练，提出各自的困难，集思广益，寻求共同的解决意见。最终的目的是让各部门的各级成员都能直接参与确定公司目标、决策及成果。

这种活动貌似平常，却体现着通用电气公司内部经营战略的精神，以至于有人把它视为是通用电气公司“管理革命的象征”。

1989年1月，一年一度的碰头会在佛罗里达举行，韦尔奇总裁向到会的500名高级总经理宣布了这一规划，即实行群策群力的管理方式，聘请高级顾问和商学院的教授协助实施，而且已强制执行。“群策群力”这一管理方式的基本含义是，举行各阶层职员参加的讨论会，在会上，与会者做三件事：可以动脑筋想办法；取消各自岗位上多余的环节或程序；共同解决出现的问题。先期的群策群力讨论会主要是建立信任，最基本的范式是大家七嘴八舌发表意见。后来逐渐上升为一种理念。这种管理方式始于1989年3月，一时间，像爆米花一样在通用电气公司的许多部门得到了贯彻。

讨论会都遵循同一范式，职员们称之为“城镇会议”。由执行部门从不同阶层、不同岗位抽40～100人到会议中心或某一宾馆，会议为期3天，先由上司简要提出议程安排，不外乎减少不必要的会议形式、请示等表面工作，然后上司拂袖而去。在一名外聘助手的协助下，与会者分成5～6个小组，分别讨论某个议题。小组讨论进行一天半，列举弊端，讨论解决方案，为第三天的议程草拟报告。

会议的第三天尤为重要，它赋予“群策群力”这一管理范式以特殊的生命力。对前面议题一无所知的上司回到会场，在前排就座，并常有资深的头面人物来旁听。小组代言人逐一汇报，提出小组的建议和主张。按规定，这位上司可做出三种答复：一、当场拍板；二、否决；三、要求提供更多的情况，但须在固定日期内答复。

“群策群力”的大部分理论基础包含着诸如工人的参与、信任感和下放权力等平凡甚至有些陈旧的观念。它拆除了“蓝领”和“白领’的界限，不同岗位、不同层级的职员集中到一起，针对某些问题研究提出建议和要求，当场确定实施意见。这种管理方式，减少大量中间环节，迅速提高了行政效率。

过去，通用电气公司制造一个燃烧室喷气发动机上的关键部件，需要30周，通过开展“群策群力”的活动，这一产品生产周期缩短到只需4周。

“群策群力”讨论会已成为通用电气公司一种日常性的活动，随时都可以根据需要举行，参与人员也从职工扩大到顾客、用户和供应商。

也正是这种“群策群力”的活动，推动着公司的高层领导者必须更多地去放权，更多地去行动，更多地去听取意见。他们必须信任别人，也必须被别人所信任。领导层确实有做出最终决策的责任，但同时还拥有同样的责任来使人相信，特别是使提出建议的人相信这些决策是合乎理性的。领导所做出的决策应该为部下所理解，并具有强大的感召力。虽然这并不十分容易，但却是通用电气公司在20世纪90年代所致力于促进的。

本章实战型思考题（答案在 www. mgmtkey. com 网站）

6.1　江一的企业是一个高科技IT企业，大学以上学历者占员工总数的60%。两年前他请了一个专家给员工们讲了一次关于高科技IT企业的管理的讲座，其中强调应该以放权管理为主，而要减少控制。从此，他的企业无论谁在什么情况下，一谈到控制，都会受到有声的或无声的抗拒。于是各级领导有意无意地放松了控制。但结果表明，放松了控制后的企业业绩不断下滑。江一及其高层领导人已经明白，企业还是要有必要的控制，他们还知道，世界500强企业中的高科技IT企业也是有控制的（例如微软公司），而且他们的控制，与其说是一种行为的红灯，还不如说是一种行为的护栏杆，如果一定要说是一种控制的话，那它更多的是一种事前控制。因而，这种控制不但没有引起员工们的反感，还往往被员工们视为企业对员工的尊重和关怀。不过，江一到现在还不清楚怎样才能达到那样的控制境界？你是否知道？是否需要我们告诉你？

6.2　作为CEO，江二一方面要思考要管理的事情很多，对下属监督的时间总是太少；另一方面，不对下属进行更多的监督，尤其是下属在企业的管理层级越高的情况下，权力被滥用的恐惧和风险实在太大，而对下属进行过多的监督，尤其是下属在企业的管理层级越高的情况下，下属自尊心和积极性受到的伤害也很大，江二就这个问题询问，有没有既可以让人节省监督的时间和次数，又能有效预防下属滥用职权的办法，回答是肯定的。你认为那是什么方法？

6.3 江三昨天召开中层主管会议，批评他们不向下授权，他责问，作为老板的他，也能授予他们全权负责其部门，为什么他们就不能向下授权？他强调公司规模和业务已经比过去大了一倍，各部门主管一定要把权力下放到基层主管身上，否则，将无法适应业务发展的要求。江三话音刚落，业务部主管就说：老板授权给他们容易，因为不同部门职能不一，他们还能借助于各自的职能而把握尺寸，但在同一部门内，他们就不知如何向不同的下属授权，也就是说，授权应该建立于什么基础上。其他主管也纷纷说，不是他们不想向下授权，的确是不知授权应该建立于什么基础上。江三想一想，这的确是一个需要搞清楚的问题。他决定先咨询有关专家，然后再决定如何授权。你了解授权应该建立于什么基础上吗？

6.4 江四好不容易创业成功，在所谓二次创业时，他聘请了一个职业经理人，全权负责企业的经营管理。一年之后，他的企业从盈利变为亏损，并因为错失良机而一蹶不振。江四也忧虑过度而成为精神病患者。他总是喃喃自语："永远也不要把你的权力100%地授予下属。"但遗憾的是，江四获得"永远也不要把你的权力100%地授予下属"的认识的代价实在太大了。作为公司老板或部门领导的你，如果你不想重蹈江四覆辙，我们认为至少有一项权力是绝对不能授予他人的，那么你认为是哪一项呢？

6.5 江五刚刚读完EMBA回来，一改其过去大权独揽的作风，把整个组织分成各个部分（例如计划、财务管理、销售等等），再安排一个人来负责主管一切，并宣布，各部门主管对其部门工作全权负责，自己做个咨询者、顾问，教练，或是调停人——在他们其中有人需要他的时候。三个月后，江五诉苦说："每件自己分派下去给他们的事，结果似乎都变成需要自己来解决，都回到自己身上来。公司董事会有一些关于职务上的论点，要我们用公司的观点去做决定。然而他们的视野就是无法看到他们职务以外的世界，永远弄不懂即使是在他们的职位上发生的问题，不仅和他们自己有关，也和他人有关。"他还说："我现在的事情比把工作干净利落地分派出去之前的还多，就好像事情都被分派到风中去了一样。"说实话，江五下属的管理团队素质是普遍获得好评的，但江五不明白，问题到底发生在什么地方。你是否也遇到过相似的情况？你是否可以不用找我们，自己也可能帮到他？

6.6 江六公司是一家从事乳制品生产的企业，产品覆盖全国。乳制品是一种看得见的东西，企业的竞争力主要体现在市场营销的能力上。所以他一直都把费用预算的绝大部分放在市场营销网络和销售人员上。有一次，他的整个营销系统几乎瘫痪，原因是他的营销总监带着其下属各大区经理、重点市场办事处主任，跳槽到竞争对手那里，更加悲惨的是他的一大批客户都被跳槽者带到竞争对手那里去了。他不得不东借西凑，花了一年时间才重新建立市场营销网络。这一回，他心有余悸地咨询专家，有没有办法让他不再重蹈覆辙。专家给出了方法后，江六经过两年的努力，业绩比过去翻了两番，其间也有个别营销人员经不起竞争对手的诱惑而跳槽，但再没有发生客户被带走的事情。你是否也有类似的经历？你是否不希望重蹈覆辙？

第七章
团队悖论：
关注个人还是关注团队

团队悖论 1：作为个人，我的工作很重要，没有必要为团队的事情操心，但是，如果我不为团队的事情操心，团队其他成员也不配合我的工作，我依然无法完全或很好地完成我的工作。作为团队，我们的工作很重要，没有必要为企业大集体的事情操心，但是，如果我们不为企业大集体的事情操心，其他团队也不配合我们的工作，我们依然无法完全或很好地完成我们的工作。

团队悖论 2：由于每个团队成员的意见和利益有所差异，因而团队的决策和追求的利益往往没有照顾到个别团队成员的意见和利益。如果团队的决策和追求的利益没有照顾到我的意见和利益，那又如何体现我是团队的一员呢？如果体现不出我是团队的一员，那我肯定不会自觉自愿积极工作——目前没有离开这个团队，只是因为还未能找到更好的工作。

团队悖论 3：对于企业组织来说，真正持久性的竞争力因素不是来自团队，而是来自个人；但没有团队的协同作战，任何个别成员都难有作为。如果奖赏（包括物质的和非物质的）在团队中平均分配的话，人们就会向表现最差的成员看齐；但如果奖赏（包括物质的和非物质的）不在团队中平均分配，而是根据各个成员的不同贡献来分配的话，往往成为团队的合作程度降低的主要因素。

孙子兵法：

“故知胜者有五：知可以战与不可以战者胜，识众寡之用者胜，上下同欲者胜，以虞待不虞者胜，将能而君不御者胜。”

第一节　首先要建立团队经营的基本法、基本程序

一个国家要有基本法——宪法，一个团队也要有基本法。所谓基本法、基本程序，就是对谁都适用的基本法、基本程序。举个例子，两个小孩子分一个苹果，就必须在切分苹果之前，先制定一个程序：不管谁拿刀切苹果，都不能先挑，这就会使拿刀的人尽可能对半切分苹果。这样，谁拿刀切苹果，就不会是一个有争吵必要的问题了。因为基本法的立法者就像中国俗语所说的泥木匠——泥木匠造门，过得自己才能过得别人。那么一个成功经营的团队，应该要建立什么基本程序、规章呢？笔者认为下列基本法、基本程序是不可或缺的：

- 团队领导与团队成员的角色和责任划分，以及相应的行为边界的划分。
- 团队方针政策和决策程序，怎样形成决策？谁对谁的决策进行决定？
- 明确公开团队和成员的目标，以及推进方法。
- 对事不对人：1. 问题当前，先对问题进行定义，然后再讨论如何解决问题；2. 一事当前，先对事情——项目、任务的要素及其标准进行确定，然后再讨论如何分配项目和任务；3. 一事当前，先对概念进行确定，并根据企业的核心价值观进行注释，然后应用到团队所有成员的身上。

以下分别对上述团队基本法、基本程序进行必要的注释。

一、团队领导与成员的角色、责任，以及行为边界的划分

团队领导负责处理整个工作，其关键是改进当前的制度。团队成员负责某些特定的工作，并将最新的工作信息及已完成的工作信息，都及时传达给其内外供应者和顾客，以及团队领导。进一步说，团队领导的工作焦点是激励、领导、信任、鼓舞，以及其他能够激励和吸引团队成员从事相应工作的各种措施；团队成员的工作焦点是流程、工艺、系统、文件，以及其他让业务正常运作所需要做的事情。

团队成员的基本要求是服从制度与当前执行的最佳操作方法（BOP）。这样，团队领导就能从维持现有制度的运转中解放出来，并可以去进行更有益的工作，即发展团队的能力和改善现有的制度等。

无论是团队领导，还是团队成员，每一个人在企业组织中都应该是不可或缺的。对于管理者来说，应该让他们发挥独特的作用，包括让他们发挥独特作用的安排。

◆ 世界500强企业对团队领导角色的共同的基本要求

世界500强企业的领导者们一般都具有以下特点，这些特点也可以作为团队领导角色的基本要求。

1. 他们对自己的企业和自己业务有足够的了解，了解自己的员工和现实，并勇于接受，所以他们能够在一些重大决策过程中贡献自己的力量。

2. 他们坚持以事实为基础，能够为企业的发展确立明确而清晰的目标，并确立明确的实现目标的先后顺序。他们善于将复杂的东西分解清楚，复杂会导致误解，简洁则会排除迷惑。

3. 他们始终放眼世界，与时俱进，善于学习先进的东西，不论这些东西是来自企业内部还是外部，来自上级还是来自下属。不会因为小小的胜利而沾沾自喜，因为他们永远秉承着一种信念——止步不前的人必被淘汰。

4. 他们会经常地给自己的下属提供指导和培训。在他们看来，判断自己领导能力的标准是自己所聘请的人的质量，所以他们会在确定提升对象之前对其充分了解。

5. 他们会与下属分享成功和荣誉，会通过在报酬和升职机会方面对表现不同的员工加以区别对待的方式，来回报那些具有执行精神的人，并建立一种执行文化和强大的领导基因库。

6. 他们有着坚强和诚实的性格，能客观地评价和对待自己的优点和缺点，对自己的行为负责，能够随着环境的变化对自己的行为和心态进行调整，善于接受新事物并能够始终如一地坚持自己的道德标准。

7. 他们有很强的沟通能力，善于倾听下属的意见和建议，并承认自己并不知道所有问题的答案。他们善于授权给下属，以确保下属有足够的权力和资源实现工作计划和目标；同时他们善于对下属的工作过程进行跟踪、指导和监督，而确保下属的工作正在按计划进行。

◆ 团队领导与团队成员的角色和责任的划分应该具备如下特征

1. 它表示产出，即做好工作会有何结果。

2. 它对于部门或团队成员本人来讲都是独特的，即团队或个人都特别负责什么。

3. 它导致可评定的目标和结果。

4. 它在部门或团队成员本人的控制或权限之内，即个人或团队只对员工职权范围内的事负责，也就是只对员工负责决策的事情负责。

◆ 团队领导与团队成员的角色对照如下

团队成员负责：

1. 满足顾客要求。
2. 产量。
3. 产品或服务的质量。
4. 数据的收集。
5. 保持良好的环境卫生。
6. 掌握技能和熟练操作。
7. 对改进运作水平作出贡献。
8. 养成安全生产习惯。
9. 团队内的合作。
10. 培训其他员工。
11. 自我发展。

团队领导负责：

1. 引导。
2. 创造做好一项工作的条件。
3. 减少浪费。
4. 消除障碍。
5. 设计改进措施。
6. 与供应部门联络。
7. 与客户联系。
8. 做好安全生产的安排。
9. 促进团队之间的交流。
10. 对团队的激励。
11. 促进团队成员的个人发展。
12. 自我发展。

案例：GE公司放眼世界，与时俱进，善于借鉴别人经验

你一定要非常清楚地了解公司当前所发生的一切，同时要放开眼界，在衡量自己进步的时候，要把眼光放在与其他企业的对比之上，而不是仅仅局限于本企业的内部。你不能把自己的关注点停留在“我今年取得了什么进步?”这样的问题上；你应该问，“和其他公司相比，我们公司目前的状况怎样？它们是否取得了更大的进步?”这才是一种真正的实事求是的态度。

20世纪90年代中期，一位朋友向杰克·韦尔奇介绍了一种能够使制造过程中的存货周转呈量级增长的方法。当时只有相对很少的企业领导者理解存货周转的重要意义。他给了韦尔奇这种方法的实践者名字——美标公司（American Standard）CEO爱玛纽尔·坎布里斯。韦尔奇大为欣喜，但他并不满足于仅得到这个概念，他希望能对这种方法有更清楚的认识。为此，他亲自拜访了坎布里斯，并和他进行了长达几个小时的谈话。然后他又来到了工厂仓库实

地考察，并应邀在美标公司进行了一场演讲。在接下来的宴会期间，他坐在坎布里斯的两位经理之间，一位来自巴西，一位来自英国，他们的工厂年存货周转率分别高达 33 次和 40 次。韦尔奇整个晚上都在向他们询问一些细节的问题——他们使用什么工具，工厂内部组织结构如何，他们是如何克服阻力成功地在组织内部推行这种方法的，等等。

通过这种参与，韦尔奇了解了在通用电气推行这种方法所可能需要的代价，他了解了这种方法对执行人员的要求，以及所需要的资源。因为只有这样，他才能尽快将这种方法应用到自己的组织当中。到 2001 年韦尔奇退休的时候，通用的存货周转率已经达到了 8.5 次的水平。

◆ **后续跟踪是团队成功执行计划不可或缺的手段**

执行力良好的领导人都会严谨地进行后续追踪，以确保负责计划的人员能依照原定进度完成当初承诺的目标，并找出缺乏纪律或理念与行动不配合等的问题，同时也能厘清各项具体细节，让组织的各个运作单位的步伐协调一致。

你必须要了解团队是否按原定的计划执行或是否达到原定的计划进度，有无足以妨碍计划贯彻的意外情况出现？如果遇到外在环境发生变化，完善的后续追踪也可使作为上级的你和计划执行者迅速灵活地应变。而变化是肯定的，因而计划的调整也是肯定的。所以，如果没有对团队的工作进行跟踪和指导，也不可能及时对变化的环境和计划作出对策和调整。同样，如果上下级之间没有得到严肃对话的话，清晰而简洁的目标并没有太大意义。

确认绩效，兑现奖惩。对于出色的工作要给予充分的鼓励，对于不足的工作提出意见。精神推动如果结合物质奖惩，效果会更好。

案例：跟踪、指导下属工作计划的开展

在一家大型美国跨国公司的计划评估会议上，一位部门经理正向大家阐述自己准备如何提高本部门在欧洲市场上的占有率（由原来的第三位提高到第一位）。这是一项野心勃勃的计划，而实现的关键就在于提高公司在德国市场上的占有率。“这是一次激动人心的演讲。”公司 CEO 作了这样的总结。但他同时注意到，德国正是该部门最强劲的一个竞争对手的总部所在地，而根据当时的情况，再加上对方规模是本公司该部门的四倍，所以他继续问这个经理：“你准备采取什么具体步骤呢？你要争取的客户群体是哪些人？你准备用哪些

产品来扩大市场份额？你有哪些竞争优势？”

显然，这位部门经理并没有考虑到这些问题。然后CEO开始进一步衡量该部门的实际能力。“你们有多少销售人员？”他问道。“十名。”部门经理回答说。“你们的主要竞争对手公司的销售人员数量是多少？”答案是——他的声音是如此之小以至于大家几乎无法听清——“两百。”CEO的最后一个问题（与其说是一个问题，倒不如说是一句陈述）是：“现在你部门的德国分部由谁负责？他不是几个月前刚调过去的吗？你在制订计划之前征求过他的意见吗？”

仅凭这几个简单而挑剔的问题，这位CEO已经充分指出了该部门战略中的不足，而在实际操作中，这些不足足以毁灭整个计划。

许多CEO都可能会选择这时结束谈话，以免让部门经理过于难堪。但事实上，这种做法恰恰使他们失去了一个很好的指导机会，而CEO们本来是完全可以利用这个机会来对部门经理作出恰当的指导，帮助他们在事业上取得进步，同时也能够把公司进一步推向前进。而这位CEO的目的，就是教育他的团队如何制定出符合实际的策略计划。

“我有些提议或许能够帮助你实现这个计划。”这位CEO说道，“我建议你们先把市场细分化，然后找出竞争对手的弱处，再以尽可能快的速度把你们的计划付诸实施，从而赢得竞争优势。对方的产品线中存在哪些缺口？你能否设计出一些新的产品来填补这些缺口？能不能设法争取到那些可能会对你的新产品感兴趣的客户？”

在会议结束的时候，该部门的领导者——由于受到了足够的激励——同意重新制订一份计划，并于90天后拿出了一份新的、比较现实的计划书。在这个过程中，每个人都了解了整个战略步骤的分析过程。

二、团队的边界管理及其条件

边界条件建立了团队开展工作的界限或限制。这种管理技术为团队提供了较高层次的自治，当出现问题或面临机会时，鼓励团队做出创造性的决议。当团队不断成熟并在成熟标尺上充分显示其能力时，其边界条件可以不断加宽。（如图7-1所示）

◆ **团队边界条件的特点如下：**

- 资源：规定最大限度可用资源。

例如：一个合同工每周工作 40 小时，公司共有 100 名合同工。

• 设备：明确设备界限或限制。

图 7-1　指示与边界条件

指　　示	边界条件
规定要做什么和如何完成任务。	规定小组在决定做什么和如何完成任务之前必须考虑的界限与限制。
管理导向	共享领导

■ 对行为进行管理控制。几乎不给团队的创造性、革新性和使命感以任何机会。

■ 给团队较多自主权和较明确的工作中心。营造了一种鼓励创新的氛围。

■ 防止出错时挫伤了认知。

■ 防止出错时鼓励认知。

例如：本计划必须利用现有计算机和电信设备完成。又如：公司生产线每天只能工作 16 小时。

• 权力：规定指令边界。

例如：团队领导将负责所有改造程序的决议。如果团队领导认为有必要超出边界中规定的数额，他们需要协商推荐，并向管理阶层申报许可。又如：某种开发项目团队可以随时使用公司二级机密以下任何资料。

• 管理哲学：规定团队必须遵行的根本管理原则。

例如：同我们的适时（JUST－IN－TIME）管理思想一样，任何改革决议必须排除废物和多余的东西。又如：团队决策时，少数服从多数，又或责任人具有最后决定权。

• 预算：规定团队可以开支的上限。

例如：某计划的预算不得超出 1 万元，某种开发项目团队今年的资金预算是 100 万元。

• 场位/实体空间：规定实物界限。

例如：办公室必须设在位于 24 层楼的1 000平方米的空间。

• 安全：规定团队必须考虑的保护界限。

例如：任何关于生产流程的决议不得对安全有不利影响。

• 法律：规定必须遵守的国家或企业相应的法规。

例如：任何人都不能把不符合质量标准的产品交给顾客。

◆ 团队边界管理的作用

边界管理是重要的，这不但是因为它使工作小组得到了所需要的东西，同时避免了不必要的干预，而且它也处理了任何对创新项目的继续发展具有或大或小威胁的问题。在一项研究中，在如何面对小的公然反对时，边界管理的作用是显著的——也许因为在团队构建阶段，他们的成功决定了一个项目是否开始。反对或抵触似乎采取了更加被动的形式：批评计划的特定细节，故意拖拉的不合作，对要求的冷淡反应，不可利用性，把稀缺的时间和资源分配给其他项目而进行有偏向的争辩。早期的反对可能是采用一种怀疑主义的形式，因此是不情愿地付出时间和资源；后期的反对可能是采取直接质询计划所呈现的特定细节的形式。

三、团队方针政策和决策程序

所谓方针政策，就是根据公司的战略目标，明确本团队在一定时期内的重要工作事项、目标、要求达成目标的时间、责任部门或责任人，为团队的工作计划做出指向。

决策的程序、方式应该是清楚的，并应得到加强。在每一级，都要确保决策尽可能做到最好，决策过程既要快捷，又要基于真实的数据以及可信的假设。我们必须明白，只有那些拥有相关数据以及正确试点的人员，才能做出现实的和及时的决策。之所以授权给一线员工的一个基本道理，就是要把决策权交给那些拥有真实数据并且每天与现实（实际就是顾客）面对面打交道的人。同时，我们还要明白，从不同的级别上看去，组织所面临的“现实”看起来是不同的。所以，一开始就要确定每一级的决策程序、方式、范围，也是非常必要的。

直到你的员工开始“模仿”你，否则你就还没有充分地重申你的方针政策的要求。

◆ 一事当前，团队的决策应该以下列的程序进行

1. 为谁，谁是客户，我们为什么存在；

2. 他们的需求是什么，即我们做事的原因；

3. 我们做什么来满足这些需求；

4. 我们如何不断地花最小的代价来满足那些需求。

◆ 正确的决策更多的来自负责任的争论

当面对一个选择，或者说需要做出一项决策时，没有任何异议的一致同意并不是一件好事，而此时最需要的是激烈的争论。因为只有在争论中，才可能把问题看的更清楚，也才可能做出正确的决策。

阿尔弗雷德·斯隆（Alfred Sloane）在担任通用电气公司的董事长时，每逢决策，如果所有的董事观点一致，他就会推迟决策的过程！他深知，在问题十分复杂、选择又是这样透明的情况下，只有对机会和威胁进行激烈的讨论后，才能确保所有的问题清楚明白，并且才会在这种情况下做出最好的判断。

为什么只有在争论中，才可能做出正确的决策，因为决策在本质上是一个有意识的选择过程：1. 认识需要满足的要求；2. 寻求相关的行为选择；3. 比较评价备选方案，并作为选择的基础。

◆ 团队决策的有效性和有效率的要求

世界500强企业都深知以下问题的重要性："谁进行决策?"以及更重要的相关问题："谁对谁做出的决策作决定?"分配决策权还包括确定哪些是组织所面临的最重要、最困难的决策，以及由谁来做出这些决策。

企业组织必须事先将本组织的决策架构与程序公开，将决策权限向大家明示。让处于组织上的任何一级的团队领导和员工，都知道这个问题的答案。也就是说，不但要让负责决策的人知道，而且也要让组织的其他任何人都知道。

有些企业确定决策程序是：责任人责任制——广泛征求意见，少数人商量决策，一个人决定。

有些企业确定决策程序是：例行事务处理由项目或团队负责人负责；例外事务处理由专业决策委员会负责。

日本松下电器公司的决策体制是，策略性决策由总公司负责制定。各处工作团队的主管负责日常业务的决策。而日立公司的策略性决策由统率工厂的事业部主管草拟方案，然后交给总公司的常务委员会负责审核。

管理悖论：

团队共同决策虽然耗费很多时间而失去效率，但往往能增加有效性，尤其是团队成员的责任心；团队领导或少数人决策虽然快速而有效率，但往往增加决策的风险，尤其是减弱了团队成员的责任心。

案例：沃尔玛公司不同层级决策团队的决策机制

"如果你认为你能仅靠CEO即可作决策，你错了。而如果你认为仅靠向商店经理们做经营陈述即可作决策，你也错了。在决策权链中拥有某种决策权的每个人，均需理解涉及他们层次的服务。如果他们不这样，你的决策将在未达到他们的那个层次之前就被阻断。但是决策沟通是怎样在沃尔玛公司中奏效的以及其他人能从中学到什么呢?"

杰克逊描述了沃尔玛公司所遵循的决策沟通路径："我们从高层的董事会开始。我们的董事会是由沃尔玛商店的CEO李·斯科特、沃尔玛商店主席洛布·沃尔玛、吉姆·布雷耶和我组成。目前，只有我们4个人，我们要保证在目标与任务上一致。

"往下一个层次，是沃尔玛的经营领导层，我们有一个由6位沃尔玛总裁班子成员组成的主意理事会，我们依靠他们帮助我们完善我们的战略与战术。我们两个月与他们会面一次，讨论全球思路并讲述我们要怎样做。例如，我们曾讨论过开创在线婚礼登记，这确实对商店有好处，我们探究如何创立及怎样实施。我们能够围绕他们形成主意并制定商业规则，因为他们是我们的股东。再下一个层次上，我们有地区经理顾问组，帮助我们构想这些大思路对商店的影响。作为他们评论意见的成果，我们或是向商店提供能使思路行得通的工具，或提供能使其更好的合作的事项，或者能避免做些令人很不满意的事。所以地区经理顾问组是十分重要的，我们每个季度开一次会议。然后就是公司范围的交流。沃尔玛内部沟通过程是少见的，公司每年要开两次会议，把3 000名商店经理召集到会议中心，还有助理经理和副经理。他们讨论怎样把商店经营得更好，什么样的产品最重要。而我有机会在会议上向每位经理宣讲，第一，沃尔玛网站正在干什么；第二，他们在使这些事情成功中所起的作用。

"最后，就到了最重要的层次——销售工作人员上。这儿有一个以计算机为基础的学习项目真令人难以置信。例如，有一个软件，向销售人员讲授如何接受退货，并告诉为什么办好此事是重要的。对于在接待台工作的人员，必须通过此项培训。我们还有沃尔玛电视与无线电网络，两个不同的网络向商店广播，告诉售货员在沃尔玛什么是重要的。有一个节目是为我们设置的，我们能说明沃尔玛网站在做什么。沃尔玛无线电台也固定播放，也是宣传我们消息的手段。我认为如果你遗漏了某一层次，你就会留下使你的工作推进受阻的漏洞。用上述交流的方式，我们把每个员工都包纳进过程之中，在思路阶段如此，在战略阶段也如此。”

案例：IBM 的团队自我管理与财务政策

IBM 有一家地区性的子公司，它专门卖软件给政府单位。起初，第一代的老员工都身兼数职，销售、安装及维修整个系统都一手包办，因为公司仅仅雇用这些员工。每个人都认为随着公司蓬勃发展，这样的工作范式应该会有所改变。在产业经营的概念中，销售、安装及维修本来就该分开的。一般的假设都认为，顶尖的维修员，就不会是一位顶尖的程序设计师，也不会是一位顶尖的销售员。同样，维修高手也不能胜任其他两者。但这个假设并没有被证明为真理。

这个工作小组飞快地卖完他们在地区市场上的所有产品。为了要持续成长，他们不但要在地区内去发掘规模较小的客户（这意味着他们得更换产品），而且要往新的地区开发进军。所以公司向他们提出问题：“你们要怎样确认每个客户都得到最好的服务?”IBM 总裁不再决定方针，而是把决定权转移给他们。

小组成员们决定雇请新人，来负责发掘本地规模较小的客户，而自己往新的地区开发新市场。同时他们建立了一套轮调制度，使得每个人都学到所有的技能；更建立了一套内部监督系统，以保持技术日新月异。他们能够自我训练及监督，并保证对客户提供绝佳的服务。小组中某成员还为发掘规模较小的客户成立一个新的工作小组；另一位成员则负责临时搬迁至新地区草创事业。

今天，这家子公司拥有逾 700 名员工，从新加坡延伸到莫斯科，它由 37 个自治的小组团队组织而成。这些小组成员负责人员雇用、训练，并对客户保持卓越的服务品质。IBM 创造了自我负责的环境，鼓励他们为客户做出更好的表现。这就是在现代企业中的领导统御。

IBM 拥有一个大规模的、全部成本的、即时的成本会计制度，并在公司中大力鼓励规划及推广这项制度。每个人都对计划或客户投入时间、金钱及工具，每天将这些成本加以合计，这就是对每个小组、每项产品所做的即时的、30 天为一轮的平均成本的计算。

这种即时的、全部成本的资料库提供给每个团队，使之有机会在定价及运送时做出很好的商业决策，也使得他们自行负责，做出有利的出价。

最初，总公司仍会审查并批阅子公司的出价，因为公司财务主管在意那些出价是否够高，而他们的出价往往也的确过低。要使子公司做出有利的出价，就要永远坐在那里审查他们的出价，但这未必是总公司想要做的。所以IBM要设法更改，形成另一个严谨的制度，它可以为员工创造责任归属权的环境：那就是奖励制度。

在头一年，每个人都依据公司的利润而分红，并由行政委员会来决定红利是多少。而该年的红利不算太多，因为创业开始的成本消耗利润，这造成了相当程度的不满。在许多无益的讨论之后，最后IBM又一次使用转移责任归属权。

在下一季的全体参与的会议中，公司向员工提出了一个问题："怎样的分红制度才能算公平？怎样才能使你们觉得自己是个赢家，而且仍然对我们的股东有所回报，使他们有足够的资本去经营公司？怎样的分红制度才能使人们可依自己的贡献而得到报酬？"在这个讨论中，有人提议将税后纯利的50%以作基准分配红利。

小组成员花了些时间做决定。最后他们以这个建议作为架构，但加入了明确的条款，并决定小组可自行分配利润给小组成员，以确保每个人都可依自己的表现而得到同等的报偿。

正如柯维所言：在这个智力资本的时代，身为管理者，他的工作是去创造环境，使得人们拥有主控权。

◆ 团队例会的内容应包括以下四个方面

对员工来讲，一线管理人员就是员工每天所见的公司代表。这个人必须是公司最好的业务员和最好的双向交流者。如果公司没有特别重视一线管理人员，也不注意培养员工的交流技巧，那么小道消息就会在公司的四处交流中占据主导地位。所以团队每月至少要召开一次面对面的团队会议。

1. 公司的运行情况。关于公司发展的一些关键问题，包括市场、客户、产品、服务等一切会影响公司运行情况的事情。

2. 部门的运行情况，包括员工各自部门未来三年的工作目标和运行措施。

3. 团队成员发言。这是团队成员提出任何需要讨论或解决的问题的机会。让员工进行认真的、深入的思考，向高层管理者提出关于公司未来发展的尖锐问题，组员将要对提出的问题有所了解，并有义务至少提出一个实际的解决办法。

4. 团队改进计划。团队和个人的角色和责任，及其所起到的独特作用是公司进行评定和评估的依据。

◆ PATIO 会议日程表实例

目的：

1. 收集对修改项目大纲的反馈意见。

2. 评估行动计划和说明现状。

议程：

1. 对项目计划大纲修订本的每一部分进行评估。

预期结果：完整的来自团队全体成员的反馈表。反馈会由策划小组评估并用于项目大纲的第 2 版本——最后文本。

2. 行动计划评估

预期结果：评估所有现有行动项目的现状。确认任何处在滑坡危险的时间。

3. 圆桌会议

预期结果：团队全体成员发言，更新信息。

4. 会议效果评价

预期结果：确认提高会议效率的方式。

时间地点：

- 时间：9 月 21 日，上午 8 点至 10 点（2 个小时）
- 地点：密执安湖 78 栋会议室

信息：

- 会前评估项目计划（版本 1）。请带上副本。
- 行动计划活页将在会场派发。

> 会议的效果相当大程度上是在参加者进入会议室之前就决定了的——关键在于策划。草率策划的会议必然导致草率的结果。采用 PATIO 程序设计的会议比较有效。此外，会前发出议程表是向消除与无准备和迟到者相关的麻烦方向迈出了一步。

第二节 如何组建和培育成功团队

在500强企业里，那些以行动为主的小团队是以各种名目出现的，什么闯将、小分队、工作组，还有什么大权独揽人物、项目中心、地下革新小组、质量控制小组等，不一而足。可是它们却有一个共同点：它们很少在正式的组织结构系统图上露面，也很少在公司电话号码簿上亮相，然而他们却是组织中最显眼的特设的部分。正是他们才使组织能保持灵活流动的特点。

彼得斯指出：小组就是出色公司的基本组织构件，是大厦的砖石。想到组织构件，人们往往就把注意力放到较高的组合层次上去——部门、分部，或者战略经营单位，在组织结构系统图上列出的就是这些东西。但是在我们的心目中，组织要想有效地行使其职能，小组至关紧要。从这种意义上说，出色公司看来颇具日本风格。

显然，小组团队在美国也同样起着构筑单元的作用，尽管不像在日本那样是其国家文化的一个天然组成部分。在新产品开发方面，明尼苏达采矿制造公司就有好几百个4～10人组成的试制组在忙碌着。而得克萨斯仪器公司有9 000个小组在积极活动．想在生产率上取得点滴改进。在澳大利亚，只有不多几家大公司的工作记录是出色的，帝国化学工业公司便是其中之一。该公司的总经理德克·齐德勒在20世纪所推行的办法，就是组成一大批互相联系的小组。

一、组建团队的原则

给团队更多的责任和信任，让团队设定自己的目标，管理自己的预算，解决自己的问题，并进行自我创新，是500强企业的成功经验。当然，这并不表示上级领导不需要对团队进行领导。在组建和发展团队的过程中，你应该严格遵循下列原则：

1. 只要团队成员能够被有价值的目标和工作任务所激励，团队就能够协同作战。换句话说，如果你不能明确特定的有价值的目标和工作任务，就不要随便组建团队。

2. 明确团队的顾客是谁，并能够提供完整的产品、程序或服务；理想的情况是直接为终端顾客服务。

3. 你必须要让团队具备圆满地完成某项工作所要具备的各种技能和业务知识，并把具备多种技能、业务知识和灵活性当成一条原则。

4. 形成团队核心领导，核心领导与成员之间、成员与成员之间互相可见，一同工作互相帮助，并且每天都进行团队沟通、交流。

5. 你要定期进行轮岗，时刻寻找最佳操作方法并付诸实施，让不断改进和持续学习成为每一个成员工作的一部分。

6. 你要让团队自己根据企业的目标制定工作计划，以及进行内部分工；管理自己的预算，解决自己的问题，并进行自我创新。

7. 你要明确团队在企业组织纵横坐标上的边界，始终实施过程控制。边界的大小和过程控制的频率与团队能力和团队合作的成熟程度成正比。

8. 团队的每一个成员，都要具有承担团队的一些工作计划目标和任务的能力。换句话说，如果某人不能承担团队的一些工作计划目标和任务的能力，那他就不应该成为团队的一员。

◆ 组建跨部门的重大项目团队，有以下一些原则

- 目标书要简明扼要，富有挑战性。
- 团队的成员要从该项目可能影响到的各个部门中挑选。
- 根据项目的类型，可以选择一部分全日制参与的团队成员，然后再根据情况需要，选择一些部分时间内参与的成员。
- 项目团队的成员必须对自己所代表的部门有决定权。
- 确保每个建议或计划在项目团队成员中都达成100%的一致。
- 项目团队的建议要直接交给公司的最高管理层。
- 给项目拟定现实的、明确的时间表。
- 坚持让员工将建议简明地写出。
- 不要同时建立太多的项目团队。

重大项目的含义是：那些超越部门的事务，即对整个公司的成员产生影响的事务。

◆ 成立跨部门的重大项目的团队，要基于以下几点考虑

- 可以提出实际的、可行的建议；
- 可以学习到多方面的知识；

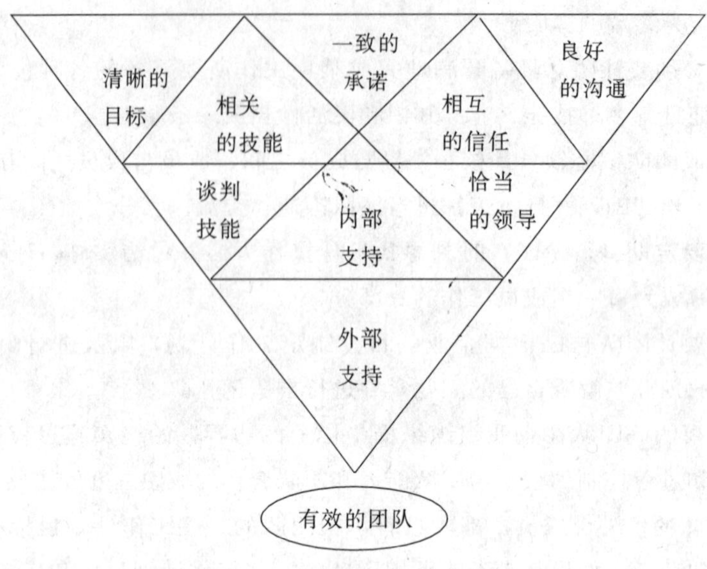

图 7-2　有效团队的 9 大要素

- 可以打破部门间壁垒；
- 有利于发展经理层；
- 可以使创新和团队合作成为一种习惯。

二、世界 500 强企业打造富于执行力的团队的成功范式

◆ 明确团队的核心文化概念

一事当前，先对团队核心文化的概念进行确定，并根据企业的核心价值观进行注释，然后应用到团队所有成员的身上。诸如：以人为本、尊重、一致，等等。在今天如果不会说“以人为本”，那简直是一个“现代盲”。会说“以人为本”并不重要，重要的是以什么方式体现“以人为本”。

例如，对尊重的概念作如下定义：没有相互尊重就没有团队合作，而不坚持彼此赞同的行为规则就不尊重人，尊重就是承认差别和接受他人的主权。

- 尊重的体现形式

“我不同意你所说的，但我到死也维护你说的权利。”也就是说，相互尊重意味着我们彼此接受用不同的方式去思考并表达自己的主权。

我们承认差别的存在，但作为团队，为了使组织不断发展，我们需要统一的差别和同步的差别，我们需要和谐——不是不顾差别而和谐，而是因为差别而和谐。如果没有正确地遵守规则，我们只会得到扼杀差别的统一，或者是扼杀统一的差别。

例如，对形成团队沟通和团队合作的前提——达成一致决议的概念作如下定义：

一致决议不同于无异议和民主决策。一致不是说团队中每个人都认为所达成的决议是最佳选择，而是说没有人在专业上受到决议的伤害，同时团队全体成员都有支持决议的实施的责任。

> 为"一致决议"下个简明扼要的定义。通过为这个概念定义，人们可以认识到他们是否可以同意这一决议，或是否有必要进行多点讨论研究。

- 达成一致的酸性试验

对"一致决议"进行酸性试验，这包含两个酸性试验。第一个试验是："作为这团队的一员，我在专业上是否受到此决议的侵犯?"如果"我"的答案是"是的"，那么，"我"有责任向"我"的团队解释"我"的不同意见。如果"我"的答案是"没有"，"我"可进入第二个试验。每个团队成员现在必须提出的问题是："我将积极支持实施这项决议吗?"如果"我"的答案是"不会"，"我"将再次有责任去解释为什么不支持这一决议。如果"我"的答案是"是的"，"我"便是同意这项决议。

当所有团队成员或是明确对第一个试验表示"否定"，或是不能明确对第一个试验提出"肯定"的理由，并且对第二个试验表示"同意"，或是不能明确对第二个试验提出"否定"的理由，该团队就算是达成了一致决议。

案例：惠普公司对"一致决议"的注释

对于"一致决议"，惠普（中国）公司的CEO孙振耀以惠普核心价值观之第一条信任和尊重为例，作出如下的注释：

"互相信任和互相尊重是一种非常好的价值观。但如果这种价值观变为个人行为的一部分，做得不好的话，会产生某种负面效果。就是说，在我做什么决定时，希望你同意、我也同意，我们才做；如果你不同意的话，我们就需要多花时间不断地讨论和沟通，而致使决策速度变得很慢。"

"所以我们说，信任和尊重应该变成这样：不再是你同意、我同意，才可以做，而是说我相信你的专业能力，你做了决定我们就跟随你。我们相信别人可以做一个好的决定。这是一个新的行为准则，也是惠普刚刚成立的时候，两位创始人所强调的东西。”

◆ 明确公开团队和成员的目标，以及推进方法

目标经过团队成员的充分讨论，在团队间达成一致，这样员工才会负责地朝这个目标迈进。换句话说，只有这样，团队的目标才是现实的、可完成的。当目标达到这个标准以后，团队成员都不会介意将目标写在纸上，以便与其他团队成员或相关部门精诚合作。目标一旦公开，团队成员就会加倍努力，确保能实现这些目标。

团队整体工作效率的高低，并不完全取决于个人能力的高低。若团队工作的推进方法不当的话，何时、何人，完成何事、有异常时以何种方式让相关人员尽快知道，以及责任人等诸多事项未能明确的话，出了问题推卸责任，相互指责，不但一群有能力的干部无法取得较高的整体工作效率，而且，因为相互之间关系的恶化，将会进入恶性循环。

一个有效的推进方法通常包含以下内容：1. 方针计划；2. 目标；3. 管理项目；4. 流程管理；5. 信息反馈与总结。

只有明确各部门或团队的管理项目，员工们才不会只为团队“上司”、团队“老板”工作，而是为“管理项目”而工作。

◆ 明确定义团队面临的问题

问题当前，先对问题进行定义，然后再讨论如何解决问题。常识告诉我们，如果讨论的问题没有明确定义，很难做出正确的决议。同时，在对问题的深入讨论过程中，往往会引出新问题或问题的原因，而有些人会自觉不自觉地将问题与自己或他人对号入座。一旦发生这种情况，那些人对解决问题的讨论和建议，就往往不是基于问题本身，而是人本身。所以，先对问题进行定义，然后再讨论如何解决问题的原则，能有效预防对人不对事的情况发生。

◆ 明确事情的要素和程序

一事当前，先对事情——项目、任务的要素及其标准进行确定；或是先对如何办事情的要素及其程序进行确定，然后不管谁办这种事情都要具备规定的要素和按程序进行。例如团队会议应该有的要素和程序：

在制定议事日程表时，可采用 PATIO 程序。PATIO 是一个首字母缩写词，每个字母分别代表目的（PURPOSE）、议事日程（AGENDA）、时间（TIME）、信息（INFORMATION）和结果（OUTCOMES）。这每一要素都有助于制定一份结构严谨的会议议程表。

◆ 明确团队需要承担的职责和发展的能力

我们在组建和发展团队的过程中，还必须明白，一个团队有效运作所担负的职责范围存在于三个级别上。第一级是明确责任和知识，包括专门经营知识，是全体团队成员都应该共享的，并应该具备的基本能力。能力分为五种：工作能力（包括功能性能力）、人际交往能力、个人素质能力（包括商业能力）、管理能力、领导能力。诸如：人际交往的能力——提供和接收反馈信息的能力；团队工作的能力——召集有效的会议和作出意见一致的决定；功能性能力——工艺技术（所有团队成员应具备的最低限度的技能）。第二级是团队中一小部分人现有的团队专门技能和知识。专门的成分包括那些不适用于交叉训练，但对团队完成工作目标又是必须的任务。第三级是发展。发展范畴中确定的目标领域（任务）是团队应该精通的，但目前又无能力掌握的领域。

◆ 确保项目小组团队与组织的灵活性

在攻关小组里，你能够有一个兼职的领导者，或兼职的小组成员吗？3M公司的回答是：不。他们认为，完整的拥有及全心的投入是攻关小组成功的唯一秘诀。在惠普公司，“三个一组”的原则就是在确保制造人员、营销人员及工程设计人员在产品发展的过程中，一直是合作的伙伴，即全程合作伙伴。

小组的真正力量就在于它的灵活性。团队通常由各种专业的个人组成专门从事各项任务或指定的工作。为了决定如何能改进加工方法和应该进行哪些改变，他们必须跳出框框。也许同样重要的是，团队能帮助建立起同心协力、发挥集体荣誉感的气氛。

在明尼苏达采矿制造公司里，到处都成立有新产品小组，至于它们是否正好符合各分部的管辖范围，却没有工人去为此认真地操心过。得克萨斯仪器公司的董事长马克·谢彼德把他的公司叫做“一种流动的、以项目为中心的环境”，这恰到好处地说明了世界500强企业的成功所在——该起作用的东西就确实起了作用。

彼得斯多次在演讲中强调：管理者可以组建特派专题任务工作组。在组织里，只要有合适的环境，即人们对组织的流动和特设的组织结构已有接受的准备，特派工作组就成了解决问题的有力工具，而且效果显著。事实上，这种工作组正是抵御那种正规的矩阵式结构的头道防线。它承认有必要运用多种功能来解决问题并尽力付诸实行，但不能靠建立永久性常设机构来做。

案例：IBM公司的专题项目团队

大多数组织面临某一头号战略性问题时，不是把它交给计划人员去搞，就是把它纳入那些经营系统的经理人员的任务里去，而这些人正为别的问题忙得不可开交。如果问题该由职能人员去解决，他们总不把它当一回事，没有什么义务感。要是由日常负责生产经营的单位去解决，它们又没有什么动力。

IBM公司的360系统工程项目，就是顺利解决这类问题的生动而足堪效法的榜样。

IBM公司为了搞360系统的项目，组建了一个规模很大的专题工作组，或者又叫项目组，这就是特设组织的另一种形式。有人说这个项目的进度往往时快时慢。可是360系统的组织把全公司的尖子人才都吸引和网罗了进去，却是明显的事实，特别是在这工程的后几个阶段里。事实上，这种形式对IBM公司的业务活动方式具有根本性的意义，因为它的业务大多是项目型的工作。IBM公司有一种本领，能把一种结构很快转换成另一种结构，也就是从应付日常事务的常规结构变成它们那种项目组型的结构。

◆ 世界500强企业的专题项目团队的特点

在世界500强企业里，专题工作组是一种能令人振奋的流动性的临时手段。实际上，它正是解决和应付种种棘手问题的办法，它对采取实际行动所起的促进作用简直是无与伦比的。

彼得斯发现，出色企业里对小组的有效运用，与学术界对有效小群体结构的研究成果完全一致，这也是很值得注意的事。例如，出色企业里的生产率提高小组或新产品开发小组的规模一般都是5～10人。这点在学术上就有明确的证明。大多数研究都认为，最佳的群体规模是7人左右。其他的发现也可资佐证。研究表明，由志愿人员组成的小组，存在的时间有限；再就是自己制定目标的小组比不是自己设置目标的小组，生产力通常要胜一筹。

1. 人员不宜过多

专题工作团队的成员一般是10个人或者更少些。它们才能真正体现小型群体的特征。而在一般组织里却有一种令人遗憾的相反倾向，就是想把所有可能有兴趣的人全部卷进来。单是工作人员就膨胀到 20 多个，甚至多达几十个。

还有关键的一点，就是必须让能积极参与工作组工作的人只限于那些主要人物。这在许多企业里就办不到，因为这需要使那些未能入选的人相信自己在工作组已有了充分的代表。

2. 专题团队的组织直接与任务挂钩

专题工作组要向哪一级汇报工作以及它的成员们应具有什么样的资历，都要和待解决的问题的重要程度相称。如果是重大问题，那么实际上所有的成员全是高级人员，专题工作组要向总经理报告工作。这些人应当拥有某种权力，使得他们所作的一切建议都能见效，这点是很重要的。

3. 专题工作团队只是一个临时机构

只要需要，成功的管理者就能很快组合出一个专题工作团队，一般用不着搞什么章程。专题工作团队是在复杂而涉及多个职能部门的环境中解决问题的主要手段，杰出的企业里都能及时地、不动声色地把工作团队建立起来。

专题工作团队所能存在的时间一般是非常有限的。这个特点就是催人快干。在得克萨斯仪器公司，任何专题工作团队都很少能持续 4 个月以上。在杰出的企业里，想要让一个专题工作团队维持到 6 个月以上，是会成为众矢之的的。

4. 成员们一般是志愿参加的

对于这一点，明尼苏达采矿制造公司曾做过一个最好的解释："你瞧，要是迈克要我参加一个专题工作团队，我会愿意的。我们办事就是这个样子。不过得确实有问题要解决，要能够搞出点名堂来。要是没有这些，下回我再白花时间去帮迈克的忙，那才叫见鬼呢。如果是我来搞个工作组，谁在组里下了功夫，我准让他从里面搞到点真正有价值的玩意回去。"

5. 重视环境和气氛

IBM 公司的弗雷德里克·布鲁克斯是 360 型计算机系统的主要设计者。他在谈到该系统的研制时，特别强调了必须保持交流沟通的畅行无阻。尽管这是一个庞大的项目组，规模远大于一般意义上的专题工作团队，但它的结构却是灵活易变的。据布鲁克斯说，改组是家常便饭。成员之间接触往来频繁密切，所有主要人物每周要用半天开会碰头、检查进度并决定变更事项。会议的记录在 12 小时以内就予以公布。参与项目的每个人都能得到他所需要的一切情报信息，例如每位程序员就都能见到本项目中来自各小组的所有资料。来参加每周例会的人，都不是作为一个局外人，不定期当当参谋、顾问而已的。布鲁克斯说："每个人都有权做出本单位应做的承诺。" 360 系统的小组每年都要召开"最高法院"会议，这种会一般要开上整整两周。在这两周紧张的交流中，其他场合无法解决的所有问题都能解决。

三、成功团队应有的五种基本技能

在这个世界上，没有一件事物能不为与其机能相关的其他事物服务而存在。所以任何组织、社团或社会的开创都意味着要有相互依赖的意识。这就是"我是谁"这一问题的精神内涵，而这一问题总是以"我为谁、为什么而存在"来作答的。如果我们没有把个人、团队组织与更大的体系连结起来的共同命运感，就不存在健康的组织。

我们可以把笛卡尔的名言"我思，故我在"转化为"我满足需要，故我在"。你是什么取决于你的行为，你的行为通过你所满足的需求而具有机能上的意义。也就是说，你拥有什么技能。

一般地说，一个团队或员工的基本能力可以分为五种：工作能力（包括功能性能力）、人际交往能力、个人素质能力（包括商业能力）、管理能力、领导能力。在理想的条件下，团队的骨干成员如果同时具有这五种基本技能，团队的扩大和发展就具备了人力资源的条件。现在假设公司正考虑安排"我"担任公司的人力资源部门执行官，"我"必须拥有人力资源管理的工作能力——知道什么是 ERLSA，了解任命、培训、薪酬等方面的东西，这些都是功能性的技能。"我"还要掌握一定的商业技能，公司的商业范式以及它的盈利方式。第三，"我"必须拥有一定的管理技能。管理技能是一项非常重要的标准，因为商业范式的经营在很大程度上就意味着管理、规划、组织、指挥和控制。"我"必须掌握一定的领导技能，因为"我"既要领导人力资源管理部门本部的员工，也要领导公司各级部门包括下属独立核算的子公司的人力资源管理部门的员工。最后，"我"必须掌握一定的人际交往能力，能够顺利处理企业内部和外部的各种关系，使企业目标顺利实现。

当然，我们不要求每一个人都同时具备这五种基本技能，但任何团队都不能缺乏这五种基本技能。基本技能必须对应其角色的安排才有意义，角色分配只有对应成员的技能，才能满足顾客的需要和公司发展的需要。没有被使用的技能等于没有技能。

在选择团队领导时，公司愈大，职位愈高，就愈不一定要求其同时具备这五种基本技能，而应该关注的是这个人所擅长的，是否是该团队中最缺乏的，或者是最优秀的。这一点体现在惠普公司对新 CEO 的选择上。据说当时委员会看了长达 100 多人的名单，从 100 多人筛选到保留 10 位左右的候选人，其中包括主管惠普企业计算机事业的安·莉尔摩（Ann Livermore）和网威（Novell）的 CEO 艾瑞克·史密特（Eric Schmidt）等。

菲奥莉纳和 CEO 遴选委员们交谈时，直言不讳地说她不懂计算机，但惠普公司应该用她，因为惠普公司懂计算机的人那么多，所以要找“不一样”的人才能够将惠普公司带出困境，这样的人带给惠普公司的不是技术而是新的战略与方向；她在朗讯二十几年的经验，可以帮助惠普踏进通讯和网络领域（笔者注：菲奥莉纳不懂计算机即没有掌握惠普公司的商业技能，但她拥有比其他人更好的管理技能）。结果，惠普公司在菲奥莉纳的领导下，比前任有更大的发展，而证明了惠普公司董事会选择菲奥莉纳担任 CEO 是正确的。

四、团队应有的四种管理角色

你首先要使团队形成满足顾客需求的能力，还要把注意力放到满足休戚相关者上面，并把这两者整合进一个发挥作用的整体当中。

没有一件事物是在自身起作用的，任何人的技能都要通过它如何服务于自己的客户来评价，任何系统存在的最终目的都是整合，这就是管理的（integration）I 角色。确定能够满足某一最终目的、新需求的过程——提供 A 产品而不是 B 产品，则是创新，这就是管理的（entrepreneuring）E 角色。具体的行动，不论是采购原材料、半成品，或者是其他任何在当时能满足相互联系目的的行为，都是执行，这是管理的（performing）P 角色。通过计划和分工，这群人不需要通过试验和错误就能完成这项工作。这就是行政管理的（administering）A 角色。

决策目的	角色
为谁，谁是客户，我们为什么存在	I（整合）
他们的需求是什么，即我们做事的原因	E（创新）
我们做什么来满足这些需求	P（执行）
我们如何不断地花最小的代价来满足那些需求	A（行政）

表 7-1　四种角色职能对企业的影响

投入	过程	产出
决策角色	使得企业	企业变得
提供所需服务 P	机能化	短期有效益
行政管理 A	系统化	短期有效益
创新 E	超前化	长期有效益
整合 I	有机化	长期有效益

短期与长期的附加价值=利润（以此为例）

所谓健康企业就是短期和长期都有效益和效率的企业，这些角色中少了任何一个，都会出现一种相应的管理不当范式。我们可以通过分析哪些角色发挥着作用、哪些角色没发挥作用来分析预测一项决策的结果。

每一个问题后面都存在一个没有发挥作用的关系，解决的办法就是让这一关系发挥作用。

只要在 I 成长起来之后，才能通过参与式管理建立集体创新精神，随着 E 的增加，下一步要做的工作是促使非官僚化，即减少 A，接下来 P 就会增长。（有关 EAPI 四种个性与管理角色的论述详见第二章和第八章）

◆ 团队管理角色分配的注意点

我们发现，在许多团队中，往往是把 A 角色与 E 角色捆绑在一起，由一个人担当。而这个人要么是具有业务专长但缺乏项目管理能力，要么是具有项目管理能力，但缺乏业务专长。这两种情况的结果都是一样的：没有活力。项目一旦碰到意外的障碍，前者往往退缩到他们的专业的舒适地带，延误了项目；后者要么做出错误决策——因为走出了他们的专业范围，要么却步不前，直到找到一个合格的决策者。于是，公司会失去时间和机会，团队会失去自信。

更多的时候，当你仅仅是一个“项目经理”，而不是一个“专家”时，人们往往不相信“你知道自己在说什么”的时候，不相信你会做出正确的决策。

案例：惠普公司的创新文化——“戴帽子过程”

这一方法由惠普公司创始人之一的休利特所采用，受到惠普公司众多管理人员的高度赞赏。杰克·韦尔奇把它称为休利特的“戴帽子过程”。

一位富有创造精神的创新者满怀热情地向休利特提出了一种新思想。休利特马上戴一项“热情”的帽子。他认真地倾听、仔细地了解有关细节、努力去理解这一新思想，在适当的地方表示惊讶，一般是表示赞赏，同时提出一些十分温和的、不尖锐的问题。事后，即刻把这一新思想提交相关部门加以认真讨论、仔细研究。几天后，他再次与创新者针对该思想进行讨论，这一次戴的是“询问”的帽子，提出一些非常尖锐的问题，对其思想进行深入、彻底的探讨，有问有答，研究得非常仔细，但不做出最后决定。不久以后，休利特戴上“决定”的帽子，再次会见这位创新者。在严格的逻辑推理和经济技术的论证下，做出最后的判断，对这个思路下结论。即使是最后的决定否定了这个思想或项目，但这个过程已充分显示出对创新者的赏识、尊重和鼓励，给予创新者一种满足感。以后，这种做法逐步得到大家的认同和采纳，从而发展为惠普公司鼓励和保护创新精神的企业文化中的一部分。惠普公司的实践业已证明，这是使人们继续保持创新热情的一个极为重要的做法。

五、团队人员构成的理想要求

从与企业管理对应的角度来说，我们把人的个性划分为如下四种：I（整合）、E（创新）、P（执行）和 A（行政）。一个理想的团队的人员，也应该具有下列四种人：1. 具有威信的和指挥力的核心领导，即行政 A 角色；2. 即善于整合团队成员意见和能力的“专家”，即整合 I 角色；3. 富于创新精神和创造力的“发明家”，即创新 E 角色；4. 具有完成当时目标所需要的能力和行动力的战士，即执行 P 角色。

作为 A 角色，你要管理的人，是所有这些你要完成顾客需要的某个产品或某种服务所不可或缺的人，以及所有能从完成顾客需要的某个产品或某种服务中获得满足的人。

作为 A 角色，你问问自己：我管理的职责是什么？我的产品是什么？谁是顾客，他们的需求是什么？接下来再问：谁是我完成顾客需要的某个产品或某种服务所需的休戚相关者？我如何才能培养休戚相关者与顾客之间所必需的相互依赖性？我如何才能让大家认识到我们彼此需要？例如，我们有没有共同的使命？我们有没有一个培养协作精神的奖励制度？

P 角色关注的是，现在做什么，如何行动即通过执行角色 P 来提供所需的服务、满足顾客的需求。

E 角色关注的是，我们为什么要做某事——我们行动的原因，它所关注的是我们长期的需求。他们需要确认有助于鼓励和表达相互联系的新的需求的过程。

I角色关注的是，我们做任何事情的最终原因，即相互联系。这种最终的连续的需求即整合，它是用不同的渴求来表示的。

在一个团队的人员构成中，如果成员之间自然形成的上述角色比较典型——在组建时就有意识地安排好，那么成功的机会就比较大一些。因为他们一般都不会执迷于地盘之争，不会把时间都花在考虑责任的上面，而更关心对他们相互联系、相互依赖的目的和利益。

案例：微软公司组建产品开发团队注重四种团队人员的理想构成

1. 团队自己制定时间表。但公司设置了时间和人员的限制，并为常常发生的预料之外的拖延留出一些缓冲时间。考虑到有发生变化的可能，不过早地完成说明书以免浪费时间，即过早地整合——整合 I。

2. 采用里程碑式管理。从最难的问题入手，将用户的问题置于技术或过程的考虑之上。行政管理在软件开发过程中不占统治地位，但最后的裁决权集中在行政管理——行政管理 A。

3. 将能力不同的员工进行合理配置。如微软的产品工作小组是由设计者（创新 E）、开发员（创新 E）和测试者们（提供所需服务 P）组成的，而测试者则是需要与开发员想法不同的人，即是一位永恒的怀疑论者，需要对开发员的假定提出质疑，从不会因为开发员说软件能正常工作就随声附和的人。而关于测试员，微软有这样的三点说明：第一，开发员不可能编写出完美无缺的代码，程序经理不可能制作出完美无缺的说明书；第二，必须让某些人的工作独立于制作说明书和编写代码之外，以便对它们质量能有一个公平的评价；第三，在开发过程中，当代码群尚未交织在一起时，及早发现并修正错误对于开发员来说更节约成本和更容易——对提高产品的稳定性和顾客的满意度更有益。但在许多 PC 软件公司，测试仍被视为特别的活动。

4. 重视顾客的意见——整合 I。在产品开发过程中就不断地把顾客的信息反馈结合起来，甚至还将顾客向公司产品支持系统提出的询问，每周以书面形式随机报告给产品开发组。公司还让用户积极参与产品规划以及利用支持数据进行特性的选择和创意。

5. 同步和稳定技术——整合 I。每日构造、里程碑式集成产品、初步测试和内部发布，这些都是整合 I 的核心——同步和稳定技术，它使得每个小组不仅能够在一起工作，而且能够独立地展开工作；它使各部门可毫不费力地扩大它们的产品组合，每个人也可以自由地对所开发的产品做多次修改，并且变更产品开发的过程和工具。

六、检验团队人员的构成是否达到理想要求的问题

首先就团队的工作任务进行关键性业务分析，并就这些关键性业务所需要的工作能力进行分析，然后把这些关键性业务所需要的工作能力列表出来；第二，就这些关键性业务所需要的工作能力与团队现有员工的能力进行分类归口，检查是否存在能力缺口的问题；第三，就某一关键性业务与计划承担这一任务的员工进行能力胜任与否的分析：这个员工是否能够胜任这个工作？团队中是否还有人比这个员工更能够胜任这个工作？团队中是否还有另一个工作更需要可以胜任这个工作的员工？

七、通过工作任务的调整，扩展或丰富团队工作

通常的做法是，通过工作任务的调整，对某一团队或成员的工作任务，既采用纵向扩展又采用横向扩展或丰富，这一总的过程统称为工作扩展。理想的情况下，结合调节生产过程中的技术需要和工人及工作团队需要之间的相互关系，进行工作任务调整和工作扩展或丰富。这可以在质量和生产率两方面获得效益。因为个人在对其工作结果负有责任时，他们会有主人翁感，想把工作做得更好。同样，由于他们对生产工艺有一个更广泛的理解，与工作只局限于一个非常狭窄的范围时相比，他们更能发现错误并加以矫正。

世界500强企业的成功实践表明，如果工作团队能够自主并有效地处理许多生产方面的问题，这将比允许他们对工作进度、成员的工作分配和奖金分配等方面可以自作主张时的管理更有效得多。当生产过程中存在某些方面的变化需要工作团队能够快速做出反应时，或当某一团队的工作与另一团队的工作有重叠时，这种情况尤为明显。

团队及其个人工作扩展或丰富后所带来的好处是：它们带来更高的质量和更高的劳动生产率（他们自己设定的目标通常比上级给出的目标或一般性管理条件下给出的目标高得多），能自己完成辅助性工作和进展设备的自我维护工作，并大大增加了做出更深入改进的机会。

◆ **工作扩展或丰富的原则**

个人或工作团队的工作扩展或丰富，要遵循如下原则，并符合逻辑的作业范式。

• 任务多样化。尽可能为每一项工作提供各种各样的任务，但要注意适量。种类太多可能会使培训效率降低，而且容易使员工意志消沉；种类太少则可能导致厌倦和疲倦。比较适当的方法是，当工人注意力高度集中或致力于某一项任务时，就让他们休息一下，或让他们在干了多次例行性工作之后能够放松一下。

• 技能多样化。研究表明，员工能够从具有多种技能的作业中获得满足感。

• 反馈。当员工达到目标时，应有一些手段使他们能够很快获得信息。快速反馈能够辅助学习过程。理想情况下，员工应该对设定自己的质量和产量标准负有一定的责任。

• 任务界定。每一组任务应能通过一些比较明确的界限与其他各组任务分离开来，无论什么时候，一组或单个员工应对该组已明确定义的、看得见的和有意义的任务承担责任。只有这样，从事某项工作的群体或个人才会同样看重它，其他人也能理解该工作的重要性。

• 任务自主。员工应能够对他们的工作拥有一定的控制权，他们应能够决策和自行处理一些事情。

第三节　如何建立成功团队文化

尽管有许多的途径可以造就高效率的团队，但有更多的路会把你引向歧途，造成这样或那样的问题，甚至是灾难。成功的关键是既要明白什么会使团队成功，还要明白什么会使之失败。

一、成功团队合作的理念

我们已经明白，木桶能够承载多少水，取决于木桶中最短的板块。一个团队的战斗力也就取决于能力最弱的成员。所以成功团队最关键的一个文化价值观就是和衷共济，相互分享知识和能力，共同发展。

• 领导就是服务、鼓励和指导

对于你来讲，很重要的是要深入现场，成为团队的一部分而不是远远地躲在象牙塔里的管理人员。领导实际上是提供服务，鼓励和指导，负责为团队创造工作条件。

作为一名领导者，你的成长过程实际上就是一个不断吸收知识和经验，乃至智慧的过程，所以你工作的一个重要组成部分就应当是把这些知识和经验传递给下一代领导者，而且你也正是通过这种方式来不断提高组织当中个人和集体的能力。不断学习并把自己的知识和经验传给下一代领导者，这正是你取得今天成就的秘诀，也是你在未来能够引以为荣的资本。

• 沟通决定一切

在公司内部，一个常见的问题是，销售人员认为工程或产品设计师非常浮浅，对实际的市场毫无了解；而工程或产品设计师们则往往辩解："销售人员怎么能够期望我们对推销和营销的成果感到兴奋呢？公司从未给过我们任何的情报——不论是销售的或是顾客的资料。更过分的是，他们还不时地称我们是一些不切实际的傻瓜。"可悲的是，这样的故事重复发生在不同的地方。很多时候，营销人员（或者发誓要当场把问题解决掉的总裁）抱着先入为主的成见，结果恶性循环，使得原本和外界接触较少的工程或产品设计师们，因此而和外在的世界隔得更远，这种结果对创意的负面影响是可想而知的。而这样的问题的根本原因是，当销售人员有了"所有的工程或产品设计师都很浮浅"这种先入为主的观念，真的就会以轻蔑的态度来对待他们。

无论是团队领导，还是团队成员，都要树立正确的沟通理念。

沟通能力是人们用以使他人随时掌握重要信息的能力，这些信息包括日常运作，面临的危机或长期计划的进展情况。其理论基础是如果人们对经营状况有更多的了解，就能做出更明智的决策，对组织更有归属感，并能更积极地工作，受到更大的激励和推动。

只有领导者才能左右组织中的对话的基调。对话是企业文化的核心，也是团队工作的最基本的管理方法。人们彼此交谈的方式，绝对可以对一个组织的经营方式产生决定性的影响。在你的组织里，人们之间的谈话，是充满虚伪造作、充满支离破碎的色彩呢？还是能够从实际出发，提出适当的问题，针对这些问题展开具体的争论，并最终找出正确的决定方案？如果是前者的话——在大多数公司里都是如此，你可能永远也无法在与员工的讨论中了解到实际情况。如果希望成为后者的话，你就必须与自己的管理团队深入到具体的经营活动当中，不断地将一种注重执行的企业文化植入到团队经营的各个环节中。

我们发现，当一位团队成员面对面地访问其他成员时，不是为了一个特别的问题，只是请员工就他的工作如何改进提出建议时——人与人之间的壁垒就会消失。

在高层次上来说，沟通能力以富有哲理的方式反应出信息交流对于提高工作的协调性和工作效率的作用：如果我不知道你的问题我就无法帮助你。

• 团队沟通的好处：

1. 在复杂的组织中，团队沟通是不可或缺的；
2. 你可以得到多方面的力量和经验支持；
3. 从多种角度解决问题；
4. 产生更多更好的主意；
5. 互相支持；
6. 更多的乐趣。

◆ 一个良好的工作团队特点

1. 员工知道自己前进的方向，知道自己必须做什么，知道自己的目标。
2. 员工对自己的工作进行评估。
3. 员工在团队内外，都能互相帮助。
4. 员工渴望成功。
5. 员工随时准备相互合作。
6. 员工钟爱自己的工作，常常互相打趣。

二、团队领导的五条有效指导的原则

最有效的指导方式就是：首先仔细观察一个人的行为，然后向他提供具体而有用的反馈。在进行指导的时候，你首先需要指出对方行为当中的不足，这时你需要给出具体的例子，告诉对方他们哪些表现是正确的，哪些是需要改进的。你一定要掌握提问的艺术。通过提出一些一针见血的问题，你可以迫使人们进行更为深入的思考和探索。以下五条指导原则，可以帮助你有效领导团队。

1. 使团体集中精力，适时“结束任务”：

在团体活动进行过程的某一时刻，要适时地使事情结束，这或是因为你快用完时间了，或是因为讨论已无新意，总在重复着某个话题。这就到了团体需要确定一个具体的行动方案的时候了，到这个时候你就需要进行有力的控制，坚持团体进行决策；或者在出现严重分歧的情况下，建立一个决策过程也是很有用处的。这常常需要你进行权衡，首先，要调动人们积极地参与，分享他们的观点；其次，鼓励人们发表与决策问题有关的和简洁的评论，从而把讨论继续推向深入。最后，你将掌握很多诸如下面的充满机智的措辞和用语，并适时地在讨论中加以运用：

- “这是一个很有趣的论点：或许你能解释一下它如何与所说的问题相关联?”
- “很抱歉我打断了你，但是由于时间的关系……”
- “因为我们必须结束这个话题，还有谁想对这个论点作点补充呢?”

2. 公平地分配团体的责任：

团体中的所有成员都要承担具体的责任，避免“有活干的累死”、“没活干的闲死”两种极端的情况出现。

即使当你感到“如果我自己去做这件事会更容易”时，你也要把责任分摊给每位团体成员，因为从中他们会感到他们受到了认真的对待，并能为团体作出自己重要的贡献，而这一点对团体的发展是很重要的。

运用恰当的决策方法，应遵循一般的程序来确定争论点或问题：不要假定大家的看法都一致，通常人们会有不同的想法、担忧和行动计划（有时候是“隐藏的行动计划”），在继续下一步的行动之前，有必要对讨论的目的给予明确的阐释。

3. 鼓励创造性的观点：

你应该明确地申明这一点：“让我们努力开动脑子，不要囿于现成的答案”，鼓励人们大胆创新（“这是我从来没想到的一个有创造性的观点”），不要阻止人们对他人的观点持消极的态度或简单地下判断（“对他人的见解作出‘这是愚蠢的想法’或‘这根本不可行’，这样的回答丝毫无济于事，相反，应努力去改进现有的方法”）。

4. 坚持进行严密的分析和评价：

一旦提出了大量的可供选择的解决问题的方案，就应该用坦率和客观的方式对它们进行评价，包括各自的优点、弊端、期望的结果、成功的可能性以及所需的进一步的信息，等等。要提醒人们注意“这不是个人的”私事。一旦团体成员意识到这是一个大家荣辱与共的共同体，他们就会较为容易地超越其各自的自我利益和不安全感。

5. 面对问题成员的方法：

不要让问题成员破坏团体的正常运转，如果问题成员试图支配控制讨论，或强加于他的观点，那么就直接告诉问题成员这样的行为是不合适的。如果问题成员过度消极和爱挑剔，那么，就鼓励问题成员以一种较有建设性的方式参与团体的活动。

对问题成员提出的每一项消极的评论，可回答说："你提出的批评意见可能是正确的——你还能提出更好的想法吗?"如果问题成员总要问为什么不做这件事或那件事，可以回答："这是一个很不错的建议——我责成你去负责实施这个想法。"这样一般没过多久，问题成员这种破坏性的消极态度就会被制止了。

三、发展六种主要的合作心态与能力

1. 积极的参与：

经验表明，那些最担心"每个人将认为我是一个傻瓜，都会耻笑我"的人，一般来说是最有思想和见识的。

万事开头难，随着你不合理的怪念头的减退，以及你自信心的增强，你就能积极地参与到团体的活动中来，为团体的发展作出自己应有的贡献。

2. 具备有效讨论的能力：

• 清楚地表达你的观点，并提供支持的理由和根据。

• 认真地聆听他人的意见，努力了解他人的观点及其支撑的理由。

• 直接地对他人提出的观点作出回答，而不要简单地试图阐述你自己的观点。

• 提一些相关的问题，以便全面地探究所讨论的问题，然后设法去回答问题。

• 把注意力放在增加了解上，而不要试图不计代价地去证明自己观点的正确性。

3. 尊敬团体的每一位成员：

虽然你可能确信你比其他的参加者更有知识，但重要的是，你要让他人充分地表达自己的观点，而不要随意打断，或表现出不耐烦，做到这一点，对于团体正常地发挥功能是很有必要的。

4. 鼓励他人提出多样化的观点，不要过早地对他人的观点作判断：

当他人提出自己的观点时，要作出积极的和建设性的反应。

5. 客观地评价观点，而不意气用事：

重要的是要让团体的成员意识到评价的对象是观点，而不是提出观点的人。最常见的一种思考错误是，有的成员仅从个人的爱好或偏见出发，不是对人们提出的观点进行评价，而是把矛头指向个人。对有挑战性的观点应该作出这样的回答："我不同意你的看法，原因是……"，而不应该说"你真无知"。只有如此，才能进行良好的沟通，而不会恶语伤人。

6. 识别彼此的关系以及权利分配：

一个团体中要有效地发挥作用，也需要你识别出谁是谁，以及谁与谁的关系，他们彼此关系的性质，以及决策权是如何分配的。

这可以为你提供一个你在其中能说话和回答的"思考环境"。

四、团队自我管理

企业之所以取得成功，也许唯一最重要的因素是，其工作人员，从最上层的到最低层的，都知道自己在为什么目标工作。

• 信息公开化

在需要的地方，张贴着各项程序指示。用形象化的图画、图解、示意图表示，而不是用不能一目了然的文字。这样，团队可以知道，自己当班的生产目标已完成多少，并做出相应调整。非当班的人员也可了解，在完成目标途中可能出现的障碍。

一句话，你要把信息公开化，谁都可以看，谁都可以用。信息不是藏在计算机内，也不紧锁在你的办公桌内。

• 直观管理

世界500强企业的工作管理是"直观"的。装配团队从生产线记分牌上，可以知道每小时的工作进展。工厂墙上到处有图表、曲线图、陈列品，并不断更新，让每个人都知道与目标相比较的产量、这一年到当天的销售和利润、质量水平、库存量、培训计划、正在培训人员取得的进步，等等。

• 让员工知道自己和他人在做什么，做得怎样

假如你不知道自己在做什么，做得怎样，那是很难为自己和为所做的工作

感到自豪。

我们指的是大家都应该知道企业中每天、每小时发生的事。每天一上班，先开个短会，回顾前一天的工作，制定当天的工作目标。有关当天的工作情况，每隔一个小时公布一次。用直观的一清二楚的图表的管理方法，而不是用计算机管理，跟踪着班组的生产量、质量情况、成本和发货情况、维修保养以及机器运行状况，还有某些人的培训状况和其他团队的情况。

• 创造团队成员工作的丰富性和压力

团队的每个成员都应该培养成多面手，谁的活都能拿得起来。结果是团队成员的工种可以互换，可以替工。这首先大大丰富了工作的趣味性、减少了工作疲软产生的可能性；其次有效预防职位垄断而让个人凌驾团队组织，第三是形成潜在的竞争压力，促使团队成员不能松懈。团队选定某人干某项工作时，同事间隐隐约约的压力使他保证能干好工作。

• 团队展开坦诚的相互评估

团队展开坦诚的相互评估，能够使团队成员更加清楚地认识自身的特点。随着整个团队组织不断取得进步，人们也逐渐认识到，在推进团队组织前进的同时，他们自身也得到了巨大的提高，而且在这个过程中，团队组织中的坦诚的谈话方式也会发生实质性的变化。人们不再为个体成员的业绩和素质争论不休，他们会把重点放在如何帮助别人取得进步上面，从而使整个团队组织的素质不断得到改进。

• 切忌以公式化的方式来决定奖励措施

有些公司的文化相当注重个人的绩效与个人的报酬。有一家大型企业发现，他们连最简单的产品也得花 1 年的时间才能上市。后来他们终于弄明白，这是因为每样新产品的设计、开发与推出都是由产品经理一个人来负责的。这样，这位经理势必需要财务、销售、信息技术、培训和法律等部门的合作，于是只好一天到晚拜托别人来帮忙。万一没有得到回应，他还得紧盯跟踪，拜托大家多配合。到最后，产品是否能准时推出及销售得好不好，责任全落在他一个人身上。后来，公司在重新设计新产品时，成立了一支跨部门的产品开发团队，每样产品的成败由整个团队来共同负责。

团队卓越的表现有赖于团队成员的真诚和全力合作，一旦团队无法产生预期的结果，而个别成员的表现却备受肯定，则团队的基础与流程顺利运作的指望就会变得十分薄弱。团队的成员必须学会有福同享、有难同当。有一家电脑公司在成立新的电话中心时，把绩效评估措施设计成有 80％的奖励隶属于团队，而不属于个人。在这样的激励下，该团队中的 30 个人都互相帮忙，而且变得非常善于合作。

总之，切忌以公式化的方式来决定奖励措施。

案例：本田公司培养团队精神

在本田公司中，没有私人办公室，所有人都在一个没有间隔的大办公室里办公，办公桌彼此相邻，丝毫没有等级差异。这种工作环境特别容易激发团队精神。没有私人办公室、停车点及餐厅的工作环境，这就传给全体员工一个明确的信息：在公司中，绝对没有“精英分子”和“非精英分子”之分，每个人都感觉到自己是一个平等团队中的一员。

团体决策是指一群人共同参与解决一件事情。但团体决策并不是指非要投票表决，或遵守少数服从多数的原则。本田的团队决策，是指各个部门都派人参加，如果有人提出良好的构想或方案，将由全部参加者逐步达成共识。团队决策至少有两个重要的作用：第一，在规划初期，即需不同部门派代表参加，因此代表可将决策的意见反馈给所属的部门；第二，由于一开始就参与其事，将来在执行时，各部门都会主动协助，而不是袖手旁观。

为了促进或保持员工的“团队精神”，本田公司经常让团队成员彼此转换工作，以避免长时间做某一项工作而导致厌烦。当工人感到厌烦时，自然会影响工作情绪和产品质量，而不时地轮换工作，则会刺激工人的士气，同时也将扩大工人的工作知识面。

本章实战型思考题（答案在 www. mgmtkey. com 网站）

7.1　吴一公司是一个集科研、生产和贸易于一体的大型企业，其内部很多部门或工作团队既相对独立，又与其他部门或工作团队存在价值链的供应合作关系。然而不知是由于内部很多部门或工作团队相对独立的原因，还是公司企业文化中缺乏团队合作精神，其内部各部门或工作团队之间经常发生矛盾，公司高层不得不成为救火队，花费大量的时间和精力做协调和督促检查的工作。吴一一直在思考能否从文化建设的角度，加强各部门或工作团队之间的团结和合作，并希望有关部门或工作团队之间的合作问题，不是主要依赖更高一层的领导花费过多的时间和精力做协调和督促检查的工作，而更多的是依赖团队文化和团队机制，就可以达到部门或工作团队之间的团结和合作。你是否有相似的经历，你可以给他一个方法吗？你还是要咨询我们？

7.2　吴二公司是一家专业模具公司，现在的问题是，一方面交货时间延长和价格日益下降，另一方面以过去两倍的生产人员和生产工时，只完成不到过去一半的业务量。长期以来，公司实行基本工资＋岗位津贴＋加班费的薪资报酬管理制度，随着老板因为公司其他业务的扩展，而越来越不能亲自管理120人的模具生产团队，以及随着岁月的迁移，员工们当初的创业热情的消退，他的模具生产团队越来越挖空心思地争取加班费——明显的事实是，相同的模具作业量，却搞出两三倍的生产工时，经常是加班工时比正常上班的生产工时还多。由于每一批任务的模具都是非标准产品，无法事前进行精确预算工时，或精确预算工时的成本太大，所谓工时预算只能是一个大概数。更主要的是，模具生产的过程不是一种单向性工序生产过程，而是多向性交叉性的团队合作的生产过程。你往往很难发现哪个环节会出现问题，而往往只能在问题发生后，你才能发现。吴二现在明白，他必须要对模具生产团队进行经营管理体制改革，才能摆脱困境。但如何改革，他却始终没有想出一个方法。你是否有相似的经历，你可以给他一个方法吗？你还是要咨询我们？

7.3　吴三公司一直重视企业文化建设，并经常以装备良好的国民党军队被谈不上有什么装备的共产党军队打败，是因为军民团结如一人的力量为例，宣传和强调团队成员之间，部门与部门之间要团结合作的重要性。所以他的公司上上下下、左左右右很少出现公开的矛盾问题，也就是说，他很难发现有人公开批评别人和其他部门。起初，他还为此感到欣喜。但时间长了，他就慢慢发现总是存在着一些事情流转不那么顺利的问题，更加令他忧虑的是，他所知道的问题要么是自己细心观察发现的，要么是客户直接反馈给他的，而不是他的下属们自己反映给他的。于是，他召开公司事务扩大会议，除了各部门主管之外，他还邀请各级员工代表参加会议，就上述问题展开讨论。会议开了半天，大家都说大家合作得非常好，没有感到有什么需要摆上台来解决的问题。他咨询有关专家，专家说，没有公开的问题，不代表没有问题，而可能是问题总是被掩盖着；企业的一种常见病是——我今天为某个部门或某人掩盖问题，使其免受处罚，其实是为了明天当我发生错误时，对方也为我掩盖问题，使我免受处罚。当然这仅仅是一种猜度，是否是这样，还需要使用一种团队合作程度测试方法，才能判断。你是否有相似的经验，你是否掌握这种方法，你需要掌握这种团队合作程度测试方法吗？

7.4　吴四在中国长大，正当跨国公司要重用他时，他却自恃拥有北京大学管理学硕士和美国哈佛商学院工商管理学博士文凭，并先后在国内著名公司和著名跨国公司工作多年的经验，自己创业开办了一个生产制造型企业。但开办了公司之后的他，自信受到了大大的打击。原因是，他的执行团队总是问题多多，总是不能按质按量按时间要求完成任务。他搞不明白，每次接到订单之后，他们上下经过充分研讨，制定工作计划和工艺流程计划，尤其是业务流程——单向和并行的路线图，以及各个环节的接口和交接时间表；而且，他的团队的负责人曾是国有企业的负责人，几个工程师和几个老师傅都是有在著名公司工作多年经验的人才。他向有关专家咨询，专家前去调查后发现，问题在于他的团队人员构成残缺。你是否有相似的经历？你可以不咨询我，就能告诉他，他的团队缺乏什么样的人才吗？

7.5　吴五是一个创业型老板，在经营企业 20 多年中，他有一个很深刻的体会，并以这个体会形成了一个非常有效的管理理念。他说：很多时候，当团队的一些决策，包括权力、责任和利益分配，必须要某些个别团队成员作出让步。有一个理念可以让绝大多数团队成员中的任何人作出了让步之后，工作热情依旧。你认为那是什么理念？

第八章
沟通悖论：照顾自己还是照顾对方

沟通悖论 1：如果我们不能达到目的，为什么还要与对方继续沟通？如果对方不能达到目的，为什么还要与我们继续沟通？照顾自己还是照顾对方？

沟通悖论 2：对方表达的观点或建议我们不能接受，但如果我们真实地表达不能接受对方表达的观点或建议时，对方可能会不再继续与我们沟通和合作，而这是我们不愿看到的结果；但如果我们虚假地表达接受对方的观点或建议时，既委屈了自己，还可能导致对方以为我们也是像他们一样的，或者是像他们认为的那样的，而更加发展那些我们不愿看到的东西。

沟通悖论 3：追求更多的市场占有率，为更多的顾客服务，就必然要与更多的人沟通，包括内部员工与外部顾客，以及其他关系者。与更多的人沟通，意味着用于单个人或特定团体的沟通时间和沟通内容就越少。而沟通频率的多少和沟通内容是否深入人心，决定沟通是否名存实亡。

孙子兵法：

“凡治众者，分数是也；斗众如斗寡者，形名是也。”

“夫金鼓旌旗者，所以一人之耳目也；人既专一，则勇者不得独进，怯者不得独退，此用众之法也。”

第一节　有效沟通的基本理论

一、世界500强企业的沟通理念

• 沟通的定义

沟通的定义：认知并实现共同的目标，统一认知、实现目标。沟通的重要目的——朝一个方向努力。只有通过有效的沟通，才能进行有效的管理。

沟通的最基本的问题是：一事当前，先问一个“为什么?”这个问题意味着我们需要从直觉到沟通，从简单的旁观或听闻到了解不同人员的利益或不同事件或趋势之间的联系。

统一认知，就避免了在实施过程中，互相推诿，步调不一致，甚至半途而废等严重影响效率的事情发生。

• 沟通的信息

任何一件事情，无论是做了还是没有做，都会传达一种信息。管理就是信息，沟通就是信息。让人们倾听、理解直至相信这个信息，就是沟通工作和管理工作。

人际关系学派的代表巴纳德在其《经理人员的职能》一书中，就提出组织是“两人以上有意识的协调力量和活动的合作系统”。他强调组织的基本要求：1. 合作的意愿；2. 共同的目标；3. 信息的交流。巴纳德认为信息交流是基础，企业能否建立和维持良好的信息交流是衡量管理效能的关键。

如果没有持续不断的对话和沟通作为管理过程或变革过程的一部分，流言蜚语便会填补这些空白。

• 开放的态度

以开放的态度对待客观的事实和原则，以开放的态度对待别人的纠正和说服；对人对事都不应先入为主，更不应在讨论问题的时候有所保留。只有这样，才能使对方也用同样的态度对待你。

如果公司内部无法进行活跃的对话——通过开放、真诚和随便的方式，讨论当前的实际情况，你就不可能建立一种真正的执行文化。这种对话可以使一个组织更为有效地收集和理解信息，并对信息加以重新整理，以帮助领导层做出更为明智的决策。

• 沟通的价值

沟通的价值就在于各方沟通者，通过沟通构建的新共同体，或者通过沟通达到新的利益、权力、资源等的分配范式，或者得到各方希望得到的东西。

在企业集团内部，尤其是在包含着不同文化的合资企业内部，持久的伙伴式合作关系，只能建立在为了所有参与者的共同利益而进行相互沟通、协调和互谅互让的基础上。这种沟通协调的重要一点就是：没有任何一种个人的或团队的文化居于支配地位，而且事实上，这种相互妥协会促进在组织内建立一种全新的文化——通过沟通实现组织的共同价值或实现各自的价值。

在结成利益共同体的基础上，大家经过充分探讨、商量，制订开展工作的计划，并在计划中明确日程、项目、职责权限等。用一句话来说，就是统一思想，明确日程，分担项目，共同努力完成。

使大家齐心协力，较好的方法是结成利益共同体，制定共同目标。若此项管理侵犯了对方的利益，首先要探讨的是此项管理是否有必要，在确认必须要进行的情况下，征得上级的支持，使对方妥协，并配合此项管理活动。当然在此项管理活动中，要尽可能减少对方利益的损失，并且应该尽可能给予一些利益的补偿。

• 沟通的轻重

沟通要讲究氛围、形式和内容。但在这三者之中，营造沟通氛围，重于选择沟通形式，选择沟通形式重于沟通内容。美国心理学家调查，在人们的沟通中，语言的影响只占7%，语音语调的影响占38%，非语言（眼神、表情、肢体等）的影响却占55%。

西方著名管理学家亨利·明兹伯格说："管理者必须尽早有效地进行沟通，他们必须对组织的未来发展方向产生共识。如果他们不能在这些'计划'上统一步调，那么他们就会往不同的方向用力，团队（或组织）就会垮台。"所以，在沟通的过程中，重要的不是谁最先发话，也不是谁最后定音，而是大家达成的共识。换句话说，话语权轻于共识。

• 沟通的可信度

可信度是沟通谋略的生命，是达到沟通目标的基础。没有可信度，就没有有效的沟通，沟通过程是可信度建立发展的过程，可信度引领沟通各方走向共同的目标。

企业是靠人做出来的，许多目标没有达到、许多事情没有解决，未必是技术方面的障碍，而是心的问题，沟通的问题。哈佛大学著名管理学家迈克尔教授说："老练的经理坚信，成功主要取决于有效地沟通。"

• 沟通的异同

传统沟通假设只有一个固定的饼：你拿得多，我就拿得少。这种假设是不正确的。首先，双方如果不达成沟通目的的话，也许比饼分得不均匀更糟糕。寻找彼此的共同利益和差异利益，往往能够达成对各方有利的解决方法。

我们承认差别的存在，但作为团队，为了使组织不断发展，我们需要统一的差别和同步的差别，我们需要和谐——不是不顾差别而和谐，而是因为差别而和谐。如果没有正确地遵守规则，我们只会得到扼杀差别的统一，或者是扼杀统一的差别。

案例：西门子公司认为信息沟通的需要大于保密性

TOP计划是西门子公司的重大经营计划，尤其是某个经营单位的盈亏数据，过去常常是非常保密的，只有最高决策层人员所掌握的核心机密信息，因为害怕这种信息落入客户和竞争对手手中，而成为他们攻击的武器、成为自己的竞争缺陷。但它的公开化却大大地提高了工人行为和经济效益之间的联系，这在特别是处于经营亏损状态（running in thered）的单位的作用就非常的明显，因为这种信息给经理人员和工人们施加了紧迫的压力，以要求其快速找到纠正问题的方法。也就是说，TOP计划的公开化，对西门子公司内部管理的需要和外部的公正、公开和竞争都产生了重大影响。但现在西门子公司认识到，这种信息沟通的需要远远重于对外的保密的需要，而公开了其TOP计划。

二、沟通的四个基本原则

第一原则：利他先于利我，他富方能我富，共赢。

沟通开始：强调突出点——利他先于利我。

沟通过程：强调突出点——他富方能我富。

沟通目的：强调突出点——共赢。特别提示：共赢——共同区间，必须而且只能是主客体彼此共同确认的部分沟通目标的有机合成。

美国沟通大师菲·哈尔金斯说："执牛耳者明白，要影响他人并获得他人的信任和承诺，首先必须把他们的需要和愿望与自己的联系在一起。"人最大的希望是得到他人的认可和尊重。如果成功有秘诀的话，那就是站在对方的观点或认识来考虑问题。

第二原则：可信度

可信度定义：沟通过程中，沟通各方相互信任程度。

可信度包括，人与人之间相互信任的程度；人与事之间的相互信任的程度。沟通的可信度，实际上是一种结构可信度。它包括如下三个层面：

表征现象可信度，对沟通的具体技术性信息的认知。

浅层逻辑可信度，重点分析事物与项目是否可信。

深层核心直觉可信度，聚焦于当事人的可信程度。

在结构可信度的三个层面中，深层核心直觉可信度最为关键。

可信度，是沟通谋略的生命。沟通就是营造可信度，直接营造，通过做事来建立可信度；间接营造，通过做人来建立可信度。没有可信度，就没有高效沟通，沟通过程是可信度建立发展的过程，可信度引领主客体的沟通共同目标的实现。

心理学研究表明，人们难以抵抗自己的行为方式。所以，你应该尽可能进入对方的频道：在情绪、共识、生理状态、语调速度、语言文字、价值观与信念等方面同步。如果能够达到让对方感到你与他是“同道”中人，那么你所说的你的需要和他的需要，他都相对地愿意了解，并会对你有更多的信任。

我们都对和我们一样的人很信任，通过使自己的言谈举止符合对方的行为方式，你就已经在实际上向他们发送了这样一条信息：“我和你一样。”这就会在对方的潜意识里增加对方的舒适感，减轻他们的抵触情绪。对方就会在潜意识里感到他和你的关系很和谐。当你采用了对方的体态语言，你就是在以一种非语言的形式告诉她或他——你们有共同点。

第三原则：积极开放的对话

如果公司内部无法进行活跃的对话——通过开放、真诚和随便的方式，讨论当前的实际情况，你就不可能建立一种真正的执行文化。这种对话可以使一个组织更为有效地收集和理解信息，并对信息加以重新整理以帮助领导层做出更为明智的决策。它能够激发人们的创造性，实际上，大多数革新和发明都是在对话的过程中形成雏形的。最后，它能够为组织带来更大的竞争优势和股东价值。

活跃的对话的前提是对话者必须解放自己的思想。他们对人对事都不应先入为主，更不应在讨论问题的时候有所保留。他们希望听到新的信息，并准备随时改进自己的决策，所以这种人通常会注意倾听讨论中各方的意见，并积极参与到讨论当中去。

当人们敞开胸襟的时候，他们就会表达出自己真实的观点，而不再是为了奉承领导或维持一团和气而说些无关痛痒的话。实际上，一团和气——这也是许多不愿意得罪人的领导者所追求的——可能成为真相的敌人，它会扼杀许多人的批判性思维，并最终使得决策成为一纸空谈。

在通常情况下，如果有人提出一些你不同意的意见，你粗鲁地警告对方不要过于自大，在这种情况下，其他人就很难再有足够的勇气来对你的意见进行驳斥。而如果你告诉那个提出不同意见的人，“好的，让我们仔细讨论一下你的意见。首先听听大家的意见，然后我们再进行选择。”这时，提出意见的人就会受到更大的鼓励，而这次会议也就能取得更加良好的结果。这种会议或沟通开放灵活、重点突出而又轻松活泼。谈话的目标是要大家提出不同的观点，对每种观点的利弊进行分析，然后以一种诚实坦白的态度对这些观点进行总结。这种相互沟通的动态机制能够激发出许多新的问题、新的想法和对事物新的认识，从而能够在最短的时间内，以最轻松的方式，最有效地解决问题。

第四原则：移情理解（融入到角色中）

好莱坞明星罗伯特·瑞德福特在20世纪90年代曾导演并主演了一部优美的电影叫《马语者》。影片描述了通过人与动物之间细腻的感情沟通，而使人与人之间的沟通更加丰富和深刻。创作这部小说和激发电影灵感的巴克·布兰尼曼是一位驯马师，他认为要做到“人与马之间的思维和谐”，以及取得任何动物之间的“真正的统一”，在于从马的角度想象和感觉世界。——“人坐在马身上的方式与狮子扑马完全一样，要爬到它的背上，两只脚垂向下面”，他说，“所以，就很容易理解为什么一匹马不愿意让人爬到它的背上……它害怕。它也应该害怕。这就是它们怎么能够在自然环境里生存的原因之一。你正在面对的是几千年的自我保护，而你却让马完全忘记这一点，让你骑到马背上。”让人吃惊的是，布兰尼曼使马能够“邀请”他骑到马背上。他使用马本身的语言：细致的身体移动和姿态。在根本上，他假装自己是一匹马。“这没有什么秘密，”布兰尼曼说，“我只是知道我们必须怎样做才能让我和马说同一种语言，跳一样的舞蹈。”

移情理解是一种内在的注意力，它集中于我们在真实的和想象的情况下所看到的、听到的、触摸到的和感觉到的东西。中国的天人合一的思想，佛教禅宗的全部哲学都无法脱离一个思想，即一个人必须与其所静思的物体合二为一，必须忘掉对自我的感觉才能像事物不具有他性一样理解事物的他性。

著名哲学家卡尔·波普尔说过："我认为，关于人们怎样得到新的思想这个方面，最有价值的建议就是'移情理解的直觉'或者'移情'……你应该以这样一种方式进入你的问题，即把自己当成问题的一部分。"

沟通高手也往往用对方的眼睛看待所要讨论的问题。我们不能仅仅倾听，而是要主动想象着进入他人世界，这也是尊重他人的基础和前提。

三、沟通谋略

沟通的四大智能：谋、写、说、听。谋：统帅地位、引领指向，无谋，则无说、无听、无写；乱谋，则乱说、乱写、混淆视听。

《孙子兵法》说："故上兵伐谋，其次伐交，其次伐兵，其下攻城。"

《诸葛亮文集》说："夫用兵之道，先定其谋，然后乃施其事。"

《韩非子》说："上君尽人之智，中君尽人之能，下君尽人之力。"尽人——即使他人尽。

通过沟通形成谋略，通过沟通实施谋略，沟通谋略不仅强调"是"，尤其强调"做"，成大器必须"知行"统一。

◆ 沟通谋略三原则

客体第一原则：1. 客体优先；2. 洞察客体，才能形成成功的谋略。

事实性原则：对主体，尤其是客体必须实事求是。

高效率原则：高效——沟通效率和沟通效应，沟通——降低沟通总量、成本。

◆ 沟通谋略讲究

• 沟通的大局观、大思维和大智慧：

大局观要求从个别联系整体，从整体看待个别。一事当前，不能仅仅从本人、本部门和当前状况考虑问题，而应该从团队、整个公司和长远利益考虑问题。

大思维提倡：非逻辑思维、跳跃性思维、创造性思维、逆向思维、超常思维、多维思维、换位思维、系统思维。思维角度越多，形成有效的沟通谋略的可能性就越大。

大智慧提倡：兵无定法，法也；法亦无法，无法亦法。反对："小聪明"、

"抖机灵"、"雕虫小技"等短视行为。大智者：若愚、若俗、若拙。小智不去，大智不来；小智不破，大智不立。一事当前，从更长远、更深层次、更高层次、更多角度地考虑和权衡决策。

- 沟通的境界、品味和艺术：

沟通的境界是，沟通过程忘记了主体与客体的身份。当双方或各方忘记了主体与客体的身份，才容易把注意力集中到沟通的价值上。

沟通的至高境界是"不沟自通"，没有与对方直接沟通，而通过自编自演的故事或通过一番行为，而使对方自觉不自觉地接受了自己的计划安排或达到目的。例如，诸葛亮自编自演假手关羽释放曹操的故事，达到维持三国鼎立的目的。

沟通的至高品味是举重若轻。一方面是自信，另一方面给对方一种信心。例如，叶剑英元帅与汪东兴、华国锋沟通抓捕"四人帮"的故事。

沟通的至高艺术是"随风潜入夜，润物细无声"，是模糊沟通，以愚胜智，以迂取直。例如，诸葛亮自编自演"空城计"，吓退司马懿大军的故事。

案例：斯隆的模糊沟通

1944 年，通用汽车公司的 CEO 斯隆聘请后来成为世界级管理学者的德鲁克担任通用汽车公司的管理政策顾问，两人见面时，斯隆说了这样一番话：

"我不知道我要你研究些什么，要你写什么，也不知道该得出什么样的结果。这些都该是你的任务。我唯一的要求，只是希望你把你认为正确的东西写下来。你不必顾虑我们的反应，也不必怕我们不同意。尤其重要的是，你不必为了使你的建议易为我们接受而调和折中，但你必须先告诉我们，'正确'的是什么，我们才能做出正确的调和折中。"

管理悖论：

下属明确的行为来自你明确的指令性沟通信息，你的指令性沟通信息越明确，下属的创造力和主动性就越弱。

四、影响沟通的因素与沟通要领

一个沟通范式要回答：（1）谁？（2）说什么？（3）通过什么渠道？（4）传播给谁？（5）产生什么效果？一种有几个要素的沟通范式，如图 8-1 所示：两个要素表示沟通主要参与者——发送者和接受者，另两个表示沟通的工具——信息和媒体，还有 4 个表示沟通的主要职能——编码、解码、反应和反馈，最后一个要素表示沟通系统中的噪音。

该范式强调了有效沟通中的一些关键因素，发送者必须知道要把信息传播给什么样的视听接受者，要获得什么样的反应。他们必须是编译信息的能手，要考虑目标沟通者（接受者）倾向于如何解译信息，必须通过能触及目标沟通者的有效媒体传播信息，必须建立反馈渠道，以便能够了解目标沟通者对信息的反应。

要使信息有效，发送者的编码过程必须与目标沟通者的解码过程相吻合。发送的信息必须是目标沟通者所熟悉的。发送者与目标沟通者的经验领域相交部分越多，信息越可能有效。信息源能够编码，信息传播终点能够解码，这需要各方面所具有的共同的经验为条件。这也把负担压在发送者身上，他们要把信息有效地传播给目标沟通者。

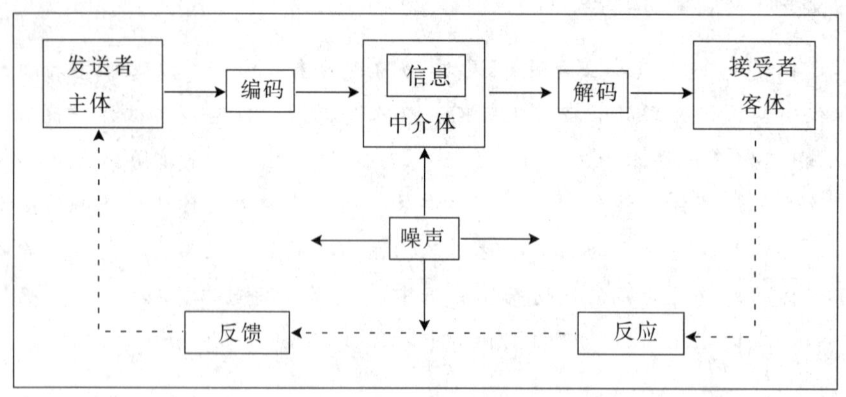

图 8-1　沟通过程中的诸要素

◆ 影响沟通的因素

菲斯克和哈特勾勒了影响信息沟通的一些因素：

1. 沟通者对接受的控制权越强，接受者的变化或在他们身上所起的作用对于沟通者就越有利。

2. 信息与接受者的意见、信仰及倾向越一致，沟通的效力就越大。

3. 沟通可能对不属于接受者价值系统中心的不熟悉的、轻微感觉的、非本质的问题产生最有效的转变作用。

4. 沟通者被认为是有经验、地位高、较客观、和蔼可亲的人时，特别是有权力并能与人打成一片时，沟通可能更有效。

5. 社会环境、社会群体和相关群体，不管其是否承认，都是传递沟通和产生影响的媒体。

◆ 沟通范式与沟通要领

发送者的任务就是把他的信息传递给目标沟通者。在这种环境中存在着大量的噪声——人们除了必须要注意的事以外，每天还要遇到几百条商业信息。由于以下三个原因中的任何一个，目标沟通者可能得不到需要知道的信息。因为：第一，选择性注意，他们不可能注意他们身边的每一件事；第二，选择性曲解，他们可能曲解了他们需要听到的信息；第三，选择性记忆，他们保存的仅仅是他们听到的一小部分信息。

选择性注意，它解释了为什么用大胆的通栏标题允诺某广告（例如"如何赚 100 万"）与有吸引力的插图和简短文字结合在一起时，就有很大吸引力的可能性。读者只要付出很少一点儿努力就有机会获得很大的（信息）报酬。

至于选择性曲解，是指目标沟通者因已有自己的态度，而导致只期待他们想听或想看的事。他们只会听到符合他们想象的事，结果，目标沟通者往往对信息加上些原来没有的内容（扩大），并不注意原信息的其他方面（缩小）。所以，信息传播者应该力争使信息简明、清楚、有趣和多次反复，使信息的主要点得以传递。

至于选择性记忆，信息传播者的目的是使信息长期存在于接受者的记忆中。长期记忆就是对被处理的所有信息的储存，在进入目标沟通者的长期记忆过程中，信息有一个更改接受者的信念和态度的机会，但信息首先要进入目标沟通者的短期记忆，它是一种处理新进入的信息的有限储存。信息是否通过目标沟通者的短期记忆而进入他或她的长期记忆，取决于目标沟通者接受信息复述的次数和形式。信息复述并不意味着简单地重复信息，从某方面说是目标沟通者对信息含义的精心提炼，使短期记忆进入到长期记忆。如果目标沟通者原先对目标的态度是肯定的，他或她所复述的又是支持性的论点，这一信息就可能被接受，并有较强的记忆。如果目标沟通者原先的态度是否定的，而且复述反对论点，信息就可能被拒绝，但也保持在长期记忆中。如果没有论点的复述而仅仅简单地说"我以前曾听说过"，或"我不相信它"，那就不可能有较强的记忆或任何态度的改变。一般说来，很多所谓的说服都是自我说服。

所以，信息传播者首先要寻找与目标沟通者相关的特性。诸如：他的情绪、看法、价值观与信念，以及习惯用语等，用它们去指导信息和媒介物的开发。

五、双向沟通的三要素及其定位：主体、中介体、客体

上述的沟通范式是指在一种单向沟通的情况下，才能成立的。而一旦在双向沟通的情况下，信息的发送者和接受者，即沟通的主体与客体之间，就会不断地变换。在双向沟通的情况下，沟通三要素就是：主体、中介体、客体。

沟通的主体与客体只存在先后的邀约问题，不存在谁重要谁不重要的问题。沟通定位的过程，就是主客体不断相互靠近总目标的动态全过程。

• 主体定位：

"我"是谁，在不同的沟通环境下或不同的沟通对象下，所要求和允许的"我"往往并不一样。——"我"是谁，就是要搞清楚谁是"谁"——沟通是在什么沟通环境下或与什么人沟通，"我"应该持有的价值观和要求的利益，然后据此形成"我"的沟通目标、行动目标、沟通策略、技法。

• 中介体定位：

主体与客体共同确认的中介体。中介体定位可以分为：组织形态的中介体选择，信息载体形态的中介体选择，商品（服务）形态的中介体选择。

• 客体定位：

就主体之邀沟通的就是客体。它是主观与客观的调整和统一。

"我"确定的客体是哪些组织、组织群体、哪些人员，他们将怎么排序。他们各自的价值观、利益；他们各自的沟通目标、行动目标和行动障碍及其排序。"我"对客体的主观确认是否符合客体的原貌、客体的利益和客体的价值取向，且如何迅速自调，如何使客体积极自我调整定位。

第二节　影响决策的三个问题四种个性

一、影响决策的三个问题

现实是怎么样、理论上应该怎么样、我们希望怎么样这三问题如果能够一

致，那这样的企业当然是已经进入了最高境界了，也许管理的概念已经成为多余的东西了。但现实中几乎没有企业能够做到把所有的问题都自然地达到现实怎么样、应该怎么样、我们希望怎么样这三问题一致的境界，而更多的是这三者的不一致。所以才需要沟通，需要管理。

先让我们看看关于"我的"三种问题（如图 8-2 所示)：一事当前，在我（任何人）的世界里，总是同时交织着现实是怎么样、理论上应该怎么样、我希望怎么样这三种问题，我的任何一个决定，都可以说是这三个问题相互斗争、妥协和平衡的结果。

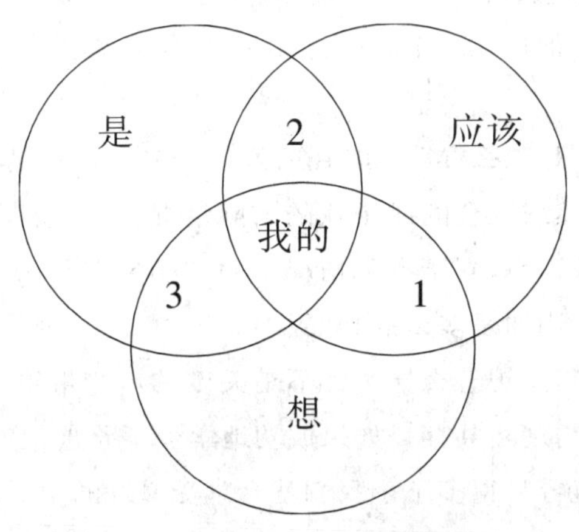

图 8-2　关于"我的"三种问题

看一看图中 1 的这一部分。这是一个我们想应该怎么样，却并非如此的区域。它会产生挫折。在一个公司里，我们认为要某些人按照某种规定的方式行为，我们也应该这样去做。举个例子，我们认为有关如何服务顾客的问题，应该倾听直接与顾客打交道的一线员工或一线经理，而且也应该要这样。但公司有关如何服务顾客的问题的讨论会，总是没有让我们这些一线员工或一线经理参与。这会使我们感到受了挫折，甚至会产生敌意。

图中 2 的这一部分是另外一种挫折的区域。在这种情况下，"应该怎么样"实际上与"现实是怎么样"一致，但我们却不想它这样。例如，人家否决了对你的贷款，看一看你的财务报表，你被否决一点也不值得奇怪。你应该被拒绝贷款，因为你的财务状况不稳定。然而，你却想要贷款。你不想接受现实的"是怎么样"以及应该发生的事情，你并不想它真的发生。所以，你垂头丧气地回家了。接受"被拒绝"是很痛苦的，不管它公不公平。

图中 3 区域称为“活在负疚当中”。你干了想干的事情，但你知道你不应该干。例如，你知道你自己不该抽烟，但你却照样抽。你为什么要这样干呢？因为你想这么干。

在这里的“应该怎么样”，是根据规律、按照理论或经验的要求而采取相应的计划和行动，它是指那些为情势所迫必须要做的事情，它跟你希望做的事情没有必然的逻辑关系。

在这里的“想怎么样”，则是具有个性化的倾向的东西，一事当前，人们总是从自己过去的经验、背景和知识构建自己的想法、希望和计划，并自觉不自觉地以自己的“想怎么样”去参与团队和企业的决策。任何人的“想怎么样”的想法和计划，都存在两个问题：1. 是否与现实相符？2. 是否符合规律、理论或经验的要求？

在这里的“现实是怎么样”，也存在两种“现实”，一是存在于人的大脑中的“印象”，一是自然或社会的或企业的实际情况。人们往往自觉不自觉地把自己大脑中的“印象”，等同于实际情况，而“印象”是否符合实际情况还是一个未知数。可见，沟通是多么的必要。

“应该怎么样”与“想怎么样”都不是关键的。非常重要的是“现实是怎么样”，我们要学会与现实共存。如果成功地学会了欣赏“现实是怎么样”，需要沟通解决的问题就容易得多了，我们就会享受最好的生活。

二、识别个性，才能有效沟通

从与企业管理对应的角度来说，我们把人的个性划分为如下四种：I（整合）、E（创新）、P（执行）和 A（行政领导）（有关 EAPI 四种个性与管理角色的论述详见第二章和第七章）。

一事当前，E 个性的人会更多的关注原因、需求，他们善于做创新性的工作；A 个性的人会更多的关注资源、成本和效率，他们善于做行政领导性的工作；P 个性的人会更多的关注行动、行为，他们善于做执行性的工作；I 个性的人会更多的关注目的、意义、关系，他们善于做整合性的工作。

个性是一回事，角色又是另一回事。在企业的现实中，如果人的个性与管理角色相一致，那当然更好；但人的个性与管理角色不相一致的情况，也是很普遍的。但有一点是肯定的，就是“不在其位，也谋其政”——没有相应的管理角色的职务，但由于个性的作用，人也会自觉不自觉地以某种管理角色对待事物，例如，球迷批评球员某一球应该怎么样踢、而不应该那样踢。从这个意义上说，在沟通时，识别个性有助于沟通。

◆ E个性的人

E个性的人会从“想怎么样”出发。他们的风格就是：“由于我想这样，所以就是这样。”典型的E个性的人会说：“我们卖了价值300万的产品，所以就是这样。”如果A个性的人问：“合同呢?”E个性的人还会大大声地回答：“客户将于下周的会上决定。”E个性的人把“想怎么样”与“是怎么样”搞混了。“由于我想这样，所以它是这样。”还有，他们也许会说：“我们是这一行的领袖。”但问题是：他们是这一行的领袖，还是应该是这一行的领袖，还是他们只是在设想自己是这一行的领袖？只有天知道。

E个性的人一直被自己强烈的创新精神以及由它所代表的梦想所吸引。他们拒绝承认什么是“现实是怎么样”，他们拒绝接受现实。他们完全被“想怎么样”这一部分套住了。“我想如此。由于我想如此，所以就应该如此。而且由于应该如此，所以最好如此。”但现实却并非如此。

他们不愿考虑预算，他们拒绝作出改变自己怀孕十月产生的“孩子”——创意、梦想、主张、事业，拒绝从梦想中清醒过来，由于他们拒绝承认这一梦想不会成功，他们会一点一点地丧失自己辛辛苦苦建立起来的基业。这也是他们有时会破坏自己所创建的东西的原因。他们是经济学所批评的“沉没成本”——为了那些已经沉没的成本而往往也把自己沉没下去的集中人群。

不要带着问题的“最后”答案去见E个性的人，别想着他们会轻易同意你。你必须让整个事情处于未决状态，这样说：“我建议……”，“我一直在想……”，“好像……”，“你怎么认为?”让他们在你的主张上留下他们自己的印迹。你应该这样对待所有的E个性的人，而不只是你的上司。

◆ A个性的人

如果你问一个A个性的人：“对这个问题我们有没有解决办法?”他（或她）可能会说：“我们有！我们已经在这上面花了近百万元，不是吗?”你可能对这种说法提出质疑：“等一等！我知道我们应该有一个解决方案，因为我们花了一百万，但这并不是我要问的问题。我想问：我们有没有一个解决方案？什么时候我们才能有一个解决方案？只有在它发挥作用的时候。”A个性的人往往把他们过去的行为作为今天的方法，会把过去的经验等同今天的现实，而不知“现实”早已是另一个现实——“不知有汉，无论魏晋”。

在沟通的过程中，当A个性的人突然打断你的话，提出问题，你应该怎么办？你应该做的是接受问题，告诉他：“问得好，让我先把它记下来。”也许你该把它记在小本上，以便让A个性的人看到你没有忽略这些问题。你可以这样说：“我们等会儿再谈这个问题，怎么样？等我们把报告讲完之后再来处理这些问题。要是你还有什么问题，请你自己先整理一下或记下来，我们肯定会提到这些问题的。”用这种办法，你既接受了A个性的人的关心，又不至于被岔开话题。接受所有的问题，但别去讨论这些问题，继续展示你的大框架，等你讲完以后，作个总结，然后说：“好了，现在我们来看一看有关问题。”换句话说，在提到“怎么做”之前你必须把“做什么”和“为什么做”放到一起去理解。

A个性的人天生就是一个性急的人，他们往往要一步跳进问题的深处或如何做的层面上。所以，在讨论问题的时候，在你把内容与原因联系起来之前，不要去讨论方法问题。在你还没有让他们理解了“什么能干”之前，你不能从“什么不能干”开始沟通。在你还没有让他们完全理解了价值之前，不能尽谈成本，A个性的人往往急于关注成本，他们往往忘记成本不是处在真空之中，成本总是与价值相联系的。

◆ P个性的人

如果你问一个P个性的人：“对这个事情我们应该怎样处理？”他（或她）可能会说：“得啦，我们知道怎样做。”他们昨天是怎么样的今天也就是怎么样的，从来不考虑希望怎么样和应该怎么样的问题。一事当前，他们往往是未曾做什么计划就已经行动起来。如果要使他们正确地做事，你要先做好计划，然后让他们去执行。如果一定要说他们有什么计划的话，那他们的计划就是——边做边调整，行动本身就是计划的一部分。所以，对于P个性的人，更加要注重行动过程的沟通和反馈，以及时把握行为的结果。

P个性的人比较现实，他们对遥远的东西不太感兴趣。如果你有什么大目标大计划需要P个性的人配合的话，你应该先把那些大目标大计划细分为一个个小目标小计划，让他们容易感觉到触摸到“有东西”，他们才会积极行动。

◆ I个性的人

如果你问一个I个性的人：“对这个事情你有什么意见？”他可能会说：

"我想知道你是怎样看这个问题的。"一事当前，I个性的人不会轻易敞开自己的思想，因为他们想先了解你的思想。他们用不同的方法在理解现实"是怎么样"。I个性的人善于理解差异以及不同的人所说的话的意思，如果他们一旦成为某一方面的专家或领导的话，他们往往是整合各方面意见的高手。

I个性的人往往深藏不露，喜怒不会轻易形于色。一事当前，他们虽然也关注目标、意义、常规和价值，但他们更关注谁是"谁"——就是要搞清楚在不同的沟通环境下，要求和允许他的价值观和利益，然后据此形成我的沟通目标、行动目标、沟通策略、技法。

三、正确的沟通范式

任何沟通应该首先应从"想怎么样"开始。没有梦想，所有的计划都是不可能成功的。你必须要有一种想象力，正如乔治·肖伯纳曾经说过的："理性的人适应世界，非理性的人却想让世界适应自己。所以所有进步都取决于非理性的人。"

在做计划时，你应该按如下顺序构思：想怎么样→应该怎么样→现实是怎么样。同样在你了解他人的意见和思想时，也应该按这个顺序询问。

在沟通的过程中，一旦发现自己的或他人的"想怎么样"的意见和要求与实际情况不符，或者与"应该怎么样"相悖，你应该怎么办？你首先要搞清楚对方的"想怎么样"，是否符合企业使命、战略目标、当前任务的要求，如果符合的话，那你再考虑是否具备现实条件，以及能否创造现实条件。如果回答是否定的，那你就要从企业使命、战略目标、当前任务的要求，以及现实条件上，说服对方，改变对方的"想怎么样"。

如果你要改变现状的话，沟通的顺序应该是：现实是怎么样→想怎么样→应该怎么样。你应该告诉对方，所谓现实，很多时候只是我们自己心中的"现实"，而这个心中的"现实"未必就是真实的现实，即使这个心中的"现实"就是真实的现实，这个现实也不代表未来。事实上，我们本身，也与现实一起构成现实的一部分。所以变化，向着我们所希望怎么样和应该怎么样的方向变化，是完全可能的。当然，做出变革的办法首先是接受现实。前进的办法就是接受你的现状。如果你只与自己的现状斗争，而忘记了希望怎么样和应该怎么样的方向，那你的斗争就没有意义。

◆ **团队沟通需要先订立沟通规则**

在团队沟通的过程中，在会议上，当人们谈到自己深有感情的问题，或者是自己所创造的事情时，即便他们不谈了，他们总还是在深深的思考自己刚才所说的话。他们在重听自己的“录音”，检查自己是否已经说出了自己想说的话，或者进一步思考有没有什么需要补充的。每当这种情况发生时，就是危险的所在。当别人已经开始跟他们说话沟通时，他们思想上还在倾听自己时，对别人的说话充耳不闻，而别人却以为他们在听自己说话呢。这就是沟通非常困难的原因，特别是E个性的人。他们太有创造性了，他们有太多自己的主张要听。他们思考得过于专注，以至于常常听不见别人所说的，有时很让人恼火。

所以当双向沟通时，需要先订立沟通规则：谁先说谁后说都可以，但必须是一个在说，另一个在听，不可以插话；说者停止发言了，就要说一声：“我说完了，现在请你说话。”——当说者说这句话时，有助于他在意识的层面上暂时与他的思绪或刚才所说的事情分离出来，从而有助于他真正开始听你的发言。这条沟通规则的关键词是一个“请”字，它具有尊重和客气的意义，因而也就具有强化心态和意识的作用。

每当团队沟通时，需要先订立沟通规则：1. 会谈前把沟通主题事先通知与会者，规定各人的发言时间，以便让人们自己平衡和把握在既定时间内重点说什么，从而避免了人们在既定时间内言而未尽的情况发生，避免他们在别人说话时只重听自己的“录音”，检查自己是否已经说出了自己想说的话。说者停止发言了，也要说一声：“我说完了，现在请你说话。”2. 人们可以想谈多久就谈多久。要是他们停止发言了，可以考虑一下他们所说的话，然后再恢复发言，这样就可以了。别人不可以插话。当他们真正觉得自己已经发完言时，就要说一声：“我说完了，其他想发言的请举手。”并由刚刚结束发言的这个人看一看有哪些已经举手想发言的人，如果是圆桌会议，就从已经举手的人中，叫自己右侧第一个举手的人发言，如果是方阵排列，就从已经举手的人中，从右侧第一排右侧第一个举手的人开始顺序发言，而且必须直呼其名。为什么要订立这样的规则呢，因为它有助于人们在意识的层面上暂时与自己的思绪或刚才所说的事情分离出来，从而有助于人们真正开始听他人的发言。这条沟通规则的关键是：当一个人带有感情色彩地涉入某些事情时，他也许会忘了正在与他谈话的其他人的名字，再记起来要花几秒钟的时间。如果他确实想起来了，这就表明他已经结束发言了。

为什么不能称他的官职或姓氏，而必须直呼其名呢？因为：当你直呼其名，而不称他的官职或姓氏的时候，你就很难生起气来。这是你针对所议论的主题变得有点生气的那一群人所采取的保险政策。如果每个人都必须彼此直呼其名，那就会降低受挫与敌意的水平。

这条沟通规则还有更深远的意义：照顾个性也有效地制约个性。为什么不传给第一个举手的人呢？因为：P 个性的人就会把持会议。P 个性的人或 E 个性的人甚至还没有想清楚自己应该要说些什么就会抢先举起手来。他们那样做只是为了占位子、抢麦克风。他们提出来的往往是半生不熟、不太周全的主意。A 个性的人会把自己的时间都用在想事情上，或在寻找经验的录像带。而总是善于静观其变和深藏不露的 I 个性的人往往会一言不发。于是，E 个性的人和 P 个性的人手脚麻利，他们会左右整个会议。E 个性的人会得出结论，认为 A 个性的人和 I 个性的人没什么用，从而瞧不起他们。这就容易导致相互不尊重，相互无礼了。要是强迫他们去听 A 个性的人的，E 个性的人可能会认识到并不见得总是自己才有好主意。

任何打断别人说话的人都要付罚金。把所有违反者的钱收起来用于做善事。

对 E 个性的人，还有一条规则。任何时候 E 个性的人违犯了这些规则，他们就失去发言的机会。对 E 个性的人来说，没有比不让说话更大的惩罚了。所以他们会安静下来，遵守这些规则，像其他成员一样参与。

你不会跟违反规则的人玩扑克或其他游戏。你不信任他们。所有游戏都有规则。孩子们玩游戏的时候，他们做的第一件事是就规则取得一致的意见。

企业中的任何关系都是受规则约束的。我们只是不得不去发现规则。没有行为规则，就不存在能发挥作用的相互关系。所以你要让参与沟通者明白什么是“应该怎么样”。

第三节　原则沟通法——一扇过得自己也过得别人的门

当对方表达的观点或建议我们不能接受，并且我们不愿意虚假地表达接受对方的观点或建议时，还有没有什么沟通方法可以使对方继续与我们沟通下去呢？或者当我们的要求、利益和价值观与对方的要求、利益和价值观发生冲突，并且双方都不愿意委屈自己时，还有没有什么沟通方法可以使对方继续与我们沟通下去呢？回答是肯定的，这就是原则沟通法。

原则沟通法建议你寻求双方各得其所的“一致”意见或方案；一事当前，尤其是当双方的利益发生冲突时，首先寻求大家公认的原则、公平的标准和程序，并以这些大家公认的原则、公平的标准和程序同对方沟通，使其也能够根据这些大家公认的原则、公平的标准和程序来做决定。

一、如何避免沟通陷入泥淖

在观点或认识上讨价还价，往往会使沟通陷入泥淖、中断。因为在这种争执中，你往往会把一些原先并不那么重要的观点或认识，有意无意地扩大而走向了极端，继而你还会把成为了极端的观点或认识，当作你真正的观点来欺骗对方。然后为了维持沟通的进行，你会稍作让步，以期望达成对你有利的沟通目的。这时对方也会采用这种策略。这其中每一种因素都会阻碍沟通目的的迅速达成。公开的观点或认识越极端，所作的让步越小，就越需要多花精力去探求达成沟通目的的可能性。

参加沟通的双方或多方，所攻击的只能是问题而不是人。原则沟通法所要强硬的是价值，对人却是温和的。原则沟通法与下表所列的强硬或温和的观点或认识性争执截然相反。

问题 观点或认识性争执，你取哪种方式？		解决方法 改为根据价值来沟通
温和	强硬	原则
◇沟通双方都是朋友	◇沟通双方都是敌人	◇沟通双方都是问题的解决者
◇目标是取得沟通目的	◇目标是求取胜利	◇目标是有效而圆满地达到明智的沟通结果
◇以让步培养双方关系	◇以取得让步建立关系	◇把人与问题分开
◇对人对事都温和	◇对人对事都强硬	◇对人温和，对事强硬
◇相信别人	◇不相信别人	◇不把“相信与否”放入沟通过程
◇很易改变自己的观点或认识	◇坚持自己的观点或认识	◇重点放在利益上而非观点或认识
◇提出价钱	◇提出威胁	◇探求利益

◇揭示自己的底价	◇故弄玄虚	◇避免有某一底价
◇为取得沟通目的而接受损失	◇要有所获才肯达成沟通目的	◇提出具有共同利益的多种可能方案
◇寻求对方所能接受者	◇寻求自己愿意接受者	◇构想出多种选择，然后再作决定
◇坚持达成沟通目的	◇坚持自己的观点或认识	◇坚持客观的标准
◇避免进行意志力的较量	◇设法赢的意志力的较量	◇根据客观标准来达成沟通目的
◇屈服于压力	◇运用压力	◇理由开诚布公，服从原则而不屈从压力

◆ 了解别人的观点，并非就表示同意

我们必须时时提醒自己，自己不可能是全知全能的“上帝”。一事当前，先多一点了解别人的想法、认识也无妨，也许还真会有一些自己不了解的东西，也许还会使你修正自己的想法。显然，这并不是“成本”，而是一种“收益”。这种了解可能协助你减少冲突的范围，也能帮助你看到新的利益。

如果你从阴森的角度去解释对方的言行，往往会使得本来有利于促成沟通目的的建设性意见被踢到一边；也会忽视或拒绝对方观点或认识的微妙改变。

了解别人的观点，并非就表示同意。如果你要对方接受一个与他的看法不一致的结论，你就必须促使对方参与得出这一结论的过程。即使沟通目的似乎有利于对方，对方还是会由于没有参与这一结论的过程而有所怀疑。

要慷慨地把创造性意见归功于对方；这样就会使对方义不容辞地维护沟通目的。人也许很难抗拒把功劳归于自己的诱惑，但把这种功劳归于对方却会使你得到百倍的报偿。

在某种意义上来说，这种过程就是产品，就是双方走向和到达沟通目标的阶梯。

二、把人与问题分开，视野和思维就更加广阔

沟通者都有双重利益：实质利益和关系利益。维持持续的关系要比任何沟通结果还重要。现代营销学突出强调的一点就是如何维持持续的顾客关系，维持持续的也就是长期的关系，往往比当前的买卖利益更重要更有价值。

在“给”与“取”这两端，一般人往往把人与问题视为一体，其主要后果是双方关系与讨论的当前的实质问题纠缠不清。我们必须意识到，任何问题毕竟就是这个问题，尽管这个问题是由这个人带来的，但这个人还有很多东西是与这个问题无关的，也许还与我们自己的其他利益和价值有关。所以，在沟通中，应该把人与问题分开，着重于问题本身。

一般人往往把人与当前的实质问题容易纠缠在一起的另一个原因，是人们常常会把别人并无实质依据的批评当作是事实并站到他那一边去。

一般人很少能意识到，对同一件事作其他的解释也是合情合理的。例如，某员工认为其上司总是把一些艰难的工作交给自己，是找自己的麻烦；而上司则认为自己是器重某员工，才给他表现才能的机会。

管理悖论：

从哲学的意义上说，问题的根本就是人本身；但原则沟通法却要求我们把人与问题分开。

◆ 影响沟通的常见的几个因素

要做到把人的关系与当前的实质问题分开，直接处理需要沟通解决的问题，就要注意影响沟通的常见的几个因素：看法、情绪和面子问题。

• 看法

归根结底，冲突并不存在于客观的现实中，而是存在于人的大脑中，存在于人的看法。

即使是不必要的“恐惧”，只要恐惧是真实的，就必须加以处理；即使是不切实际的“希望”，也有可能引起战争；即使是已经存在的“事实”，也可能无助于问题的解决。这都因为我们自己或对方一直只存在着一个“看法”，如果我们自己或对方能够换一个角度多一个“看法”，冲突往往就容易化解。

寻求客观的现实虽说有用，但最终说来，所谓“现实”还是双方看到了构成沟通的问题并愿意寻求解决方法的那种“现实”——看法中的现实、心态中的现实。

• 情绪

在沟通中，特别是在激烈的争执中，“感受”可能比“说话”更重要。双方准备“较量一场”的心理可能压倒准备“同心协力”的心理。当人们进入沟通时，尤其是所要沟通的问题事关重大，而容易产生紧张、压力，甚至有受到威胁的恐惧感等情绪。而在沟通的过程中，一方的情绪会诱发另一方的情绪。恐惧会生出愤怒，愤怒会发出恐惧。紧张、压力的情绪会影响智慧的发挥，缺乏智慧的时候往往会以极端的威胁作掩饰，从而引起对方恐惧和愤怒。“情绪”的作怪会很快使沟通陷入僵局和死胡同。

当对方已经有情绪时，懂得“移情感受”，站在对方的位置上体会对方，是我们不受对方情绪影响的有效方法。

• 面子问题

在沟通中，人们常常执意不肯放弃自己的立场，其原因往往不是对方的要求和意见根本不能接受，而是因为不想表示输给了对方。如果在措词上换成另一种表达，而实质则维持不变，那么人们往往就会接受它。“面子问题”涉及到沟通者的自我形象，千万不能低估其重要性。所谓“人要脸，树要皮”，给人以尊重，给人以名誉，给人以地位，往往比给人以金钱更有效。当然，这只能在正式沟通问题之前，给人面子。在正式沟通问题的过程中，切忌谈论有关面子的问题，否则又容易陷入把人与问题混淆一起的泥淖。

◆ 三大沟通困难与解决方法

由于上述的看法、情绪和面子问题的影响，给人们的沟通增加了下列三大困难：

1. 需要沟通的双方彼此不愿与对方沟通，只乐意向第三者阐述自己的观点。2. 即使你对着他们直接而又清楚地说话，他们也不一定听你的；他们或许正在忙于思考下一步该说什么，要用什么有力的证据，以致忘记你刚才所说的话。3. 误解。

◆ 积极倾听对方的话

许多人认为不要太注意对方的意见和建议，不要承认对方观点的合理性和合法性，是一种好的沟通战术。但优秀的沟通者恰恰相反。除非你承认对方所说的，并且表示出你了解他们，否则他们不会相信你已经听进他们的话；当你设法解释另一种不同的观点时，他们会认为你并未领会他们的意思。他们会想：“我说出了我的观点，而他现在说的却是另一回事。他一定不了解我的意思。”他们这时也不会听你的说话，而会思考改换一种说法，以便使你彻底领悟。因此你要表示出你了解他们。“现在看看我是否了解你的意思。从你的观点看，情况是这样……”

当你重复对方的意思时，要从正面的角度叙述对方的意见、建议和观点，使得对方意见、建议和观点中的优点更加清楚。你可以这样说：“你的意见和建议很有力，让我看看能否这样解释，你的意见和建议使我动心的是……”——“了解”并不等于“同意”，你可以彻底了解但完全不同意。

在你替他们说出他们的意见和建议之后，才能提出这些意见和建议中存在的问题。如果你先把对方的意见和建议做了更明确的陈述，然后再反驳它，就会引导出建设性对话，而一般不会使对方认为你误会了他们。

应建立起沟通规则，把当前的实质问题与你的关系分开，才能避免由于看法、情绪和面子问题的影响，而给沟通增加困难。基本的原则就是把对方当作“人”来看待，把问题按照其价值来处理。

三、利益最大化的成功沟通范式要点

正是由于双方对立的观点或认识，是基于各自的利益，而任何一种利益，一般都有多种可以满足的方式，所以与其拘泥于各自的观点或认识上，不如一开始就探讨有多少可以满足各自利益的渠道或方法。当双方越过对立的观点或认识，而去寻找促使坚持这种观点或认识的利益时，往往就能找到既符合这一方的利益，又符合另一方的利益的替代观点或认识。而我们的经验是，在对立观点或认识背后所寻找的共同利益，常常大于冲突性利益。所以，一事当前，探讨有多少可以满足各自利益的渠道或方法，有多少利益又是属于双方的共同利益，有多少利益又是属于可以互补的分歧性利益。这些问题一般是比较容易解决的，而这些问题的解决，又为那些冲突性的利益问题的解决铺开了道路。

沟通目的往往就是因为双方利益不同才有达成的可能。共享的利益和可以互补的分歧性利益，都可能成为达到沟通目的的桥梁。所以，调和双方的利益而不是调和双方观点或认识，这种方法更为有效。

◆ 如何确认利益

问一个“为什么”最基本的方法是把自己置身于对方的观点或认识中考虑问题，探讨他们的每一观点或认识，并且问一个“为什么”。一个“为什么”，往往能够使你得到与问题有关的背景、环境、利益和价值，能够使你了解对方的需求、希望，担忧和欲望。而这，将为你进一步确认共享的利益和可以互补的分歧性利益提供了信息。

在推测对方目前的想法时，第一个要弄清的问题是："我要影响他的哪一个决定？"第二个要弄清的问题是："对方认为我现在会要求他做什么决定？"如果你对这些全然心中无数，那对方没有做出你所希望的决定也就不奇怪了。

如果善于从对方的角度，来分析对方同意或拒绝做出你所作出的要求或决定所可能造成的后果，沟通就容易继续进行下去，并容易达到目的。

除了向对方问一个"为什么"之外，当你需要做一个决策时，你可以先问一问自己如下的问题：

1. 对你自己利益的影响：

- 我将失去或得到政治性支持？
- 同事们将批评或赞誉我？

2. 对团体利益的影响：

- 短期的结果是什么？长期的结果呢？
- 经济的后果是什么？
- 开此先例是好是坏？
- 做这种决定之后，会阻碍其他更好的事情吗？
- 这种行为是否符合我们的原则？它是"正确的"吗？
- 如果我愿意，我能将来再做吗？

◆识别对方的背景和关系

每一位沟通者背后都有众多的"选民"——他的老板、他的客户、他的员工、他的同事、他的家人；他对这些"选民"的利益相当敏感。所谓"了解对方的利益"，应该包括他的"选民"的利益。

如果你不去分清你的沟通对象的"选民"——不同的人的不同利益以及与他有关的部分，你就很难影响"他"或"他们"去做任何事情。

◆ 最强烈的利益是人的当前的需求

在寻找隐藏于公开观点或认识背后的基本利益时，要特别注意人类一切行动的基本诱因。你如果能照顾到人性的需求——当前的需求，达成沟通目的的可能性就会大增；并且较能在沟通目的达成后促使对方遵守执行。马斯洛的有关人的需求层次论，能够帮助我们认识特定的沟通对象当前的需求取向。

你假如希望对方考虑你的要求或利益，就要向他们解释你的要求或利益，尤其是当前的需求重点或取向。

只要语气中不暗含对方的利益不重要或不合理的意思，你尽可以强调你所关切的问题的严重性。反过来，当对方陈述和强调其利益时，也未必就是暗含我方的利益不重要或不合理的意思。

◆ 要向前看，别往后看

如果你希望每一步都是向着沟通目标靠近，那你就不应该要求对方对昨天的行为作出解释，而要问："你今天打算怎么做？"

在沟通中，不要只谈论一个满足你的要求或利益的选择方案，而要讨论多个可以满足你的要求或利益的选择方案。

固守展开的观点或认识并不明智，但坚持自己的要求或利益则是明智之举，因为要求或利益才是你在沟通中可以发展的目标。只要你谈论你愿意朝哪里走，而不去谈论你从哪里来，那你的要求或利益将可能更容易得到满足。

四、构思彼此有利的解决方案

我们发现有很多的沟通者由于拘泥于单一的思维，最后常常像寓言中那对争吃一个桔子的姐妹一样。当双方同意对半切开各分一半后，姐姐拿走她自己的那半个桔，吃掉果肉，丢掉桔皮；妹妹却把果肉丢掉，把桔皮拿去烘烤蛋糕。沟通者经常"把钱留在沟通桌上"——在可达成沟通目的时未能达成沟通目的，或未能达成对双方更为有利的一致意见。相当多的沟通最后都是把桔子一分为二，而不是一方得到自己需要的全部果肉，另一方得到自己需要的全部桔皮。

构思彼此有利的解决方案需要建设性的思维和创造性的思维。常见的建设性的思维和创造性思维的障碍有二，一是过早地判断，二是过早地下结论。由于一开始就在寻找单一的最佳答案，所以你可能会使一个更佳的决定过程发生"短路"；丢失了许多可能的选择方案。

◆ **构思沟通和选择方案的四个基本步骤**

哪里有问题？	如何解决问题？
步骤二：分析（理论面） ◇分析问题； ◇把征象归类； ◇找出可能原因； ◇弄清缺少的或关联的是什么； ◇注意解决问题的障碍。	步骤三：方法（理论面） ◇有哪些可能的策略或解决方法？ ◇有哪些理论性解决方法？ ◇研讨各种行动方案？
步骤一：问题（实践面） ◇哪里有问题？ ◇目前的征象？ ◇有哪些你不希望出现的事实？	步骤四：行动构想（实践面） ◇从哪里着手解决问题？ ◇可以做什么？ ◇为处理问题，要采取哪些特定的行动？

◆ **确认共同的利益和契合分歧的利益**

关于共同利益。第一，共有利益在所有沟通中都是隐藏着的，亦即不是显而易见的。第二，共有利益不是现成的，而是靠你把握机会。把共有利益明确说明，并将其设定为共同的目标，是大有益处的。第三，强调共有的利益可以使沟通过程更为顺利和融洽。

“差异”也能导出解决问题的方法。“沟通目的”往往是基于“不一致”而达成的。在利益和想法上的歧异，可以使得某一项目对你有很大的利益，而对另一方则损失不大。从另一个角度上说，互补性的分歧利益也是一个“共同”利益——一方得到自己需要的全部果肉，另一方得到自己需要的全部桔皮。

分歧性的利益，并非一定是沟通的天堑，也许会潜藏着对双方都有利的“讨价还价”。“差异”可以交换，“风险”也可以用“利益”来交换。保险公司就是利用人们对风险的害怕，而以“风险”换取人们手上的现金。期货市场也是一方愿意承担风险而买入，另一方害怕承担风险而卖出。

当双方在利益上、优先次序上、信念上、预测上、时间上，以及对风险抱持的态度上有差异，正是双方可以“契合”之处。

如果你希望让一匹马跳越栅栏，就不要再加高栅栏。如果你希望出售三角一杯的饮料，就不要为了自己有沟通余地而把价格定为五角。

给对方提建议比威胁和警告更有效。引导对方想一想依你的意见做会有何种结果，并且从对方的角度来改善这种结果。

你可能较为关心现在的价值；对方可能较为关心未来的价值。用商业术语说，就是你们采用不同的利率去折算未来价值。分期付款的办法就是依据这一原理。顾客如果将来有负担能力，就会愿意以较高价格购进汽车；汽车公司如果能售出较高的价格，就会愿意延后收款。

◆ **在利益上有什么差异**

下面这张简单检核表，可用于探讨在寻求利益上的歧异：

这一方较关心：	另一方较关心：
形式	实质
经济性考虑	政治性考虑
内部的考虑	外部的考虑
象征性考虑	实际性考虑
最近的未来	较远的未来
这件事的结果	双方的关系
实务	意识形态
激进	尊重传统
先例	本例
声誉	实效
政治观点	团体福利

五、坚持运用客观标准解决分歧

假定你为了建造房屋而与别人签定了一份价格固定的承建合同；合同中要求采用钢筋水泥基础，但没有明确规定基础应有多深。承建商建议基础为 2 尺；你却认为这种房子的基础一般都应有 5 尺左右。

现在假设承包商说："当初我同意屋顶采用钢梁，而你则同意采用较浅的基础。"在这种情况下，脑筋正常的屋主都不会轻易迁就放弃。这时你不会采用讨价还价的方式，而坚持按客观标准来决定这个问题。"可能我错了，2 尺的基础也许够了，但我所要求的是稳固的基础，保证它能负荷整个房屋的重量。政府在这方面制订有标准规范吗？这里周围的其他房子，是采用多深的基础？这里的地震威胁如何？你认为我们应该去何处寻找解决这一问题的标准？”

签订一个好的合同，并不比构建坚固的基础更容易。如果屋主和承建商之间的沟通理应如此清楚地依据客观的标准，那么商业沟通、诉讼和解决国际问题沟通等，为何又不能撇开某一方的主观要求而根据市场价格、替换成本、账面折旧价值和竞争价格这类标准来沟通呢？

这种方式可以促使你根据原则而不是根据压力来进行沟通。把注意力放在问题的价值上，而不要放在双方的耐力上。把理性之门开启，把威胁之门关闭。

◆ 确定客观标准和公平程序

客观标准最低限度应独立于各方主观意志之外。客观标准至少要在理论上适用于双方。一般来说，可以作为沟通目的基础的客观标准不只一种：

市场价格	法院的可能判决
先例	道德标准
科学的判断	同等的待遇
专业的标准	传统
效率性	互惠
成本	等等

◆ 运用客观标准进行沟通

压力有许多形式：贿赂、威胁、诉之于信任的操纵，或者只是丝毫不肯让步。在所有这些情况中，你只要坚持运用客观标准进行沟通，你就能够化解压力。一事当前，你必须坚持原则沟通法：可以请对方说明理由，提出你认为可以应用的客观标准，以及基于这标准的建议，否则就丝毫不作让步。绝对不屈服于压力，而只屈服于原则。

案例：运用客观标准达到索赔目的的沟通

让我们来看一个真实的案例。其中一方采用观点或认识性争执，另一方采用原则沟通法。

陈先生的汽车被一部大卡车完全撞毁了。这辆汽车保了全险，但确切的赔偿额必须由保险公司的调查员调查确定。

调查员：我们研究过这个案例，决定执行保险单的条款。这意味着你可以得到 33 000 元的赔偿款。

陈先生：我知道。你们是怎么算出这个数额的？

调查员：我们是依据这辆汽车的现在价值。

陈先生：我了解。可是你们按什么标准算出这个数目？你知道我现在要花多少钱才能买到同样的车子吗？

调查员：你想要多少钱？

陈先生：我想得到按照保单应该得到的钱。我找到一部类似的二手车，价钱是33 500元。加上营业和货物税之后，大概是40 000元。

调查员：40 000元太多了吧！

陈先生：我所要求的不是某个数目，而是公平的赔偿。你不认为我得到足够的赔偿来换一辆车是公平的吗？

调查员：好，我们赔你 35 000 元。这是我们可以付出的最高价。公司的政策是如此规定的。

陈先生：你们的公司是怎么算出这个数字的？

调查员：你要知道，35 000 元是你可以得到的最高数。你如果不想要，我就爱莫能助了。

陈先生：35 000 元可能是公道的，但我不敢肯定。如果你受公司的约束，我当然知道你的观点或认识。可是除非你能客观地说出我只能得到这个数目的理由，否则我想最好还是诉诸法律之途。我们为什么不研究一下这件事然后再谈？星期三上午 11 点我们可以见面谈谈吗？

调查员：好的。我今天在报上看到一辆 1978 年产的飞雅特汽车，出价是34 000元。

陈先生：噢！有没有提到行车里数呢？

调查员：49 000公里。你为什么问这件事？

陈先生：因为我的车只跑了25 000公里。你认为我的车子可以多值多少钱？

调查员：让我想想……1 500元。

陈先生：假设广告上的价钱34 000元是合理价钱的话，那里加上1 500元就是35 500元了。广告上面提到收音机没有？

调查员：没有。

陈先生：你认为一部收音机值多少钱？

调查员：1 250元。

陈先生：冷气呢？

……

两个半钟头之后，陈先生拿到了40 120元的支票。

六、如果对方比你更强有力怎么办？

任何沟通方法所能起的作用，至多是帮你达到两个目标：第一是保护自己，以免达成一个你本来应该拒绝的要求、意见和议案；第二是最大限度地发挥你的本钱，以便达成的沟通目的能够尽量满足你的利益。

◆ 知道你的“最佳替代方案”

你之所以要沟通，乃是要得到比不沟通更好的结果，这些结果是什么？那些替代方案又是什么？你的最佳替代方案是什么？这就是你应该用于衡量各种要求、意见和议案的标准。这是保护你自己的唯一标准——防止你接受不利的条件，同时又防止你拒绝符合你利益的条件。

在提供给对方的信息中，最巧妙的部分，就是达不成沟通目的时的替代方案。

◆ 借力使力法

借力使力沟通法有两个基本手法。第一个手法是发问而不陈述。“陈述”会诱发抗拒；“发问”则诱发答复。“发问”可以使对方解释其观点，并且使你了解他们。“发问”会使对方面临挑战，并且可以用于诱导对方面向问题。“发问”不会成为他们攻击的目标，也不会成为他们攻击的观点。“问题”不是批评，而是教育。

沉默是你最有力的武器之一，请善加运用。这也是第二个基本手法。如果对方提了一个不合理的要求或建议，或是对你做了不当的攻击，你最好的对付方法就是坐在那里沉默不语。

沉默本身常常就代表一种“陈述”。这会促使对方不得不相信通过回答问题或提出新的建议来打破这种沉默。问了问题之后，就沉默下来。不要立即提出另一种问题或提出你的看法，这样才不会解除对方内心的束缚。你在沟通中的最有力的表现，有时就是你什么也不说。

第四节　企业内部管理的有目的的沟通

错误的决策，通常都是在缺乏沟通的情况下做出的。这种情况出现的原因主要是人们之间缺乏互动——作出决策的人和具体执行的人之间事先没有进行足够的沟通。由于受到公司或团队内等级制度的影响，或者是受到形式性的束缚或缺乏信任，人们无法坦陈自己的观点。在这种情况下，那些实际执行决策的人通常在执行的时候都会显得比较优柔寡断。

一、管理工作的基础就是信息沟通

如果想让员工们高效地工作，做出最大努力，员工们还必须明白一些事情。这些事情应该包括如下内容：

- 我的工作会对整体工作起什么作用？
- 工作的来龙去脉如何？
- 最终产品是什么？谁使用它？用它来做什么？
- 我的工作目标是什么？我在多大程度内能实现？
- 我会在多大程度内影响成本？
- 我们应该遵守什么样的安全标准？
- 目前正发生什么样的变化？为什么会有这样的变化呢？
- 下个月的工作重点是什么？

而所有这些，都需要充分的沟通。

案例：沃尔玛公司与员工沟通的运作范式

“在一个既与母公司分立，又不容变更地方联系在一起的新组织里，你怎样让这些信息为他人理解而且接受呢？你怎么让人们知道，在他们的价值观和文化结构内，如果不尝试新的事物，会比一个虽未成功的智慧风险更容易遭遇麻烦？你要从在组织范围内进行令人着迷的沟通开始。”杰克逊说。

杰克逊补充说：“我们当前确实侧重在与沃尔玛商店的沟通上，看看我们是否协调一致，确保我们的目标相同，确保我们没有使对方失望。然后，显然该开始第 2 条沟通线路，一旦我们发现已经让每个人在同一宗旨下一致起来，就会告诉顾客我们会向他们提供什么，并保证我们会把供给工作做得很好。只有在那时，与外部沟通才是适当的。但是对我们的最大受众，那些经营沃尔玛商店的人们，要确保我们在做决策时能得到他们的帮助。要记住，沃尔玛有6 000多个商店与差不多130万名工作人员。我们下一个优先级是顾客。这是我们很早就集中力量沟通的两个方面。”

山姆·沃尔顿认为，如果把沃尔玛的管理制度浓缩为一点，那就是沟通。对一家大公司而言，沟通的重要性确实怎样讲都不过分。在山姆·沃尔顿看来，最重要的莫过于公司与员工的沟通。

在沃尔玛合伙关系中，最早也是最重要的内容是，沃尔玛希望所有员工共同掌握公司的业务指标。因为，了解其业务进行的状况是让员工最大限度地干好其工作的唯一途径。

沃尔玛“业务运转透明化，授予员工参与权”的办法是全行业中最时兴的，而且至今仍远远领先于其他所有同行。沃尔玛的一切营运指标从一开始就不向员工们保密，当它决定实行合伙关系后，又把分享信息的做法更推进一步。为何要实行业务运转透明化？实际上，这是由分享信息与分担责任共同构成的。分享信息与分担责任相辅相成，两者共同构成了任何合伙关系的核心，因为它使人产生了责任感和参与感。

在沃尔玛的各个商店里，定期公布该店的利润、进货、销售和减价情况。其面对的人员包括经理及其助理，每个商店的小时工和兼职员工。显然，部分信息也会流传到公司外。但山姆·沃尔玛相信与员工分享信息的好处远大于信息泄露给竞争对手所带来的副作用。并且到目前为止，它看来并没有对沃尔玛造成任何危害，甚至成为当今企业界最流行的趋势之一：分享信息。

这也是为什么山姆·沃尔顿将数亿美元投资于计算机和卫星的原因，其主要目的就是为了尽可能快地将所有细节情况在整个公司内散播开来。正因为有了信息技术，沃尔玛的经理才能真正清晰地了解大多数时间内的经营状况，并且将自己商店的信息通过卫星以极快的速度传送出去：比如其每日的损益报表，能够说明他们的商店在出售些什么东西的最新的销售数据等。

山姆·沃尔顿就曾说：“关于真正的合伙关系，还有一点是应该注意到的：那些远离员工，出了问题而不愿向员工请教的经理人员，永远也不可能成为员工真正的合伙人。管理过程中的一些问题常常令人感到精疲力竭和沮丧，商店的员工会感到疲惫，需要找到一个人愿意听听他们的倾诉，并能帮助他们解决难题。因此，尽管沃尔玛公司规模庞大，我们仍坚持开放政策。”

沃尔玛规定上至山姆·沃尔顿、各级主管，下到采购人员，都必须每周花3～4天巡视商店，公司有12架飞机供这种旅行之需。山姆·沃尔顿认为，无论有多么高级的电脑网络和多少数据，它们都只能告诉你已经卖了多少，却不能告诉你将卖多少。

管理人员必须亲临基层，了解和处理店中事务。当他们周四飞回总部时，至少带回一些有价值的情报和构想；星期五坐下来交流讨论，拿出解决问题的对策；星期六晨会后就可望得到执行。

山姆·沃尔顿一直设法鼓励每位成员，无论是高级主管，还是收银员，对公司方方面面的做法都应该尽力提出新的构想。如果有谁想出了什么好主意，就请他出席星期六上午的会议，并发给奖金。

沟通不仅在公司与员工之间，还存在于公司的运作之中。由于沃尔玛规模太庞大了，不可能让每家沃尔玛商店的每个部门主管，把大量时间花在与供应商的讨价还价和选择货物当中。所以山姆·沃尔顿试图想出能达到同样效果的方法。结果是，山姆·沃尔顿挑选一个部门，如体育用品或园艺用品部，然后从每个地区挑选一名部门主管——这些人是实际经营该商品部门的全日制员工。然后将所有人集中到供应商所在地，比如在本顿维尔，告诉采购员该买什么和不该买什么。然后，他们再与供货商会面，说明其产品有何优缺点。同时，所有人一起制定出下个季度的计划，然后，这些部门主管带着他们从邻近的商店里学来的东西各自回自己的地区。这种方法十分奏效，节省了公司大量的时间。

◆ 管理者要理解所传达的信息，并以身作则

信息有两方面的影响。一方面它们积极地影响员工的观点，但另一方面又会促使公司经常采取积极的措施，以充实这些信息。

公司必须向员工表明公司知道发展的方向，表明这的确是一个好的工作处所，等等。如果你的行动没有贯彻这些信息，那么它们就没有任何效果。管理者的行动比其承诺的效果强10倍。

但是，不应该把沟通这一重大责任只交给基层管理者，然后就由他们去做，再不管他们了。要使沟通进行得好，他们就需要强大且不断的支持。首先，为适合他们的理解能力，应准备有用、有效的材料。然后，基层管理者要经过细致培训和在实际工作中的指导，直到他们可以充满信心地当沟通者的角色。

如果您开始向员工说明质量的重要性，那么你就要在行动中表现出来。管理者的言辞可以很快得到检验。

不要忽视不合格的情况，不要假装这些情况没有发生似的。相反，要大声疾呼，让所有人都知道你在做事后的补救工作，并召集所有负责准时出货和保证质量的决策者。

我们怎样确保此类的问题不再发生？还有什么问题会妨碍产品准时、无缺陷地出厂？针对每个问题，我们该做些什么？不要给那个团队太长的时间（最多两周），要让员工知道你是认真的。让员工以最高规格正式向你报告。这样会促成两件事：产品问题将会得到紧急关注和解决；公司上下都会知道，别人如果做错了，也会得到同样处罚。

案例：沟通改变团队的文化和行为

在很长的一段时间里，一个跨国公司属下的某部门一直处于一种无序的状态，直到最后，该部门CEO提出了一个问题，从而把整个讨论引入到了正确的方向，“如果把变革文化当作目标的话，我们首先应该解决的问题是什么？”

一名成员回答道：“怎么变革？”另一位说道：“对其进行改进。”接着有人说道：“从什么状态改进到什么状态？”我们可以看到，讨论开始进入到了实质性阶段。

CEO将团队分为6个人一小组，然后要求每个小组找出10个“从什么状态到什么状态”这一问题的答案。这些小组开始给出了一些比较模糊的答案：“从非执行文化到执行文化”，“从停滞不前到不断改进”，“从以国内市场到以国际市场为导向”。很明显，这些答案都缺乏具体性。

这位CEO然后要求各小组给出一张具体的问题列表，从而回答这样一个问题：什么样的变革能够使部门中主要工作人员的行为发生改变？这位CEO采取了一个新的方法：他把领导团队重新分为几个两人小组，要求每个小组描绘出本部门目前的文化特点以及未来文化的特点。

各小组很快就这一问题给出了统一的答案：提高责任感应当是企业目前所进行的最重要的变革。然后CEO问道：“从哪里开始呢？”答案是，“我们自己。”然后CEO又问：“你们愿意真正担当起必要的责任吗？”整个团队陷入了沉默。“但如果你们不能以身作则的话，我们整个组织当中的其他人会怎么想？”这个问题根本不需要回答。

最后一个问题是，“在改变了我们自己的行为之后，我们接着应该做什么?”人力资源部门的主管说道:“如何才能使每个人都自觉地改变自己的行为呢?首先,从现在开始,我们每个人都要学会承担起自己的责任。在做到这一点之后,我们的下一个步骤就是让本部门的300名经理也学会切实承担起自己的责任,否则我们就不可能让部门的3 000名主管和17 000名员工体会到执行文化的真正含义。”接着大家就具体的执行步骤展开了讨论。大家最后一致同意:应当将跟进、反馈、奖励等行为与每个人的业绩和行为具体联系起来。

二、团队沟通的原则和技巧

面对面问题可以在当场就得到解答。

团队对话,一旦有问题提出,整个团队都可以得到解答和澄清。同时,定期召开团队会议可以加强整体行动的意识。

由领导者主持。如果团队领导者要为该团队的工作成果和表现负最终责任,那么他必须主持该团队的交流会议。

相关性。信息与员工的日常工作有关,这才能对员工的生活和工作产生作用。

◆ 基层团队每天召开“班前会”,并在自己的部门设置交流布告牌

1. 它可以充当一个快速的点名会。

2. 团队领导者的管理工作得到员工的监督。为了成功地召开班前会议,你必须提前约15分钟到达,查看所有可能影响工作的因素。

3. 你可以马上集中谈论影响工作的紧急问题或重点领域,例如工作日程有没有变化,或者设备有没有意外停止等。

4. 这会使你更好地利用自己的管理时间。

5. 它可以尽早解决问题。如果前一个工作日的末尾发生了特殊情况或变化(如机器故障、原料紧缺等),那么管理者就可以及时处理。

6. 每日团队会议树立了团队形象并增强了凝聚力。

◆ 会议是有目标的,必须遵守已公布的原则

1. 任何会议都要提前通知会议的目的或主题、时间。

2. 与会者必须全部准时参加,会议要准时开始。

3. 准备一切有关或必需的信息,以及工作日志。

4. 会议记录必须是行动记录，即某人于何时做了某事。

5. 会议记录将在 48 小时之内送达与会者手中。

◆ 沟通在正式沟通之前就已经开始

为什么要修饰简报技巧，因为只有经过准备充分的简报，你才能自然自信地面对公众进行沟通，也才能让听者从中感到你的自信心，从而使听众也有信心。也只有经过准备充分的简报，才能形成具有说服力的沟通内容，从而容易使听众接受。

同时经过准备充分的简报，表现出专业化的形象，从而能让听者认为简报内容具有相当深度的见解，自然会重视你的简报内容。很多沟通，其实在正式沟通之前就已经开始了，尤其是大型的团体简报沟通会议。我们经常发现，很多大型的团体简报沟通会议还未开始，一些千里迢迢兴致勃勃赶来参加会议的人在进入了会场之后，由于发现会议主办单位某些准备不足的地方，并因此认为这个会议不会有什么有价值的东西，而未等会议正式开始就离开了。所以说，沟通在正式沟通之前就已经开始。我们一定要重视简报会议的各项准备工作。当然，沟通过程也要注意，如果中途出现不当的表现，也会导致听众提前离开的。

事先分发简报的说明书或摘要，能够帮助听众了解会议内容，并表示你准备充分而尊重听众。

避免造成区别彼此的感觉。诸如：宗教、性别、地区、民族、政治、雇用等。

运用能够证明简报内容的证据、专家级证人证言或看法，或自己的看法，可以有效解除听众的怀疑情绪，增加接受性。

隔绝直接与间接的干扰，控制进行的步调，尤其注意阶段性或程序性议题的时间控制、要简洁准时。

◆ 形象和激情与沟通成功率成正比

在沟通的过程中，应该尽可能以富于激情和感染力地进行生动形象的描述，这会更容易令人信服。一些管理者不太习惯于用感情来表达他们的梦想，但这却是能够让别人接受和激励别人的重要的东西。丘吉尔很了解这一点。1940 年，当他面对大英帝国的民众描述其未来计划时，他不是仅仅说“打倒希特勒”，而是说：“希特勒知道他不得不在英伦岛上攻击我们，否则就会在这场战争中失败。如果我们能顽强地抵抗他的话，整个欧洲将会自由，全世界人民的生活将会迈向阳光普照的辽阔高地。但如果我们输了，整个世界，包括美国，包括我们知道和关心的每一个地方，都将陷入新的‘中世纪’的黑暗深渊中。由于真理受到曲解，可能会制造更多的灾难，而且这种不幸的时间会更长。因此，让我们勇敢地承担我们的职责，经受严峻的考验。如果大英帝国和它的联邦能存在一千年，人们还是会说：‘这是最光辉的时刻’。”

我们发现，如果对员工们先进行一种对未来的生动形象的描述，让他们形成了一种未来的生动景象，然后再回头来提出未来计划，一般人往往会更努力地执行计划，往往会做得更有成效。

◆ 沟通在正式沟通之外

企业中很多事情不需要语言，它本身就起到了沟通的作用，因为任何事情都“事出有因”——它们都含有一定的因果关系、象征意义。所以我们必须注意某些行为的因果关系、某些事情的象征意义，做到“无沟自通”。例如，当把洛克希德和马丁·马利埃塔公司的总部合并在过去属于马丁·马利埃塔公司的办公楼上办公时，首席执行官叫所有的人都搬了出来，并从零开始，重新布置了办公室，以避免人们产生这样一种印象：某人被排挤走了；某人比其他人更重要。这种活动从社会角度上看十分重要，这也是首席执行官把洛克希德公司和马丁公司作为一种双方平等的合并而不是收购活动的原因所在。“我们买了你们”，这种态度是企业（兼并企业）的癌症。成功就是来自这些细节上——沟通在正式沟通之外。

三、建立有效的沟通渠道

作为管理者，都希望能真正了解业务与员工，而从员工的角度考虑，他们也希望了解领导人及企业的走向，也愿意针对出现的问题与管理者进行及时的沟通。

1. 基层管理者是公司中最重要的双向交流者。每一班结束的时候，一线经理都要同中层经理见面，汇报当天的运行情况，以及一线员工提出的问题。

2. 运用员工们喜欢的交流渠道。

3. 倾听员工意见，谈员工们感兴趣的话题，当沟通的内容对员工有直接影响时，员工的兴趣最大。随着距离的增加，员工的兴趣越来越小。

4. 运行一套“改进机会机制”（如表 8-1 所示）。

表 8-1　改进机会表格

改进的机会
日期：　　　　　　报告人：
• 以下是妨碍我工作的问题：
• 有几种办法：
• 已经采取的措施：
• 应该采取的措施：
登记号

案例：摩托罗拉公司十一个沟通渠道

摩托罗拉公司在企业理念中确立：对人保持不变的尊重。在这点上，公司表现出的个性是它的“Open Door”——员工在任何时间都可以推门进来，与任何级别的上司平等交流。摩托罗拉的管理者还为员工预备了 11 条“Open Door”式的表达和发泄意见的渠道：

1. I Recommend（我建议），即以书面形式提出建议，“全面参与公司管理”。

2. Speak Out（畅所欲言），是保密的双向沟通方式，应述人必须在三天内对隐去姓名的投诉信予以答复，整理后由第三者按投诉人的方式予以回复，全过程在九天内完成。

3. G. M Dialogue（总经理座谈会），每周四召开的座谈会，大部分问题可以当场答复，在 7 日内应对有关问题的处理结果予以反馈。

4. Newspaper and Magazines（报纸与杂志），利用《大家庭》内部报纸和内部有线电视台传送和沟通信息。

5. DBS（每日简报），使员工方便快捷地了解公司和部门的重要信息。

6. Townhall Meeting（员工大会），由经理直接传达公司的重要信息并有问必答。

7. Education Day（教育日），每年重温公司文化、历史、理念和有关规定。

8. Notice Boad（墙报）。

9. Hot Line（热线电话），昼夜有人值班，遇到任何问题可以向这个电话反映。

10. ESC（职工委员会），这是员工与管理层直接沟通的另一渠道，委员会主席由员工关系部经理兼任。

11. 589Mail Box（589 信箱），当以上渠道均不能解决问题，可以直接写信到 589 信箱，此信箱由人力资源总监掌握。

◆ 十二种传达信息的方法

1. 管理者/员工会议。2. 布告牌。3. 管理者信息简报。4. 健康、养老保险等方面的手册。5. 工会代表会议。6. 高层管理者报告。7. 放入工资袋的东西。8. 各种活动。9. 录像。10. 海报。11. 静态数据展示。12. 经电脑处理的信息展示。

案例：IBM 的前 CEO 鲁·郭士纳的沟通渠道

鲁·郭士纳在进入 IBM 时，正是 IBM 飘摇不定之时，他必须实施一系列的改革，这时他意识到自己与员工沟通的重要性。

然而，IBM 是一家名副其实的跨国公司，员工遍及世界各地，对于这样的大公司，要与每一名员工坐下来进行面对面的交谈是根本不可能实现的，但还可以利用其他的方式实现互动的交流。现代科技的发展为我们提供了便捷的沟通方式——电子邮件，郭士纳一上任就充分利用 IBM 的 PROFS 邮件与员工们实现有效沟通的。

郭士纳通过电子邮件对员工讲述他的改革计划并传递信心，而 IBM 的员工们也都会坦率地表达他们的意见，或者支持，或者反对，甚至还会挖苦讽刺。正是这样的坦诚的互动沟通中，郭士纳加深了对 IBM 业务和员工的了解。

还要注意的是，必须保证沟通渠道的畅通。有一次郭士纳去访问欧洲，发现那里的员工收不到他定期发给全世界员工的邮件。原来是邮件被负责人拦截了。第二天，郭士纳就把那位负责人召到纽约阿蒙克，跟他谈话，后来的邮件就再也没有被半途拦截过。

四、过滤信息，确保信息的含金量

今天的信息通讯的爆炸也产生了影响生产率的障碍，并使人们不容易注意到他们想要的信息，越来越多的工作时间花在阅读、听、回答没完没了的电子、声音、印刷信息上——以创造利润的工作时间为代价。

公司的员工和管理人员经常收到对他们并不适用的信息，或者是客户收到劝说购买他们不感兴趣的产品的邮件。在有效的公司沟通系统中，交流者要对他的信息和发送对象进行仔细的考虑，为每个接受者准备与他有关的材料。当每个人都只需要全部交流内容的一部分时，就不应该进行充斥大量资料的地毯式发送。

信息时代对通讯需求的增加，赋予《幸福》杂志的1 000名工人以新的职能："任务控制"——负责管理组织中的信息沟通交流。这一工作有着广泛的需要，主要是由高级管理人员和专业技术人员以及办事人员和支持人员组成，他们有必要的知识和经历，帮助管理信息流，减少通讯流量和屏幕过载，过滤信息，协调处理能力不同的通讯基础设施。通过通讯控制部，目的是提高公司通讯过程的有序化程度并对之实行监控，现在它已成为办公室通讯中的重要角色。

沟通交流，要运用多种方式，同时保持信息少而精，并且具有连贯性。为了达到此目标，请问自己以下几个问题：

1. 谁应该是听众？

2. 从现在开始的一年之内，公司想让员工知道什么、明白什么、相信什么？

3. 需要提供什么重要信息，来保证公司的每一位员工有效地工作？

公司应该明白自己为什么要交流，以及员工想要的结果是什么。

◆ 重要的沟通应该面对面

近年，高层管理人员越来越多地以 E-mail 和其他新技术来快速地传送信息，然而面对面的沟通交流仍然是重要的方式，理由很简单：电子交流并不能代替领导与员工的直接交流。

在面对面的沟通交流中，首席执行官们可以更直接地强调他们要传达的信息，立即纠正可能有的曲解和误解，并保证他们的信息收到了预期的效果，这些从计算机屏幕上是看不出来的，但却可以从人的面部表情中得到。

◆ **不要忽视对方的沟通偏好**

今天的沟通交流就好似往静止的池塘里扔一块石头，它产生了范围越来越大的一系列同心圆。对离你最近的一圈，也就是你最常接触到的人，理解并具有与他们一致的沟通交流偏好很重要，这有助于防止对信息的误解。另外还要考虑你的沟通交流对外围的影响。最后，沟通交流过程就是使听众和接受者按照信息发送人的愿望作出反应，不论你是与你的内圈沟通交流，还是与范围更广大的员工或客户沟通交流，这一点都是事实。

五、沟通的四个方向（四个满意）

• 与上级沟通

及时报告、经常报告。

创建风格，常常让上级有意外之喜。

• 与下级沟通

自己要有主见。

工作能公平分派。

奖罚分明，形成良性竞争。

对下级提供指导，提升其技能。

主动承担责任，主动寻找问题，制定并实施改善计划，动员下级积极参与。

鼓励下级提出建议，并帮其达成改善的目标，使其有成就感。

下级有成绩要多表扬、鼓励，尤其在他人和在上级面前更要大声表扬。

• 与前后关联部门和同事沟通

主动与前后关联的部门和同事沟通，问他们：

既然我们在同一个屋檐下工作，为了共同的目标，我们现在应该怎么做呢？我们如何才能合作得更好？

你认为我们应当怎么做，才能改进我们对你的服务？

• 与自己沟通。

要做出成绩，用旧的工作方法只能产生同样的结果，必须打破现状，采用新的方法。

争取更高的报酬。

公司必须有利益才能发展，公司发展个人才能更好地发展。

你可以选择公司，但你不可以选择上司。

案例：通用公司的“工作外露”（Work—Out）计划

克罗顿维尔是GE的培训中心，韦尔奇认为它为GE员工的思想交流提供了源源不断的动力。1988年9月的一天下午，韦尔奇离开克罗顿维尔时，他突然想到“必须把这种坦率和热情从这教室里带回到每个人的工作场所”，“让克罗顿维尔的课堂在整个公司再现”。

韦尔奇的想法经过随后几周的充实完善，成为GE公司一项新的改革方案，被称为“工作外露”计划。

克罗顿维尔的课堂交流之所以能够诚挚坦率，是因为人们在这里感到说话很自由。韦尔奇觉得，必须在所有的公司都创造出这种氛围。

韦尔奇说：“显然，我们不能让公司的领导组织这些交流会，因为他们认识自己的员工。让公司领导组织这些意见交流会，会议的主题就要变味，人们就更难敞开自己的心扉自由交谈。我们想出了一个办法，这是聘请外面受过训练的专业人员来提供帮助。这些人员多数是大学教授，他们听员工们的谈话不会别有所图。员工们与这些人交谈会感到放心。”

“工作外露”的运作方式并不复杂，在这样的座谈会上，有大约40到100名员工被邀请参加，他们可以自由地谈论对公司的看法，讨论他们看到的一些官僚行为，特别是在申请批复、报告、开会和检查中遇到的一些不愉快事情。

顾名思义“工作外露”，就是把工作中有待解决的问题公开暴露出来。为达到这个目的，韦尔奇希望每个公司能够进行数百次的“工作外露”，这是一项工作量巨大的计划。

一个典型的“工作外露”会议持续两到三天。会议开始时经理要到场讲话，他可能提出一个重要议题或安排一下总的会议日程，然后他就离开了，在老板不在场的情况下，外部专业人员启发引导着员工们进行讨论。员工们需要把自己的问题列成清单，认真地对问题进行争论，然后准备好在经理回来的时候向他反映。

韦尔奇指出“工作外露”会议的不同寻常之处在于，我们坚持要求经理们对每一项意见都要当场作出决定。他们必须对不少于75%的问题给予“是”或“不是”的明确回答。如果有的问题不能当场回答，那么对该问题的处理也要在约定好的时限内完成。任何人都不能对这些意见或者建议置之不理。由于员工们能够看到自己的想法迅速地得以实施，这对消除官僚主义起到了巨大的推动作用。

韦尔奇留下非常深刻印象的是1990年他在家电业务部门参加的一次“工作外露”会议。会议是在肯塔基州列克星敦的假日饭店举行的，参加会议的员工有30人。

韦尔奇在会议上注意到，一个工人正在作陈述，他认为要对电冰箱门的生产工艺进行改进。为说明自己的想法，他开始描述第二层生产线的部分流程。

突然，工厂的车间主任跳起来打断了他的讲话。

“你说的狗屁不通。”他说道，“你都不知道你在讲什么。你自己从来没有去过那里。”他拿了一支水笔，开始在会议室前面的写字板上演示自己的改进意见。

韦尔奇还没太听明白怎么回事，他已经讲完了，并得出了自己的结论。很快，他的解决方案被接受了。

看到两位工人师傅为改进生产工艺进行争论，这绝对是一件令人兴奋不已的事情。想象一下，那些刚刚从大学出来的毕业生如果面对这条生产线的话，他们恐怕做不到这一点。而现在，这些富有经验的工人帮助我们把问题迅速地解决了。

渐渐地，人们开始忘记了自己的本来角色，他们开始到处开口讲话了。

韦尔奇说，“工作外露”计划帮助我们创建了一种文化。在这种文化里，每一个人都能发挥自己的作用，每个人的想法都受到重视；在这个文化里，企业经理人是在“领导”而不是“控制”公司。他们提供的是教练式的指导，而不是牧师般的说教，因而，他们最终取得了更好的效果。

第五节　有效沟通的方法和技巧

一、有效聆听的方法

你需要设法去理解你正在听的对方的思想活动过程——设身处地地站在他的立场上去想。这意味着你必须：

① 认真地聆听；② 暂缓下结论；③ 适时表达你的观点。

做笔记，把重要内容记录下来，以重新思考；如有不明白的内容要适时提问，以澄清其真正含意。

在你对对方的基本情况和基本需要还未有把握，而对方又有意无意地停顿了下来时，你还应该继续询问，直至你已经感到对对方的基本情况和基本需要有把握为止。在一般情况下，要尽可能多一些“问”，以促使对方“说”。只有对方“说”多了，你才能充分地了解对方和把握对方。

二、听者的一般心理活动过程

我们必须明白，对方自身有很多事务要处理，所以在沟通的过程中，自然而然地形成了一套快速识别我们的沟通意图的心理。其心理活动过程如下：

1. 沟通主题——我为什么要花时间听你的？2. 需求——我有这种需要来注意你的意见和建议吗？3. 利益——你的信息包括创意或要求会给我什么利益或损失？4. 支持和证明——你如何证明你的信息包括创意或要求的价值？5. 方案——达成交易的最有利的方案。

三、说者的最佳过程步骤

了解听者的一般心理活动过程，我们就能有的放矢地做出我们的“说”的计划步骤，从而达到有效沟通。根据上述听者的一般心理活动过程，说者的最佳计划步骤如下：

1. 直接说明主题——先把自己所提供的主要利益说出来，解除对方的猜测和疑虑心理，缩短双方的沟通距离。

2. 强化对方需求——把自己所了解的对方的明显需求和潜在需求都说出来，然后重复强调不达成沟通目标的主要问题和不利因素，以及这些问题和不利因素继续存在的恶果。

3. 利益——把开头所说的主要利益，尤其是从对方所关心的重要内容上说明达成沟通目标后所能够得到的利益，进一步具体化地说出来。

4. 支持和证明——把第三方（权威）认证或实验报告、第三方合作者的满意证明、其他同事赞成意见等资料展示给对方，以增强信任感和说服力。

5. 方案——帮助对方做出最有利的沟通决策，并确定实现沟通目标的建议、方法、计划或具体协议。

四、有效沟通的成功范式要求

• 清楚地表达你的观点，并提供支持的理由和根据。

• 认真地聆听他人的意见，努力了解他人的观点及其支撑的理由。

• 直接地对他人提出的观点做出回答，而不要简单地试图阐述你自己的观点。

• 提一些相关的问题，以便全面地探究所讨论的问题，然后设法去回答问题。

• 把注意力放在增加了解上，而不要试图不计代价地去证明自己观点的正确性。

在许多情况下，我们对沟通采取的是“懒人”的办法，即用一些陈词滥调、含糊的词语和类似“你知道我说的是什么”等的表述。

因为我们的思想愚蠢，语言就变得丑陋和不准确，而我们语言的马虎又使得我们很容易形成愚蠢的思想。有效沟通的关键在于清楚和准确地运用语言。

◆ 思想与语言的循环

词语的含糊是很普遍的，并常常引起麻烦。这类含糊渗透在人们讲话过程中，损害了人们清晰的思想，也是极难克服的。为了清楚和准确地使用语言，你必须了解语言活动的规律，并努力摒弃表达含糊这一顽固的习惯。

当我们草率地运用语言时，我们的思考就不会明晰，反之，清楚和准确的语言才会表达出清楚和准确的思想（如图 8-3）。

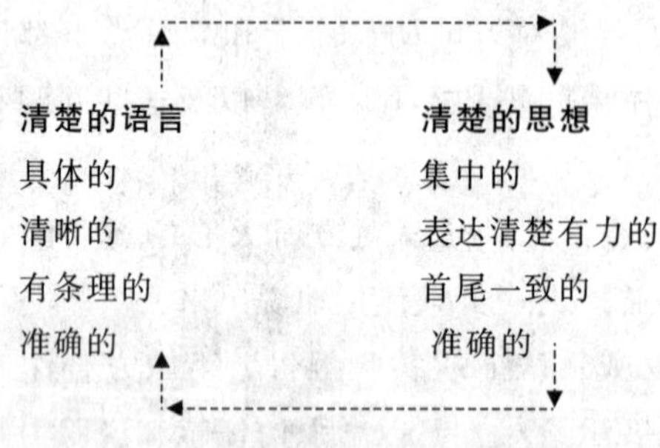

图 8-3 清楚的语言和清楚的思想

◆ 改变模糊语言的方法

我们可以通过运用较多的细节，语言的修饰和隐喻，使我们的表达更清楚，从而把我们的思想和需求更生动、更具体地传递给对方。在实际上，语言在一般和具体的两极之间，有程度不同的刻度，你运用什么样的语言对事情进行叙述，肯定在语言两极之间的刻度上能找到它们的位置。例如，下列陈述的顺序就是由一般进而到具体。

一般

安娜是一个好朋友。

当我需要她的时候，她总会伸出援助之手。

她总要抽出时间过问我的事。

上个星期六，她用了一下午的时间帮我处理我遇到的一个难题。

具体

如果你真的很关注深刻的思想和有意义的沟通，以及有目的的沟通，那么，你就应该在这些最初的笼统反应之后，进一步较准确地阐释你真正想表达的意思。

案例：指令性信息要充分并且明确

为了强调组织中充分沟通的必要性和重要性，柯维讲过这样一个故事：

1941 年，第二次世界大战把美国全国都动员起来了。飞机制造公司尽数雇用刚刚毕业的大学生做工程师。不幸的是，这些公司的管理者中有一些没有受过领导能力方面的适当培训。西雅图波音飞机制造公司的一名新上任的工程师主管接收了 5 名新近毕业的工程师。在他们工作的第一天，他习惯地给他们一个接一个地分派工作。他没有向他们解释，也没有问他们有没有什么问题。

他递给其中的一个工程师一大叠铝合金质 B-17 型发动机的“蓝图”模板。他告诉这位新工程师：“你把这些模板清洗干净，不要有一个污点。我要求你在今天下午完成这项任务。好了，去了，去干吧。”

这些“蓝图”模板是铝合金凸版，是发动机的制造和组织说明书。它们是印制图纸的模板。这些图纸是用于生产线上，这种“蓝图”沾上了墨和润滑油。这是在使用过程中弄脏的。主管的意思是清理这个价值昂贵的模板上的墨迹和润滑油。它们当时大约每个值 10 000 美元，相当于现在的美元许多倍。可主管要求把它们清洗得干干净净，“上面不留一丝污点”。这个粗鲁的工程师没有领会到主管的意思。他拿来几张布里洛牌砂纸，费了九牛二虎之力打磨这些金属板，直到它们熠熠发光为止，把模板上的重要凸字悉数擦掉。在那天下班之前，他非常自豪地将它们呈交给总监。他当即被解雇，或许他的被解雇是错误的。当你下达命令的时候，千万要注意，不要对你的命令想当然，否则可能会导致一场灾难。

柯维指出：也许与他人共享信息，与很多管理者的领导方式背道而驰。这些管理者总是错误地保守信息，拒绝与任何人共享。他们觉得，保守这些信息就可以使他们看上去比那些听命于他们的人显得更加精明。

这是非常错误的！你作为管理者是否显得聪明，取决于那些受你领导的人。

如果没有获得你本应提供给他们的信息，作为对机构负责的人只能是你，而不是其他人。

五、有效沟通的成功范式

1. 公认标准法：

步骤一，说出与自己所卖出的创意产品或服务相关的行业或社会标准，以取得对方对判断好坏标准的共识；

步骤二，详述自己所卖出的创意产品或服务是如何符合、超出行业或社会标准要求的各种要素；

步骤三，强调放心购买，可以得到的预期利益。

2. 设身处地法：

步骤一，讨论并确认对方的特定需求的事项的优先次序；

步骤二，以对方所确认的特定需求的事项的优先次序，来提出你的创意性建议；

步骤三，强调对方采用你的创意性建议，正好能快速实现对方的目标。

3. 各个击破法：

步骤一，先就对方的某个主题进行讨论分析，整理出问题的症结或要求的要点；

步骤二，把对方的“大问题”划分为几个小问题，从自己最有把握解决的问题开始，分别就这些小问题一项一项地提出你的创意性解决方案；

步骤三，以对方已经确认的你的创意性建议方案，作为你继续说服对方接受你的其他的创意性解决方案的佐证；

步骤四，说明你的创意性解决方案的周密性、系统性和可行性。

4. 拨云见日法：

步骤一，先就对方所说的一大堆问题，重新一项一项地讨论其与对方所确认的特定需求的事项，是否有相关性；从自己最有把握解决的问题开始，分别就这些小问题一项一项地提出你的创意性解决方案；

步骤二，明确地告诉对方，先把与对方所确认的特定需求的事项没有相关性的问题或相关性不大的问题放到另一边，然后就与对方所确认的特定需求的事项有相关性的问题，尤其是相关性很大的问题，进行讨论分析，整理出你的创意性建议方案；

步骤三，强调与对方所确认的特定需求的事项有相关性的问题、尤其是相关性很大的问题，是其他众多问题的“罪魁祸首”；

步骤四，说明采用你的创意性建议方案，将会获得的好处，以及这些好处将会成为他们自己解决其他问题的平台或前提。

5. 重点归纳法：

步骤一，提出解决特定问题或满足特定需要的各种特点、功效、利益；

步骤二，分析解决特定问题或满足特定需要的关键性要项，再将各种 FAB 创意分类归纳在这些要项之中；

步骤三，强调自己的创意方案具有逻辑性，能够满足解决问题的需要。

6. 称兄道弟法：

步骤一，强调人在江湖，生意与朋友一样重要，朋友的难处自己愿意协助解决；

步骤二，把对方某些特定问题或特定需要与自己的特定问题或特定需要联系起来，建立共同区间，并就这些问题主动承担解决的责任以获得对方的信任；

步骤三，就对方的其他特定问题或特定需要提出创意性解决方案，并承诺如果出现意外问题，自己将会尽朋友之道全力协助解决。

六、有效沟通的成功技巧

1. 观点讲清楚，理由讲明白：

（1）为了让他人准确地理解你们在讨论什么，你们需要“界定概念”。

（2）为你的观点提供有说服力的支持：你得出这样的观点是基于怎样的理由和根据？

2. 听懂对方的意思，作出思考的反应：

每个参加者必须注意对方观点的细微之处。在这种情况下，聆听不是一个被动的活动，而是一个积极的、批判思考的活动。你需要设法去理解你正在听的对方的思想活动过程——设身处地地站在他的观点或认识上去想。这意味着你必须：

①暂缓下结论；

②适时表达你的观点；

③认真地聆听。

你注意到每个人是如何对他人提出的观点作出回答的，从而使继续交流思想成为可能。

3. 学会提问：

提问的过程会逐渐揭示出支持各种观点的理由和根据。

4. 增进了解：

（1）批判的思考意味着要宽容和开通，尊重他人的看法，共同提高对问题的理解。

（2）这样一来，无论在学识方面还是在做人方面，双方都会从中受益。

5. 在辩护你的看法时：

要使自己的推论明确化（例如说明你如何产生这样的看法，以及所依据的原始资料）。

鼓励他人探究你的看法（例如“你看我的结论有没有破绽?”）。

鼓励他人提供不同的看法（例如“你是否有不同的原始资料或不同的看法?”）。

主动深入探询他人不同于自己的看法（例如“你的看法如何?”“你如何产生这样的看法?”“你是否有不同的原始资料或不同的看法?”）。

6. 在探询他人的看法时：

如果你是在对他人的看法作假设，清楚叙述你的假设，并承认它们是假设。

叙述你的假设所依据的原始资料。

如果你对他人的反应并不是真的有兴趣，那就不要问问题（例如，如果你只是表示礼貌或表现给别人看）。

7. 当你陷入僵局时（他人不再敞开心胸探询他们自己的看法）：

询问什么样的资料或逻辑可能改变他们自己的看法。

询问你们是否有可能共同设计一项能够提供新资讯的实验或其他的探询

方式。

当你或他人对表达看法，或实验其他代替方案犹豫不决时：

鼓励他人或自己努力思考；如何才可以做到以开放的态度交流？

如果彼此都有意愿，设计其他的方式来克服这些障碍。

本章实战型思考题（答案在 www.mgmtkey.com 网站）

8.1　由于伍一是创业型老板，他的下属们在他成功思维的长期影响下，也形成了与他“同多异少”的思维，也就是形成了所谓的“群体思维”，所以，当他公司做大，他忙于应付更多的更大的事务后，他的公司已经很久很久没有什么新的像样的东西出来，无论是产品还是管理工作，还是市场营销。伍一知道这是自己种下的苦果，但他不知道如何可以重新激活下属们的思维能力？你知道吗？还是需要我们告诉你吗？

8.2　与时俱进，意味着企业需要不断变革。伍二已经有了一个变革的大计划，但他不愿轻率行事，因为他还没有把握他的团队对变革的敏感性如何，对什么敏感，以及敏感程度。他很希望有一种沟通方法可以使他“无沟自通”，于不动声色之中了解他的团队对变革的敏感性如何，对什么敏感，以及敏感程度。你是否知道那是什么方法？需要我们告诉你吗？

8.3　作为老板，伍三最近发现自己前不久推选的战略与市场的发展趋势严重相悖，他立刻更改了公司的战备或策略，但他不希望采取紧急刹车的行动，因为他的团队正在热情高昂地执行那项战略，如果紧急刹车的话，一方面有损自己的威信，另一方面会给他的团队太大的打击。他希望有一种沟通方法——“无沟自通”的方法，可以不损威信地推翻自己先前的错误决策。他的这种认识是正确的，但他找不到那种方法。你找得到吗？需要我们告诉你吗？

8.4　正在自己公司全力实行学习型企业的伍四，在一个公共场合无意听到下面的一番对话，A 对 B 说：“我公司老总上星期组织全体干部学习《第五项修炼》，还请了顾问公司来作指导，然后要求大家坦诚沟通、深度沟通、零距离沟通。老总自从参加 EMBA 学习后，越来越学院派了，坦诚沟通在现实中是难以达到的。当年彭德怀坦诚沟通——给毛泽东上万言书，结果招来灭顶之灾。不要说下级怕上级，就是我们几个副总之间，也都互有避忌，很多时候，我并不同意另一个副总的意见，但为了大家好见面，我经常是违心地附和。”接着 B 对 A 说：“我工作过几个单位，每个单位都一样，不管老板说得对不对，大都附和，偶尔作一些技术性心理上的小小异议，对于同级别的其他人，则如你所说的——这次我违心附和你，下次你就要一心附和我，也不管我说得对不对。谁都知道这是我们决策低效的根本原因，但大家都为了搞好人际关系，而宁愿决策低效和无效。”伍四听到上述对话，整整两个月都无法摆脱困境。现在他才感到《第五项修炼》的作者把沟通上升到修炼的境界的意义。不过，修炼是一个无止境的过程，作为企业，他希望有一种方法，可以先在企业里形成学习型企业平台，把员工们放置在零距离沟通的平台上。他问专家，有没有这样的方法。专家给了他一个方法，果然有效。你是否也需要这样的方法？需要我们告诉你吗？

8.5 伍五公司大概是抓住了一个好时机，发展非常快，仅三年时间就发展到4 000万元的产值，但后三年公司业务和人员成倍地增长，而产值却始终停留在5 000万元的门槛前，现在伍五发现，原来就比较模糊的核心价值观或使命、目标等，由于业务和人员成倍地增长，以及长期忽视企业文化的建设，而更加模糊。事实上，很多决策争论不休，与其说是因为是否具有可行性，还不如说是因为人们的价值观不同，而这，也正是其公司多年来都无法进一步做大做强的主要原因。伍五认为，当务之急是必须要统一企业的使命或核心价值观。他发动全体员工一起讨论和确立企业的使命或核心价值观。一番沸沸扬扬之后，大家都陷入困境之中，因为企业的使命或核心价值观太多而更加模糊、更多差异。伍五咨询有关专家，有没有一个简单而容易操作的方法？专家给了他一个方法，事后他向专家表示感谢，那个方法很好。你是否也有相似的经历？你是否需要我们告诉你那个方法吗？

第九章
责任悖论：
责任大小取决于角色还是取决于能力

责任悖论 1：我是领导，所以我应当承担更多的责任。如果我不能承担比下属更多的责任，那如何体现我是下属们的领导呢？可是，承担了更多责任的领导们发现，自己承担了越来越多的责任而不堪负荷，于是开始逃避责任，以此躲避即将来临的痛苦和责任。

责任悖论 2：我是下属，所以我不应当承担什么责任。如果我不承担多少责任，那如何体现我的价值呢？而且，没有承担多少责任的下属们发现，自己不承担多少责任，也就没有多少权力，越来越无法体现自己的价值和发展自己的能力，而更容易被企业和时代淘汰。

孙子兵法：

"故善战者，求之于势，不责于人。"

"故将有五危：必死，可杀也；必生，可虏也；忿速，可侮也；爱民，可烦也。凡此五者，将之过也，用兵之灾也。覆军杀将，必以五危，不可不察也。"

第一节　责任的细胞与病毒

人的行为一定是受到其在生活中形成的主导价值观的影响，以及相应的角色文化的影响，如传统的领导与下属的角色文化的影响。我们发现，一些正确的主导价值观，一旦被不正确地运用，也会导致不良的行为；反过来，也会使原来正确的主导价值观产生病变。例如：人应该致力于追求成功。如果把成功狭义地定义为如下的日常理念——在任何交流中只赢不输；永远要把局面控制在自己的手里，那就可能会导致人采取欺骗和掩盖的不正确手段，以维持自己的成功形象。而这，就成为寄生于主导价值观细胞的病毒，最后也就会使主导价值观产生病变。

一、病变的“主导价值观”导致责任失衡

长期以来，诸如“人应该致力于追求成功”、“人应该致力于追求价值”等价值观，一直为我们大多数人信奉为主导价值观。也正因为如此，我们一天天向上，一代代发展进步。然而，当这些主导价值观不仅仅是个人行为的指导思想，而还成为人们评价别人的指导思想时，人们往往会自觉不自觉地把这些原来健康正确的主导价值观狭义化了，并进而被不正确地运用，导致不良的行为；反过来，不良的行为也就成为这些主导价值观产生病变的病毒。由于不良的行为病毒已经寄生于主导价值观的细胞内，而且，我们大多数人一般不会意识到主导价值观的细胞内的不良的行为病毒，而仍然把已经发生了病变的主导价值观，视为健康正确的主导价值观。

哈佛大学商学院的荣誉退休教授克里斯·阿杰里斯（Chris Argyris）描述了一种所谓“主导价值观”。大部分的人际交往背后都可以看到这些主导价值观的影子，它们就像计算机操作系统的源代码，指导着我们如何分析和应付这个世界的种种情况。任何年龄、任何文化背景、任何性别、任何经济基础和教育程度的人，都受到这些主导价值观的影响，它们是：

- 在任何交流中只赢不输；
- 永远要把局面控制在自己的手里；
- 避免任何形式的尴尬；

• 自始至终保持理智。

例如，当我试图向一位同事解释我为何觉得自己的计划比他好时，受上述观念的影响，我在谈话中会：

• 让他相信我的计划比他的更切实可行；

• 在讨论中自始至终不走题，也不发生大的争论；

• 闭口不谈大家都支持我的计划；

• 我自始至终保持冷静，只讲道理，不牵涉个人感情问题。

以上的四种主导价值观在我们身上汇聚在一起时，可能会加强对失败的恐惧感。只能赢不能输的观念实质上说的就是不能失败——输即失败。如果我们失败了，其他人可能会改变对我们的看法，可能不再让我们负责，以避免重蹈覆辙。如果让别人控制局面，就违背了第二条价值观——永远要把局面控制在自己手里。而且任何的失败，由于是违背了第一和第二条价值观，都会令人蒙羞。这样一来失败又违背了第三条价值观——避免尴尬。最终，失败、失控和尴尬会迫使情绪表面化，这就违背了第四条价值观——保持理智，自始至终保持冷静，只讲道理，不涉及个人的感情问题。

当我们按照上述的主导价值观念行事时，失败就像阴影，一步步逼近我们，我们会不惜一切代价避免失败。当我们无法避免失败时，我们会试图遮掩或否认失败。责任病毒就这样产生了。

美国学者罗杰·马丁（Roger Martin）把责任病毒的机理描述如下：

越是惧怕失败，就越会招致失败，所以往往是祸不单行。我们知道当焦虑占了上风时会发生什么。对考试的过度担忧会使你的大脑一片空白。如果你太担心会把咖啡洒到杯子外面，你的手就会颤抖，最终你还是会把咖啡洒出去。

面对失败本身或对惧怕失败的担心，我们会立即作出选择：1. 对抗，也就是我们对整个局面担负起全部的责任；2. 逃跑，意味着我们对局面几乎不负任何的责任。

罗杰·马丁把对抗的范式称作黑格战略。在里根总统遇刺之后，国务卿亚利山大·黑格（Alexander Haig）在白宫发表了著名的演说："现在我来负责。"对黑格来说不幸的是，美国宪法规定，在总统遇到危机时，国务卿是第4号接替者。他一厢情愿地要来负责的说法成了喜剧的经典笑料。

当人们面对恐惧选择了逃跑战略时，人们沿着责任阶梯往下撤，撤到一个确信自己能够成功躲避了恐惧的程度。人们愿意管理一件很小、自己肯定能行的工作来使自己处于完全控制的地位。人们避免任何有可能暴露自己对工作力不从心的尴尬局面。实际上，通过自己单方面的撤退，人们还避免了与他人讨论自己的决定，那又会是一个尴尬的局面。人们也力图避免把自己的感情表现出来。这样，人们尽管已经完全乱了方寸，但看起来好像仍很理智。

当危机来临的时候，一厢情愿的“黑格式”的领导者不得不逞英雄，自己单枪匹马玩命地干，不知合作，也无法让下属分担责任。这些英雄式的领导之所以失败，与下属的好意密不可分。他们相信当情况危急之时，就该让领导者出马，控制住局面，而全然不考虑他们有没有这个能力。

当领导看到了下属畏缩、消极的信号时，总是试着填补空缺，这使得消极的下属感到自己受到排挤，于是就更向后退一步，直至最后放弃所有的责任。这样一步一步，越陷越深。

当这个循环快要结束的时候，消极的下属会变得疏远，喜欢冷嘲热讽，做起事来无精打采。然后逞英雄的领导就会看轻下属，为自己要承担起全部重担而愤愤不平，而最终则会被压垮。

但被压垮的不仅仅是英雄式的领导一人而已。这种领导方式会破坏协作精神，导致误解和互不信任，最终领导者和下属的决策能力都会下降。

寻求小而完美是逃跑范式的一种变异。这是一种消极的策略，对面前的挑战给予重新定义，将其缩小，以便确保成功。这包括：

1. 认同大胆的目标，但是把最复杂和最困难的问题转嫁给别人（通常是给下属，但也不一定），显得自己和失败没有关系。

2. 避免认同大胆的目标，参照自己比较有把握的标准，为成功下一个新的定义。

3. 避免涉足需要作出困难决策的工作，尽管这个工作是团队任务的一个部分。避免涉足困难的任务，因为这些困难的任务中含有极大的失败的可能性，至少可以避免自己陷入不舒适的地带。

4. 一事当前，要么狭义强调角色，强调无职者不需要承担责任，把职权——决策权与团队义务——责任混淆；要么把一个完整的工作任务分割为一个个细小的部分，并只从自己本专业的角度或本部门的角度出发，挑出其中的一部分任务来表示自己也承担了公司或团队责任。殊不知，他们或许可以在各自承担的任务中获得成功，但是却由于各自为战而摧毁了整个任务的全局利益。

大多数 CEO 都强烈抱怨他们组织里的小而完美主义综合征：他们抱怨人们不识大体不顾大局，没有正面迎接真正具有压力的挑战。实际上，这些都是小而完美主义的表现形式。

各种组织都有充满了“黑格/对抗范式”或“小而完美主义/逃跑范式”的做法。这两种反应都会加重前面提到过的那些现象，妨碍了集体承担责任、群策群力解决问题。这些现象之所以没有引起注意，是因为一厢情愿的“黑格范式”也往往能够使人们完成了任务，却往往由于各自为战，而带来了全盘的失败。在这两种情况下真正的合作都未出现。每个人都出于自己的主导价值，出于对失败的恐惧而各自为战，但这些任务却需要他们的通力合作。

如安然公司的破产，正是小而完美主义的典型，安然的崩溃加上黑格式的反应，两者加在一起产生了大规模的灾难。事实上一方面肯尼·莱让大家放心，他在负责，可以保证股东和持股员工通过安然赚到大把大把的钞票，另一方面其他数不清的人还在搞小而完美的那一套。融资部门把成功定义为只要帮安然公司把钱拿回来就行，至于保护供应商的利益之类的事情一概不管。审计人员把成功定义为让安然按法律规定行事，别无他求。律师把成功定义为告诉公司文件能不能销毁，全然不顾这样做是否有违商业道德。对失败的恐惧使每个人都视野狭隘，由此导致的最终结果比他们预料的还糟。

二、没有跟上时代的观念，就成为责任病毒

任何落后于时代的观念，对于人来说，就恰如与机体发展平衡推动的细胞一样，成为病变的细胞，即病毒。在今天，如下的传统观念，最容易演变为责任病毒。

• 传统的领导与下属的角色文化是：领导应该比下属水平更高能力更强，所以领导应当承担更多的责任。相反，下属比领导的水平和能力就是更低，所以就应当承担更少的责任。

在传统的领导观念下：大部分的上司们都希望在公司中、在团队中所有的好建议好主意是由他们想到的。所以一旦他们在公司中、在团队中听到来自下属们的好建议好主意，甚至于来自同级别的同事的好建议好主意时，他们就变得紧张和警惕起来，他们会这么想：“为什么我没有想到这个好主意?”接下来他们就会利用自己的地位或借口或争辩，去攻击这个好建议好主意，或攻击提出这个好建议好主意的人。而这，也是他们狭义地定义成功的观念所致。在这种氛围下，人们就会不再提什么好建议好主意，也就不再承担什么责任了。责任失衡也就是必然的了。

• 在传统的领导观念下，在很多公司，事情不论大小，几乎是领导负责

决策，下属负责执行。一事当前，当下属的总是先找领导，而不是先想想自己有没有能力解决；而客户也往往是不愿意与普通职员打交道，而要直接找职员的上司。于是，职员成了橡皮图章、成了摆设；领导成了模具、成了职员。于是，责任病毒滋生，领导越来越“神”，而下属越来越“消极”。

• 在传统的领导观念下，领导就是管理。什么是管理——我们很多人是这样理解的：当你不知道你的部门发生了什么事，或者不知道有谁知道发生了什么事，你就不是在管理。当领导者们是这样理解管理时，他们就会出现一种内在的管理诱惑：总是想要多知道一些事情，总是想多做一些什么，而很少注意到那些事情是否有必要知道、是否有必要由自己去做。

殊不知，于有意无意之间，他们把一些本应该由下属们去做的事情给自己做了，把一些本应该是属于下属们的权力给剥夺了。于是，责任失衡也就是必然的了。

三、责任的静态和动态守恒

在任何情况下，责任都有一个定量，任何一方如果承担过多的责任，另一方就会相应地少承担等量的责任。

责任病毒一旦产生，它就循着被罗杰·马丁称之为责任守恒定律运行。这个名称来自热力学。热力学的第一定律为：在任何封闭的系统里，既不产生也不消灭能量。

• 责任守恒有两种类型：

在一段确定的时间里，两个人之间的静态守恒；

在一段延续的时间里，单个人的动态守恒。

责任病毒所造成的大部分损失都是通过静态和动态的责任守恒造成的。

静态和动态的守恒相互结合产生出一种机制。在这种机制中，我们处于永久的不平衡状态。静态守恒使我们承担与自己能力或时间不相称的责任。在我们积累了责任顺差或逆差后，在受到失败的驱动时，动态守恒使我们倒向另一个极端。这有助于帮助我们平衡顺差或逆差，但是又使我们制造新的不平衡，因为我们已经从逃避责任跳到另一个极端——承担过多的责任，或者从承担过多的责任跳到另一个极端——逃避责任。

静态与动态守恒之间的相互关系使责任病毒得到了自我强化，而不是自我修正。病毒一旦开始发作，我们就会发现很难消灭它，因为静态守恒制造出新的顺差和逆差，如此循环往复，永无休止（如图 9-1 所示）。

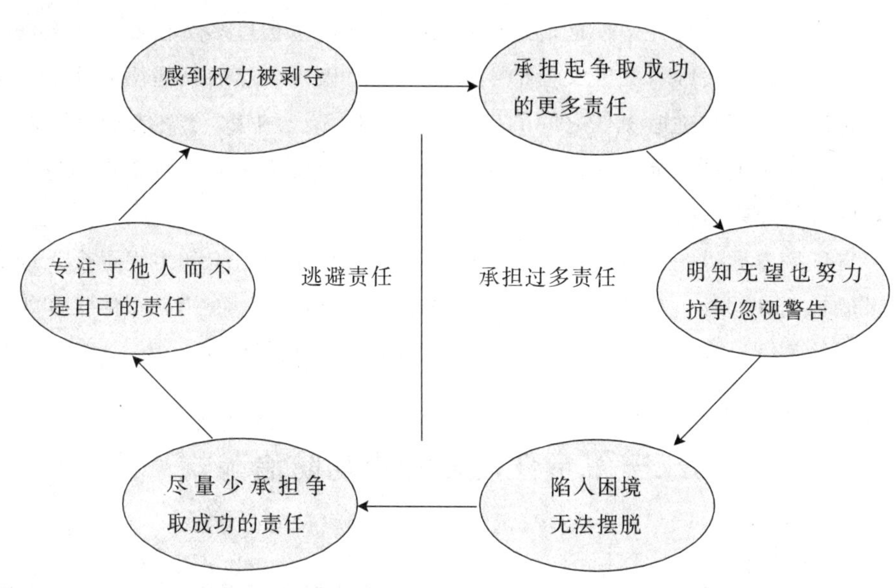

图 9-1　承担过多责任/逃避责任的循环

◆ 责任病毒的增强环路

《第五项修炼》一书的作者、著名的学习型企业的倡导者、美国的彼得·圣吉的“富者愈富”基模，可以说明责任病毒的增强环路。

这个基模称为“富者愈富”，它包括两个增强环路。分开来看，每一个环路都倾向于逐渐成长，但却争用同一个资源，在这个基模的背后，个人、群体或组织不断地为同一项有限的资源而竞争。成功的一方，因为其所在优势，倾向于得到更多的资源，而其他竞争者的资源则相对地减少。

“富者愈富”这个基模的不安定是内生的，只要开始向其中一方偏移，就有继续朝此方偏移的倾向。

责任病毒会驱使英雄式的领导承担起过多的责任，让他根本就无法承受，最终导致失败。当失败近在眼前的时候，承担了过多责任的领导会突然转变，开始逃避责任，以此躲避即将来临的痛苦和责任。领导会说：“我尽了力了”，“别人都是不好好地干”，“谁也没想到会这样”。

下属虽然把追求成功的责任全部都交到英雄式领导者的手里，自己袖手旁观，却也无法洗清自己与失败之间的联系。他们会看到两种情况：一是失败的痛苦，二是英雄式领导者的转变。这种双重创伤会使得这些下属采取极端行动，转而承担起过多的责任，设法确保自己再也不必依赖于令人失望的领导。

对失败的恐惧首先迫使他们采取极端的立场，承担过多责任或逃避责任的立场又都会招致失败，失败又使他们转向另一个极端。然后就是循环往复。这种承担过多责任与逃避责任之间的反复转变永远不会结束。“富者愈富”的不均衡结构是由增强反馈环主导，如果没有外力介入，不平衡的状态不会自动调整，而且会愈来愈恶化。

责任病毒导致一系列的创伤与失败，这些失败又对组织和组织里个人造成严重的长期性问题。它摧毁了人们合作的能力，制造出一种相互不信任和相互不理解的氛围。最终，它导致决策能力的萎缩，企业的萎缩。

第二节　责任病毒的成功防治范式

一、世界500强企业防治责任病毒的共同范式——一致性的框架理念

当今的公司组织都非常庞大而复杂，每一个部门都处于不断的变动之中，包括结构、思想、决策和人力等各方面的因素，都要随着外部商业环境的变化而不断变化，任何个人越来越感到难以把握所有的变化，如果企业没有一个健康的企业文化和稳定的社会经营系统，人们会越来越不敢作出决策，而尽可能地把作出决策的责任推给他人。

世界500强企业一般都有一个非常稳定的社会经营系统，它提供了一种具有高度一致性的框架，并以此规定公司成员思考、行为和行动的方式。就这样，一段时间之后，这些思考、行为和行动方式就自然而然地植入到了公司文化当中，成为公司文化的一部分。

一致性的框架理念是，我们不能指望人们无所不知，无论是普通团队成员，还是团队领导，但却可以要求他们尽力拿出最佳的解决方案，这就需要大家之间更好地相互协作。在你的组织中经常进行这种富有建设性的讨论，它将能够帮助大家建立一种自信，这样，无论以后遇到什么样的问题，他们都不会手忙脚乱了。

在一致性的框架理念下，人们最重要的收获之一就是学会了如何在富有建

设性的讨论中相互协作。百密难免一疏，没有人能够给出所有问题的答案。如果在某个环节遇到了麻烦，不应该一个人坐在那里，埋怨手下办事不力，或埋怨其他同事、部门配合不够；相反，正确的做法是把大家召集在一起，相互协商，并最终找出一个解决方案。

◆ **通过积极开放的对话寻求一致性**

积极开放的对话能够激发人们的创造性，实际上，大多数问题的有效的解决方案都是在对话的过程中形成雏形的。最后，它能够为组织带来更大的竞争优势和股东价值。

活跃的对话的前提是对话者必须解放自己的思想。他们对人对事都不应当先入为主，更不应当在讨论问题的时候有所保留。他们希望听到新的信息，并准备随时改进自己的决策，所以这种人通常会注意倾听讨论中各方的意见，并积极参与到讨论当中去。

在一致性的框架理念下，一事当前，人们敞开胸襟，不再考虑自己的建议和观点是否会影响到责任的归属问题，而会表达出自己真实的建议和观点，而不会为了奉承领导或维持一团和气而说些无关痛痒的话。即使对话会引出一些让人感到不舒服的实际情况，因为这种谈话总是针对现实而发出的，在一致性的框架理念下，人们还是能够以一种诚实坦白和欢迎的态度来对待。这种相互沟通的动态机制能够激发出许多新的问题、新想法和对事物新的认识，从而能够在最短的时间内，以最轻松的方式，最有效地解决问题。

在一致性的框架理念下，积极开放的对话能够改变一个团队的心理，它能够激发人们的能量，它能够帮助人们建立自信的心态和培养乐观的情绪，它能够在人们之间形成一种和谐一致的气氛。在这样的和谐一致的气氛下，承担责任和责任的分配就不再是一个头痛的问题了。

案例：荷兰壳牌公司通过文化改革加强责任

皇家荷兰/壳牌（这里简称为“壳牌”）长期以来坐享世界上最受尊敬公司之一的美誉，堪称分散化经营公司中的模范。但现在公司内部许多高层领导人抱怨：一是公司文化是内向的、官僚的，在这个矩阵结构的公司中，一个经营经理会有 3 个之多的上司——国家老板、职能部门首长、单位负责人，这种状况分散、淡化了责任心；二是在壳牌的总部没有管理，有的是“协调”，这是以相当大程度的决策拖延为代价的。壳牌集团公司管理董事会主席荷兰人考尔·赫克斯特罗特尔成为精减机构的掌旗人，来完成一项令人生畏的改革任务。

例如，壳牌的一家企业，7到8个管理层被裁撤为3个，取消了地区汇报；现在所有的单位都要根据经营效果进行评价。另外，决策被大大加强。在某些情况下，以前要用1个月和一个20人委员会通过的决策，现在仅需要由1人和1天就能完成。一个对于壳牌发生的改革过程的描述方式是，改革始于调整高级管理者在集团中的作用等重要关系——或合约入手。壳牌集团的一些难点源于3个方面的合约所规范的关系，通过重新签定或修订合约来寻求改革目标的实现。

公司行为受一系列非正式的、调整组织内员工之间、公司与外部环境之间关系的公司协议或公司文化的影响。在壳牌，综合外界因素以及内部对于新思想和新活动产生的需求，将壳牌改革之前生产经营中不令人满意的这3个方面实现出来：

1. 投资者旧合约：

这个契约，受石油分析家们所说的管理行为、特别是计算净资产收益总是滞后的影响较大。结果是股东们的净资产收益率要比竞争对手们的低得多。

2. 与经营单位的旧合约：

至少有30年，壳牌公司总部与经营单位之间的契约，只反映职能、业务地点、全球业务线条的交叉关系和联系，不能驱使和激励经营公司降低生产成本、增强消费者满意度的改革。同时，总部权力缺乏权威性。除此之外，维持这些总部职能的开支落到了业务单位的肩上，它们却无权对这些服务的效率说些什么。在这种默许下，总部机关轻率地继续向生产经营单位的经理年复一年地开出不断加码的账单，以维持不断增加的费用。这就清楚地表明，（如果问题得不到解决）这个组织将逐渐走向解体。

众所周知，问题的实质不在于总部的开支问题，而在于其效率问题。业务单位认为总部看起来困难重重、行动缓慢和笨拙不堪。还有许多人认为，一旦生产经营公司出现实质性难以解决的问题，其最不愿意寻求帮助的就是集团总部，它只会使你陷入没完没了的公文旅行中，问题却无法得到解决。

3. 与经理人员的旧合约：

壳牌集团与经理们的旧合约，是远远不能适应公司发展的要求的，它仅有极少量正常的工作条款，但却产生了这样的非正常理解：几乎每个人都能够通过论资排辈职位接替自然爬升。

简而言之，老壳牌孕育了安稳和没落的企业文化——公司目标和个人的奖酬互不搭界，不接受督导和交流。

改变员工行为首先意味着改革公司文化。这也意味着要改革契约制度，他们所面对的挑战与规模小得多的公司经理们所面临的挑战没有什么不同：舍弃不再相关的事物，谨慎地制定思想和行动方法。在壳牌，他们对上述生产经营中令人不满意的这3个方面作出如下的改革：

1. 投资者新合约：

管理董事会认识到，如果壳牌满足投资团体的要求，他们将不得不改革他们的路线，而且要快。他们决定推出一系列全新的经营目标。壳牌集团整体瞄准一个富有进取心的数字：平均经营资本利益率达到12%，这比前5年的平均回报率高出20%。另外，鉴于有些业务活动已经成熟，他们必须达到15%的平均经营资本收益率。

为达到这些目标，要求分公司的经理们忘记先前的收益标准——仅仅进一步降低成本是不够的，现在最为迫切的是缩短生产周期，同时加快投放时的速度和提高生产收益。现在非常明确的是：全部的获利目标只能通过各单位的收益率增长来实现——或是通过市场份额增长，或是通过正常生产获利能力。

2. 与经营单位的新合约：

处于公司总部的人也同基层单位的人一样认识到，这两个层面都需要严厉的改革。总之，集团总部和下属公司具有共同的需要：减少官僚主义、减少工作重复、更加增强个人的责任，包括策划能够更加明确的个人贡献的奖励结构。

为了提高责任，管理董事会采取了两个改革行动，一是废止职能部门——区域公司——生产经营公司的矩阵式结构，代之以将线性业务的重要责任置于高级经营经理的掌握之中，这些高级经理人员共同工作于“业务委员会”中，部门和地区公司成为了历史。现在，每个业务委员会的主席直接与董事会主席及管理董事会联系，我们就此与生产经营活动紧密联系在一起。

二是重新确定集团总部的职能和作用，第一位的职能和作用确定为公司监管、控制和示范——这是将所有生机勃勃的组织粘接在一起。为充分发挥这个职能和作用，一个新型的“公司总部”建立起来了。将人员限制在150人以下，这个机构协助管理董事会指导和领导生产经营单位。它由一支包括司库、人力资源、法律、计划、环境与外部事务、财务金融和企业战略等方面的少量专家组成。总部第二个职能和作用就是提供专业服务。让每个业务单位对自身提供全方位的信息技术服务、交易结算、培训和管理开发等，这显然是不经济的，因此必须将此类职能重塑为“专业服务单位”，并且以其正规有效的服务对抗外部服务的单位的竞争。

3. 与经理人员的新合约：

在新的合约中，管理重事会提出了这样的建议：

- 对安稳的旧体制进行剧烈改革；
- 新的经营目标与奖酬紧密相连；
- 与新发展目标相联系的结构性改革；
- 将交流作为改革的工具；
- 来自高层的积极领导。

改革是从高层开始的，对高层成百的领导职位进行了重新配置。总部组织中没有任何人能够维持他或她当前的职位超过3年或4年，高级员工也必须在整个组织任何地方的职位上进行轮换——也许是到生产经营公司。管理重事会以事实让员工们明白：员工或是采取新的行为规则，或是未来在组织中受到威胁。

新的目标与新的奖惩相连，与经理们现时承担的非常清楚的义务与责任联系在一起实施。他们也必须与每个企业变化的运行情况相适应而进行调整。在旧合同制度下，工作优秀者（或相反）几乎没有得到相应的酬劳。在新合同制度下，经理们得到强有力的鼓励，从而完全专注于不断的工作改进。这归功于壳牌的另一种创新——差别报酬。现今，经理们必须集中精力实现更高的经营目标，以资本收益率为目标核心，他们超额完成目标时，会受到奖励。

大多数的重大改革是废除协调作用，监管和联络一同废止。在新的合同制度下，经理们自己必须接受这些迅速增长的职责。伴随废除了这么多的管理控制层，就极少有机会获得直线提升。但员工仍然可以和以前那样与壳牌公司的未来一同成长，它仅仅是更可能以特定的方式或以不同的职位发生。高级企业委员会成员的轮换制度，也在刺激壳牌文化的演变过程中发挥了强有力的作用。

针对权力划分和人力资源，尤其是职责的精细管理的第二和第三个合同，现在已经坚定地在壳牌新公司的文化中确立了下来。除此之外的最好消息应当是，伴随文化冲击的减弱，将建立起高层次上的工作热情、动力和决心，以取代对前景的忧虑。

二、团队的结构化决策流程

心理学家鲍勃·阿伯森（Bob. Abelson）曾经这样描述人们对待自己信念的方式：人们对待自己的信念就像是维护自己的财产一样，总是努力试图使类似“胜利”、“控制”和“尊严”这样的幻想得到维持。这些“财产”中经常充斥着一些具有个人色彩的神话，并且我们从不客观地观察这些神话，也不接受其他人的批评。因为人们害怕如果真正地进行合作，这些观察和批评会使我们处于岌岌可危的位置上。这种防御性的姿态的结果就是，团队的决策并不比个人的决策更有力。

那么如何防治责任病毒呢？美国的罗杰·马丁发明了一种责任病毒防治工具——结构化决策流程。作为一个团队，一事当前，应该采用这个结构化决策流程进行决策。这个结构化决策流程采用了 7 个步骤来达到防治责任病毒（如图 9-2 所示）：

1. 形成可供选择的方案

通常，必须在形成可供选择的方案之后才谈得上决策。团队必须要看得远一些，而不仅仅局限在现有问题上，以便可以察觉到问题背后存在什么样的利弊，以及需要作出什么样的权衡决策。直到确认了至少两个不同的可以解决问题的想法后，选择才完全形成。

我们的经验是，即使是已经有一个可以解决基本问题的想法，但其他不同的想法也往往可以有一些可以吸收的有益的成分，并使那个可以解决基本问题的想法更加完善。何况，一事当前，先形成多个可供选择的方案，我们才能通过比较发现利弊，以及需要作出什么样的权衡决策。

2. 运用头脑风暴法，找出可能的想法

此时，营造一种任何想法都可以说出来大家讨论，而不用害怕尴尬的气氛同样是很重要的。对各种想法都应该持欢迎的态度，而不是先来横挑鼻子竖挑眼之后再看是否被接受。当然，此时决不能说某个想法没分量或者不行。接下来的结构化决策流程步骤会剔除那些不可行的想法。

在这一步，关键是要创造一种气氛，通过热情地欢迎各种想法来消除消极和逃避责任的行为。同时，消除那些承担过多责任的行为也很重要，让那些最有可能犯错误的人意识到整个团队都已经投入进来，并不需要由他来负责。

3. 规定条件

要确定关键条件，称它为“反向工程”。这一流程在每一个想法的推论阶

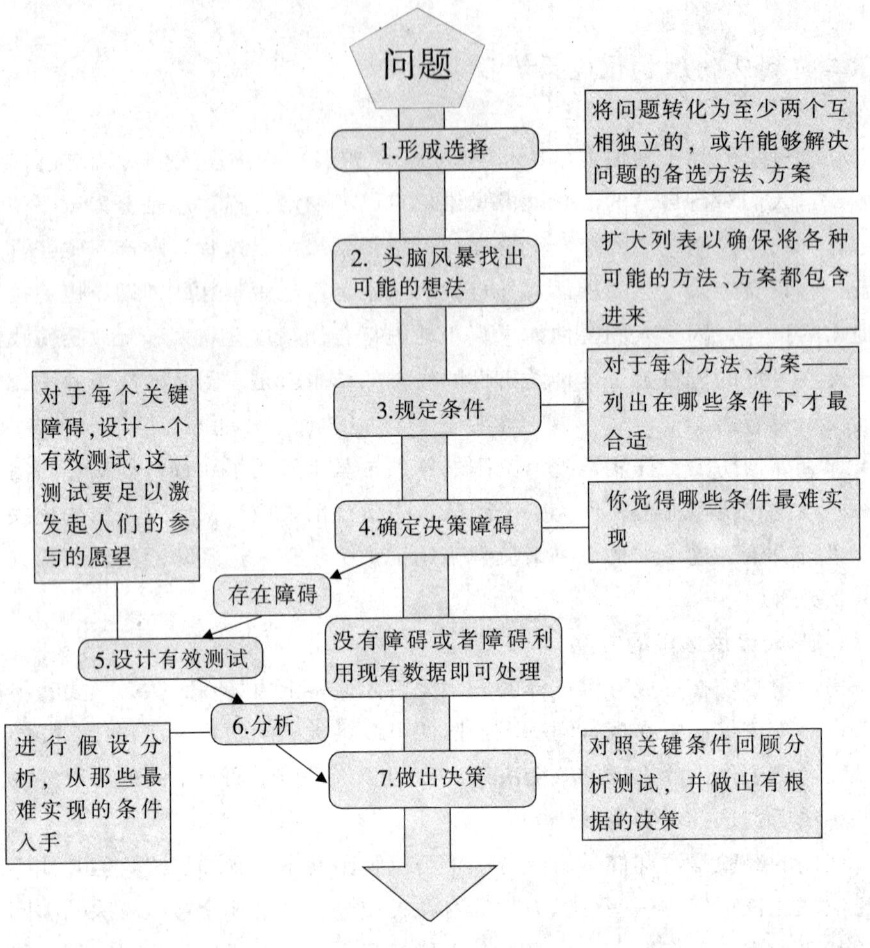

图 9-2　结构化决策流程

梯中都要用到。我们首先假设结论是可行的，然后据此倒推哪些逻辑和数据是正确的。在流程的这个阶段，我们依然不关心某个想法所必备的条件是否能够被满足，我们只是想知道对于所有团队成员来说，要证明故事可信，到底哪些条件应该是真实的。

流程的第三步邀请那些对某个方法、方案持有保留意见的人将他们的意见说出来。弄清楚为什么他们会保留意见，有助于公开测试所有的可能性，而不只是在团队成员的脑子里私下进行。如果通过测试各项条件都能被满足，大家都能看到这些条件是能被满足的，这会促使成员自觉承担责任或分担其中的责任，并将其付诸行动。

4. **确定决策障碍**

在这一步，一定要特别关注对条件能否满足持最大怀疑态度的成员，尤其是要特别关注那些具有与研讨问题对口的专业知识和能力而又持最大怀疑态度的成员。对于这些持有怀疑态度的团队成员不要采取压制的态度，应该鼓励他们说出自己的想法。这个人为什么会有这样的担忧并不重要，重要的是他或她担忧的是什么。一旦这种担忧的想法被提出以后，团队就必须严肃地对待。

我们必须明白，专业人员由于具有专长，而往往具有非正式组织的影响力，忽视了他们也就等于忽视信赖他们的其他团队成员。但也有很多时候，专业人员往往由于专业的局限性而一下子看不到问题的其他解决方法。与专业人员探讨问题障碍，确定决策障碍，一方面容易得到解决问题的有效方法，另一方面更容易使其他成员信赖而积极行动。

5. **设计有效测试**

一旦关键障碍条件得到确认之后，就必须要对它们进行测试，测试的方法要让整个团队都认为有说服力。测试可能会是复杂到要对成百上千名顾客进行调查，也可能只需与一个供应商了解情况。测试可能会产生大量的数字，也可能不会产生任何数字。

6. **分析**

按照此前测试设计规定的方法进行分析，给设计带来了两个主要的特点。

第一个是称为“懒人的决策方法”。这一方法按照与团队信心程度相悖的顺序对条件进行分析测试。这就是说，团队认为最不可能的条件，要最先进行测试。如果团队成员的怀疑是正确的，相关想法就会被排除，而不用再测试其他条件了。如果团队成员的怀疑被证明是错误的，那么就要测试下一个使团队对其信心不足的条件，依次类推。

第二个特点就是，让对测试能否证明条件的可行性疑虑最深的团队成员，对每次分析进行监督。这就使怀疑者相信测试的确是在严格的标准下进行的。如果他们返回团队并说，测试证实条件成立，那么整个团队都会觉得结果具有说服力。

7. **做出决策**

过去，这些会议总想毕其功于一役，一次就把问题全部解决掉。

由于层级很高，推论阶梯特别不清晰，这就形成了滋生责任病毒的肥沃土壤。但是有了结构化决策流程以后，决策制定的步骤就变得简单而不会走极端了。团队只需要审查分析测试结果，并执行根据前面的步骤作出的决策就可以了。

管理悖论：

现实中，大多数的职业经理人在做决策时所说的“我负责”——实际上是我不负责——他们不是老板，大多没有资本赔偿他们的决策失败所造成的损失，甚至连1%也无法赔偿。著名的巴林银行、安然公司，都是由于迷信职业经理人的“我负责”而破产的。但作为老板，你能够不让他们决策吗？如果你不让他们决策，你为什么还要聘请他们？而这恰恰是你必须深刻思考和妥善处理的问题。

三、重新定义主导价值观，进行框架实验

我们已经知道，人总是受到一定的观念的影响的。反过来，人一旦接受了某些观念，这些观念也就成为其观念框架，并以这个观念框架取舍其他观念。除非发生了重大的实践性经验教训，一般与人的主导价值观相反的观念，往往难以被接受。这个观念框架，尽管反映在我们的日常语言中，并且任由它们影响我们对各种事件的感知，但我们并不会有意识地去掌握它们，甚至当我们的确是有意识地注意框架时，它们也不是那么好“对付”的。因为我们有一种根深蒂固的倾向，常常忽略与我们认为正确的理论和模型相悖的事实。

也正是因为观念框架具有这些特殊的力量，它们既是我们理解世界的一种方法，也是结束我们的困境以及后续思考和行动的一种方式。

鉴于以上所说的责任失衡的原因，罗杰·马丁还发明了一种抵御责任病毒的观念框架。我们要抵御责任病毒，就必须要考虑到带来这种责任病毒的观念框架（如图9-3所示），并对其做出改变，即使这会让我们感到恐慌和痛苦。

如果要改变一个人的主导价值观，可以采取三种方法：一是以他人的实践性经验教训来教育他，必要时还可以让他犯一些小错误（当然只能是我们事后可以控制局面的小错误）；二是先把一些与他的主导价值观不直接对抗但有差异的观念灌输给他，让他慢慢改变；三是采取观念框架实验，尝试对原有的主导价值观作出新的定义，看看他能否接受。

在这里，笔者鼓励优先采用观念框架实验的方法（如图9-4所示）。例如，对上述的主导价值观，我们可以重新作出如下的定义和注释：

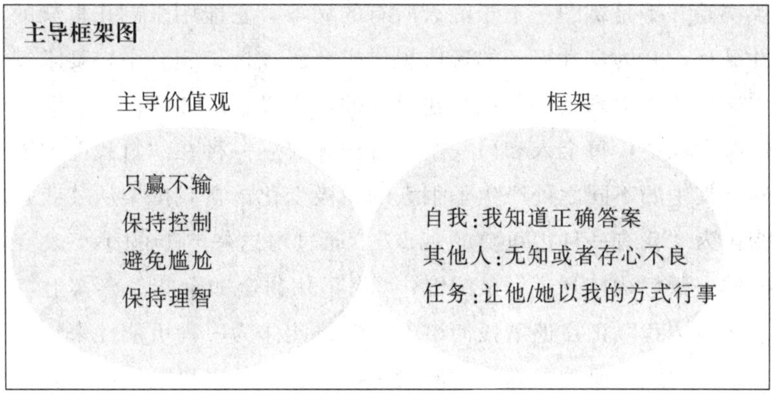

主导框架图

主导价值观	框架
只赢不输 保持控制 避免尴尬 保持理智	自我:我知道正确答案 其他人:无知或者存心不良 任务:让他/她以我的方式行事

图 9-3 **观念框架**

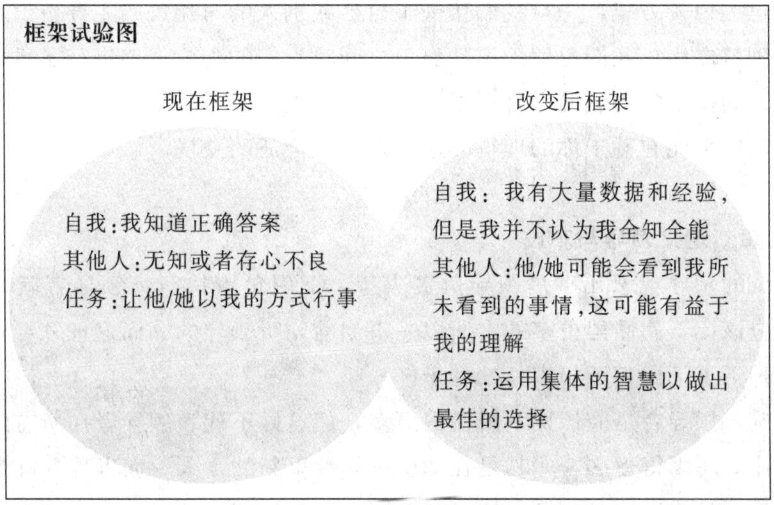

框架试验图

现在框架	改变后框架
自我:我知道正确答案 其他人:无知或者存心不良 任务:让他/她以我的方式行事	自我:我有大量数据和经验,但是我并不认为我全知全能 其他人:他/她可能会看到我所未看到的事情,这可能有益于我的理解 任务:运用集体的智慧以做出最佳的选择

图 9-4 **框架实验**

主导价值观中的只赢不输的原则，让我们以为自己知道了问题的正确答案，并认为其他人对此一无所知。更坏的是，我们还可能认为其他人妨碍了成功，或者是有什么不好的念头。保持控制让我们总是希望其他人都按照我们的观点来工作。避免尴尬和保持理性总是让我们以一种单方面的框架行事，而这却减少了有意义的相互探讨。而这样的主导价值观，给我们带来一成不变并影响了工作效率的提高。所以，我们可能对这些主导价值观的定义或理解发生了错误，现在应该是对它们重新进行定义和理解的时候了。

框架实验并不是试图一下子消灭所有的病毒。它能用来制止框架的自我封闭的恶性循环，并为良性循环的形成提供机会。在框架实验中，要求每个人对相关的主导价值观都采用一种更具建设性的新定义、新注释。

在框架实验中，每个人和另一个人合作来建立一种在“自我”方面有所不同的框架。其中的不同之处产生了很大的积极变化。自我框架从“我知道正确答案”变化为“我有一种很重要的观点”。通过对这一判断的小小改变，我们就为这样的一种想法打开了一条门缝：“我”并非全知全能。事实上，改变的框架并不认为“我”正在遗漏任何事，它仅将此作为一种可能性来加以考虑。

为什么这如此重要呢？因为它激发了好奇心。如果只是相信“我知道正确答案”，那么就没有进行更深一步理解的必要了。如果没有好奇心，我们就会认为其他人的观点都没有意义，其他人也没有利用的价值。

通过类似的方式，一旦我们接受了自己或别人的对相关的主导价值观的新定义新理解之后，我们也就于不动声色之间对我们的观念框架进行了重构。同时，别人的框架重构也给你打开了一条门缝，别人也可能会看到你所未看到的东西，而这可能有益于你的理解。这才是一个合适的立场。

◆ 重新定义领导与下属

传统的领导观念几乎是领导负责决策，下属负责执行；领导者就是大英雄，是应该比下属懂得更多的，所以一事当前，听领导的。而这种领导观念本身，就种下了下属不承担责任的种子。

的确，领导者是应该比下属懂得更多，但这并不代表领导者在所有的方面都一定比下属懂得更多，尤其是在知识爆炸性更新的今天。而世界 500 强企业的成功经验是，无论是领导者还是其下属，就他们团队的工作任务而言，都应该参与决策，都应该对他们团队的工作任务负责，只是他们各自所承担的责任大小不同而已。

所以，如果要避免责任病毒的影响，我们就需要给领导者与下属重新下一个定义（如图 9-5 所示），过去的定义只能是给责任病毒助纣为虐。

首先，领导者不是心照不宣地单方面决定如何划分责任的人。相反，领导者通过公开的对话来确定自己和别人的责任。

第二，领导者不应该是“我说了算”的大英雄，而是应该想办法让自己和别人的能力与责任匹配起来。

第三，领导者应该把自己的想法说出来，听听大家对责任级别的划分有没

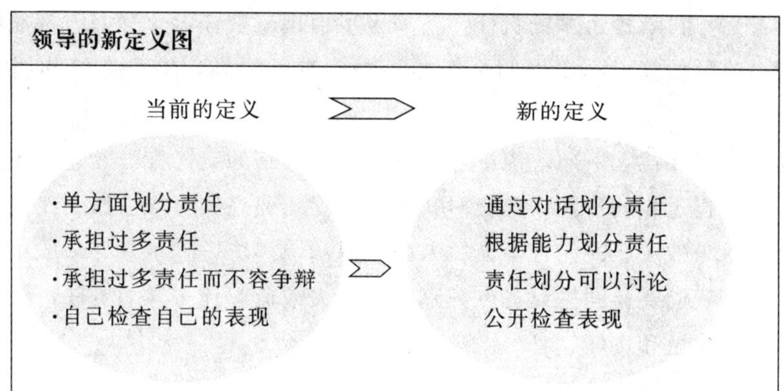

图 9-5　定义新领导

有意见。

最后，领导者所设计的标准还应该让人感到有难度，却又不会是超出能力所及的地步，这样才能提高人的表现。

在过去，这两个定义是截然不同的，一方攫取责任，另一方则放弃责任，但是在新的下属定义中，它们合而为一。根据这个新的下属定义，领导者和下属的工作是基本相同的，都是要进行对话，都要为结果而负责。真正的区别在于，对话流程结束后二者要承担的责任水平不同（如图 9-6 所示）。如果领导的能力确实比较高，他或她也可以承担比较多的责任。但是领导者和下属承担的方式并没有什么根本的不同。

对于别人，领导者设定的责任一定要高一点，这样才能鼓励别人成长。对于领导者本人来说，分担责任也并非一个零和游戏。

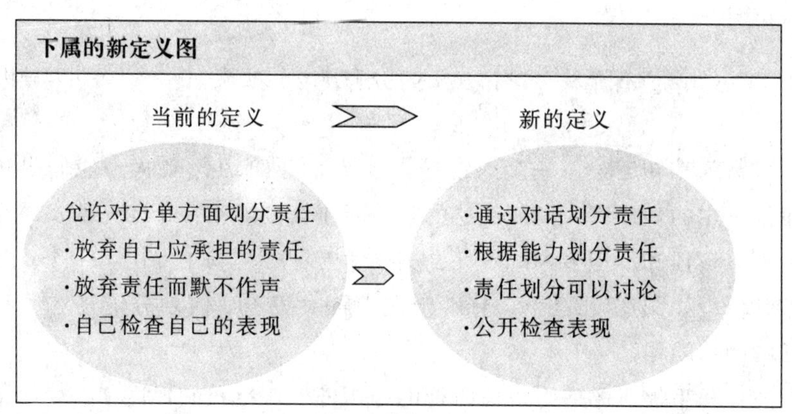

图 9-6　定义新下属

领导者不再承担过多的责任，下属也不再逃避责任，这样双方都能够检验和提高自己的技能，不仅他们个人的能力会有所提高，整个组织的能力也会增强。

与领导者相比，下属应该尽可能设定相对较高的责任标准。这样不但能防止领导者承担过多的责任，还能对我们自己提出更高的要求，拓展我们自己的能力。如果失败了，我们也不会单方面地退却、等待，暗示领导采取单方面行动。相反，我们要共同探讨各方分别应当为失败负起什么样的责任，共同为将来重新划定角色和责任。

通过共同讨论来确定自己的角色和责任，就意味着我们要放弃全面控制的做法，而进行共同控制。对此大多数人会感到不太舒服。

◆ 以新观念及其行为作为责任基因注入团队

通过上述的框架实验和团队对话，及其所形成的新观念和行为，无疑是给团队注入了责任基因。因为它鼓励我们主动询问其他人的观点。这就促使每个人都承担责任，而不是将他们推向一边。因为它从劝说其他人改变想法变为运用集体的智慧。这就是说，同时运用自己与他人的数据，并同时利用双方的推理能力。

重要的是，尽管主导价值观和观念框架发生了改变，但它并不一定会影响我们的工作任务本身。而且，一事当前，先了解对方的数据和推理是否对自己有所帮助，而无论我们认为对方的数据和推理是否对自己有所帮助的观念和行为本身，就在一定程度上给对方以及其他团队成员注入了承担团队工作责任的基因。

四、运用责任阶梯，指导人们分配和承担责任

大多数人都知道，每一个人都应该要为企业组织为团队为他们的工作任务，承担一定的责任，人们所困惑的是，对于自己或某一个团队成员来说，应该如何划分责任和承担多大的责任？美国学者罗杰·马丁提出了一个责任阶梯的框架分析（如图 9-7 所示），有助于人们解决关于如何划分责任和承担多大的责任的困惑问题。

罗杰·马丁提出的一个责任阶梯的分析框架，给我们提供了必要的语言和结构，帮助我们认识自己到底处于这个责任阶梯的哪一个阶梯，同时，也方便

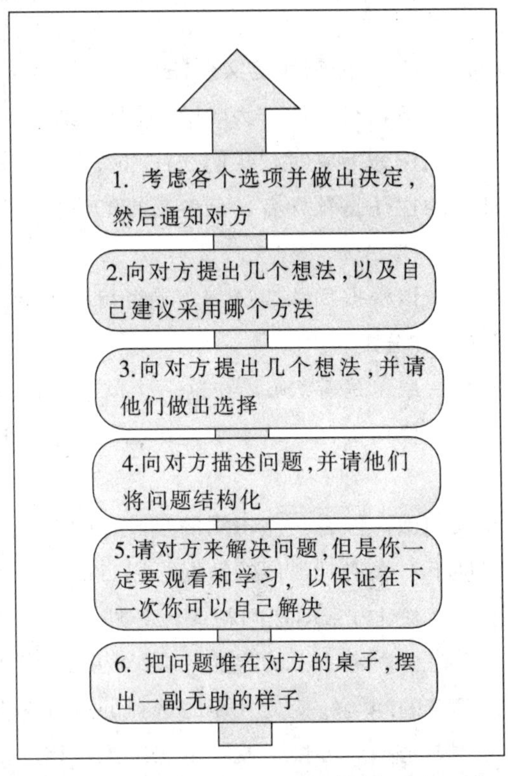

图 9-7　**责任阶梯**

领导或其他团队成员了解处于这个责任阶梯的哪一个阶梯。这样，无论是作为领导者，还是作为下属，在如何划分责任和谁要承担多大的责任的讨论对话中，都会更加有的放矢，更有助于我们在中间的几个等级上达成一致，从而确保分配的责任与能力更加吻合。

在企业任何一级的团队中，在每一次的共同决策过程中，都会出现从等级1到等级6的各种操作方式，只是其表现形式明显与不明显而已。但不幸的是，在大多数的情况下，当我们作为团队的领导者时，我们往往重视承担等级1的责任；当我们作为下属时，我们往往重视承担等级6的责任。

等级1是个人英雄主义的领导方式的传统定义。它高呼“我说了算”，言外之意“你最好走开”。等级6警告其他人赶紧想办法，否则就无法做出任何决策，而且问题只会变得越来越糟，而不会更好。所以，无论是等级1的领导者的个人英雄主义，还是等级6团队成员的事不关己的态度，都可能会引发责任病毒，从来都不会是一个正确的选择。

◆ **六个责任阶梯，帮助你分配和落实责任**

尽管在大多数的情况下，当我们作为团队的领导者时，我们往往重视承担等级 1 的责任；而当我们作为下属时，我们往往重视承担等级 6 的责任。但在实际上，最容易逞英雄的往往是领导者，最容易推卸责任的还是领导者，因为他们大权在握。

一般情况下，我们应该根据团队成员和领导者自己的能力，在责任阶梯的等级 2～5 之间进行选择和分配。

在责任阶梯的最底一层，是等级 6，在这一个阶梯上的人，通常都是将问题推给别人，自己不承担任何责任。这一般是自己的上级。这从来都不会是一个合适的责任等级。

等级 5 和等级 6 很相似，但有一点不同的是，你明确表示请对方来处理问题，你会跟着学，以便下一次遇到类似的情况可以自己解决。

等级 4，你可能会请求对方帮助把问题或任务加以结构化，整理出一个头绪来。问题的关键在于怎样思考手上的想法。在结构化决策流程的语言中，这就是将一个定义模糊不清的问题转变为互斥的选择的过程。在这一等级上，你给对方的信号就是你并不希望对方接手或者做出决策，相反，你是希望对方来领导结构化的过程，同时你也参与进来。这一等级也表现出一种希望合作的意愿，而不是撒手不管。

在等级 3，你自己承担着将选择的结构化决策流程和提出想法的责任，但还觉得自己不能在各个想法中挑出一个最好的。从老板的观点来说，这一责任等级更具有支持性。

在等级 2，你感到自己能够分析各种想法，并且能够向对方建议哪一个比较合适。在这一等级，你对自己的决策能力还不是很自信，还不大敢面对决策的后果，但是已经不满足于仅仅是罗列各种想法，而敢于建议采用哪个想法。

在等级 1，你自己单方面运作，自己进行选择的结构化、产生想法、分析并作出最终决定。你与对方唯一的交流就是将你做出的决策通知对方。在上下级的关系中，如果下级总能够在等级 1 不断地成功运作，那就意味着这个下属不应该再成为下属了。这样的提升不仅拓展了下级的能力，还给他的上级腾出更多的时间来管理别人。

责任阶梯使老板能够提供一个等级菜单，而避免了让下属面对这样一种极端的局面。这样一个清楚的范围的存在，使下属感到舒服一些，并认为自己不要掩饰或者表达出紧张情绪，它还为具体地讨论这些感觉提供了一个有用的情境。

责任阶梯还可以回顾以往的情况，探究失败的原因并从中学到东西，而不是陷入破坏性的相互指责之中，当他们探究所接受的责任等级是什么样的，以及为什么这样的责任分配会出问题，他们就能够避免因为个人失败而变得怨天尤人或者独来独往，也能够避免因为个人的失败而导致组织的更大的失败。

需要说明的是，上述团队结构化决策流程，适用于企业任何一级的团队。但团队在组织的层级越高，在团队结构化决策的过程中的每一个阶段，就越要更加细致。相反，团队在组织的层级越低，在团队结构化决策的过程中的每一个阶段，就越要简单，也就是说，在操作上可以把某些阶段连续性进行，以加快决策速度和确保决策效率。

案例：如何重新将责任回归给下属

麦可是一个拥有多家工厂的老板，其属下某工厂一年结算四次利润，每一季结算时麦可都会大伤脑筋，因为他必须在准时交货与保证品质标准的矛盾中做出抉择。

这些问题无可避免地在麦可的桌上堆积如山：“你希望就这样发货，即使它们的品质不符标准吗？还是宁可达到标准，而不管是否完成预算计划而得到利润。”“其实产品品质已超过客户所要求的，所以我们不是在滥竽充数，而是我们对于自己的产品品质有着更严格的标准。”

结果，无论麦可做了什么，总是错误百出；如果发出的货是品质稍差的，客户的抱怨便排山倒海而来；而员工们会说：“你看，这都是你的错，我们不该出这些次级品。”如果暂缓出货，员工们又说：“看看你又干了什么好事，全都是因为你的决策，我们这一季一点盈余也没有，这不公平。你要拿什么向我们交代？”

起初，麦可举办一些让员工共同参与的会议，以使他们有参与感。他希望他们能以双向沟通的方式分享各种资讯，而且共同解决某些问题。但这种会议仍很快地变质为“发牢骚”的会议。员工们不断地带来一些有待解决的“问题”。麦可列了一长串有待解决的问题，并努力在下一次会议来临之前把它们都解决完毕，仿佛“解决问题”已成为他的全职工作。他告诉自己：“你必须表现出完全的诚意，才可以开始去解决工厂其他真正的问题。”除此之外，毕竟解决这些问题本来就是领导工作的一部分。

18个月后，麦可仍旧在所有会议结束时，望着那一长串待解决的问题清单却欲哭无泪。在员工还没有把所有问题报告完毕以前，他的耐性早已消磨殆尽。

回顾以往，问题的原因非常清楚，麦可负有解决问题的所有责任。员工的责任只在于认清什么问题是需要被处理的。就这样，麦可的工厂持续在这种无尽的深渊中挣扎。这都是麦可错误的“处理问题”的领导方式所造成的。

在此之后，他在自己的另一家工厂中遇到了品质方面的问题。他发誓不再为了解决问题而负责，他让他的员工们自己举行会议，并要求他们试着为解决问题而投注心力。无论如何，麦可这次坚持要员工们负起责任——自己的提议自己解决。这样的讨论带来了一个不同的方向。

第一个提出的建议是更换设备。当麦可向员工透露更换设备需要花费150万美元时，员工们惊讶万分。他们第二个建议是要麦可向客户要求，可不可以对产品品质的要求不要那么高。为此麦可安排他们组织成一个小组去拜访客户，并与客户面对面讨论。结果小组带回来的并非低品质的标准。“唉！”一个小组成员说道，“这个工作不简单呀！”

正当小组成员们在为目标努力奋斗时，部分成员开始发出怨言。“这根本就是管理阶层的工作。”他们说，“我们并不是为做这个而支薪的，这是你的分内之事，不要把这个责任硬加在我们的身上。”

这样的批评使麦可感到惊愕，并对他产生伤害。毕竟所有的专家都告诉他：每个人都希望能自我实现。他们总是这样在书上写着：我们真的喜欢自己负责。麦可自问：“为什么我的员工不是这样？我做了什么，或是我没做什么，才使得员工们不希望能自我负责？”

他向柯维请教。柯维告诉他，就是那时，你会发觉是“你”训练他们凡事依赖于你。你老是喜欢使他们像是一群野牛，对你这个领导人唯命是从；而当你要求他们向分享领导权的行为看齐时，发现他们根本无所适从。

如果你问他们是否宁愿让你来做决定，他们会喃喃地说：“嗯……，不，但是你来做决定事情会比较简单。”

在柯维的建议下，麦可开始一点一滴地要求员工，但是员工们仍在该做什么与不该做什么之间反复挣扎。经过了几近无止境的漫长时间，小组回到了岗位上，并计划重新修改部分工作流程，以及学习新方法。目标是总成本不超过

10 000美元，更须解决品质上的问题。但这次小组又尝试交给麦可某个问题："就在这里，"他们得意洋洋地说，"现在你得去处理它。"

麦可说："我不去决定。你们要使计划付诸实行?"

就这样，麦可已成功地将责任转移给他们了。他们说："这是我们的计划，我们正要推动它。"

对麦可而言，他花了许多精力，限制自己不去重蹈旧有的领导方式——动不动就帮助员工们解决问题。他的努力获得了相当大的效益，员工完美无缺地执行了他的计划，问题也得到彻底解决。这是一次双赢的结果。渐渐地，麦可学会了将责任转移给同样需要解决相似问题的实际负责人身上。

最该为工作负责的人，就是实际执行这项工作的人。柯维指出："在新的管理范式中，无论如何，谁是实际执行者，谁就拥有最大的权力。"

第三节　如何形成健康责任的细胞

一、重建承担完全责任的理念

• 我们每个人都应对自己的行为和造成的结果负责。如果我们承认并接受这一原则，我们就对自己的行为拥有所有权。我们看到并承认理想与现实之间的差距，因此制定实施计划以缩小这种差距；与之相反的只是牺牲品立场——我们不是采取行动者，而是"接受行动者"，是受制于我们无法抗拒的力量的小卒子。这种看问题的角度使领导者完全丧失有效领导的能力，也会使下属丧失工作的责任心。

• 所有权、权威感和责任意识都是人性的内在本质。实际上在许多情况下，没有这些东西，我们很难想象能够得到真正的快乐和满足。打赢一场比赛或作为获胜队伍的一分子的快乐何在，如果我们并不对此承担任何责任而且根本不拥有这个结果的所有权?

• 责任和所有权并非领导者独占的领地，每个层次、每个岗位上的员工，可以在他们目前所处的岗位上实施职责行为，并对其付出的努力的成功与否都负有责任。人们为小组的成功承担责任的意识越强，小组获得成功的可能性就越大。

• 授权就意味着信任和责任。信任和责任并不只是促进自尊，还会促进新的精神和能力的发展和成长。授权就是参与，就是让员工参与讨论员工的工作，诸如关于员工生产的产品的质量问题，提高生产力的办法，如何更好地为客户服务，如何进行改进等问题。

• 最该为工作负责的人，就是实际执行这项工作的人。既然这个人在从事这项工作上是专家，他就该扮演参与决策的角色之一，决定如何能使这项工作臻于完美。

• 如果一个人不是问题的一部分，他就不应该成为解决方案的一分子；但如果他是问题的一部分，那他就应该是解决方案的一分子。

• 面对某一种情况，要决定该怎么办，还有谁能比现场工作人员更有发言权？让对情况最了解的人员做出决定。谁是工作计划和任务的实际执行者，谁就拥有最大的权力。

• 一个人的职位无论高低，如果他从整体出发思考，从满足顾客的需要出发思考，负起责任，他就是企业组织所需要的人，就是顾客所需要的人，就是一个有价值的人。

• 每一个人都有他们自己的长处，没有人喜欢做一个差劲而无能的人。那些逃避责任的伙伴们，他们为什么会看起来是无能、差劲，甚至可能是懒惰的，那是因为自己承担了过多的责任，没有给机会他们学习和成长。

案例：摩托罗拉是如何培植责任文化的

为什么摩托罗拉能够成功地从干电池生意转移到收音机、电视、半导体、集成电路与蜂窝通信？

基本的原因是，保罗·高尔文从来不把利润放在公司最重要的位置上，在1930年的大危机中，大多数公司都在虚报财务指标与产品利润，保罗·高尔文却对他的财务人员说“告诉公众真相”——承担由此而来的责任。

53年后的1983年，他的儿子鲍伯·高尔文面对日本公司在半导体芯片业方面的挑战时，也强调重要的不是效益，而是对未来的把握，并在年度会议上花了两天时间讨论“变革管理”。

69年后的1999年，他的孙子克里斯·高尔文（Chris Galvin），鲍伯·高尔文的儿子，作为CEO面对摩托罗拉被诺基亚超过，股票价格下降一半多的困境时，向摩托罗拉的全体员工提出了这样的思想：

“当我们所有的人一起工作，向着统一的目标迈进——做自我的领导者，积极主动地服务于我们的客户，摩托罗拉就会成功。”

他们坚信“高尔文精神”包含着一种承诺：只要公司明确指明了方向，摩托罗拉的员工与经理就会有足够的动力和能力去实现目标。

在摩托罗拉，一个领导者首要的责任并不是去做决定或者指挥，而是要去创造和保持一种催化环境，激发出一种目标导向的参与气氛，保持目标清晰，畅所欲言，能够为其他人提供可以学习的“遗产”，并通过摩托罗拉的制度系统鼓励对这种遗产进行再创造。

1999 年，摩托罗拉开发出一套“个人承诺”系统，代替了原来的个人发展计划系统。这一系统所界定的两个目标是：第一，创造一个无偏见的环境，鼓励摩托罗拉员工与管理者之间的交流；第二，采取行动来优化企业制度系统和个人发展系统。

这一系统要求每年年初员工明确自己的目标、工作中的合作者以及职责要求，然后在每个季度列出检查点进行对照检查，最后年底进行总结。整个过程的关键点是员工与其主管、人力资源部门之间的充分沟通。

摩托罗拉的成功在于它的“承担责任”的文化之中。这种“承担责任”的思想能够大大地刺激部门与个人赢利冲动和创新冲动，对公司目标的承诺和行动。

二、形成健康责任细胞的组织原则

• 任何人都不能认为自己是“全能冠军”，能够把握所有问题的正确答案，所以，一事当前，必须先把自己的想法说出来，听听团队成员有没有意见，再作决定。

• 在决定任务和责任的分配之前，应该就如何划分任务和责任的问题，通过公开的对话来确切地把握任务与任务承担者的意愿和能力是否对应，以及其对应的程度，并以此为依据，确定任务和责任的分配后，是否需要给任务承担者什么指导或支援，从而使团队成员不会产生推卸任务和责任的思想。

• 在企业或团队面临重大问题或危机，并且团队成员意见纷杂不一时，作为领导，必须承担责任，果断独立作出决定。

• 花时间指导下属的工作。当下属因为能力不够而不愿承担责任时，作为上司的你，最不应该说的话就是“与其花几个小时去教下属怎么做，还不如我自己动手，半个小时就够了”，并以此作为借口，坚持自己亲自动手去做。你应该花几个小时去教下属怎么做。你今天花几个小时去教下属怎么做，以后你就会节省成百上千小时，使你有更多的时间担负起更重要的工作，更大的责任。

• 把学习和成长的机会让给缺乏经验的团队成员，使这些缺乏经验的团队成员增加自信。挑选一个问题，让缺乏经验的团队成员有机会证明他们有能力。一旦他们失败了，重要的不是批评指责他们，而是要帮助他们一起寻找失败的原因，以避免重复犯错误。

案例：索尼公司追究错误原因而不是责任

一切判断均集于领导人一身的企业是没有发展前途的。现在的日本索尼公司，平均每个职员一年提出的改革方案达13件，其中大部分都是使生产操作简单化、使工作信誉高度化、使生产流程效率化等方面的内容。

索尼认为，一般企业领导人容易犯的另一个毛病是，一旦某项工作受挫折或出现什么差错时，过分追究某一个人的责任。这显然是不应该的，有时可能还是一种危险的做法。其实，真正应该关心的并不是追究谁的责任，而是查明为什么会出现这样的差错。

失败与错误对于人们来说，有时是不可避免的，从长远的角度来看，它带给企业的也并非仅仅是损失。如果仅就一次失败而盖棺定论，永远不再给予任何弥补损失的机会，那么对于一个失败者来说，就会使他失却人生的勇气和工作的信心；对于一个企业来说，将会失却一个日后也许能创造出宏伟业绩的良机。相反，如果能查明失败的原因，那么失败者将会对这一教训刻骨铭心，永世不忘，别人也可避免重蹈覆辙。

索尼公司追究错误原因而不是责任，也是其有效预防责任病毒产生的企业文化因素。

◆ 建立一个形成健康责任细胞的工作环境

1. 强调工作与事业的关联度的企业文化理念。工作任务的分配必须建立在与企业目标或团队目标有关的基础上。

2. 尽可能确保分配给特定团队或员工任务的连贯性，所交付的任务和设立的目标能保持一定的稳定性和连贯性，从而使员工能够集中时间和精力去发展自己的能力、创造自己的业绩，而不必分散注意力去应付“管理危机”所造成的尴尬局面。

3. 明确的角色概念，使个体的技术能力与所分配的任务相匹配，以及一有机会便可发展其新能力。

4. 适应员工，给员工所分配的任务必须符合员工的能力和意愿，并且对于适合员工的工作，员工有采用自己认为合适的办法去完成任务的自由，而无需受到详尽的监查和指导或者被强制规定处理问题的方法。

5. 资源——从事工作的正式的权力和工具。

6. 承诺——忠诚于组织而不是忠诚于同事或你的上级（当组织的利益与上司的利益产生冲突时）。

7. 同等交流——有权利获得跟工作或专业有关的知识和信息。

8. 学习——完善的学习机制，定期的不定期的团队沟通和对话，团体成员之间的轮换培训和知识整合，以不断提高承担工作任务的能力和为适应企业下一阶段工作任务而准备。明确的学习责任并将其列入工作计划中，应明确是谁对信息的流动，包括流向、传输的速度和质量负责，以什么机制用以支持信息的传播，在合作协议中还应明确对双方相互学习的支持。

三、建立责任对话文化

无论是对上司还是对下属而言，如果大家都不能实事求是地面对组织中存在的问题，你的组织怎么可能制订出符合实际情况的战略计划呢？如果领导者们没有勇气和自信解决组织中的冲突，或者是提出善意的批评，整个组织怎么可能建立一种实事求是的文化呢？如果一个团队的成员不能坦率地承认自己对很多问题都没有答案，这个团队就根本无法改正自己的错误，更谈不上进行任何改进了。

你可以与你那些逃避责任的伙伴进行一次谈话，其目的就是双方就你选择的问题的责任分配达成一项协议。举出实例说明你在承担责任的问题上跑得太快了，而原本是可以将更多的责任留给其他人的。接下来说明为什么会出现这种既不理想也没有什么好处的局面，并且要说明当前的情况对大家都不利，首先从你自己开始，但是也包括他们。

◆ 为什么需要建立责任对话文化呢？

首先，在今天，信息技术能够迅速捕捉、储存和处理信息，一线员工文化素质也普遍提高了很多，并且专家系统又拓展了人们的知识，因而，一线员工可以自行决策处理其工作中产生的问题。事实上，当一线员工们感到自己有能力解决的问题，却必须按程序上交远离一线的领导者处理时，一线员工们的自尊心和积极性就会受挫，而影响工作效率。事实上下属们由于长期在第一线工作，长期与工作的对象打交道，因而比由于管理范围较大而无法专注于某一工作领域或对象的领导来说，往往更清楚自己能够做什么和如何做得更好。

其次，在当今的顾客的"第一时间"的服务速度和"第一人"服务要求下——顾客遇到的第一个人就要解决问题的要求下，如果企业继续让职员成为橡皮图章、成为摆设，那一定会让顾客不满、一定会失去顾客。因为顾客们需要的是"管事的人"，而决不希望是只会告诉顾客解决问题的是某某人的人。

第三，由于人与工作存在着是否喜欢的心理因素和是否具有相应的能力问题，从而存在着四种可能的关系或情况（如图 9-8 所示）：

人与工作存在着是否喜欢的心理因素和是否具有相应能力的问题，而这些问题更直接地决定了工作目标能否完成。一般地说，就某一特定的工作任务来说，下属到底处于这个"人与工作的四个象限"中的哪一个象限，下属比我们做领导的更清楚。

• 通过对话，我们做领导的就可以直接得到所需信息：1. 下属是否有足够的能力去完成任务；2. 下属是否有明确的授权去根据信息作出自己的决策；3. 下属是否愿意承担与这些决策相对应的责任；4. 是否有合理的激励机制去鼓励下属承担责任以及合理的风险。

• 通过对话，我们做领导的就能更准确地把握下属目前是处于哪一个象限或阶段，才能更有的放矢地分配工作任务和责任，以及相应的资源和权力，才更能确保目标的完成。

• 通过对话，能够引导出那些针对现实的即使让人感到不舒服的实际情况，而使一个组织更为有效地收集和理解信息，并对信息加以重新整理，以帮助领导层做出更为明智的决策。

• 通过对话，能够激发出许多新的问题、新想法和对事物新的认识，从而能够在最短的时间内，以最轻松的方式，最有效地解决问题，并大大增强了人们包括领导者和下属的责任心。

◆ 对话不仅仅是观念，而必须"硬化"为下列原则：

1. 负责任的对话——开放胸襟

要开始责任对话，参与者必先有开放的胸襟，不为既定观念束缚，也不预设立场。

大家都希望听到新的信息，选出最佳的方案，所以会乐于倾听各方的意见，也会不吝于表达自己的看法。

2. 负责任的对话——真理高于和谐

在坦率的言谈间，大家都会表达自己真正的意见，而不是想讨好上级或维持和谐。

许多领导人煞费苦心追求和谐，不愿得罪任何人，殊不知和谐可能恰好是真理之敌，不但压制了批判性思考，也使决策过程走向地下化。

有句格言值得牢记："真理高于和谐。"坦率能协助扫除沉默的谎言以及私下的否决，也可避免创意受阻或事后一再修正，白白耗费大家的精力。

3. 负责任的对话——不拘形式

要做到坦率，不拘形式是很重要的，这也是韦尔奇常挂在嘴边的话。

形式会压抑对话，不拘形式则鼓励对话。正式的交谈或演示文稿缺乏争辩的空间，因为好像每件事皆已形诸文字，早已拍板定案。

不拘形式的对话则是开放的，欢迎发问，也鼓励即席反应与创意思考。

会议如果流于形式化而且阶级分明，那么只要一位有力人士，就可轻易封杀一个好的构想。

不拘形式却可以鼓励员工去验证自己的想法，进行实验与交叉比对，无惧于当着同事、老板与部属的面去进行冒险。

不拘形式有助于找到事实，也能激发不拘一格的想法，这些想法乍听之下可能荒谬，却可能带来突破性的发展。

如果谁违背了上述的原则，下属们可以向其上司的上司投诉，那个上司的上司就先把这个违背上述原则的人开除出去。

也只有把这种对话文化"硬化"为管理原则时，上述的责任病毒防治工具——结构化决策流程，才能有用武之地。那么，如何才能把这种对话文化"硬化"为管理原则呢，请参考通用电气的基本原则。

案例：美国 GE 公司是如何建立责任对话文化的

提倡放权和群策群力，集思广益，不是仅仅出于一种要对职员好一点的冲动，或者出于一种认为业务主管不如厂房里的工人聪明的想法，它的意义还在于，在 GE 形成这样的一种文化：你必须把你的员工看作部门必不可少的一部分。这样做的话，你会发现员工变得更加积极而尽责。积极而尽责的员工会有更高的主动性和生产效率。

韦尔奇在整个公司要求经理们实行放权，让接触实际操作的人们参与提高生产效率的革新方法和决策。他指出；“如果你控制两个人，仅仅让这两个人去做你所让他们做的，那么我会开除你而留下其余两个人。既然有三个人，我就想要得到三种想法。而如果你只会发号施令，那我就只能得到你的想法。我更愿意从三种想法里面选择，这就是‘通用’的基本思路。”

“群策群力”拆除了“蓝领”和“白领’的界限，不同岗位、不同层级的职员集中到一起，针对某些问题研究提出建议和要求，当场确定实施意见。这种管理范式，减少大量中间环节，迅速提高了行政效率。

在这个过程中，人们看到公司的言行一致，他们的信任感在这个过程中不断增长，智慧的火花不断迸发。人们不再是只被要求贡献时间和双手的“工具”，而感到他们的头脑和观点也开始备受重视了。在听取他们想法的过程中，每个人都更加清楚地认识到，越是接近于具体工作的人就越是看得透。整个通用电气公司已经形成了这样一种气氛：毫无保留地发表意见在文化上是可以接受的，讲真话受到奖赏，而对下属一味喊叫的上司们则不会受到奖赏。

也正是这种“群策群力”活动，推动着公司的高层领导者必须更多地去放权，更多地去行动，更多地去听取意见。他们必须信任别人，也必须被别人所信任。领导层确实有做出最终决策的责任，但同时还拥有同样的责任来使人相信，特别是使提出建议的人相信这些决策是合乎理性的。领导所做出的决策应该为部下所理解，并具有强大的感召力。

四、有效预防责任失衡和落实责任的成功范式

◆ 人与工作的四种关系及其领导技巧

我们已经知道，由于人与工作（特定任务）存在着是否喜欢的心理因素和是否具有相应的能力问题，从而存在着下列四种可能的关系或情况（见图 9-8 人与工作的四个象限）：1. 工作能力弱，工作意愿高。2. 工作能力弱至平平，工作意愿低。3. 工作能力中等至强，工作意愿不定。4. 工作能力强，工作意愿高。因而，只要工作（特定任务）发生变化，或者只要员工的能力和心理发生变化，员工与工作的关系都会发生变化，即会处于人与工作的四个象限图中的不同的象限位置。象限不是阶段，阶段是一个单向的发展过程，而人在象限位置的转换是没有固定的形式，它可以顺转、逆转，还会对角跳转。很多时

候，由于我们忽视了员工与工作关系的变化，没有及时地并有针对性地给员工以指导或支持，从而导致员工逃避责任和抗拒责任。

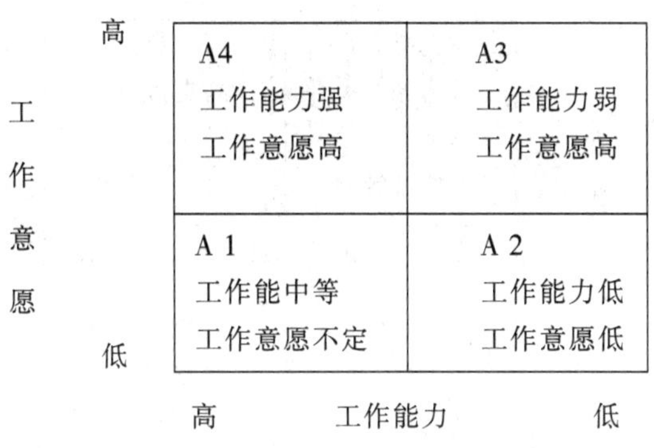

图 9-8　人与工作的四个象限

• A 1：工作能力中等至强，工作意愿不定。一位处于 A 1 象限位置的下属已具有相当好的其所负责的工作任务所需要的技术，但因信心不足，以致影响到积极性。积极性之所以降低，有时是由工作相关的因素造成的，有时则是与工作无关的因素造成的。

• A 2：工作能力弱至平平，工作意愿低。一位处于 A 2 象限位置的下属只具有其所负责的工作任务所需要的一些技术，但由于无法达到预期的成果或目标，所以常常感到沮丧灰心、工作意愿低落。意愿降低是很自然的现象，但在适当的领导形态下，下属可以较快地走向成功。

• A 3：工作能力弱，工作意愿高。一位处于 A 3 象限位置的下属对所负责的工作任务及其目标兴致勃勃、十分热衷，但缺乏技术和经验。

• A 4：工作能力强，工作意愿高。一位处于 A 4 象限位置的下属对所负责的目标或任务得心应手，他充满信心而且有很高的积极性。

◆ 四个象限的领导形态

正是存在着上述的四种动态性的情况，这就要求作为领导的你，应该把握如下三种领导技巧：

1. 诊断：愿意并有能力来评估下属在每一个具体的人与工作的象限位置的需要，进而决定何种领导形态最适合目前的目标或任务；

2. 弹性：灵活使用不同领导形态的能力（如图 9-9 所示）；

3. 建立伙伴关系/约定领导形态：与下属就实现个人与企业组织的目标，完成工作任务所需要的领导形态取得共识。

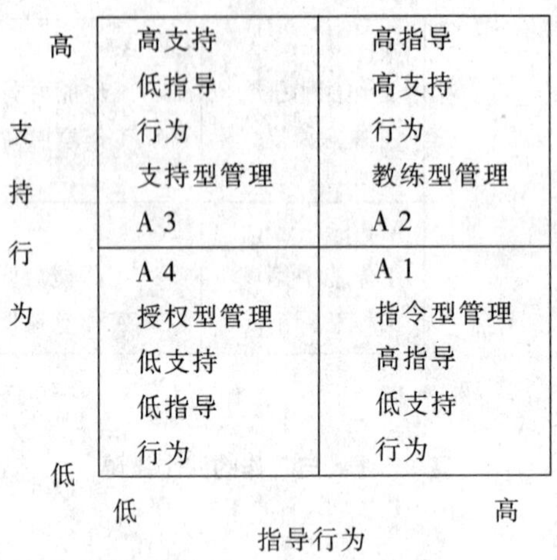

图 9-9　四个象限的领导形态

- **处于 A 1 位置的员工的需要：**

明确的目标，工作的优先顺序，工作完成的时限；知道“做得好的工作”是什么样子，它的标准是什么；

知道任务和团队组织的相关资料，知道个人工作表现和成效的资料是用什么方法被收集，以及会给哪些人看，包括在这儿工作的不成文的规定；

实务训练，行动计划——有人对他说明怎么做、何时做、跟谁一起做；

规范、权限及责任，工作成果经常得到反馈。

- **对 A 1 员工应有的领导形态：**

对处于 A 1 位置的员工应有的领导形态是，实施指导型的领导，即高指导/低支持行为的领导。领导者对下属的角色和目标给予详尽的指导，尤其要提供部属完成工作所需的知识。由于 A 1 部属对动手去做及学习的意愿都很高，所以他们不需要对他们的工作过程进行太多的监督和支持，但要密切注意下属的阶段性工作目标和工作成果的反馈，并借此确保工作成效。

- **处于 A 2 位置的员工的需要：**

公司的远景和明确的目标，以及知道某些事为什么要那样做的理由；

经常得到有关工作成果的反馈；

有机会讨论他所顾虑的问题，参与制定决策与解决问题；

有人告诉他不必害怕犯错误，

需要经常性的鼓励，有进步时得到赞扬。

• **对A 2员工应有的领导形态：**

对处于A 2位置的员工应有的领导形态是，实施教练型的领导，即高指导/高支持行为的领导。领导者对部属解说工作为什么该这么做，征求部属的建议，只要下属的行为大致上正确，就给予赞扬，同时继续给下属以更正确的指导。不间断的高度指导可以提高部属的工作能力，低落的工作意愿则可以在有力的支持之下得到改善。

• **处于A 3位置的员工的需要：**

一位平易近人的良师或教练；

有机会表达他的顾虑，清除其达成目标的障碍；

得到扶持与鼓励，尤其是得到彻底解决任务难题所需要的能力的培训；

用客观的眼光来评估他的工作技能，从而建立信心；

当其有高水准的能力表现时要及时肯定与赞扬。

• **对A 3员工应有的领导形态：**

对处于A 3位置的员工应有的领导形态是，实施支持型的领导，即高支持/低指导行为的领导。领导者和部属共同制定决策，领导者的角色是推动部属，倾听、引发部属的潜力，并给予鼓励的支持。A 3阶段的部属信心不足而工作意愿起伏不定，所以提供高度支持行为会令A 3深深受益。它可以安抚A 3不稳定的信心，并克服积极性不足的问题。由于这个象限的部属已具备相当的工作能力，主管不需提供太多的指导行为。

• **处于A 4位置的员工的需要：**

推进性的工作任务，挑战变化与难关；

一位良师型或同事型的领导者，而不是一位老板型的领导者；

自己的贡献得到感谢；

受到组织的信赖，拥有相当的自主及权威。

• **对A 4员工应有的领导形态：**

对处于A 4位置的员工应有的领导形态是，实施授权型的领导，即低支持/低指导行为的领导。领导者提供适当的资源，并授权部属去独立作业，完成任务。A 4阶段的部属工作能力强，工作意愿也高，已经能够有效地独立执行任务了。所以，低支持低指导行为的授权型领导，往往更能满足下属表现自我能力和价值的需要。

◆ **建立伙伴关系**

把辅导员工技巧范式教给你的部属。

岗位责任制的培训与应用，对主要的责任范围、目标及方针建立共识。

对预期的成效标准建立共识。

针对每一个目标，与部属共同约定一个适当的领导形态——部属可以预期从那里获得多少的抚慰和支持。

在约定的领导形态下进行后续步骤时，要继续保持沟通，当部属的发展阶段改变时，领导者的领导形态也要适时调整。

◆ **把自己所学的传授给下属有如下好处**

1. 对组织——能够形成学习型企业的气氛。2. 对本人——形成“专业”的权威，对自己更能理解知识，更能形成能力（一般人自己学习只掌握 60% 的内容，而通过教育培训他人，自己可掌握 90%以上的内容）。3. 对下属——让他们自己掌握相关知识和能力，他们自己就可以自我诊断，而自我诊断比我们自己对下属的诊断肯定有更高的正确率。下属们自己可以知道能够做什么，如何做，总比我们时刻要教导他们能够做什么，如何做会更好；更重要的是，下属们更有信心和更感到自己应该承担起工作任务和责任。

案例：美国数字设备公司的领导关系与职责

DEC 公司创业初期，实行的是行政型的高关系低职责的领导范式。这不仅仅是因为像很多白手创业的公司那样，组成企业的最初的那一批人是互相早已认识的，或由核心人物的引介而互相连结在一起，从而一开始就具有很高的人际关系在弥补企业管理的缺陷，也不仅仅是因为奥尔森和安德森未曾深语管理之道，而忽视编织工作职责的网络，而更主要的是，奥尔森和安德森都不能编织出一个像样的职责之网，所以遑论职责管理的高低。

作为企业创始人的奥尔森和安德森，除了一个伟大的发现和灵感——发展小型计算机之外，也实在拿不出多少应该制造怎样的计算机的设想和经验。这就决定了作为企业领导人的奥尔森和安德森，不能给人以更多的工作指导，而不能不实行的是行政型的高关系低职责的领导范式。

而另一方面，创业伊始的 DEC 公司，却有非常成熟的职员。格雷、贝尔这些计算机历史上也必然会记载的天才设计师，都是 DEC 公司的早期人才。

而事实上，DEC 公司的第一台 POP-1 型计算机，主要是由格雷设计出来的。而奠定 DEC 公司在小型计算机地位的 POP-4、POP-8 型机是贝尔设计出来的。创业初期不成熟的 DEC 公司拥有较成熟的职员，在一定程度上弥补了 DEC 公司低职责高关系领导范式的缺陷。

作为一个高科技企业，只要给出一个发展的战略方向，工程师便会自己去摸索应该设计制造怎样的小型计算机，而用不着你“指导”他们做。所以，奥尔森在其第一次机构大改革中，就明确地建立“承担责任”的 DEC 公司理念。

毫无疑问，“承担责任”这一企业理念的建立，增强了矩阵组织纵横两方面的粘合力，对于 DEC 公司来说尤为必要。但是，由于“承担责任”这一理念，是建立在高关系低职责的领导范式的基础之上，从而不断地扭曲了。

在 DEC 公司，“承担责任”这一企业理念更多的是意味着没有人给你进行工作指导，甚至没有人给你具体的工作任务。的确，在 DEC 公司，无论是中层干部，还是新来职员，都存在着职务工作内容不明确的情况。

当 DEC 公司第一次机构大改革之后，尤其是 PDP-8 型、POP-11 型计算机产品问世之后，DEC 公司已经进入发展成熟的阶段，并且，DEC 公司的规模也进一步扩大。这时，DEC 公司应该立即从低职责高关系的领导范式转为低职责低关系的领导范式。因为当企业和职工都比较成熟时，过多的双向沟通不但成为多余，而且往往会演变为拉帮结派，搞小团体，而不利于企业组织的正常管理。

也许奥尔森以为，在职务以外发展特殊的人际关系，创造特殊的“领导群体”，可以减少其“人治”的程度、减轻其“专制”的舆论压力，而达到“群众治群众”的目的。所以，奥尔森总是有意识地让不同意见的部属先行争论一番，然后他突然赞同其中的一方，而使被赞同的那一方感到“恩赐”，感到“关系”特殊。除了生产委员会之外，奥尔森还不断地创造各种特殊的“领导集团”，诸如“厨房内阁”、“副总经理执行委员会”。殊不知，过高的特殊的人际关系领导范式，往往演化为拉帮结党，形成非正式组织团体。而这，也正是 DEC 公司“大宗买卖”文化盛行的组织基础。

高层领导们如此，下层职员们也如此。在 DEC 公司，人们常说，五比四的通过还不表示事情行得通，那个唯一不同意的经办人，甚至比上级领导更能影响事情进展是否顺利的命运。因此，“大宗买卖”活动也经常出现在 DEC 公司中下层。

而这，其中一个主要原因就是 DEC 公司始终实行一种低职责高关系的领导范式，而没有在企业成熟后及时转变为低职责低关系的领导范式。而这种低职责高关系的领导范式，也是 DEC 公司成熟之后决策经常失去效率的原因之一。

人既然是一个社会人，就一定需要与人发生关系，以利用这种关系资源铺平其事业和生活的道路，所以人际关系总是带有私有的色彩。但这并不是说人际关系一定都是于企业组织的发展不利的，企业作为一个组织，也一定要有一张组织表——岗位职责表，以利用岗位职责表界定权利责任以及企业资源的分配，岗位职责表能够解决企业管理的基本问题。

优秀的企业家们总是利用人际关系——非正式组织，去弥补正式组织的生硬、僵化的缺陷，又总是利用正式的组织表——岗位职责，来规范企业的各种行为。而这其中的平衡范式，取决于我们对企业发展战略与企业实际状况的把握（DEC 公司曾一度成为世界第二大计算机公司，于 1998 年与康柏公司合并，成为现在的康柏公司一部分。笔者注）。

本章实战型思考题（答案在 www. mgmtkey. com 网站）

9.1　马一公司是一家来料加工型企业，前几年由于利润相对较高，马一也就以为一直实行的简单的计件工资制，是其成功的法宝。而现在他的几个主要客户不约而同地对他抱怨说，他们过去给了他很多冤枉钱，他们现在发现他比其他的供应商无论在价格方面，还是在质量方面，都远远不及别人，并说，如果要继续合作的话，除非他的企业也能够在价格和质量方面达到别人的水平。马一不服气，跟着他的客户到别人的企业实地考察了一番，对比发现，自己给出的工资成本和企业利润率都低于对手，但原材料消耗、设备磨损、模具磨损和修理次数等都比别人高，导致最后总成本高于别人。进一步考察发现，是他的员工没有竞争对手的员工那么高的责任心。马一现在知道，他必须对其企业进行整改，才有出路。但如何整改，尤其是如何加强员工的责任心，达到减少原材料消耗、设备磨损、模具磨损等，他却拿不出方法。他希望你能够帮助他，你是否有相似的经历？你有解决他的问题的方法吗？

9.2　马二公司也是一家来料加工型企业，也是实行固定工资 + 计件工资制。最近他参加了一个学习型企业的专题报告会，明白了知识经济时代，知识也是一个生产力，甚至是一种主要竞争力，像他的企业，竞争力就主要来自有更多的熟练工人。于是，他联系了几个职业技术教育学院教师，利用星期天休息时间上课，要求全体员工参加培训，并给予午饭和晚饭补贴。但他的员工们绝大多数人没有参加培训。后来，马二决定先培训班组长和管理人员，并改为星期六正常上班时间上课，但仍然有一半人没有参加培训。他现在想不通，公司出钱出时间搞培训，员工们为什么就没有学习的热情和责任。他翻遍那本学习型企业经典著作《第五项修炼》和那个学习型企业专题报告会的资料，都找不到方法。他希望你给他方法，你是否有相似的经历？你是否不需要咨询我，就可以给他解决问题的方法吗？

9.3　马三公司是一家工业品制造企业，所以他很重视产品质量，公司较早就通过了ISO认证。在原材料采购、产品生产的各个环节都设置了质量检验点，配备了合格的检验人员，每个检验点设置了产品合格率指标和标准，每月严格检查考核；凡是出现质量问题上至总经理，下至班组长，包括质量部长、生产部长一律罚款，对责任人更是重罚。但令马三头痛的是：已经检验合格售出的产品，客户反映不合格被退回，同一质量问题反复发生。他咨询有关专家，专家调查发现，马三公司的ISO体系完全是三流顾问公司的通病——“你怎么做，他就怎么写”，而真正一流的ISO体系首先是建立在“你应该怎么做”的基础上，然后“他就怎么写”，具体地说，马三公司的病症在于业务考核指标与业务流程脱节，责任虚脱。你是否也有相似的经历？是否需要我们给你解决问题的钥匙？

9.4　马四公司是一家大型股份公司，公司管理层级分为四层：高层、部门层、科室层和基层。他在公司中极力推行民主决策，其决策机制是：由他、副总裁和部门主管组成的每天早上30分钟的沟通会议，由他、副总裁、部门主管和科室主管组成的每周司务会议，除此之外，部门主管申请，经分管的副总裁批准，各个部门都可以随时召集相关部门研讨的问题会议。起初马四推行的这种决策机制受到大家的欢迎。但半年之后，他发现，不论是哪一个层次的决策会议，总是有人以种种理由而没有参加会议，而且，随着时间的推移，以种种理由而没有参加会议的人越来越多。于是他决心开诚布公地了解大家不积极参加会议的原因。出乎他的意料的是，大家的反映集中在如下两点：A. 大事小事都拿到会议上来决策，民主有余，效率缺失；B. 并非所有会议的议题都与自己部门的职能有关，参加与自己部门的职能无关的会议，太浪费时间。马四现在也认识到，大家反映的问题的确是问题，但如果要取消这种决策机制，无论如何他都无法说服自己，因为在他看来，这种会议决策机制，不仅是民主的体现和集思广益的要求，更是要大家承担责任的体现和要求。他希望有一种方法，既能保持这种会议决策机制，又能避免大家所反映的毛病。你有相似的经验吗？你可以想象出来吗？需要我们告诉你吗？

9.5　马五发现，在有些情况下，工作既不适合更改流程，工作职责也难以划分给哪个部门，例如顾客投诉改善满意率这类问题该如何解决呢？你可以有效地解决这类问题吗？需要我们告诉你吗？

9.6　马六公司是一家电子制造企业，这类产品更新换代快，但他的企业近年来的新产品要么是功能不符合市场的要求，要么是投入市场的速度太慢。从他的公司 ISO 体系文件中我们看到，公司对开发部门考核新产品开发成功率，对营销部门考核销售额，对生产部门考核任务完成率和产品合格率等，表面上看，马路警察，各管一段，责任是清楚的。但当我们进一步问，谁对新产品的开发和最终上市负责，大家都回答不了——问题就在这里。你是否也有相似的经历？是否需要我们给你解决问题的钥匙？

9.7　马七是一家大型集团企业，最近其下属公司开发了一种颇有市场的新产品，于是他找一家风险投资公司融资。该风险投资公司派出人员到其下属公司了解了情况后说，他们不会贷款给他。马七私下询问其有关人员为什么不会贷款，得到的具体回复是，他的下属公司根本就不是连续三年盈利，前两个投资项目都是失败的，财务报表是人为做出来的。马七立即把该下属公司的 CEO 及其财务经理开除（该 CEO 及其财务经理已经连续几年如数领取了红利奖金，损失的是马七）。马七是那种做事要斩草除根的人，除此之外，他还请教有关专家，有没有什么方法能够在财务报表上较有效地察觉经理人做假账，从而达到有效地预防和控制经理人做假账。专家说，当然有，但要实行新的财务会计体系。马七不解地说，我公司目前的财务会计体系是符合国家和国际现行标准的。专家说，自从在 2001 年 10 月美国排名第 7、世界排名第 16 位的安然公司的假账丑闻曝光之后，人们发现，现行体系的确存在很多给经理人欺骗股东的机会的漏洞。为了弥补这些漏洞，现在很多先进的企业都采用基于 EVA（经济增加值）的财务治理体系。你是否已经聘用了经理人全权负责某个企业的运营？如果是，你是否希望了解这一套可以有效地察觉经理人做假账欺骗你，从而达到有效堵塞经理人欺骗股东的漏洞的基于 EVA 的财务治理体系？

9.8　马八是一家儿童用品生产企业，由于历史的原因，这个行业的渠道商大多以赊销的方式经营。马八连续几年每年的坏账率占销售额的 6%以上。他咨询专家问有没有方法降低坏账率。自从他实行了专家给了他方法之后，他的坏账率降到近乎于零。你是否有相似的经历？你是否也想降低坏账率？需要咨询我们吗？

9.9　马九是新近从海外归来创业成功的老板，在美国学习的时候，他学习了一种以EVA经济增加值为基础的管理体系。他还专程前往实施了EVA管理体系的公司考察，的确，这种EVA的治理体系能够让下属主管乃至员工也能够像老板一样思维和行为，而且效益大多有较大的提高。但他在自己的企业中，却无法推行EVA体系，因为他的员工们无论从观念上还是从经验上都没有EVA的细胞。一事当前，员工们总是以他们过去的观念和经验去处理。他现在明白，仅仅把EVA的几个概念和计算公式传播下去还远远不够，还需要一些策略和方法。但他却不了解什么策略和方法，可以让员工们接受和实行EVA。你是否也希望下属主管乃至员工也能够像你（老板）一样思维和行为？是否需要咨询我们？

第十章
流程悖论：
流程重要还是顾客的要求重要

流程悖论 1：流程设计的出发点是什么？如果是当前的技术原理和技术水平，那么它首先应满足技术原理的最节约的要求，以及应该追求当前最先进的技术水平。然而，实践中不少个案证明，满足技术原理的最节约的要求，以及追求当前最先进的技术水平的流程设计，却反而是丧失效率和效益的流程设计。

流程悖论 2：流程设计的出发点是什么？如果是顾客的需要，那么它首要关注的就不应该是技术原理，而是如何快速地满足顾客的需要，而这，却往往是以打乱流程为代价。同时，每一个顾客的需求都具有特殊性，都可以看作是一种例外情况。如果公司试图针对每一种情况来设计定制流程，则意味着公司将不得不把精力都用来处理最复杂的情况，从而降低效率，也不能再为顾客提供更多的价值。

流程悖论 3：流程意味着流程沿线上的所有人的权力硬化，在流程面前，即使上级也要服从下级，而这，往往使那些做上级的在设计流程时，不是按流程最优化原则来设计或审批，而是按如何避免自己要服从下级的情况出现，或者按自己个人习惯的需要来设计或审批。这是流程设计或流程再造失败的主要原因。

孙子兵法：

“兵无常势，水无常形，能因敌变化而取胜者，谓之神。”

“势者，因利而制权也。合于利而动，不合于利而止。”

第一节　流程及其定义和设计的思想原则

一、世界500强企业的成功流程再造的共同特点

1. 工作由简单的任务变为多维的作业，工作单位也由职能部门变为流程小组；

2. 每个业务流程都应跨越几个部门；

3. 业务流程注重的是目标和结果，而不是强调行为和手段，换句话说，业务流程是关于什么，而不是怎么样。业务流程都有各自的输入与输出，无论是流程本身，还是输入或输出，企业里的人都应该很容易弄得懂；

4. 所有的核心业务流程都直接或间接地与顾客有关，与顾客的需求有关；

5. 在不同的情况下，允许有不同的流程结构；

6. 员工由被管理者变为管理者，被管理的是流程、工艺、系统、文件以及其他让业务正常运作所需要做的事情；

7. 执行官从监督者变为教练，从记分员变为领导者，其工作焦点是激励、领导、信任、鼓舞以及其他能够激励和吸引团队成员从事相应工作的各种措施；

8. 每一个流程工作单位，都是一个价值增值单位，价值从防护性的变为生产性的；

9. 进步的准则由业绩变为能力，报酬的依据由行为变为结果。

◆ **业务流程的定义，是指一组共同为顾客创造价值而又相互关联的活动。**

◆ **业务流程设计的定义，就是指从顾客需求出发，对企业业务流程进行根本性思考和分析，并通过对其构成要素的重新组合，产生出更为有价值的结果，从而获得企业绩效的巨大提高。**

如果说，以往的行政性组织理论强调系统内细化——子系统再分子系统，造成信息传播和指挥路线过长，组织反应迟缓，管理成本加大，尤其是系统内过度细化，而在实际上使系统的整体功能小于局部之和，那么，流程管理理论则正好相反，强调系统内的子系统联系、合作、合并乃至系统内外的联系、合

作、合并，从而真正做到使系统的整体功能大于局部之和。

二、流程设计的九大思想原则

1. 围绕结果而非工序进行组织

这条原则是说应该由一个人或一个小组来完成流程中的所有步骤。员工的工作应该是围绕着产出的结果，而不是围绕着某个任务来进行设计的。

在这里，需要说明的是，这条原则与传统的“目标管理”有所不同。传统的目标管理在行政性组织里的确是一种有效的管理手段。但是，在行政性组织里，一般是以任务为中心的，所以“目标”也就不可避免地带有部门分割的色彩。换句话说，各部门的各个“分目标”实际上就是一个个“任务”，而这些“任务”本来是一个整体，是以流程为基础的整体，但是却被分割开来，这样就降低了系统的整体性，从而影响了组织的效率。因而，我们在这里要谈的并不是企业是否按照目标来管理，而是要关注目标是根据什么来制定的，如果目标是根据任务来制定的，那它就违背了流程管理原则；如果目标是根据流程来制定的，那这种目标管理才有积极意义。流程管理在实际操作时，也吸收人类已有的各种科学管理方法。诸如目标管理，但它却是根据流程而不是根据任务而制定的。

业务流程再造强调的是以流程为核心，打破原有的职能界限和工作任务细分细化的管理范式，尽可能将跨越不同职能部门、由不同专业人员完成的工作环节集成起来，合并成一个“流程”，由单一个人或单一个“工作组”来完成。这种集成与合并对员工素质提出了更高的要求。传统组织中的“专才”将难以适应新流程的要求。需要说明的是，业务工作有其自身的核心及其“自然段”，因而集成业务并不是越多越好，过分的业务集成与现在过分的业务细分一样，也会降低工作效率。

2. 谁需要得到流程产出，就让谁执行流程

在行政性组织里，由于专业化分工过细，企业各个专业化部门只做一项工作，同时又是其他部门的顾客。于是，很多部门的“工作”完全可以由本部门的人“随便”或“顺手”就可以解决的，却不得不一一累加给某一个部门，于是某个部门的“工作”就由此“无中生有”或“由少增多”了。这不仅是浪费，而且经常延时误事。

谁需要得到流程产出，就让谁执行流程。当与流程关系最密切的人自己可

以完成流程本身的工作时，就大大消除了原有各工作界面之间的摩擦、协调，从而减少管理费用。当然，这并不意味着要取消所有的专业部门的专业职能。例如对于企业主要设备和原材料，则可以仍旧由采购部门来专门完成。具体如何安排，还是以全局最优为标准。

3. 将信息处理工作纳入产生这些信息的实际工作中去

过去大多数企业都设有这样的一些部门，它们的工作仅仅是收集和处理其他部门产生的信息，而产生这些信息的部门却无权处理信息。信息传递需要时间，也往往需要核对，陡增很多“工作”。这其中反映了一种旧思想：即认为低层组织的员工没有能力处理他们产生的信息。而今随着信息技术的应用和员工素质的普遍提高，信息不再是一种特权，信息处理工作完全可以由低层组织的员工自己来完成。

福特汽车公司就是个很好的例子。在旧流程中，验收部门虽然产生了关于货物到达的信息，但却无权处理它，而需将验收报告送至应付款部门。在新流程下，借助信息数据库系统，实现了信息的收集、储存和分享，使得验收部门自己就能够独立完成产生信息和处理信息的任务，极大地提高了流程效率，从而精简了 75％员工。（如图 10-1 和图 10-2 所示）

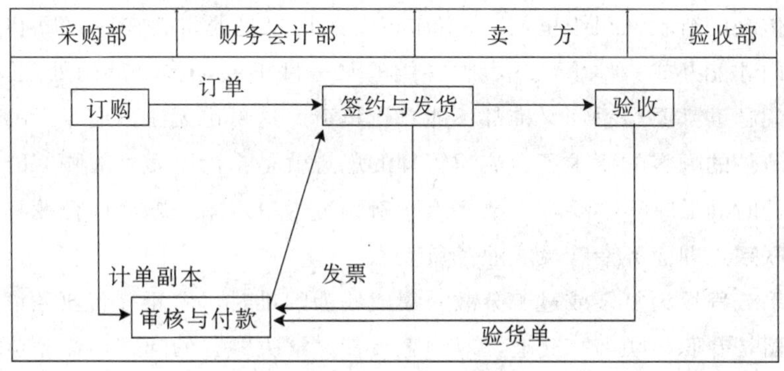

图 10-1　福特汽车公司传统的财务付款流程图

4. 从信息来源地一次性地获取信息

在行政性组织里，由于部门分立和部门本位主义的影响，信息往往不能完整无误地传递，而往往被有意无意地“截留”。于是，企业又需要设专人专门整理信息，拾遗补缺，去粗取精，综合归纳，等等。然而，由于不同部门，不

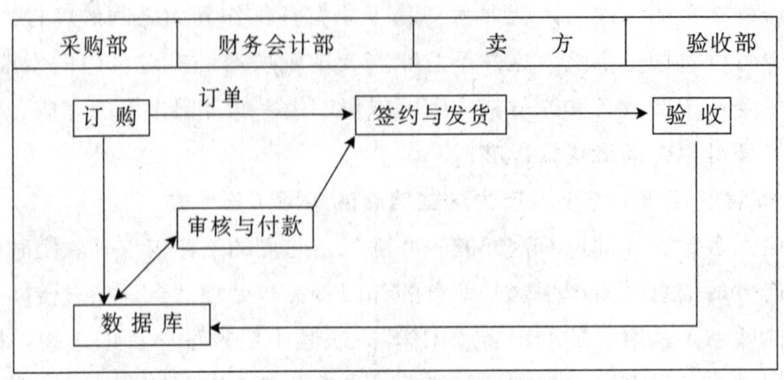

图 10-2 福特汽车公司流程改革后的财务付款流程图

同的人对于信息的要求和形式各不相同，又不可避免地会给企业造成延迟，输入错误以及额外费用。

流程管理的思想原则之一是，将信息的处理工作纳入产生这些信息的实际工作中，确保信息的原始性、真实性。借助信息技术，我们可以将信息直接储存于数据库中，让所有需要信息的人直接获取信息，避免重复制作信息和减少信息流通量。

5. **单点服务顾客**

在传统的行政性组织里，“公章旅行”的现象是非常普遍的，顾客们要跑很多部门才能办成一件事，或者顾客们的某一件事要经多个部门处理。结果，顾客的问题谁都要经手，又谁都不能真正负责。这再也无法适应今天的处于买方市场地位的顾客的要求了。流程管理的思想就是：为了做到对顾客能够真正负责，及时满足顾客的要求，改多点接触顾客为单点服务顾客。企业和顾客只有一个联系点即业务专管员或业务负责人。

如果流程较为复杂或过于分散，集成较为困难时，需要一名业务负责人作为缓冲器，专职与顾客打交道，对顾客负责，解决顾客的问题。业务负责人还应该具备这样的能力：能完全使用流程中所用的信息系统，有能力与流程的其他执行人员保持联系并相互协助工作。

6. **流程多样化**

每一个顾客的需求都具有特殊性，都可以看作是一种例外情况。如果公司试图针对每一种情况来设计定制流程，则意味着公司将不得不把精力都用来处理最复杂的情况，从而降低效率，也不能再为顾客提供更多的价值。

传统的大批量生产为实现规模经济，形成了统一模式、统一程序的业务流程，所有业务，无论难易大小，还是轻重缓急，都必须按统一的程式进行，统一流程把常规情况和特例情况混杂在一起，并且，统一流程又是以能够应付最复杂、最困难而又最少可能发生的特殊情况来设计的。因而，对于绝大多数的常规情况来说，它当然就是运转复杂、速度迟缓、无法适应市场多元化和需求多变化的时代要求。BPR 提出流程多样化的思想原则，企业可以根据不同市场、不同输入、不同形式制定具体的流程。对于某一输入，首先确定最合适的流程，然后再按照该流程运行，使对输入的处理能通过最节约的流程完成，既提高处理速度，又降低成本。

7. **把并行工作联系起来，而不仅仅联系他们的产出**

在传统的组织管理范式中，作业流程基本上是按照研究、开发、生产、营销顺序进行的。其缺点就是时间较长，后一阶段的工作必须等到前一阶段的工作全部完成才能开始，问题更甚的是，错误总是在后面的阶段才会发现，而越是到后面的阶段才发现错误，时间和人财物的浪费就越大。

流程管理的思想认为，研究、开发、生产，乃至营销各个阶段的工作，完全可以同步进行。一方面可以大大减少设计修改次数，缩短设计时间、制造时间，另一方面大大减少浪费，包括修改成本、失败成本。并行工程的关键是利用信息技术，实现信息的集成和各独立团队成员之间的相互协调，以及过程中的协调，而不仅仅在最后阶段进行简单的组合。柯达电子（上海）公司就是成功的例子。面对竞争对手富士公司不断推出新产品的挑战，柯达公司断然放弃沿用了数十年的顺序性产品开发流程，应用并行工程，强调开发过程中各组织的协调，把原来需要 70 周的产品开发期缩短到 38 周，保持了市场的领先地位。

8. **让决策点位于工作执行的地方，在流程中建立控制程序**

在行政性组织里，工作的执行者、监控者和决策者是严格分开的。这一方面是基于传统的“人是懒惰的、不自觉的、需要监督的 X 理论”的假设，尤其是经理们自觉不自觉地垄断工作所需的信息；另一方面高等教育和知识传播还不普及，使一线员工大多没有足够的知识和判断力去作出决策。如今，信息技术能够迅速捕捉、储存和处理信息，一线员工文化素质也普遍提高了很多，并且专家系统又拓展了人们的知识，因而，一线员工可以自行决策处理其工作中产生的问题。事实上，当一线员工们感到自己有能力解决的问题，却必须按程序上交远离一线的管理人员处理时，一线员工们的自尊心和积极性就会受挫，而影响工作效率。

流程管理思想认为，让决策点位于工作执行的地方，在业务流程中建立控制程序，使员工成为自我管理自我决策者，那么，行政性组织里的那种高耸的金字塔结构，以及伴随着它的效率低下和官僚主义，就会消失。例如某化纤公司的销售流程中，提货单审核活动主要审核顾客的资金情况。在原有流程中，只要客户资金不足，审核人员无权加盖财务章，除非经过上级认可，审核人员才起到“橡皮图章”的作用，致使一些信誉好而一时资金紧张的顾客常常抱怨审核的僵硬做法。权力下放为解决这一矛盾提供了思路，企业可以利用信息系统建立用户的信用评估体系，评估标准由管理人员制定，工作人员可以通过评估体系辅助提货单审核，对于信用较好的用户可以允许顾客暂时赊欠，在满足顾客需求的同时降低企业风险。

需要说明的是，决策权下放，必然压缩管理层次、减少不必要的控制监督人员。但并不意味着无需管理人员，并不意味着管理人员无事可做。实际上，管理人员需要对员工决策提供必要的支持，同时将更多精力放在企业的战略决策上。

管理悖论：

流程管理思想认为，让决策点位于工作执行的地方，并将决策前置化，这意味着领导要把决策权下放；连决策权也下放，领导者还怎样领导？——中国古语：大象无形、大音希声、大道至简。

9. 只在有经济意义的情况下，才实行控制

如前所述，传统的管理范式是建基于“人是懒惰的、不自觉的、需要监督的X理论”的假设上，设置了多重核查和控制程序，并有意在不同部门之间建立互相牵制的制度。控制自然是要付出人力和成本的，也经常是超过了控制所能产生的收益。而且，严格控制使员工始终处于受管制的地位，难以发挥工作的积极性和主动性，部门间的互相牵制与“管理真空地带”的存在，更为部门间互相推诿责任提供了借口。

流程管理强调只在有经济意义的情况下，才进行控制，也就是要求控制产生的收益大于进行控制所耗费的成本，否则就取消控制或改变控制的方式。流程管理提倡总量控制和延迟控制，这两种控制工作量小，成本低，允许一定的少量的权力滥用。权力滥用并不总是用在利己的事情上，也往往用在利公的事情上；少量的权力滥用，在一定程度上助长员工的积极性和创造性。当然权力滥用，有可能产生损公利己行为，但为控制这一点仅仅是可能发生而并不一定发生的损公利己行为，而耗费公司更多的成本本身就不值得；而且，当权力滥用于为个人小利时，我们还有总量控制和延迟控制等手段给予控制和惩罚。

三、流程设计的出发点

由于百般挑剔的个性化的顾客需求、激烈而常新的竞争、加速度的变化，而使产品和服务的寿命周期不断缩短，从而导致基于物质的大量生产的异化，一种新的生产形式诞生——这就是“产品、服务和信息组合”的生产方式，而且这种生产方式是多品种多批量的。因而，传统的以大量生产为出发点和落脚点的企业管理范式，当然也就不再适用于今天——21 世纪的企业了。所以，就必然地要求来一次彻底的革命。这个革命就是围绕着“产品、服务和信息组合”的生产方式问题，研究如何进行企业的业务流程设计和管理。然而，除了把握流程设计的思想原则之外，还要把握下列流程设计的出发点：

1. 顾客。正如前文所说，在买方市场条件下的今天，企业能否满足顾客的需求，能否适应“服务个性化的提高”与“服务速度趋向零时化”的要求，是企业生存的关键。如果说，企业流程设计是在一张白纸上作画，那么这张白纸应该是为顾客所准备的：首先应当由顾客根据自己的意思填满，其中包括产品的品种、质量、款式、交货期、价格、办事程序、售后服务等。然后，企业围绕顾客的意愿，开展再造工作。

2. 作业流程。作业流程是指以一项或多项投入，以创造出顾客所认同的有价值的产出的活动。作业流程本来就存在于企业之中，只是在传统的管理范式下，一个完整的作业流程被分割为很多节段，并分配到各个职能部门里。久而久之，作业流程被部门色彩所掩蔽了。业务流程再造，首先就是要清除这种部门色彩，还作业流程的自然本色，也就是将本来相关联的而现在被分割到各职能部门的作业活动，重新整合。同时，我们不能囿于原初的流程本身，而应根据现今的顾客需求和技术因素、尤其是信息技术因素，来设计新的流程。总之，新流程设计要做到，工作适合在什么地方做，就在什么地方做。

3. 信息技术。信息技术已经成为我们人类生活和工作的一部分。国际互联网、企业互联网和电子商务的飞速发展及其影响，已经到了我们难以想象的地步。进行业务流程再造，不借助信息技术行吗？当然可以，但肯定效果不那么理想。打个比喻，如果把流程管理和流程改革比作一种化学反应，那么信息技术就是催化剂，没有它，化学反应虽可进行，但却难以达到理想的速度和结果。

信息技术的使用带来了控制手段的变化。计算机的控制代替了相当部分的人的控制，其结果是在确保控制效果不减少乃至更好的情况下，减少了管理层次和管理人员，或者以相同的管理层次和管理人员，却能够控制更广的范围更多的变量。由于实现了信息共享，员工可以直接从数据库中获得所需的信息，从而减少了“同级之间的横向关系”和“与其他部门之间的交叉关系”的发生，也就是减少了管理的工作量，这就从客观上保证了管理幅度的扩大的可能性。同时，工作者可以直接参与信息的查询和数据的分析等工作，很多工作关系、工作变量都已经由工作者本人处理了。因而，相同的管理人数，实施流程管理的企业的上司所需处理的工作关系、工作变量就远远少于传统企业。也就是说，实施流程管理的企业的管理幅度比传统企业大得多。

四、流程管理的特点

流程企业的组织特点：1. 组织有机化、可灵活变动；2. 组织结构扁平化，成员之间联系的环节少；3. 强调授权与自主管理；4. 以专家小组为中心，借助信息技术替代中间管理层的联系和监控；5. 以一个或多个完整的业务流程为单位；6. 在同一流程单位内，成员之间没有上下级关系，而都是平等的。

在这样的组织中，人们关心或解决问题的焦点就在于整个流程。他们非常清楚每一个流程和结构以及每一个流程与企业绩效指标之间的关系，非常清楚流程的顾客是谁（不管是内部顾客还是外部顾客），顾客最关心的问题是什么。当某些具有专业知识的员工组织起来成为一个自我管理、分工协作的工作团队时，他们关心的是作为一个专家在其中的作用，如何利用他们的创造性才能改善流程，如何共享他们的专长来改善团队中其他人的才能和专长。在流程中技术作为流程绩效改善的使能器（enabler），通过开发集成的系统使内部和外部的“供应商”和“顾客”的流程集成起来。在这样的环境中，我们将看到这些事情的完成是很简单的，处理顾客的需求也是很简单的。

在这样的组织中，淡化了不同类型工作之间的界限，拓宽了员工的工作内容和视野，有助于员工的成长和学习，提高了员工对工作的满意度；流程和工作更加简练，减少了许多不增值的工作，大大提高了工作效率。

流程管理的企业的管理行为与传统职能企业的管理行为不同。作为流程负责人，他们不是要确保职能任务的完成，而是要负责保证流程从始至终的完成。他们的责任可以分为三项：流程设计、培训员工和推动流程的运作。作为一个流程负责人，他必须努力地去推动流程的运作，为流程的运作提供必要的资源，包括财务、设备、工具等，他还要到上层争取各种支持。

在一个流程中，每一个执行者可能是某一方面的专家。当小组中某一个工程师碰到技术问题或市场营销工程师碰到支持顾客方面的技术问题，他们不会去找负责人，而是去找相应的技能中心。但当他们碰到有关流程本身的问题，或碰到某一特殊情况时，才去找流程负责人。在这种情况下，流程负责人就负责员工有关流程本身知识的培训，以保证每一个员工能正确地执行流程。

◆ **业务流程通常划分为核心业务流程和辅助业务流程两类**

核心业务流程：

A. 各项作业活动：包括识别顾客需求，满足这些需求，接受订单，评估信用，设计产品，采购物料，制作加工，包装发运、结账，售后服务等。

B. 管理活动：包括计划、组织、用人、协调、监控、预算和记账，以确保作业流程以最小成本及时准确地运行。

C. 信息系统：通过提供必要的信息技术以确保作业活动和管理活动的完成。

辅助作业流程：

包括设施、人员、培训、后勤、资金等，以支持和保证核心流程。

第二节　流程设计和流程改革的落脚点

一、流程设计和流程改革的四个环节

任何一个完整的流程都包含着业务活动、业务活动与业务活动之间的逻辑关系、业务活动的实现形式以及业务活动的承担者。把握了这四个环节，也就基本把握了流程设计和流程改革。

1. 业务活动

企业流程中的业务活动往往是接受某一种类型的输入，在某种规则控制

下，利用某种资源，经过变换转化为输出。需要说明的是，这里的“资源”并非指一般的输入要素，而是业务活动的执行者在执行这一业务活动时所依赖的方法或凭借的手段。不同的业务活动，其接受的输入、处理规则、可利用资源的不同，输出结果也不相同。因此，一个业务活动包括四个方面的要素，即：

业务活动=【输入，处理规则，资源，输出】，用模型如图 10-3 所示。

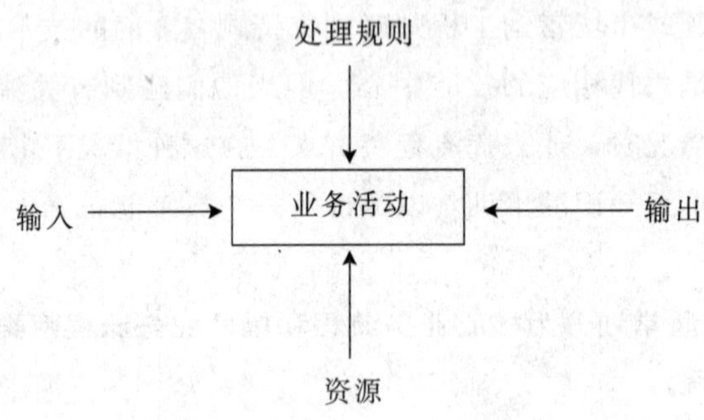

图 10-3 业务活动的模型图

◆ **基本业务活动往往具有下列特征**

①一个基本业务活动产生某些清晰的可明确确认的结果，其目的就是产生这样的结果。应该能够用一个简单的句子说明此项业务活动的目的或结果。

②一个基本的业务活动有清楚的边界，任何时刻都能清楚地指出谁正在这个业务活动中工作。一个基本业务活动作为一个执行单位，它可以由一个人或一个明确规定的工作小组中的若干人去产生结果。

③一个基本业务活动的执行很大程度上独立于其他业务活动，如果一个业务活动按照某种方法与另一个业务活动之间需要频繁的相互作用，那么我们就把它们作为一个业务活动来对待。

◆ **业务活动的相对性**

在高层次流程中的业务活动既是实现高层次流程目标的方式，又是低层次流程目标的实现结果，这就是业务活动的相对性。

要正确理解业务活动的相对性，必须准确地区分工作、基本业务活动及动作这三个不同概念。

工作的一个重要特性是具有可分性，即将一个复杂的工作分成若干相对简单独立的业务活动，这些业务活动的任一项都只是完成该项工作的一部分，整个业务活动结果的有效结合，才能产生该工作的预期结果。

动作（Motion）是单个或特定的运动或运动方式，即操作方法。

◆“动作”这一概念有以下几个特点

①动作是人们从事一种业务活动或进行一种操作的最基本方式，它具有不可分性。在一定的条件下，它不能再分为更细小的动作。

②动作有开始有结束，是一个动态的概念。

③动作有不完整性，也就是说单个的动作不能完成特定的结果，只能通过多个动作的联合才能完成一定的结果。

④动作总是某个人的动作，也就是说在不同的动作变换过程中，动作的主体不能变化。

通过对工作、业务活动、基本业务活动及动作几个概念的介绍，我们可看出，四者之间具有包含关系。工作是由业务活动组成的，几个业务活动的有序结合构成一个流程，通过流程来完成工作；业务活动是一个相对的概念，复杂的业务活动实际上就是一项工作，也正因为此，“工作”与“业务活动”这两个概念经常可以相互混用。复杂的业务活动是由简单的业务活动组成，简单的业务活动是一个人或一个小组的操作方式，是基本业务活动；基本业务活动又是由若干个动作组成的，动作是业务活动中最小的、不可分的基本单位。

2. **业务活动间的逻辑关系**

事实上同样的业务活动，但由于业务活动之间的关系不同，可以导致不同的结果，业务活动之间逻辑关系也就成了决定流程的关键因素。业务流程存在下列三种活动逻辑关系：

（1）业务活动间的串行关系

（2）业务活动间的并行关系

（3）业务活动间的反馈关系

无论是业务活动间的串行关系还是并行关系，它们都只反映了业务活动发生的时间关系。串行关系表示业务活动是先后发生，前一业务活动的输出构成后一业务活动的输入；但后一业务活动的输出情况如何，对前一业务活动并无影响。并行关系则意味着业务活动是独立发生，可同时可不同时，两者之间只有时间的牵制关系，即必须等最迟完成的业务活动结束后才能进行下一个业务活动，两者之间的输入、输出并不相互发生作用。

这些存在串行或并行关系的业务活动，其彼此的关系相对简单。企业的业务活动中往往还存在着另外一种比较复杂的关系，业务活动间不仅仅是单向输出、输入，而是相互输出、输入，即前一业务活动的输出作为后一业务活动的输入，而后一业务活动的输出又作为前一业务活动的输入，两业务活动的结果互相控制再产生一定的结果；或者两业务活动间彼此相互作用，此业务活动的输出作为彼业务活动的输入，而彼业务活动的输出又作为此业务活动的输入，并共同作用于某一结果。这种业务活动间相互控制的关系就是一种反馈关系，如图 10-4 所示：

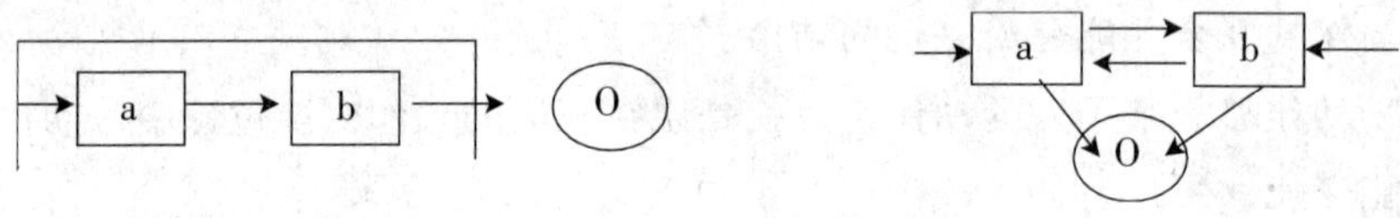

图 10-4　业务活动反馈关系图

3. **业务活动的实现方式**

分工导致流程的产生，但分工也受一定的技术条件限制，它是在一定的技术条件下的分工，技术条件的不同会导致不同的分工，从而形成不同的流程。

4. **业务活动的承担者**

分工不仅受技术条件的限制，而且也受能承担这些业务活动的承担者状况的限制，既受这些承担者的数量限制，也受这些承担者的素质限制。

对于同样的设计项目，由类似的设计人员去完成各项设计工作，但由于对设计人员的授权不同而导致了完全不同的项目设计流程。

对于同样的工作，面对不同的业务活动承担者，可以进行不同的分工，从而可以构成不同的企业业务运作流程。业务活动的承担者成为影响企业业务流程的重大因素，这是研究分析和设计企业流程时务必注意的一点。

事实上，一个设计良好的组织单位，应该彼此传送成品，而不是过多的信息沟通。广泛的信息沟通主要用于处理非日常性的问题。

流程再造是从顾客需求出发，对企业流程进行根本性的思考和分析，对流程的构成要素重新组合，产生出更为有价值的结果。

二、流程设计和流程改革五大要素

一个良好的业务流程系统能够定义和自动化 3R：路线（Route）、规则

(Rule)、角色（Role），同时，包含企业政策和行为惯例。

◆ **路线**

路线指对象（objective）流动的方向和目的地。对象包括文件、表格、数据、申请表等。路线还包括关于接受传送对象的人（或流程）的考虑。

◆ **规则**

工作流自动化要包括规则的定义。这些规则决定哪些信息要传送，传送给谁，什么时候传送。

◆ **角色**

角色的定义通常独立于执行角色的具体人员。角色定义可以保证流程的灵活性。例如，如果原设计是将工作送给苏珊，当苏珊调离公司时就必须确定新条件下的收件人。

当几个人都有对同一件工作的处理权限时，例如，回答顾客要求，角色定义尤为重要。对于几个人都能完成的任务，可以分配给一个有空的人。

◆ **政策**

政策既是正式书面规则，更是开展工作的原因。政策通常是一些方针和原则，指导如何为了按照一定方式完成工作而制定决策。

◆ **惯例**

惯例反映组织对自己的文化和价值的认识。公司的行事惯例不仅来自过去已经做过的工作，而且还受组织成员对实际工作经历的期望影响。惯例内容包括信息存取权、责任和权限、承担风险的自由等。

甚至仅仅对工作流自动化的认真思考也会激起改进。分析并写下现有工作步骤的顺序会促进公司查究这些工作的程序，而且往往是首次这么做。

三、突破传统——流程关键点

识别流程的关键点，是为了在进行流程设计和流程改革时可以“有的放矢”。它不是流程设计和流程改革的全部，而仅仅是流程设计和流程改革的开始。取得了流程关键点的突破，流程设计和流程改革也就“水到渠成”。

1. **业务活动本身的突破**

流程的基本构成单位就是业务活动，流程之所以产生就是由于分工而导致。业务活动分散程度的不同就会形成不同的流程，因此，从业务活动本身着手，是寻找流程关键点突破的一种行之有效的方法。这又可从四个方面来思考：

◆ **业务活动的整合**

这里的业务活动整合，一般说来，是在一定的条件下，把分散在不同职能部门、由多名专业人员完成的几种业务活动，压缩成一个任务，由一个人来完成。如IBM信贷公司，借助一套精密的电脑系统——专家系统的成功开发，把原由信用审核员、估价员等专才的业务活动压缩为交易员一人的工作，减少了业务活动的传递与业务活动的重复，从而提高了速度和准确性，进而大幅度提高了流程的运作效率。

◆ **业务活动的分散**

业务活动的分散意味着不将专业的职能集中于专业人员身上或单一部门，而是将它打散融进系统中。

若业务活动的分散运用得好，会收到意想不到的效果。如美国斯堪地那维亚（SAS）航空公司，其中投诉事件都是由设于总公司的“顾客投诉中心”作集中处理。

但是，斯堪地那维亚航空公司从顾客满意度的观点加以考虑时，不禁思索：这真的能提高顾客的满意度？顾客在投诉时必然是满面怒气，而且希望能立即获得答复，如果回答他“本部门无法回答，请至总公司，将给您满意的答复”，这样，反而令顾客更生气，更不可能提高顾客的满意度了。

真正从顾客满意度的立场考虑的话，最好的莫过于能在现场获得解决。所以该公司改变做法，将投诉处理设在各工作现场，亦即由市内的票务中心及机场的柜台受理顾客投诉并即时处理。结果，该公司的服务质量大幅提高，并获得顾客的满意与信赖。

◆ **业务活动的废除**

业务活动的废除，是将管理、检查、协调等所谓“本来就不该有的工作尽量地废止”。它以“是否确信为必要的业务活动”的眼光来重审向来被企业视为“理所当然”的业务活动，并彻底检讨是否有能够废除的业务活动或该如何处理较好，如SAS公司将以前视为当然的、设于总部的投诉部门撤除，该部门的业务活动也就废除了，交由现场工作人员代办，不仅节约了开支，而且效率也获得提高。

2. **业务活动间的关系的突破**

业务活动间关系的突破有两种可能：一种可能是，业务活动的先后顺序发生突破性变化，导致一个高效运作的新流程产生。下面所介绍的班尼顿公司的再造流程就是通过业务活动的先后顺序变动来实现的（如图10-5和图10-6所示）。

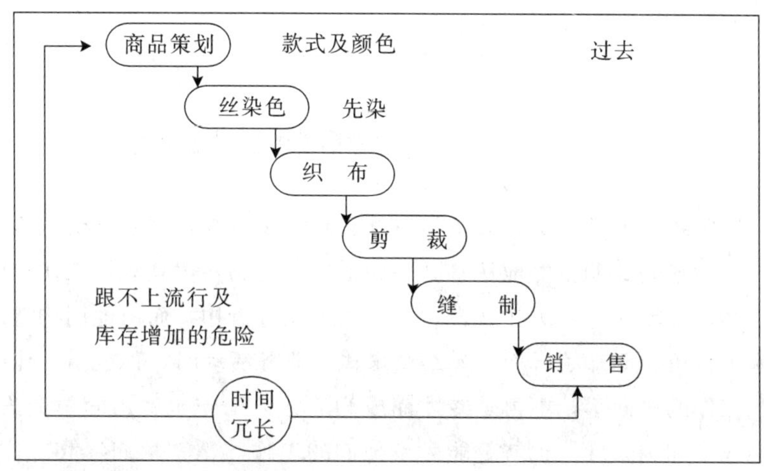

图10-5　班尼顿公司服装生产的传统流程图

3. **业务活动承担者的突破**

对业务活动承担者的思考，主要着重于其工作方式的根本性改变。可从两个方面“打主意”。

◆ 突破工作的藩篱：职能→流程

如前面介绍的IBM信贷公司的再造，用的是第三种流程工作小组，它类似于专案小组，不过成员却只有一个。这既可看作业务活动的整合，也可看作是业务活动承担者工作性质的改变。由多人分别执行各自业务活动时，每个人

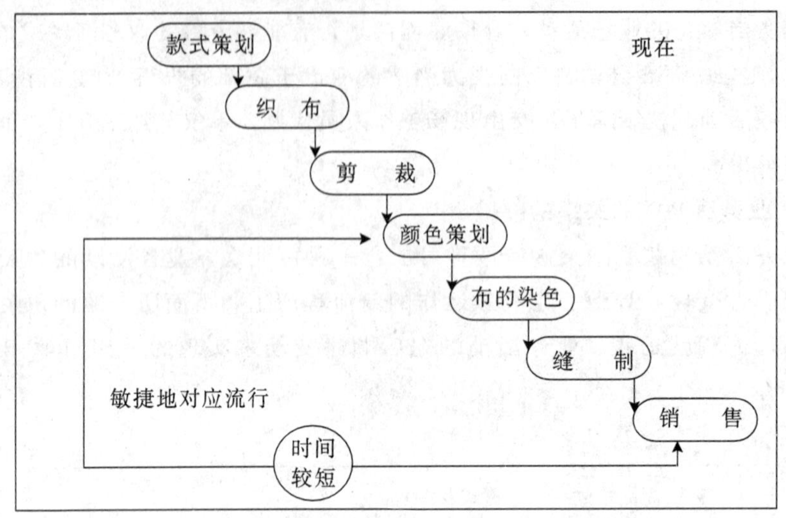

图 10-6　班尼顿公司服装生产的改革后的新流程图

都只是“装配线”上的一员，无论是白领还是蓝领阶级，都必须受过程度不一的专业训练，他们长期重复地从事同一样工作。他们各司其职，工作单调，长此以往，知识技能狭窄，工作疲沓，工作效率大打折扣，而由他们构造的流程运作效率也就可想而知了。而由专案员来执行业务活动时，他就由工作的单面手变成了工作的多面手，不再是专才而成为通才，工作也就由简单变为复杂，更具有挑战性和刺激性，也就更能激发他们的工作热情，从而提高工作效率。原本的工作流程，现在成为某个人的自身工作，其“流程”的运作效率自然是成倍增长，当然也满足了流程再设计的创新要求。

◆ 突破权力的迷信：被动→自主

主管、监控人员承担着流程各业务活动的监督任务，还要处理意外情况的产生。总之，主管、监控人员是流程各业务活动的决策者，是执行业务活动的“脑”。权力只能放在“脑”中，而不能放在“手”上。

这种“手”、“脑”分开的直接后果是，知道问题所在的人作不了决策，而要作决策的人却弄不清问题出在哪里，流程参与者们的工作十分被动，而决策者们的决策却往往滞后，且常常“想当然”得让人啼笑皆非。在这种情况下，我们再要求流程的效率，难道不是有点“勉为其难”吗？

现代企业的员工再也不仅仅是执行业务活动的“手”，而是一个有“手”有“脑”的完整的人，他们不仅可以执行决定，必要时他们也完全可以作出决定，并且能作好决定。因此，在对业务活动承担者进行突破性思考时，对其中的权力关系应予以高度重视，要使得作决定与执行决定，在某种程度上达到有机统一（如图 10-7 所示）。

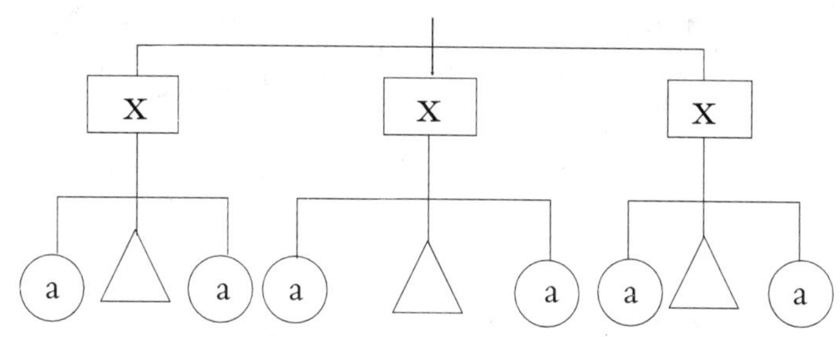

图 10-7　将相关活动的承担者整合起来形成的流程型群体

4. **业务活动实现方式的突破**

按业务活动间的中介程度与合作程度来划分，企业的流程可分为间接——隔绝式（高中介/低合作）、间接——合作式（高中介/高合作）、直接——隔绝式（低中介/低合作）、直接——合作式（低中介/高合作）四种范式。业务活动集成（或称职能集成）包括降低中介程度和提高合作程度两个方面，如图 10-8。

◆ **利用 IT 降低中介程度**

很多企业已经利用再造他们的企业流程，从原来很多中间步骤的间接方式变为由两个或更多的独立运行的业务活动组成的直接方式，即降低了中介程度。如前面讲过的福特公司的付款流程再造中，IT 显示了巨大的威力。原来的付款流程包括三项业务活动：采购、库存和付款。这些业务活动通过许多中间步骤和文件的有序流程，间接地参与流程。再造流程后，在一个共享数据库的帮助下，原先高度的中介程度大为降低。现在，各项业务活动不再由文件的传送来启动，每个业务活动直接地参与流程，从共享数据库中得到信息，不再需要其他业务活动的中介。业务活动由间接方式变为直接方式，再造流程后的财务部由 500 人减少到 125 人，减少了 75%。

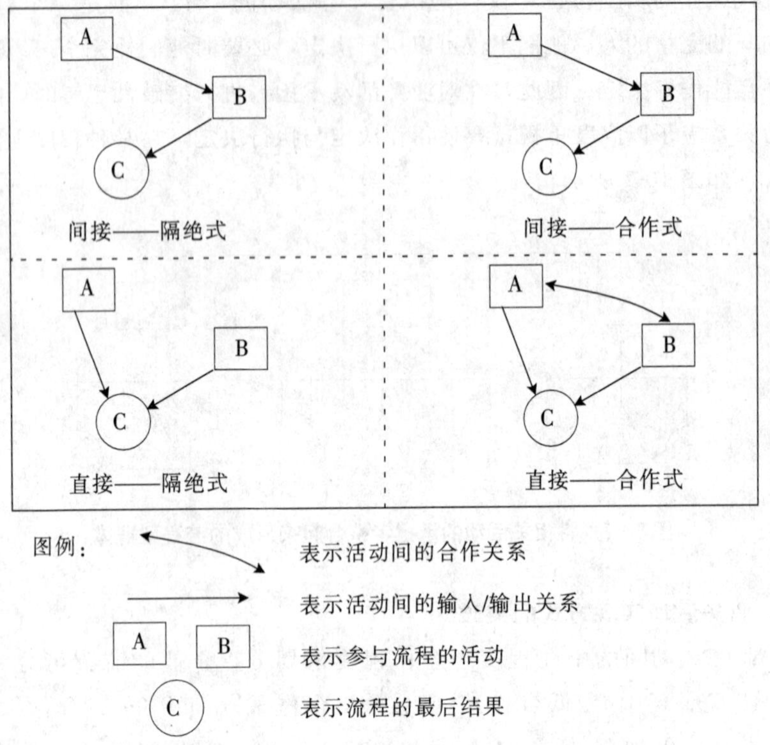

图 10-8　业务活动实现方式图

案例：得克萨斯仪器公司半导体事业部的战略拟订流程

一般来说，一个公司的主要业务流程是比较清楚的，并且总是由输入转化为输出。我们以得克萨斯仪器公司半导体事业部为例：

战略拟订流程就是将市场需求转化为企业的发展战略；把发展战略输入产品开发流程，就输出新产品的总体设计；而顾客特定设计与辅助流程，负责回答解决顾客的询问和疑难，负责把输入的新产品设计的概念及设计的标准化与顾客的特定要求结合起来，转化为顾客满意的产品设计。做订单流程最终给顾客提供所需要的东西（如图 10-9 所示）。同时，它还显示出其他两个高阶层流程：一是生产能力发展流程，二是顾客沟通流程，这两个流程，都是将外部的顾客需求和经过内部转化后的市场需求，转化为产品的市场吸引力和竞争力。这个综合流程图可以说是比较充分体现了业务流程的特点。

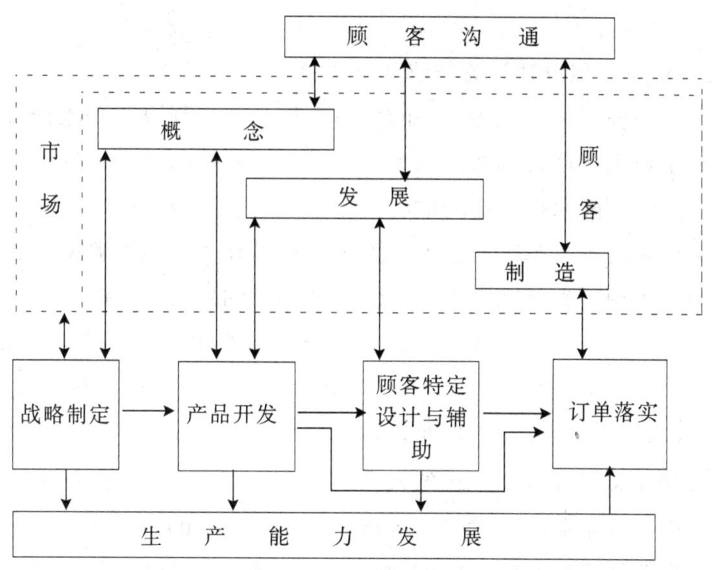

图 10-9　美国得克萨斯仪器公司（Texas Instrument）半导体事业部流程图

第三节　如何实施流程设计和流程改革

一、建立有效的组织保障体系

企业流程设计和流程改革无疑以业务流程为中心，但不能局限于设计和改革流程，而还要设计和改革组织。因为只要有二个人就有“组织”关系，流程设计和流程改革之后，不造新的“组织”，旧的“组织”就会卷土重来。因而，必须建立有效的流程设计和流程改革的组织保障体系，才能保证业务流程再造长期持续进行。业务流程再造实施以后，并不意味着再造工作的结束，它需要制度、规章的维护和保证，并追求不断的改善。

流程设计和流程改革组织的保障体系具体可以包括：建立流程管理机构，诸如流程管理委员会、流程小组及主管、流程总协调等，并明确其权责范围；制定各流程内部的运转规则与各流程之间的关系规则，逐步用流程管理图取代传统企业中的组织机构图。

◆ **成立企业流程设计和流程改革委员会**

组建以公司最高负责人为中心的再造委员会。流程设计和流程改革工程是一项关系到企业生死存亡的浩大的工程，没有企业最高领导人的亲自主持、领导、决策，是不可能取得再造的成功的。

流程设计和流程改革委员会人员除了企业最高负责人即董事长、总经理之外，还应包括流程内的“圈内人”与流程外的“圈外人”。其中，“圈内人”是企业资深人员，熟悉现有业务经营，有利于再造委员会反思现行流程和工作细节的优劣，以及改革的框架。但由于“圈内人”较易受原来做法的局限，因此，选择“圈内人”的具体人选时，应注意选择那些既熟悉业务，又不故步自封，善于接受新思想和善于变通的人员。“圈外人”既可来自企业外界的咨询顾问，也可以来自企业中非直接参与该业务流程工作的人员。企业外界的咨询顾问，以其专业知识和经验，能够敏感到问题所在以及运转的效果，而企业非直接参与该业务流程工作的人员，往往与该流程有着或多或少的业务借口关系，同时较少受思维定式的影响，也往往能有效地指出原有流程的不合理之处，而更有利于新流程的设计方向。

原则上，一个完整的流程应该由一个流程小组负责，并以核心业务流程为中心，设立流程主任。如果是大型集团企业，拥有多项核心业务，则可以在流程设计和流程改革委员会之下，建立流程协调委员会。流程协调委员会由各流程主任和企业高层领导组成。

流程设计和流程改革委员会负责整个企业的再造宣传发动工作，公司流程设计和流程改革规划方案审核、实施等，流程小组则就具体业务流程进行调研、分析、设计、实施、反馈、修正、推进等。流程设计和流程改革委员会人数一般6～10人为宜。

二、设定保险机制

任何改革都会有风险，谁也不敢保证流程设计和流程改革方案绝对完美、绝对成功。因而，我们实施流程设计和流程改革时，要制定应急措施，说得形象一点，要用“皮带加背带”的双保险办法。在实施中，第一原则是随时准备更改实施计划，从另一个角度说，实施计划本身应该是一种灵活的方案。举例来说，就必须像玩股票指数一样，事先设定止损点数，一旦超过即平仓抛弃，重头再来，宁可暂停有问题的实施方案，也不要想方设法硬把方案推下去。这样可以确保企业再造资源免受损失。

在实施流程设计和流程改革的过程中，为了保证整个企业环境相对平稳，一般应暂停一切不在实施方案中的非至关重要的改革。

三、评估流程设计和流程改革实施的效果

评估应该考虑以下几个方面：与事先确定的目标进行对照，评价是否达到既定目标，在顾客满意度方面提高了多少；在时间、成本、品质等方面的改进有多少；流程信息管理的效率如何；文牍主义和相互扯皮的现象是否得到彻底改善；企业精神面貌、员工士气是否有很大提高。

流程设计和流程改革的效果评价工作也应贯穿于整个流程设计和流程改革工程实施的过程中，即应随着某一阶段性或流程性的流程设计和流程改革工作的完成，而进行流程设计和流程改革过程的评价，防微杜渐，随时调整流程设计和流程改革方案，以确保流程设计和流程改革的全面成功。

四、发动流程设计和流程改革运动的三个要点

对于大多数人而言，从来就是守旧容易创新难，人们的思维定式、行为习惯影响了人们接受新事物的态度。而改变人的思维定式、态度、行为的方法，就是宣传沟通、参与、样板。因而，企业再造必须一开始就轰轰烈烈地进行，发动全员参与。没有企业最高负责人的参与发动、出任流程设计和流程改革委员会主任，以作为企业流程设计和流程改革决心的“样板”，就不可能轰轰烈烈地发动全员参与。在这里，企业领导人、流程设计和流程改革委员会要注意从三个方面促进流程设计和流程改革的运动。

1. 明确给出信号

企业最高负责人，必须带头参与召集员工宣读公司流程设计和流程改革的规划，并在重要的流程设计和流程改革计划项目中给予关注与支持，使员工始终感受到公司对流程设计和流程改革工程是绝对重视的。明确给出信号，要多渠道多形式，从言语措词到行为表现，从理性到感情，都要注意沟通的方式和效果，各个方面都必须加以重视，否则，信号不一定真能传到。

2. 着重行为表现

很多事情，从来就是说得容易，做就难。并且人们也经常有意无意地说的

是一套，做的又是另一套。对于像流程设计和流程改革工程这些关乎到企业生死存亡，员工的职业生涯的大事情，开始时，员工们更多的是在袖手旁观：流程设计和流程改革小组的人选是否是公司最有才干而又富于创新精神的人？只求略有改善的方案是否被驳回？给再造工作设置障碍的人是否都被撤换掉？所提的流程设计和流程改革意见是否受到重视？诸如上述的行为，更能起到传达信号沟通的作用。

3. **考评和奖励**

流程设计和流程改革委员会必须建立一整套考评和奖励人员的办法，既是为了强调企业再造的意义和价值，更是为了顺利促进企业再造的工作。考评和奖励办法本身，就是一种流程设计和流程改革的思想理念的传播，我们以它去改变行为。一般来说，任何一个群体都不是一块死板，而只不过是活泼的互相有差异的个体的集合群，我们就可以先在群体中诱发某个具备某种程度比率的个人，当其进入行为改变状态（符合再造的要求），即可通过现实的支持、奖励，强化其行为，延展其行为导向或扩大其行为样板的影响等，影响其他人，促成群体行为的改变，也就确保再造的顺利进行、成功。

五、流程设计和流程改革信息沟通的关键

流程设计和流程改革委员会必须以正式的文件形式，制定两个方面的关键情报，并把它们及时通报给在企业各方面各层次工作的人员。一是我们公司目前现状以及为什么我们不能维持现状；二是我们的公司需要变成什么样子。

◆ 行动案例

第一种情报属于一种行动案例。它必须强有力地论证变革，必须向人们传递一种不容置疑的信息：为使企业继续生存就一定要实施流程管理工程。这种情报之所以必需，一是因为大多数人惯于守旧，如果对变革的必要性、重要性不信服，就不会接受变革，乃至阻碍变革；二是这种情报的制定过程，可以迫使我们更客观更深刻地认识自己公司的状况。

行动案例要真实、准确、简明。如果企业在某一个方面正在或已经失去了竞争优势，或其边际利润日渐减少，或本企业虽未出现大衰退，但主要竞争对手却在同期有更大的发展，企业正潜伏着危机等等，都应在行动案例中说明、论证。其中所反映的事实并不一定是最新发现的，但抓住它们并集中在一份正

式文件中加以生动具体的论证，就足以使人们警觉到问题的严重性和紧迫性。

◆ **公司远景**

第二种情报属于一种公司远景。它给企业全体员工一个意欲实现的清晰目标，从而鼓舞他们的士气和为公司目标而奋斗的精神。同时，通过再造目标的制定和形成，可以使我们对变革项目的目的，以及通过企业再造工程所引起的变化幅度，进行更深入的思考。

公司远景所描述的内容，是公司将准备如何运行，并且列出必须取得的各种成果。它既是定性的又应是定量的，既是抽象的又应是具体的。否则，不是缺少长久的鼓动力，就是迷失于目前的泥淖而不能灵活应变。

如果说行动案例是立足于现状而突出变革的压力，那公司远景则是立足于理想境界而发出引力的磁石，前者的作用是把人们从原处推开，后者的作用则是把离开了原位的人吸引到设定的新地方，两者的作用缺一不可。

六、工作分析与流程的设计和改革

我们的一切应该以顾客为出发点，了解顾客想什么，而顾客真正需要的是什么，这两者有什么不同？顾客有什么问题？顾客使用你的流程输出，又去完成一些什么流程？因为一个流程再造的最终目标，是创造一个满足顾客需要的新流程。而要做到这一点，就在客观上要求再造人员对顾客的了解，要高于顾客对自己的了解。为实现这一要求，再造人员就应该深入顾客的工作，生活的环境中观察，乃至参与一下顾客的工作，亲身体会，以避免所听到的顾客观点之中包含的盲目性和片面性。

第一步了解了顾客之后，第二步就来了解自己内部流程。目前流程提供的是什么，了解的目的“是什么”和“为什么”，而不是“如何做”。了解流程提供什么和为什么提供某种产出，而不受原来“如何做”的误导和限制，可便于在一张白纸上进行流程的重新设计。

但对现有流程的了解切忌过于细节，以免形成旧流程的思维定式。传统的流程分析总是把流程的输入输出作为已知条件，然后纯粹地观察流程的内部，检查和衡量内部的进行情况。这样的流程设计和流程改革是没有意义的，因为现今的流程设计和流程改革是基于时代不同、生产方式不同、管理思想不同，原流程的输入输出本身是否必要、合理都要重新审视，流程设计和流程改革不可以任何事情为想当然。

◆ **确定流程设计和流程改革的流程项目**

我们知道，一般企业都有几个核心的业务流程，但流程设计和流程改革的实践经验告诉我们，开始时一般不宜同时对几个核心业务流程进行流程设计和流程改革，而应先选定一个项目进行流程设计和流程改革，这一是为了确保企业正常稳定发展，再是为了积累经验，三是为了拿出流程设计和流程改革的成果，以进一步动员更多的人员自觉参与更大范围的流程设计和流程改革运动。

对选定流程设计和流程改革的项目，要明确其范围，审议分析其可能涉及的部门包括哪些。审议业务方针、政策、规章、成本、增值、收入、作业流程等，并理清其相互关系。这一步审议可以较粗，只要能说明各要素的相互关系，能形成初步的流程模型就可以了。

值得注意的是，虽然初步的流程设计和流程改革成本——收益的评估还是需要的，但又不应以此为唯一的取舍标准。在流程设计和流程改革中有些方面是很难定量的，诸如无形资产、顾客满意、产品的可靠性，又如顾客有困难，或者需要我们帮忙，我们正设法改进，这些就很难用金额来衡量。在流程设计和流程改革中真正挑大梁的是这些无形资产。

选择流程设计和流程改革的第一个流程项目的成败，关系到整个企业再造的信心问题，乃至存亡问题。因而，第一个项目的选择尤为慎重。我们有三个选择标准：

1. **初始业务流程**

首先找出企业最初始的那个简单的业务流程，然后进行清理，清理的重点是那些后来针对例外和特殊问题而添加上去的“流程”。因为长期以来，我们习惯于所谓“标准化”，力图用一个流程满足所有需要，包括例外和特殊的需要。而在实际上，例外和特殊的需要是很少发生的。我们可以通过多样化的流程，有专门应对常规业务的，也有后备应付例外和特殊业务的，从而确保工作效率。

2. **核心业务流程**

业务流程再造的对象是流程，而不是组织、部门，一个企业一般有几个核心业务流程，如果可能的话，应该在核心业务流程中选择最重要的流程。这样一是可以表明公司领导流程设计和流程改革的决心，二是“打蛇先打头”，主要问题解决了，其他问题就能迎刃而解。

3. **可行性**

最理想的是，一开始就能抓住最初始的又是最重要的核心流程来进行再造，但在实际中，流程设计和流程改革的可行性却是我们不能不考虑的。可行性需要考虑三个因素：a. 流程范围的大小，过小不利于流程设计和流程改革的持续进行，过大则不易成功；b. 投入费用的多少，投入要很多，超出企业实力，则不易成功；c. 流程设计和流程改革条件是否成熟，这主要指该流程上的人有多少已经接受再造。经验表明，低于75%的人数接受流程设计和流程改革则不易成功，并且要视流程设计和流程改革团队和流程小组主管的能力和承诺如何。

重大项目不是靠个人力量可以完成的，它需要整个工作团队或跨部门的合作。开始的时候，要选择那些最有可能解决的问题，而不是选择特别庞大的问题。这一点十分关键，因为它能让员工初次尝试就能体味到成功的滋味，没有什么东西比最初的成功更能激励员工参与这一计划了。

七、流程设计和流程改革的操作形式和原则

流程设计和流程改革的目的是比传统企业管理有显著性的效益提高。设计新业务流程应坚持三项原则：更好、更快、更省。更好是指进一步提高企业的利益相关者，包括顾客、股东、职工、供应商等的满意度，而不仅仅是其中的一个关系者；更快是指尽可能快地提高满足顾客需求的相应速度；更省是指以最高的效率实现前两者的任务。可见，业务流程设计不能就流程改流程，那种认为流程再造就是把流程简单化，就是裁员的认识是不正确的。在某些情况下，如果旧的流程失于对顾客细致、周到的服务，就可能有必要对流程进行一定的丰富与细化，因为流程设计和流程改革的第一目标是满足顾客的需要。

◆ **操作策略和形式**

在具体形式上，常见的流程设计和流程改革有：1. 将多道工序合并，归于一人完成；2. 将完成多道工序的人员组合成小组或团队共同工作，构造新流程；3. 将串行式流程改为并行式流程等，如图10-10。

在流程设计和流程改革中，最重要的是在所草拟、修订整个流程的工作中，必须让前面流程设计和流程改革工作过程中所获得的各种变革的要求，都

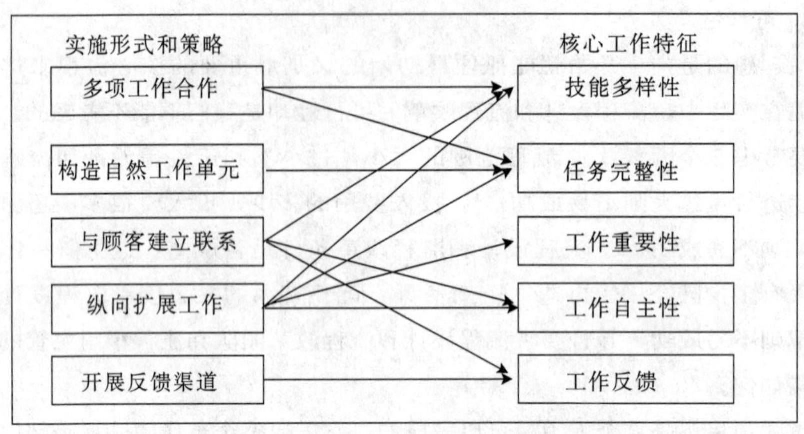

图 10-10　流程设计策略与工作特征的联系

反映到各流程环节里，然后对各个环节进行整合、优化，如此才能避免“新瓶装旧酒”的发生。

◆ 操作原则

我们在流程设计和改革的要求的过程中，必须遵循系统论的整体性原则、动态性原则、联系性原则、有序性原则、结构性原则等，以使企业组织从传统的僵硬、封闭、机械的职能中心型组织，转变为一个开放的、动态的、有机的流程导向型组织。

流程企业的组织是围绕着企业的核心流程来设计的，而不是围绕职能部门、任务。这些核心经营流程往往和满足顾客的需求相关，并且也直接体现企业价值增值及其绩效指标，当组织出现问题时，往往会考虑这样的问题：1. 顾客的需求究竟是什么？2. 应该如何满足顾客的需求？企业应该达到什么样的目标？3. 流程应该如何简化、削减冗余的或不必要的步骤并去除那些常常导致错误和返工的任务传递活动？4. 如何组建相互协作、自我管理的工作团队来完成流程的经营，实现企业的绩效目标？5. 如何改善一个领导或一个领导团队来主管和指导每一个核心经营流程？如何激励和改善团队或个人和行为？

一般地说，业务流程是由一系列有共同价值目标的活动步骤组成的，诸如为顾客创造价值。打个比方，业务流程有点像计算机程序，也是为业务服务的，与其他方面（其他流程、人员）有交叉。因而，我们在进行业务流程设计和流程改革时，更多的是在设计界面、输入点、输出点、接口、汇集点、分流点，尤其是业务流程活动要联接得当，谁送出，送什么，谁接收，收什么，都要自圆其说，以确保信息输入输出顺畅、快捷地到达其应该到达的地方。

流程设计主要指对整个流程进行设计，并在实践中不断优化，不断改善企业流程。负责人还要协调各个团队之间的关系，以确保流程以最有效的方式执行并实现流程的目标。

最后需要说明的是，在业务流程设计和流程改革的过程中，不应该盲目追求自动化。因为，自动化并不是对于任何业务流程的运作都是有效的。一般来说，它可以加强那些本身控制和运行良好的业务流程，而对于那些本身有问题的业务流程，它只会在空耗费用的同时使流程更加混乱。此其一。其二，在对业务流程进行自动化再造时，完全没有必要去追求100%的自动化，这一方面开发时间较长，成本高昂；另一方面100%的自动化用于现有流程，往往使流程刚化，增加它随着流程再造而改变的难度。所以，我们一般建议，在这个过程中，采用通常的20比80的原则，即以20%的成本和时间来设计和应用一个能完成80%流程功能的自动化系统，以求获得流程效率与低成本的最大化。

◆ 流程设计和流程改革的中国范式

流程设计和流程改革的思想原则、方法日臻成熟，并经无数成功个案证明，我们实行“拿来主义”就可以了。但流程设计和流程改革的操作范式，就不可以照搬照抄西方的。因为东西方文化的差别——人本身的差别，必然要求再造的具体操作范式有所差别。正是基于这一认识，笔者倡导并构建中国范式的流程设计和流程改革。

流程导向型企业与传统的职能中心型企业的显著区别是：以生产或服务一线为中心，即以直接服务顾客的流程前端为中心，价值决策置前化。这就要求流程导向型企业人员，既要具有敢作敢为、勇于承担责任和风险的素质，也要具有善于团队协作，自愿分担团队责任和风险的素质。

就这一点对人本身的素质要求来说，西方人具有更多的个人敢作敢为、勇于承担责任和风险的素质，而团队自愿合作的观念相对薄弱；相反，中国人具有更多的群体观念，而相对地缺乏个人敢作敢为、勇于承担责任和风险的素质。因而，西方企业再造的重点当然就是团队观念、团队机制、团队行为活动及其条件边界等；而我们中国，流程设计和流程改革的重点也就应该是个人观念、个人机制、个人行为活动及其条件边界等。此其一。

其二，欧美企业包括日本企业，它们大多数企业硬环境较好，自动化程度较高，再造后的冗员——裁员较少，因而它们再造的步伐可以较大；而我们中国，大多数企业硬环境较差，自动化程度不高，流程设计和流程改革后的冗员——裁员会较多，只适宜多步快走的再造范式。

以上是笔者构建流程设计和流程改革的中国范式的立论依据。而笔者的中国范式具体可以说是基于企业业务流程——企业文化、个人和团队质素—行为及条件边界这二维的阶段比例范式。

一般来说，企业流程设计和流程改革，比企业文化的再造容易得多。尤其是我们中国人，长期以来形成了“眼见为实”的心理，不先造出一些成效来，是难以从根本上改变人们的思想观念的。通常情况下，人们接受新事物新思想，会经过抗拒——半信半疑——接受三个阶段。把人从抗拒引导到半信半疑只需些少功夫，而把人从半信半疑引导到接受则要费很多功夫。因而，笔者建议先用20％的成本和时间再造企业文化，用80％的成本和时间再造企业流程。而一旦流程设计和流程改革成功，并成为再造企业文化的一部分，以后的企业文化再造就省力得多了。

人的素质（团队、个人）与流程范围（行为活动及条件边界）都属于企业文化与流程设计和流程改革的范畴，但就企业个别的团队、个人和个别的流程设计和流程改革来说，也存在相对独立的对应关系。无论是个人，还是团队，一般地说，都要经过四个发展阶段——“成形期、风暴期、规范期和成熟期”。因而，我们在团队的行为活动及条件边界上，应该是成形期20％的授权，风暴期40％的授权，规范期60％的授权，成熟期80％的授权。换句话说，在成熟期是80％管理，20％领导；在规范期60％的管理，40％的领导；风暴期40％的管理，60％的领导；在成形期是80％管理，20％的领导。

多步快走的流程设计和流程改革范式：①先以20％的成本和时间，来设计及应用一个能完成80％流程功能的自动化系统，以求获取流程效率成本的最大化，同时也为避免在未解决主要问题的情况下使流程硬化，影响流程的下一步再造、完善。②整合核心流程，并逐个地进行，以减少“地震”强度，以积累经验，并迅速获取再造的倍增效益，从而有条件有财力拓展新的业务增长点来安排富余人员重新上岗。③最后再造辅助流程。

八、检验流程设计和改革好坏的参考标准

现在，读者已经了解了业务流程设计和流程改革的出发点、内容和要求，也许读者还要问，我们怎么知道自己的业务流程设计和流程改革工作是否做得好？在这里，我们提供下列几点以供参考：

1. 每个业务流程都应跨越几个部门。

2. 业务流程注重的是目标和结果，而不是强调行为和手段，换句话说业务流程是关于什么，而不是怎么样。业务流程都有各自的输入与输出，无论是流程本身，还是输入或输出，企业里的人都应该很容易弄得懂。

3. 所有的核心业务流程都直接或间接地与顾客有关，与顾客的需求有关。

4. 在不同的情况下，允许有不同的流程结构。

流程企业也有一个管理幅度的问题，只是它借助现代信息技术，而使其管理幅度大都比传统企业的管理幅度更大，但绝对不能不考虑管理幅度。在检验流程设计和流程改革好坏时，我们还可以从流程管理的幅度作为参考标准。

在实施业务流程设计和流程改革的过程中，我们将以什么来界定组织的管理幅度呢，请参照下列影响的因素：

1. 下属是否可以直接得到所需信息？

2. 下属是否有足够的能力去处理信息？

3. 下属是否有明确的授权去根据信息作出自己的决策？

4. 下属是否愿意承担与这些决策相对应的责任？

5. 是否有合理的激励机制去鼓励下属承担责任以及合理的风险？

这些因素实现得越多，管理幅度就可越大；反之，则越小。

第四节　确立工作业务的最佳运作办法

所谓最佳运作办法，就是针对任何一个流程上的业务活动、业务活动与业务活动之间的逻辑关系、业务活动的实现形式，以及业务活动的承担者这四个环节，不断地审视、思考和发掘有没有更好的运作办法，一旦发现或创造出运作办法，就立即推广。

最佳运作办法的首要内容是针对那些覆盖面广的、经常要做的工作，即每

月、每周或每天的工作。刚开始的时候，不要太复杂、琐细，要像座右铭一样简单地列举，指导员工养成良好的工作习惯。

一、基本要点

第一，如何为每个工作岗位明确最佳运行办法，这意味着弄清目前在这项工作中，达到什么程序是最好的，并以此作为最佳运作标准。

第二，在参与工作的每个人的脑子里强化观念，让员工注意不断地改进工作。

◆ **最佳运作办法是：**

- 做好一项工作的最好、最简便、最安全的方法。
- 保留专长的最佳途径。
- 培训员工的基础。
- 避免重复错误的途径。
- 保持运作标准的办法。
- 表明是否取得进展的有效途径。

二、如何寻找并实施最佳运作办法

让经理和员工跳出本公司的圈子进行思考，通过访问其他令人羡慕的公司，取得第一手的新思想、新途径，以便为我所用。建议如下：

• 进行实地访问会对访问者产生深刻影响。

• 预先确定想参观了解哪些内容，想问此什么问题。这样，参观者就不会浪费时间，东瞧西逛了。

• 指定一些个人或小组，负责将员工所发现的情况，回来后向一个特别会议作汇报。

• 带着一线员工一起去参观，特别是要带上那些喜欢冷嘲热讽或在工作场所对工友有较大影响的员工。

• 参观的公司不要仅限于同行，要注意选择那些在某一方面做得特别突出的公司。

三、最佳运作方法应包含以下内容

1. 描述需要做的工作；

2. 指出必要的材料和设备；

3. 描述采用的办法，包括一些特别注意事项；

4. 描述或图示一下良好的工作包括工作的各个组成部分应该是怎样的；

5. 使用评估办法（工具）以便工作者了解自己是否圆满地完成了一项工作；

6. 表明经常出现的失误，以及如何去改正；

7. 写明起草最佳运作方法的人是谁，以及最近一次更新的日期。

四、让员工自己提出“最佳运作办法”的建议

员工自己动手起草和修改是基于以下两种原因：工作岗位上的员工最了解该工作（员工每天都在干），当员工自己拟定最佳运作办法时，员工对自己的工作会相当负责。这意味着，员工会更多地将工作中出现的问题当作自己的问题。

我们十分赞同在工作场所让员工提出建议的做法，这些建议应是由通晓这项工作的人提出来的。对建议做出答复的，应是那些直接管理该项工作的管理者，即团队领导或一线经理。

一个正式、有组织的员工提交建议的方式，就是明确它们将怎样被记录、评估和实施，更重要的是告诉员工怎样进行奖励。

五、如何编写改善计划及改善报告

◆ 编写改善计划的七大要素

1. 背景：明确课题产生的意义。

2. 现状把握：通过对现状的了解，发掘出问题。

3. 目的：想要得到的结果。

4. 改善着眼点：准备从何处着手（明确努力的方向）。

5. 目标：明确要努力的程度。

6. 组织：分工明确，团队作战，成就感。

7. 日程计划：进度明确，整体协调。

◆ 解决问题的一般步骤

所有成功的项目都遵循以下顺序：症状—原因—补救或改善方案。

因而有两个过程：从症状到原因，从原因到补救或改善方案。并将进行如下诊断过程：

症状；

有关原因理论；

对理论进行检验；

确定原因。

当所有步骤或阶段都列出来后，人们对每个方块分别进行自由讨论，讨论通常从最左侧的方块开始。这种技巧有几个优点：

1. 它能确保任何过程都不会被忽略。而用其他对各过程区分的头脑风暴法则可能会忽略某些过程。

2. 它能使人一眼就看出一些操作比其他操作更加关键。

3. 偶尔一些规律会浮现出来。如“操作中损坏”可能在几个方块中同时出现，从而表明操作需要特别的注意。

在完成流程分析图表之后，有必要进行一些诊断或收集数据。人们提出许多可能原因，但这些原因并非同样重要，在一些情况下，一些原因可能还是不现实的。它们仅仅是理论。正如前所述，所有假定都必须经过检验，其中许多会是虚假的——很可能这就是问题未解决的原因。

在收集完数据并对其进行分析之后，人们能发现一些理论是正确的，于是真正的原因就被隔离出来，例如，假定已发现交货不及时的主要原因在于“包装破损”，且发生在四个可能的阶段，进一步收集材料则又发现大部分破损发生在仓库里。

案例：GE 公司的“最佳操作办法”

1988 年，韦尔奇上台伊始，指定通用电气公司的企业发展干部迈克·弗雷泽建立值得通用电气公司学习的企业名单，然后研究他们的成就。弗雷泽选择了 9 家公司进行研究，包括福特、惠普、查普瑞尔钢铁公司，以及日本最著名的两家跨国企业。通用电气公司选派一个 10 个成员的小组到世界各地，花上一年的时间实地搜集这些公司的资料。GE公司发现这些成功企业的成功秘诀虽然存在一些差异，但却存在着共同的特征，诸如：

• 他们管理的是过程而不是管理人。他们不是追踪生产多少，而是专注于如何生产。

• 他们利用过程标示图和基准点显示改进的机会（过程和标示图是将特定工作的所有步骤逐一记录，不论有多么细微。基准点则是比较自己和目标的标准，例如竞争对手的绩效）。

• 他们强调持续性的改进，并且赞赏小幅度的改进。

• 他们以顾客的满意程度作为绩效的衡量指标。克服牺牲顾客达到内部目标的倾向。

• 他们通过不断推出更为有效率地生产而设计的高质量新产品来提高生产率。

• 他们视供应厂商为合伙人。

听完弗雷泽小组的报告后，韦尔奇立即改变了主意，他下令在克罗顿维尔开设一个“最佳做法”的新课程，并指派“解决问题”小组将“最佳做法”的方法推广到整个公司。他经常喜欢引述鲍曼的话：“最佳做法使剽窃行为合法化。”

“群策群力”现在大量倚重由“最佳做法”中学习到的工具，尤其是流程标示图。有些流程标示图复杂程度不亚于整个电脑芯片的线路图。每个企业的“通用电气”人，都会靠确认所有步骤的方式，掌握整个程序。这标示图甚至连采购或是运输的核准签名等微枝末节，也一一加以注记。因为一份文件在签名之前，可能让你在办公桌前忙上一整天。删除不必要的核准程序，可以大大加快整个流程的速度（当流程标示图帮不上忙的时候，通常是在注意细节方面失去控制）。为了建立速度和顾客满意的共同承诺，通用电气邀请例如3M和西尔斯（Sears）等上下游的供应者和客户，一起参加这种活动。这些活动对建立信赖非常有帮助。

六、常见的流程浪费与消除方法

◆ 常见的七种浪费现象：

1. 造成错误；2. 重复；3. 等待、拖延；4. 过多的移动和传送；5. 过量生产；6. 库存积压；7. 缺料。

如果你把工作定义为给顾客增加价值的话，经理和员工们可能就会对自己的浪费感到吃惊。

◆ **消除浪费的方法：**

- 消除浪费——目标和原则。
- 流程图——表明造成浪费的地方。
- 浪费的七种罪状——解释。
- 5 个为什么——提示问题根源。

◆ **解决问题和改进工作流程的 SPECS 五步法：**

- 研究问题，即收集具体数据。
- 做出改进计划，即谁来做，什么时间做，做些什么。
- 执行计划。
- 检验你在实践中执行计划的情况。
- 使运作程序标准化，即将它写入 BOP（最佳运作办法）。

在上述的解决问题和改进工作流程的 SPECS 五步法中，其中的关键是做好计划，尤其是要做到“有计划地进行自由畅想”。

◆ **有计划地进行自由畅想**

1. 在一页纸上写出自由畅想的原则：

(a) 数量为重；

(b) 先不进行判断；

(c) 自由联想；

(d) 互相交流。

2. 召开自由畅想会。

3. 分组、排序。尽量把所有主意都归类、分组。有了这个结构后人们就能更好地理解这些主意。让大家讨论一下每组中的哪些主意都有多大价值，是否可行，某些主意是否可以施行等。然后发给每个人 3 张选票，选出 3 个员工认为最能解决问题的主意。让每个人在自己选择的主意后面画“√”。这个程序很简单，但特别有用，能让你在团队的帮助下缩小你的选择范围。

4. 行动和日期。让大家商定，应该首先采取哪些行动，确定实施这个行动的人选，以及应该在什么日期完成。列出一个时间表，表的一个轴是各负责人的名字，另一个轴是时间，要确保各行动之间按照逻辑的顺序依次进行，并确定在哪些日期进行中间总结。

表 10-1　**程序改进符号表**

操作	○	工序上增加价值的任何步骤
运输	⇨	造成物品、信息、人员移动的任何步骤
耽搁	D	对材料、信息和决定的任何延迟
检验	□	包括检验、检查、签字等
储存	▽	按计划堆积原材料和产品
返工	Ⓡ	所有不必要的、重复进行的运作步骤

表 10-2　**程序分析答案表**

序号	程序步骤	分钟	程序符号					
			○	⇨	D	□	▽	Ⓡ
1	组合两个部件		√					
2	重复一个步骤							√
3	搜寻信息			√	√			
4	移动材料					√		
5	检验一份报告			√				
6	等待会议开始			√	√			
7	重新输入数据							√
8	向储备库走					√	√	
9	传真信息		√					
10	向储备库储存材料					√		
11	在数据的原始来源处收集数据				√			
12	进行质量检查							
13	等待打印稿							
14	签署一个文件，该文件要求人 们行动起来				√			
15	把表格放在文件袋里						√	
16	按计划进行拖延							

表 10-3　程序分析：通过申请单进行买卖表

序号	程序步骤	分钟	程序符号					
			○	⇨	D	□	▽	Ⓡ
1	提出申请	10	√					
2	申请表格邮给老板，以获得签字	720		√				
3	表格放在待处理的文件夹里	75			√	√		
4	审查表格并签字	12						
5	表格放在送出的文件夹里	90		√	√			
6	表格再次邮到发起人手里	720						
7	表格再次放在待处理文件夹里	45		√	√			
8	表格邮到销售商那里	720						
9	表格放在待处理文件夹里	75			√			
10	表格中提出购家的物品，销售商向厂家要货	18	√					

上表所用的是通过一个简单的书面订购例子程序，来说明在这个简单的订购程序中，只有 18 分钟是增加价值的活动，其余2 467分钟都是浪费。这就是说，在总共2 485分钟的整个循环时间里，增加价值的活动还不到 1%！

第五节　流程设计和流程改革的方法与工具

一、业务活动图示法

业务活动图示法（Business Activity Mapping，简称 BAM）是用以建立工作流程模型的主要方法。使用 BAM 方法，所有业务活动都可以识别界定。作为交叉参照点，对其他职能的全部关系都可表示，而且所有的流程都可纳入模型。BAM 方法的目的是要提供工作活动和工作流程情况的全面模型。这些模型信息全，既有图例表述工作流动情况，还提供相关的细节情况，有助于我们理解业务运作。

业务活动图示，就其性质而言，既有网络特点又有层次等级。业务活动流的启动是从最基本的问题开始的："这个单位负责什么？"——他们做什么事？

要回答这个问题就会引出一连串的活动。一般低层次活动比较简单，而高层次活动比较复杂。高层次活动还要视其复杂程度分成若干较低层次，来分别陈述它们的功能。通常一项活动可能分成 3 至 4 个层次，但最复杂的活动可分列为 7 个层次。在流程分解中，究竟一个业务应该有多少层次才合适，并无一定之规；每个层次该有哪些内容也无限制。我们作分解的目的是要让分析者或经理，从最高层次移至最低层次——业务职能层，如此，才能把握业务流转情况。在实践中，我们也可以注意到，各种活动的复杂程度不同，达到业务职能层的层数也不一样。一旦在分析中达到业务职能层，与职能内工作相关的信息就可以界定，并且纳入整个图示之中。所有与它们有相互作用的职能及其时间资料，也都要列入该图示表中，并确定互相关系。这时业务活动图示也就完成了。

由于业务活动图示是识别流程的基本方法之一，我们在使用时务必要有正确的态度。在收集信息时不能随意批评指责或嘲笑有关人员，我们要能容纳做事情的各种方法，不要戴自己的有色眼镜去看问题。我们的职责是收集资料，要求准确。凡是业务活动图示里未列入的，整个流程再造中就不应该出现。业务活动图示中的信息必须是事实，而不能是我们的解释。这就要求我们注意从业务活动参与者本身的角度来反映、理解业务活动。我们需有高度的灵活性和宽容度。

业务活动图示法在整个流程设计和流程改革过程中都可以使用，如开始阶段用于识别核心业务，以使流程达到定位的目的；分析研究阶段的重新设计工作流程，模拟仿真再造后的新流程，以及实施阶段对流程设计和流程改革方案的评估、检验等。

业务活动图示已是一种比较成熟的方法，在美国已有统一的图例，为了便于有兴趣的读者使用，我们介绍几种基本的图例，如图 10-14。具体说明如下：

（1）行为符号：业务活动图示由一系列的圆圈组成，我们称之为“圆圈”，代表行为、业务活动。

（2）每个“圆圈”代表一项单独的工作步骤，都有一个名称。退出标记可以有单一、多项以及选择三种。当业务职能分解层已达到，行为圆圈外面就加一个方框，代表业务职能层。

（3）决策符号：许多工作行为包含两种决策，两种决策的结果可能分别导致新的行为。多种决策则产生多个行为圆圈。一般决策以圆圈边上添加一个菱形为标记。

（4）图示编号：按同一层次进行编号，第一层的分别冠以 11、12、13，第二层的分别冠以 21、22、23——如此类推。

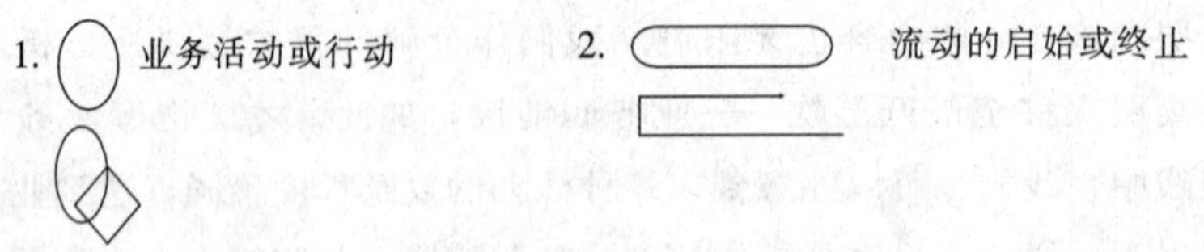

3. 从业务活动有条件退出的机会。这是一项决策，表示一种“或”情况

4. 报告或存档用

5. 业务职能（同一个业务活动图示）

6. 换页联接符号

7. 外部业务活动图示联接符号（联接另一个 BAM）

8. 流动方向指示

图 10-11　业务活动图示

业务活动图示，应该是在流程设计和流程改革人员与部门经理及员工面谈获取资料后画出的。实际上这类谈话有两个目的，首先是利用这些面谈的机会，向有关单位有关人员介绍这是做什么，为什么这样做，与流程设计和流程改革的关系等等，这本身就是一次宣传发动的机会，很可能是今后多次面谈的第一次。许多人会应要求谈他们具体做什么，甚至结合工作谈企业文化等内容，这些人员的思想、看法一定会有价值的，我们必须给予足够的重视。其次，面谈要了解情况，要收集了解各种信息，但要有时间概念，抓紧一切时间。问题可以从大范围问起，如这个部门是做什么的，他们生产什么……一边交谈，一边也可以问每个活动中的一些细节和问题。同时也可以听听他们有些什么改进的建议。

等到初步理清业务活动流之后，从事分析的人员应一起商量，互相联接，确定相互关系，有人称之为列出“关系示意图”。从整个公司来看，各业务活动要联接得当，谁送出，送什么，谁接收，收什么，都要自圆其说，杜绝漏洞。

二、组织的影射和分析

组织的影射和分析是一项技术，它可以形象地反映企业的运行现状，显露问题，引发人们对企业的深思。它对企业流程设计和流程改革工程的实施，有重要的参考和应用价值。这项技术使用方便，具有很强的可操作性。目的在于发现组织是如何运转的，一个组织的各个部分之间以及与其他组织的关系是怎样的。

完成画组织图并进行分析这一完整的工作，一般需要六个步骤。它们分别是：确定关键的经营问题，画关系图，确定断点，分析并确定相关流程，画流程图并确定流程断点，完成界面及流程分析。

◆ 确定关键的经营问题

在运用任何一种解决问题的工具的时候，最好能有一个经过明确定义的问题，它引导着整个决策的制定流程。这个问题就是关键经营问题，它对组织结构有重要的影响，同时它具有可衡量的标准和可操作的目标。运用它可以帮助你进行下列决策：

什么样的组织单位应该包括在分析中？

什么样的流程应该受到检查？

应该包括多少细节？什么时候问题得到了解决？

一个关键经营问题包括以下几个重要的组成部分：经营业务和问题，绩效指标，现有的和目标标准水平以及达到目标的影响。

经理们也许对缩短交货时间或减少书面工作量感兴趣，也许想提高完成客户订单的时间并降低其成本，也许想检查财务部门的效率，所有这些都是进行经营业务和问题分析的潜在来源。这里所要问的基本问题是：如果这件事现在不发生会产生什么结果？为什么这个问题是关键的？这些问题的答案可以包括从确定量化到非常含糊多种情况。如果以交货时间作为直接的标准，那么类似于效率或质量这样的概念就显得十分抽象。这就是引入关键经营问题——绩效指标的原因。

◆ 关键经营问题——绩效指标的要因分析

例如，在满足顾客订单的效率问题上，我们可以采用以下标准：交货周期、每份定单成本以及顾客对运货时间和费用的投诉次数。

关键经营问题的另一个直接组成部分，是现有的和目标的标准水平。一旦你已经确定了一些行为标准，那么下一步就是决定目前行为水平的是什么，以及具有可行性的、可提高的目标是什么。

关键经营问题的最后一个组成部分，是估计达到每一个行为标准的目标水平所带来的影响。我们可以问自己，填补位于组织和客户间的鸿沟会带来什么影响?

◆ **画关系图**

关系图显示了组织中的各个部分及其相互间的联系。它不同于流程图，不显示时间上的继承关系。但它提供一种极好的方法来检查组织中的界面。要想画组织的关系图，我们首先要收集有关系统组成部分的信息——输入、输出等，而后再作出草图，最后与其他人确认信息后，将图完成。

画组织关系图的一个重要问题，是确认输入和输出。所谓界面，就是指两个系统或子系统间的输入—输出关系。输入是指进入系统的任何东西。实际上存在三种不同的输入：基本输入、资源输入和反馈输入。

基本输入是促使系统开始运转的输入，也可以认为基本输入是带到输出里的输入。为了找到系统基本输入，我们可以问自己或别人这样一些问题：是什么促使组织运转？进入组织并流动的是什么?

资源输入是用于支持基本输入流动的输入。这些输入使得系统正常运行并生产出产品或服务。劳动力、资本、新设备都可认为是资源。

反馈输入是提供关于系统输出质量信息的输入。反馈对于输入需求、流程中采用的方法以及产生输出的改变是关键的。企业需要知道他们的产品或服务，是否满足了顾客的要求。为了确认系统的反馈信息，我们可以就系统的每项产出向自己或他人问如下的问题：在组织内部是如何对产品或服务进行评价的，谁得到这个信息？客户是如何对企业的产品或服务评价的，谁得到这个信息?

输出也可以分为两类：基本输出和反馈输出。

基本输出是系统运行的结果，也是系统运行的主要使命。要想确认基本输出，我们可以问这样的问题：组织主要的目标是什么？它为什么要存在？组织提供什么样的产品或服务?

反馈输出是组织用来提供给它的供应者的，是关于它收到的输入的质量的信息。这种反馈可以简化为是继续保持、改善，还是停止、断绝一种关系。你可以问这样的问题：组织是怎样评价其输入的，谁得到这个信息？

◆ **确定断点**

断点是与界面有关的问题。所谓断点，是这样一种界面，它有所缺失，或不必要，或运行不良。

组织是像人体一样的系统，具有一定的功能并能与环境相适应。当系统有问题时，就会出现症状。断点在我们的分析中就起症状的作用。一旦我们能够发现组织或流程中的断点，就能够寻找病因，从而找到治疗方法。

组织中也存在着明显的断点和一些需要经过探求才能发现的断点。遵循以下的原则可以帮助我们发现断点：

（1）坚持事实。最好的发现断点的方法，是以实际的眼光而不是以想象的眼光去看待系统。你应清楚组织中有什么以及没有什么。

（2）我们在画组织关系图时，脑子中要时刻想着关键经营问题。我们可以问“图上的什么东西可能会影响这些问题?”在我们添加界面时，同样要考虑它对这些问题的影响。

在发现一个断点之后，不应立刻就解决它，而应将其记录在一个表中，以用于分析，最后加以整体解决。

◆ **判断是否深入分析及确定相关的流程**

如果发现的断点至今未对关键业务的绩效指标产生影响，如果某一断点指出了某一子系统或流程中的问题，深入的分析是需要的。

为了获得关于所有断点对关键经营业务影响的完整信息，应当针对每个断点和每个关键经营业务的绩效指标设问：这个断点怎样影响了这些绩效指标?断点是那些未建立的或不必要的或未能良好执行的界面或流程中的某个步骤。显然，断点将影响关键业务的绩效水平。问题是影响有多大？如果断点大大改变了绩效指标的执行结果，那么该断点对关键业务的执行便有很大的影响；反之，该断点只有很小的影响。

一旦我们决定继续深入地分析，那么，有两种方法可以选择待分析的流程。

第一种方法使用关键经营业务绩效指标和影响它们的流程的信息。每个指标通常被一至多个流程强烈地影响。该方法有助于指出那些影响最大的流程。

它一般需要下列三种信息：关键经营业务绩效指标、影响绩效指标的关键流程、关键流程的功能。

第二种方法使用断点和其影响的信息，这些信息有助于选择待分析的流程。断点通常影响特定的流程。这种方法有助于指出哪些流程受到最大的影响。该方法使用四种信息：衡量关键经营业务的绩效指标、断点、断点对绩效指标的影响、相关流程。

方法一的优势在于可以在没有关系图的情况下使用，可使你正确地建立起流程图。方法二具有利用断点信息的优势。这种信息可以帮助你在两个或多个有潜力的流程中选择。

一般可以使用这两种方法，它们可能产生相似的信息。比较而言，第二种方法更为慎重。

◆ 画流程图并确定流程断点

流程图指出信息或产品生产流程的先后次序。流程图的目的是记录输入转换为最终产出的具体方式。为此，需要追踪一个明确定义的产品或服务从开始到结束的整个流程。

流程图可以用来描绘组织的各个层次，包括微观的和宏观的。根据流程的不同层次，收集信息的方法也不同。比如，在微观层次，一个流程往往只由一个人来执行，完成这个流程是他的工作或其工作的一部分。那么，就可以采用与这个人对话的方法来收集信息。

对于宏观层次，一个流程可能跨越产品从开发到销售的各个阶段。在这种情况下，仅仅通过与当事人谈话的方法可能会遗漏重要的信息。更好的方法是组织一个作图小组，小组成员来自流程所涉及的各个职能部门，每个成员负责画出属于其职能的步骤，最后汇总成一个交叉职能的流程图。从该图中将会看到各个职能之间的矛盾和不一致之处。

一个线性流程图，需要两类基本信息：一是流程的步骤，即组成流程的活动和成效是什么？二是步骤的次序，即各步骤以什么样的次序执行？有同时执行的步骤吗？什么时间执行？具有这些信息便可以描绘任何线性流程图。

交叉职能流程图指出每个职能执行步骤和各职能之间的关键界面，为交叉职能流程图收集信息，首先应回答下述问题。

（1）流程的每个步骤由哪个部门执行？（2）流程输入由哪个部门提供？（3）哪些部门接受流程的输出？（4）流程的第一步是什么？第二步又是什么？

下列问题是我们在检查流程断点时必须注意的：

（1）是否存在被忽视的流程步骤？

（2）是否有不必要的或多余的步骤？是否有花费时间和资金但不带来任何增值的步骤？这些步骤是否可以同时完成或者为其他职能部门完成？

（3）是否有未被有效执行的步骤？是否有造成不合格的产出或不可接受的时间周期的步骤？

在画流程图时应严格根据数据作图，不假设实际上并不存在的步骤，同时记住关键经营问题，不断地寻找影响绩效指标的因素。

◆ 完成界面或流程分析

完成界面分析与完成流程分析两个步骤，具有相同的分析程序和分析项目。首先要说明公司再造的流程结构。要增加或删去哪些界面？新流程应该是怎样？这就需要建立新的关系图和流程图，在这一流程中应充分考虑到可利用的信息技术的能动作用。所建立的新的图式将描绘组织系统的理想界面、理想的反馈和流程。

其次要说明公司流程设计和流程改革后的组织系统的理想产出。设定界面和流程步骤的理想产出，完成界面和界面或流程分析，并需提供下列信息：即理想的产出、实际的产出、理想与实际产出两者之间差距的影响、差距产生的根源以及实施改变的建议。

画理想的关系图和流程图与以前讲的作图原则没有区别，但仍有一些需要特别注意的地方：

（1）保证设计新系统时考虑所有的断点。在实施系统改变时，应检查每个断点。仅仅改变一些界面和流程的图示，并不能解决所有的断点问题。对那些未良好执行的界面和流程步骤均应做进一步的分析。

（2）检查可能被造成的新断点。对任何系统而言，解决一个问题可能会造成新的问题，因此在系统改变流程中应提前预见潜在的断点。

（3）与同事们一起检查新系统的可行性。组成一个小组或团队来分析和实施系统的改变，是一种较好的方式。

建立系统的理想图式之后，为了实施这种改造，应分析断点和新的界面。为了设定每个界面流程步骤的理想产出，需要考虑下列三个问题：

一是确定哪些界面或流程步骤需要被具体说明。大多数系统是十分复杂的，因此不可能对每个界面、每个流程步骤都详细说明。为了辨别关键的界面或流程步骤，需要人们的判断力。

二是对每个关键的界面或流程步骤进行分析，找出能够最好描写产出的各个方面，分析好的产出与坏的产出之间的区别。

三是根据上述分析获得的绩效指标，设定一个合理的产出水平。

本章实战型思考题（答案在 www. mgmtkey. com 网站）

10.1　刘一公司是一家大型通讯设备制造公司，一向是通讯市场的“老大哥”。其业务流程是：1. 市场部开发客户并把订单拿回来，交给计划部；2. 计划部经过翻译和形成计划，形成生产装配指令书并下达到总装部；3. 装配指令书在总装部→车间→小组→员工层层下转，直至负责装配的操作员工；4. 装配完后，再顺原路把资讯返回给计划部；5. 计划部把测试指令书下达到总测部；6. 测试指令书在总测试部→车间→小组→员工层层下转，直至负责测试的操作员工；7. 测试完后，再顺原路把资讯返回给计划部；8. 计划部通知市场部发货。这样的业务流程生产周期长，顾客满意率低。更成问题的是，通讯行业越来越明显地出现这样的趋势：产品小批量、多样化、更新换代快。而刘一公司的竞争对手——一个新进入通讯市场的“小弟弟”，之所以能够把自己的客户一个个抢走，主要是因为他们进行了不同于传统的业务流程改革（而且改革没有特别花费多少设备投资），一台2 000门的交换机，从领料、组装、调试到送检入库发货，一天就能完成，一台10 000线的万门机，5 天就可以交货。这样的速度是刘一公司无法想象的，而且还大大减少库存成本和工作场地。刘一很想打听竞争对手的业务流程是如何设计的？你有相似的经验吗？你可以想象出来吗？需要我们告诉你吗？

10.2　刘二公司是一家大型制造企业，拥有比较先进的高速生产设备，既生产制造自己品牌的产品，也为多家大品牌商提供 OEM 加工。最近，那几家大品牌商说要取消其 OEM 加工合约，原因是其交货速度太慢。现在刘二头痛的是，如果要符合几家大品牌商的交货速度要求，他目前所能够想到的办法是，增加库存量，预测客户的订货需求量，提前生产。但这是他最不希望采取的方法，他过去曾因为采用这种方法，而因客户对产品要求的变化而亏损很大，差点破产；即使客户的产品没有变化，在今天的微薄利润率下，增加库存量，也会给企业造成发展的困难。但如果不增加库存量，由于产品的不一，需要频繁更换模具，有时一天就更换两三次模具，而每一次更换模具动辄需要几个小时，一方面增加了很多管理成本，另一方面也无法适应客户的交货速度要求。其实，刘二的问题并不难解决，完全可以在既不增加库存量，也不需要频繁更换模具，只需在流程上作小小改动，就可以解决。你有相似的经验吗？你可以想象出来吗？需要我们告诉你吗？

10.3 刘三公司是一家大型集团公司，旗下有近 20 家法人公司。刘三发现，其旗下甲公司连续三年业绩不但名列集团公司第一，而且名列行业第一。进一步调查发现，甲公司确实因为有一整套创新性的经营范式，才取得如此成就。于是，刘三决定，以甲公司为标杆，在集团内掀起一场学习标杆企业的运动，复制甲公司的经营范式。而当刘三公司的其他近 20 家法人公司的骨干到甲公司参观考察时，无论是高层负责人，还是中低层管理人员，都一致认为甲公司的经营范式值得学习。他们的做法是：1. 专门聘请几个专家，会同甲公司的相关人员，在原来的 ISO 文件体系的基础上，对所有运作程序进行文件化，着重于原来的 ISO 文件体系没有记录的东西。2. 以每一个输入与输出的流程单位，进行成功关键因子分析，始终追寻如下问题：A. 成功开始是如何做的？B. 为什么这样做？C. 在整个流程中出现过什么问题？D. 这些问题是如何解决的？然后把成功关键因子整理成文件化。3. 把甲公司的 ISO 文件体系，连同文件化的成功关键因子复印给所有学习者。4. 组织其他公司的各个层级的相关人员到甲公司现场观摩，并由专家和甲公司的相关人员具体讲解其经营范式。然而，两年过去了，刘三集团属下没有一家公司学习成功，而且其中不少公司还出现混乱，业绩比学习前更差。刘三百思不得其解，同一个集团公司，企业的核心价值观是一样的，大家对学习甲公司都非常积极主动而又热情高涨，而所采取的学习方法也是符合国际企业学习标杆企业的一般方法，为什么还会失败？刘三又请有关专家前去诊断，专家发现，问题出在各个企业有关人员的心态和复制原则没有把握好。那么，在学习标杆企业时，除了上述方法之外，还应该要具有什么样的心态和把握什么样的原则呢？

10.4 刘四公司是一家饮料类食品企业，产品主要有三大类十多个品种，分 200 毫升、300 毫升、1 000毫升三种包装规格。所有产品都是由同一套设备生产出来，不同包装规格的转换，每次需要停产 3 小时和投入 15 个员工调整设备。一方面为了减小换模和调试的时间损失，另一方面根据一向的市场需求比例和成本测算，刘四规定每个规格产品原则上每月只转换一次，200 毫升、300 毫升、1 000毫升平均每次生产分别为 5、8、8 个工作日。如果客户错过了一个生产周期，其订单就会被延迟最少 17 天（13 天加上 4 个休息日），因此客户常常不满，而竞争对手却能在大多数情况下能够在10天交货，也因此刘四失去了很多订单。他如果要满足客户的交货速度，就要增加库存量，而导致占用更多的资金和利润下降。后来一个客户告诉他，他的竞争对手也没有以增加库存量来提高交货速度，而是采用了柔性生产方法。刘四不以为然地说，柔性生产方法需要投入大量的设备投资，不适合他们这种微利企业，客户告诉他，竞争对手完全没有增加投入一分钱设备，仅仅是管理方法的应用就已经提高了交货速度。刘四闻说，非常感兴趣，立即向有关专家咨询这种方法。你是否有相似的经历和问题？是否需要我们给你这种柔性生产方法？

10.5　刘五公司也是一家豆奶食品企业，在其豆奶食品制造成本中，物料成本占了60%多，由于存在不同物料受季节供应和市场供应波动的影响大小不同，采购周期也存在长短不一的问题，刘五公司为了确保生产需求的稳定性和连续性，长期以来都是采取加大安全库存量的方法来解决这个问题。但今年一方面是豆奶产品价格略有下降，另一方面是部分物料涨价，致使他的公司物料成本偏高的问题突现了出来。他隐隐约约感到竞争对手的价格能够比他的产品更低，其中一定包括其物料管理水平比他的企业更高。他咨询有关专家，有没有方法可以在确保生产需求的稳定性和连续性的前提下，降低采购物料的成本。后来专家给了他一套方法，采购物料的成本果然下降了不少。你是否有相似的经历和问题？是否需要我们给你这种方法？

10.3　刘六公司是一家IT企业，自从其实施“全球品牌，地缘结合”的国际化策略，其经营模式就从自己购买原料、零配件、生产主要部件、系统组装、当地交货、回款，改变为自己购买原料、零配件、生产主要部件、系统组装、当地库存、销售、回款。虽然可以兼得前后段的利润，单机销售利润是比过去提高了很多，使刘六公司又获得了一次较大的发展。但近年来，IT业原料、零配件行业更新换代速度加快了，而当地库存时间需要2～3个月，放账出去最少2个月后方能收到货款，资金周转的实际天数最少为6个月，是原来的3～4倍。库存一多，产生4个连锁反应：①资金周转慢；②为了资金周转降价求售；③畅销机种缺货，而滞销机种大量积压；④库存始终消化不掉，有市场竞争力的新产品无法上市。刘六一度陷入困境之中，后来，通过向有关专家咨询、学习了业务流程再造，创造出“快餐店模式”，库存时间从100天降到50天，资金周转速度提高了一倍，新产品提前上市一个月，产品也更能迅速满足消费者的需求。你是否有相似的经历和问题？是否需要我们给你这种方法？

主要参考书

［美国］巴克·罗杰斯 著 刘文德、张翠 译《IBM 的道路——国际商用机器公司成功秘诀》中国展望出版社 1987

［美国］R. Fishey / W. Ury aft 著 震弘 编译《哈佛谈判术》科学普及出版社广州分社 1988

［美国］斯坦雷·M [illegible] 傅小平 译《企业文化的评估与管理》广东高等教育出版社 1991

［美国］广告年代 [illegible]《美国宝洁公司 150 年营销策略》香港博益出版集团 1992

［美国］彼得斯 [illegible] 菡英、黄美姝 译《卓越的热潮》中国工人出版社 1992

［美国］格林·[illegible] 哈拉尔 著 水红、徐匡、冯晓玲 译《超级企业家》中国经济出版社 1992

［美国］Price Waterhouse 公司编 刘中晏、张建军 等译《21 世纪 CEO 的经营理念》华夏出版社 1998

［美国］菲利普·科特勒著 梅汝和、张桁 译《营销管理——分析、计划、执行和控制》上海人民出版社 1998

［美国］伊查克·爱迪思 著 赵睿 等译《把握变革》华夏出版社 1998

［美国］保罗·S. 麦耶斯主编 蒋惠工 等译《知识管理与组织设计》珠海出版社 1998

［美国］约翰·P. 科特等著李原、孙建敏译《变革》中国人民出版社 1999

［美国］斯蒂文·R. 雷纳 著 侯亚峰、张宜华 译《团队的陷阱》广东经济出版社 1999

［美国］布鲁斯·A. 汉德生、乔格·L. 拉科 著 孙强毅 等译《精益企业》

上海科技文献出版社 2000

［美国］杜拉克著《杜拉克管理思想全书》苏伟伦编译 九州出版社 2001

［美国］杰克·韦尔奇、约翰·拜恩 著《杰克·韦尔奇自传》中信出版社 2001

［美国］迈克尔·茨威尔 著 王申英、唐伟、何卫 译《创造基于能力的企业文化》华夏出版社 2002

［美国］比斯盖特·舒尔茨 著 赵丁 译《顶尖管理方法》地震出版社 2002

［美国］拉里·博西迪、拉姆·查兰 著 刘祥亚 译《执行——如何完成任务的学问》机械工业出版社 2003

［美国］罗杰·马丁 著 方海萍、魏清江、范海滨 译《如何分派任务和承担责任——责任病毒》机械工业出版社 2003

［美国］维恩·哈尼什 著《掌握洛克菲勒的习惯》中信出版社 2003

［美国］琼·玛格丽塔、南·斯通 著 李钊平 译《什么是管理》电子工业出版社 2003

［美国］约翰·拉尔森 著 胡邓 译《管理圣经》企业管理出版社 2004

［英国］查尔斯·汉迪 原著 谢德高 编著《查尔斯·汉迪管理思想全书》黑龙江人民出版社 2002

［英国］戴维·德莱曼、斯图尔特·佩宁顿 著 冯伯里 译《世界级管理 12 步骤》广西师范大学出版社 2001

［日本］伊丹敬之 著 杨春明 译《企业经营成功之道》中国审计出版社 1992

［日本］盛田昭夫 著 陈建 译《索尼为什么能成功——经营之神》经济管理出版社 1988

［美国］J. 佩帕德 P. 罗兰 著 高俊山 译《业务流程再造》中信出版社 1999

余菁 编著《企业再造：重组企业的业务流程》广东经济出版社 2000

芮明杰、钱平凡 著《再造流程》浙江人民出版社 1997

王孝明 主编《沃尔玛打造“零售帝国”的 44 个奥秘》九州出版社 2004

林泽炎 主编《绩效考核操作实务》广东经济出版社 2003

姜汝祥 著《差距——中国一流企业离世界一流企业有多远》机械工业出版社 2003

左章健编著《CIS 战略——企业系统形象策划》中山大学出版社 1994

左章健编著《辉煌的背后——美国数字设备公司（DEC）发展个案剖析》广东经济出版社 1998

附录一：一事当前，应有的问题意识

（答案在 http：//www.mgmtkry.com 网站）

1. 当设计公司职务（岗位）级别时，你应有的问题意识是：
2. 当你给某人安排一个职务或角色时，你应有的问题意识是：
3. 当你决定寻找一个合作者时，你应有的问题意识是：
4. 当你决定以某些价值观作为核心价值观时，你应有的问题意识是：
5. 当你在决定给既有产品增加功能或特点时，你应有的问题意识是：
6. 当公司做大之后而又很长时间停滞不前时，你应有的问题意识是：
7. 当你实行划小经营单位时，你应有的问题意识是：
8. 当你决定将企业组织实行扁平化时，你应有的问题意识是：
9. 当你确定一个企业战略时，你应有的问题意识是：
10. 当你正在进行一项企业计划活动时，你应有的问题意识是：
11. 当你正在计划进入一个新的市场时，你应有的问题意识是：
12. 当你决定在企业组织里确定核心价值观时，你应有的问题意识是：
13. 当确立业绩导向文化时，你应有的问题意识是：
14. 当确定业绩考评体系时，你应有的问题意识是：
15. 当确定业绩考核项目或考核标准时，你应有的问题意识是：
16. 当你确定对某个员工进行业绩考评时，你应有的问题意识是：
17. 当你组建一个团队时，你应有的问题意识是：
18. 当你创新一种服务顾客或顾客价值的方式时，你应有的问题意识是：
19. 当你推出一个新的市场战略时，你应有的问题意识是：
20. 当你确定一个新的企业发展战略时，你应有的问题意识是：
21. 当你决定将公司上市时，你应有的问题意识是：
22. 当你决定把某种权力授予某人时，你应有的问题意识是：
23. 当你决定给某人晋升时，你应有的问题意识是：
24. 当你决定如何集权和分权时，你应有的问题意识是：

25. 当你决定实行决策分散化的管理体制时，你应有的问题意识是：

26. 当你决定以某个企业为学习标杆时，你应有的问题意识是：

27. 当你决定以某个企业为长期的供应商时，你应有的问题意识是：

28. 当你决定改革或整合某些业务流程时，你应有的问题意识是：

29. 当你决定组织的管理层级或团队规模时，你应有的问题意识是：

30. 当下属策划一项业务活动计划时，你应有的问题意识是：

31. 当决定某一团队执行一项业务活动计划时，你应有的问题意识是：

32. 当你派某人负责解决某一问题时，你应有的问题意识是：

33. 当你确立一个目标时，你应有的问题意识是：

34. 当下属在执行一个目标时，你应有的问题意识是：

35. 当你在确立一种经营理念或理念识别时，你应有的问题意识是：

36. 当你在确立一种行为范式或行为识别时，你应有的问题意识是：

37. 当你确立一个竞争战略时，你应有的问题意识是：

38. 当你在构思如何发展核心竞争力时，你应有的问题意识是：

39. 当决定实行多元化战略时，你应有的问题意识是：

40. 当你在构思产品的服务（实现）系统时，你应有的问题意识是：

41. 当你在构思服务系统的特定功能或特写职责时，你应有的问题意识是：

42. 当你在面试一个应聘者时，你应有的问题意识是：

43. 当你在给员工们的考核等级进行硬性规定分布比例时，你应有的问题意识是：

44. 当一项决议只是五比四通过即险胜时，你应有的问题意识是：

45. 当一项决议没有任何异议的一致同意时，你应有的问题意识是：

46. 当你在确立一个业务流程时，你应有的问题意识是：

47. 当你决定削减成本时，你应有的问题意识是：

48. 当你决定削减部门预算时，你应有的问题意识是：

48. 当一项创新计划面临受阻时，你应有的问题意识是：

50. 当你希望沟通的对象拒绝你时，你应有的问题意识是：

51. 当你在确立企业品牌标志时，你应有的问题意识是：

52. 当你决定兼并他人企业时，你应有的问题意识是：

53. 当你面对众多准被兼并企业时，你应有的问题意识是：

54. 当你决定实施战略联盟时，你应有的问题意识是：

55. 当你从战略上审视业绩衡量体系时，你应有的问题意识是：

附录二：关于本书思考题及其答案的范式说明

所有思考题和答案案例都是已经被实践证明是成功的，其原形企业大部分来自我们曾经服务过的企业，以及我们的同道中人服务过的企业，也有一部分来自我们中国优秀企业和优秀企业家自身的实践。在这里，我们要特别提到这些优秀企业和优秀企业家，以表达我们真诚的尊重和敬意——他们是：海尔集团张瑞敏、联想集团柳传志、万向集团鲁冠球、华为集团任正非；科瑞集团、中国一汽集团、宝山钢铁集团、科龙集团（因为篇幅有限，还有很多优秀企业和优秀企业家不能一一罗列，在此我们也表示对他们真诚的尊重和敬意）。

正如世界500强企业排名每年都有变化一样，我们不能保证我们曾经服务过的企业、尤其是上述提到的优秀企业永远成功，因为昨天的成功不能保证明天也成功。但就特定的管理问题来说，一般情况下，只要你也碰到相同的问题的话，那这些成功解决问题的答案对你就具有参考价值。

为了使思考题和答案案例更具有普遍适用性，我们会把同一管理问题在不同企业的成功解决方法集中起来：或是锦上添花，或是求同去异。

思考题的范式是：A、题目：B、问题锁，具有明确的咨询要求：基本情况、需要解决什么问题、解决问题的前提条件或前提要求，达到什么效果；C、答案——解决方法。“一事当前，应有的问题意识”的范式是：A、什么事（决策）；B、应该注意什么问题；C、为什么要注意这些问题——因为需要说明的是，一般地说，任何事情都会牵涉到很多问题，而我们并不罗列所有问题（一般人也难以罗列所有问题），而只特别提示我们认为重要的问题。